"全民读史"经典之作

接班的战争

李俭 著

九州出版社 JIUZHOUPRESS | 全国百佳图书出版单位

图书在版编目（CIP）数据

接班的战争 / 李俭著. -- 北京 : 九州出版社, 2014.3

ISBN 978-7-5108-2710-5

Ⅰ. ①接… Ⅱ. ①李… Ⅲ. ①中国历史—研究—清代 Ⅳ. ①K249.07

中国版本图书馆CIP数据核字(2014)第033419号

接班的战争

作　者	李 俭 著
出版发行	九州出版社
出 版 人	黄宪华
地　址	北京市西城区阜外大街甲 35 号 (100037)
发行电话	(010)68992190/3/5/6
网　址	www.jiuzhoupress.com
电子信箱	jiuzhou@jiuzhoupress.com
印　刷	北京毅峰迅捷印刷有限公司
开　本	710 毫米 ×1000 毫米　16 开
印　张	25
字　数	360 千字
版　次	2014 年 6 月第 1 版
印　次	2014 年 6 月第 1 次印刷
书　号	ISBN 978-7-5108-2710-5
定　价	45.00 元

目 录

第十章 同治接班与叔嫂政治

第十一章 光绪接班的幕后推手

第十二章 宣统与私心的黄昏

序

皇帝选拔的面纱有几重

康熙三十六年（1697年）九月初四日，肇启康乾盛世的康熙仆倒在地，痛哭失声。而在一千年前，缔造贞观之治的唐太宗不能自已，流下了辛酸的泪水。上溯到此前一千八百年，开创汉武盛世的大帝刘彻，眼泪打湿了龙袍。这三位中国历史上最伟大的帝王，他们都气吞华夏，横扫六合，然而却无法跨越生命中一个看似小小的门槛——给自己选一个合格的接班人。在这个门槛前，他们都狠狠地摔了跟头，不但将遗憾长埋在了地下，而且还改变了国家和历史发展的轨道。

大清帝国十二个帝王的交接班，以十二种表面相似然事实迥异的权力交接模式，描摹了一幅惊心动魄的浮世画卷。本书试图以大清帝国的皇位交接为标本，将笔触伸入社会和历史的脉搏以及当事人的心灵深处，探寻权力更迭的斯芬克斯之谜。清朝十二个帝王的权力争夺和交接班，如同一幕幕兄弟成仇、父子反目、功臣喋血、阴算阳谋、明枪暗箭，矛盾和情节跌宕起伏的莎士比亚式戏剧。非以“哲学视角、政治维度、历史纵深、小说结构、散文笔法”，不足还原一幅幅真实的历史图景，从而让读者如见其人，如闻其声，如知其心。通过十二个帝王及其竞争者的争斗，可以得出一个貌似浅显却又似乎放之四海皆准的道理：在利益和权力的转换器下，人性扭曲为阴鸷的眼神和冰冷的利箭，在缤纷落英中，欲望舞蹈。人治社会中，官员乃至皇帝接班人的选拔和擢升缺乏客观标准。自小所浸淫的四书兼五经、所尊崇的天地君亲师、所信奉的仁义礼智信，无法与卑劣的人性和灰社会的运行规则相结合产生的生态系统抗衡，道德让位利益，律法屈从陋规，拍溜、贿赂、投机、结党、裙带，就成为晋升的必然而最佳的路径。而所有的竞争既没有胜利者，也没有中间道路可走，只有生与死，毁与谤，结局让所有的相关者都“两眼泪不干”。

大清帝国的皇权更迭的历史上，有几件很有意思的现象，也可以说是历代王朝规律性的东西值得我们探讨，这就是生命强度与执政能力的关系问题。这个话题不仅好玩，还颇有点学术价值。

第一条规律，从总体上看，生育能力与执政能力和时间呈负相关。努尔哈赤执政十一年，生子十六人，女八人；皇太极执政十七年，生子十一人，女十四人；顺治执政十八年，生子八人，女六人；康熙执政六十一年，生子三十五人，女十六人；雍正执政十三年，生子十六人，女八人；乾隆执政六十年，生子十七人，女八人；嘉庆执政二十五年，生子十五人，女九人；道光执政三十年，生子九人，女十人；咸丰执政十一年，生子二人，女一人；同治执政十三年，无子女；光绪执政三十四年，无子女；宣统执政三年，无子女。除了顺治因患天花英年早逝外，这一规律基本适用。同治尤其是光绪看似执政时间不短，但实权掌握在慈禧手里，宣统的权力则先后被载沣和隆裕接掌，他们不过是个木偶，不但没有生育能力，而且毫无执政能力。执政能力越强，生育能力越强，尤其是康雍乾盛世，达到了顶峰。

第二条规律，从总体上看，国运与在位时间和寿命呈正相关。努尔哈赤享年六十八岁，执政十一年；皇太极享年五十二岁，执政十七年；顺治享年二十四岁，执政十八年；康熙享年六十八岁，执政六十一年；雍正享年五十八岁，执政十三年；乾隆享年八十八岁，执政六十年；嘉庆享年六十一岁，执政二十五年；道光享年六十九岁，执政三十年；咸丰享年三十一岁，执政十一年；同治享年十九岁，执政十三年；光绪享年三十八岁，执政三十四年；宣统享年六十一岁，执政三年。从上面可以看出，国运最强大时的康雍乾时代，是皇帝生命最长也是在位时间最长的时期。雍正在位时间之所以短，是由于康熙执政时间过长所致。宣统虽然春秋不短，执政时间少得可怜，但由于是被赶下台的，所以并不影响这一规律的成立。

第三条规律，从总体上看，即位年龄与国运成正相关。按周岁计算（如按虚岁再加一岁），努尔哈赤即位时五十七周岁；皇太极即位时三十五周岁；顺治即位时五周岁；康熙即位时六周岁；雍正即位时四十四周岁；乾隆即位时二十四周岁；嘉庆即位时三十五周岁；道光即位时三十八周岁；咸丰即位时十八周岁；同治即位时五周岁；光绪即位时三周岁；宣统即位时两周岁。这里面有两个例外，分别是顺治和康熙。但如果仔细分析，也不违反这一规律。顺治即位时年龄小，是因为排斥了多尔衮排斥了成年的豪格；而康熙即位时年龄小，则是因为顺治病逝过早。由于孝庄的辅佐，弥补了年龄的不足。这两个与大清国运密切相关的女人，有共同之处。一、都历经四朝。孝庄历经前四朝，即努尔哈赤、皇太极、顺治、康熙时代；慈禧历经后五朝，即道光、咸丰、同治、光绪。二、都间接或直接控制了两个时代的权力。孝庄间接掌握了顺治和康熙早期的权力，慈禧直接掌握了同治和光绪时代的权力；三、都非常高寿。孝庄享年七十五岁，慈禧享年七十四岁；四、都是通过叔嫂政治走上权力舞台。孝庄联手多尔衮，实现了顺治的权力交接班；而慈禧通过奕譞联手奕訢，实现了垂帘听政。其不同之处是，一、孝庄在世时，大清帝国国运逐渐强盛；而慈禧在世时，大清帝国已开始没落；二、孝庄采取的是幕后辅佐的方式，帮助子孙顺利交接班；慈禧则采取的是前台听政的方式，直接掌控实权。三、孝庄的政治品德比较高洁，对大清帝国的兴盛做出了贡献；而慈禧的政治品德饱受世人诟病，对大清帝国的衰亡，负有不可推卸的责任。

历代开国之君，往往因为生于忧患，不仅寿命较长，而且能成就一片盛世；而守成之君还能体会家业来之不易，尽最大的努力苦心经营，寿命也算中上，国运也能支撑。迭至末季，几代积累的矛盾需要消化，加之在位之人生于安乐，经营起来力不从心，权力容易旁落，就不可避免地衰弱下去。所以，苏同炳在《中国近代史上的关键人物》中曾经精辟地指出，皇帝的年龄越来越小，对于一个朝代和一个国家的命运，绝不是好兆头。

这里还有两个规律，需要我们来认识：第一，从权力交接班的角度看，对继承人的提拔和使用，或者说皇子晋职为皇帝，与能力并没有关系。第二，权力的交接班都是非正常的，选定的继承人往往无法就任，而没有进入视野的往往平地崛起，并几乎都沾染了阴谋的气息，也就是说没有阴谋不成权力。例如，努尔哈赤最优秀的儿子，是长子褚英，他也是法定的接班人，皇太极对他的突然被废，有不可推卸的责任。皇太极死后，最合格的继承人是豪格，但由于权力集团的博弈，选择了易于控制的顺治。康熙登台时只有六周岁，尽管他开创了康乾盛世，但从当时的情形看，也不是最理想的继承人。雍正的即位更无法摆脱阴谋的影子，而无论威望还是人品、才能，他都无法与八阿哥胤禩相提并论。乾隆即位属于最正常的，但也是在雍正替他清理了竞争对手之后。嘉庆即位则是无可奈何的选择，因为乾隆属意的继承人，都因早夭而自动丧失资格。道光即位同样是没法选择的，当然在为数不多的皇子中，他可能也是最优秀的。最令人痛心的是咸丰即位，由于排斥了才具最佳的奕訢，给帝国的没落加足了马力。至于同治的即位，是因为他是唯一的皇子。就当时的情形来看，即便是一只猪，也必须给他一顶皇冠。光绪和宣统的即位，本来因为先帝无后，可以采取立贤的方式，但由于慈禧垂直控制，不可避免地染上了阴谋的色彩，而成为她脚下的傀儡。一言以蔽之，皇帝的选拔都是一种奴性和阴谋选拔 。

需要特别交代的是，本书能够问世，首先得力于新华社资深编辑刘飞先生的鼓励和支持。治史论学是我的业余专项，刘飞先生极力建议我转换一种研究角度和语言风格。本书出版后，受到了读者的普遍欢迎。一位读者给出了极度溢美之词，认为本书“对清朝的宫廷斗争描述得既生动又深刻，是‘全民读史’热潮中少有的精品，既有学术性，又有可读性，雅俗共赏。极富原创性”，是“研究有清一代帝位问题的经典杰作”。另一位读者也给予了高度褒奖，认为本书“揭露了皇帝、皇子、后宫和大臣这些利益相关者间为了争夺皇位及以此派生的‘一朝天子一朝臣’格局下的权势地位，所引发的一件件混合了权、血、谋的历史事件，作者笔触老练，叙述史实背后的阴谋一针见血”。还有一位读者在博客中称，本书“是用通俗的语言描述的，结合了现代的政治用语，然而，给与我的启发确实是深刻的”。这些读者的厚爱对我的鞭策是巨大的。此次受周春女士鼓励在九州出版社推出修订本，我对书稿进行了修改，除了更正一些字词、语句、逻辑的失误之外，据史实对部分内容进行了增删，并对大小标题进行了调整，目的是希望文题更能搭调、更加生动一些。

值本书再版之际，向刘飞先生、周春女士以及所有关心、喜欢本书的读者朋友表示衷心的感谢。同时，特别对支持我工作和生活的奶奶、父母、妹妹以及所有亲属表示感谢，尤其致意我的爱人 Karen 以及爱子 Guobao，他们让我感觉生活是如此的阳光和温馨。guobao0906@sina.com 是我期待和读者的交流的平台。

2013 年 9 月 6 日于北京

第一章 努尔哈赤政治清洗运动

清太祖努尔哈赤做梦都没有想到，他对天所盟的虚伪誓言，会打开有清一代皇权交接血腥争斗的潘多拉盒子。

天命六年（1621年）正月，努尔哈赤为防止子侄血腥争权，特意召集代善、皇太极等人，沐浴焚香，郑重向天起誓：子孙中如果出现害群之马，应当由老天去收拾他；兄弟中如果有作乱的，应该用礼仪之心予以感化。绝对不能滥用刑暴，开启杀戮之端。[①]

权力从来就不相信誓言。

此时，努尔哈赤腰间的佩刀，已沾满政治清洗的鲜血，而儿子和弟弟的魂魄，正伴随着连天号角，在冰封雪覆的北国飘荡。

---

① 参看中国第一历史档案馆编：《满文老档·太祖朝卷》，中华书局1990年版。

接班人之死

万历四十年（1612 年），三十三岁的褚英踌躇满志。就在上半年，他被父汗努尔哈赤钦点为接班人。在一片恭贺声中，他忽略了几双阴冷的眼神。

努尔哈赤选择褚英做接班人，绝不仅仅因为他是自己的嫡长子。在厚厚的功劳簿上，褚英的业绩有目共睹。万历二十六年（1598 年）正月，努尔哈赤命褚英等人领兵一千出征东海女真某部。年仅十七岁的褚英如初生牛犊，星夜驰骋，占屯寨二十余处，获人畜万余，凯旋而归。努尔哈赤大喜之下，赐褚英“洪巴图鲁”（勇士）称号。此后，骁勇善战的褚英，追随父汗纵横疆场，逐鹿塞外，立下了无数汗马功劳。

统一建州女真后，努尔哈赤开始有了心病。身后的千秋之业由谁来执掌，成为他征战之外最头疼的问题。五十三岁的努尔哈赤选来选去，挑中了自己的长子褚英。

在选择褚英时，努尔哈赤曾一度陷入了矛盾。长子的功绩、能力和经验都不成问题，他担心的是褚英的性格。努尔哈赤仔细分析后认为，如果让长子执政，他自小心胸狭窄，不体恤部众，容易出问题；但如果让弟弟执政，把长子抛在一边，又于情于理不合。思索再三，努尔哈赤还是选择了褚英。褚英毕竟是长子，而且战功最著，选他做继承人，可以堵天下悠悠之口。至于性格方面的缺陷，努尔哈赤天真地认为，汗位是最好的教师和缰绳。褚英这匹野马成为继承人后，肯定能宽宏大度，一心为公。

令努尔哈赤意想不到的是，他所担心的事情，很快就发生了，五位勋臣和四位贝勒居然联手控告自己选定的继承人。

褚英成为继承人之前，觊觎汗位的主要有两拨人。一拨是费英东、额亦都、扈尔汉、何和礼、安费扬古等五位元老，他们追随努尔哈赤出生入死，功勋卓著。一拨是次子代善、五子莽古尔泰、八子皇太极、侄子阿敏等四贝勒，他们都是牛录之主，人马众多，战绩显赫。眼看努尔哈赤步入暮年，他们都盯住汗位，悄悄拨弄着自己的如意算盘，蠢蠢欲动。

权力是一个巨大的磁力场，在吸引尊敬和羡慕的目光的同时，也会集聚妒嫉和诅咒的眼神。在努尔哈赤宣布褚英成为“二把手”的那一刻，他立即成为权力斗争的焦点，原本勾心斗角、各怀鬼胎的五大臣和四贝勒，心照不宣地结成同盟，将矛头对准了褚英。他们心里非常清楚，只要褚英在，自己就不可能有染指的机会。

接班人是一个非常尴尬的角色。一方面，褚英不能越位，以免引起父汗的猜疑；另一方面，他又必须谨慎，避免成为众矢之的。在夹缝中求生存的褚英，摆在面前的只有一条路，那就是韬光养晦，谦谨恭顺。战战兢兢，如履薄冰，是接班人的生存之道。可惜，褚英并没有明白这一点。

褚英是一介武夫，但并不只是猛张飞。万历三十五年（1607 年）三月，褚英和叔父舒尔哈齐等人领兵三千，由于谋略得当，以少胜多，在乌碣岩击败来犯之敌一万人。此役让褚英赢得了“阿尔哈图门”的嘉号，阿尔哈图门是足智多谋之意，因此褚英又被尊称为“广略贝勒”。

褚英很清楚自己的处境。上有统帅整个女真的努尔哈赤，下有势力强大的五大臣和四贝勒，如果要万无一失地继承大统，必须打压和削弱五大臣和四贝勒，逐渐架空父汗，才能将权力揽入手中。压制反对集团的方式无非两种，一种是“拉拢分化”：团结一部分人，瓦解统一阵线，逐个击破；一种是“针锋相对”，以一人之力量，对抗整个集团，一举破之。

褚英成为接班人后，依旧信奉赤裸裸的暴力法则。他脚跟没有站稳，就以“二把手”的身份，打击潜在的竞争对手。从后来五大臣和四贝勒呈递给努尔哈赤的诉状来看，褚英的政治谋略近乎白痴：一、挑拨五大臣，使其彼此“苦恼不睦”；二、折磨四贝勒，让他们痛苦不已；三、宣布父汗死后，将不再赐予诸兄弟财帛马匹；四、声称自己继位后，将诛杀“与吾为恶之诸弟诸大臣”。他还担心四个贝勒打小报告，幼稚地让他们半夜起来对天发誓，不把自己的言行密报父汗。[①]

‖ 褚英

这场权力之争，本质上是限制与反限制、削弱与反削弱的战争，远比一场单纯的摔跤骑射或军事攻坚，要复杂和残酷得多。褚英以为自己是火，却没料到自己才是飞蛾。战场上依靠的是硬实力，政坛上则讲究软实力。一个优秀的统帅，未必就是一个合格的政治家。搞政治不是上战场，一刀一个来个痛快，横冲直撞只会自乱阵脚。褚英没有认清这场战争的实质，他轻视了反对派的攻击力量。政治嗅觉灵敏的五大臣和四贝勒，正愁没有机会扳倒褚英，现在见他犯了如此低级的错误，岂能轻易放过？双方统一口径后，直接起诉到努尔哈赤面前。

努尔哈赤并没有完全相信这种控告。

口说不能作为凭据，他让五大臣和四贝勒写出书面诉状，然后亲手交给褚英，让他给出合理的解释。努尔哈赤还告诉褚英，如果认为自己没有错误，可以写出答辩状。也即是说，褚英完全可以依靠自己的辩护，扭转权力争斗的战局。然而，他的回答直白得出乎努尔哈赤的意料，褚英说："我无言可辩。"[②]

褚英如此答复父汗，是恃宠生愚，还是率性妄言，我们已经无从猜测。但至少有一点是肯定的，他对后果严重性的估计不足，显示出了政治上的极端幼稚。在四条罪状中，致命的是最后两条，即褚英在努尔哈赤盛年时，以未来的大汗自居，妄谈父汗身后事。

努尔哈赤心中涌起一阵悲凉。自万历十一年（1583年），他以遗甲十

① 参看中国第一历史档案馆编：《满文老档·太祖朝卷》，中华书局1990年版。
② 参看中国第一历史档案馆编：《满文老档·太祖朝卷》，中华书局1990年版。

三副起兵至今，南征北战近三十年，才建立起一个地广人众的强大政权。本打算在百年之后，将帝业托付给长子，没想到褚英如此不成器，不但离间功勋，欺凌手足，而且还以为父汗廉颇老矣，迫不及待窥伺最高权力。

努尔哈赤发现突然爆发的倒储事件，将自己引到了风暴中心。他早就预料到汗位会引来激烈的争夺，但没有想到势态会变得如此严重。一方是自己择定的接班人，一方是肱股之臣和四个子侄，双方已经水火不相容，必须在两者之间做出明确的选择。

如果维护接班人的地位和权威，当此用人之际，会让众臣子离心离德，致使大业半途而废。如果维护众臣子的利益，接班人问题涉及国本，轻言废立，会影响政局稳定。努尔哈赤心里非常明白，倒储风暴如果处理不好，足以撕裂自己辛辛苦苦打下来的这片江山。何去何从？他陷入了痛苦的抉择。

尽管交织在悲愤之中，努尔哈赤依然保持冷静。他严厉斥责褚英：选择你做接班人，并非因为我年龄大了，不能四处征战，不能处理政事。作为国君、大汗或者贝勒，应该宽大为怀，天下为公，绝不能目光短浅，蝇营狗苟。

为了训诫褚英，平息众怒，他还口头警告长子：如此虐待手足兄弟和有功之臣，致使大家不能和睦相处，我让你接班干什么？① 这明显是告诉褚英：你这个接班人不合格。

努尔哈赤没有立即废掉褚英，但这次倒储风暴让他看清了两个问题，一是接班人政治品格的低劣，一是反对派集团力量的强大。现在看来，以褚英的权威并不足以服众。他决定采取冷处理的方式，静观事态的发展。五大臣和四贝勒见好就收，扳倒褚英，绝不可能毕其功于一役。不过他们心里非常清楚，褚英虽然成了落水狗，但只要游上岸来，有了喘息的机会，还可能会咬出致命的一口。因此必须等待机会，痛打落水狗，让其永世不得翻身。

机会很快就来了。

---

① 参看中国第一历史档案馆编：《满文老档·太祖朝卷》，中华书局 1990 年版。

万历四十一年（1613年）春天，努尔哈赤出征乌拉，安排褚英和莽古尔泰、皇太极留守大本营。有史料说，努尔哈赤不随带褚英，是不信任的表现。其实这是一种误解，皇帝御驾亲征或巡行四方时，一般都留下储君主持大政。褚英万万没有想到，此次留守大本营，会给他带来灭顶之灾。

努尔哈赤出征归来，还没有解盔卸甲，褚英家臣就密报大汗，储汗意欲谋反，证据是：一、褚英对父汗出征乌拉，漠不关心；二、焚书告天，诅咒父汗、诸弟和大臣；三、祈愿父汗兵败乌拉；四、如果战败，不许父汗、诸弟和大臣回城。①

这是一个足以置褚英于死地的密告。都邑是一个政权的中枢神经所在，也是物资储备和精神寄靠之地。如果都邑出现内乱，将会造成釜底抽薪之势。历史上诸多政权易主，首先是都邑城头变换了大王旗。

努尔哈赤惊出了一身冷汗，他已经不需要前科累累的褚英的自我辩护。万历四十一年三月二十六日，接班人褚英锒铛入狱。

尽管历史的灰尘掩盖了真相，但借助文献资料，我们完全可以推测出当年褚英"谋反案"的谜底。这是一个漏洞百出的圈套。所谓焚书祈愿，只是家臣事后追告，并非当场捉拿，人证物证俱获；所谓关闭城门，也是家臣一面之词，都邑内并未有兵马调动迹象。唯一可能发生的就是，褚英被父汗斥责后，感觉大祸将至，焦虑万分，在背后发过几句牢骚。

努尔哈赤吃了一辈子政治饭，一般的阴谋不可能瞒过他的眼睛。然而，这个看似拙劣的圈套，却如同一把钢刀，直接插入了他的软肋。在努尔哈赤看来，褚英本来就心胸狭窄，成为接班人之后，恶性不改，欺压兄弟，急于夺权。此次趁自己亲征之际，忤逆谋反，完全符合逻辑。尤其是家臣出面指证，褚英谋反之事无可辩驳。

这里有一个不可忽视的细节。随同留守大本营的，除了莽古尔泰之外，还有八子皇太极。十六年后，正是皇太极使用离间计，制造了袁崇焕谋反案，才使得崇祯自毁长城，冤杀袁督师。褚案和袁案的导演是否为同一人，依据目前的史料不可考证，但两个谋反案的炮制手法如出一

① 参看中国第一历史档案馆编：《满文老档·太祖朝卷》，中华书局1990年版。

辙，却是毫无疑问。

褚英从统军作战到成为接班人，用了十七年的时间；从接班人到阶下囚，却用了不到一年的时间。褚英被囚禁以后，反对集团继续追打落水狗。万历四十三年（1615 年）八月二十二日，三十六岁的褚英被诛杀于禁狱。

大清历史上第一位公开预立的接班人，就这样走上了政治斗争的祭坛。

亲兄弟是个临时工

随着地盘逐渐扩大，努尔哈赤隐约感觉背后有股冷风，让他寝食难安。他慢慢发现，威胁不是来自别人，而是亲弟弟舒尔哈齐。

塔克世育有五子，长子努尔哈赤，次子穆尔哈齐，三子舒尔哈齐，四子雅尔哈齐，五子巴雅喇。其中，努尔哈赤与舒尔哈齐乃同母所生。努尔哈赤起事后，穆尔哈齐和舒尔哈齐出力最多。由于穆尔哈齐早亡，一直是舒尔哈齐追随兄长打天下。

努尔哈赤早年能在辽东立足，完全是依靠舒尔哈齐和辽东左都督李成梁的裙带关系。李成梁经营辽东三十年，拥兵十万，屡建奇勋，在他的治理下，“边师武功之盛，二百年来未有”。李成梁是杀死努尔哈赤父祖的仇人，为了能在其卵翼下安然生存，舒尔哈齐把女儿送给仇人之子李如柏为妾，故而时人有“奴酋女婿作镇守，未知辽东落谁手”之讥。这层关系连朝鲜官员都看得非常清楚，兵曹判书李德馨曾说，造就努尔哈赤今天地位的是李成梁。①

努尔哈赤和舒尔哈齐两兄弟联手打天下，大败九部联军，吞哈达，并辉发，亡乌拉，创满文，编牛录，定国政，建都邑，国力逐渐强大，版图迅速扩张，迎来了称霸事业的辉煌。江山是两兄弟打下的，自然也由两兄弟来坐。每逢用兵或者处理要政，都是由努尔哈赤和舒尔哈齐共同谋划决断，制定好政策后，再颁布实施。

---

① 参看吴晗：《朝鲜李朝实录中的中国史料》，中华书局 1980 年版。

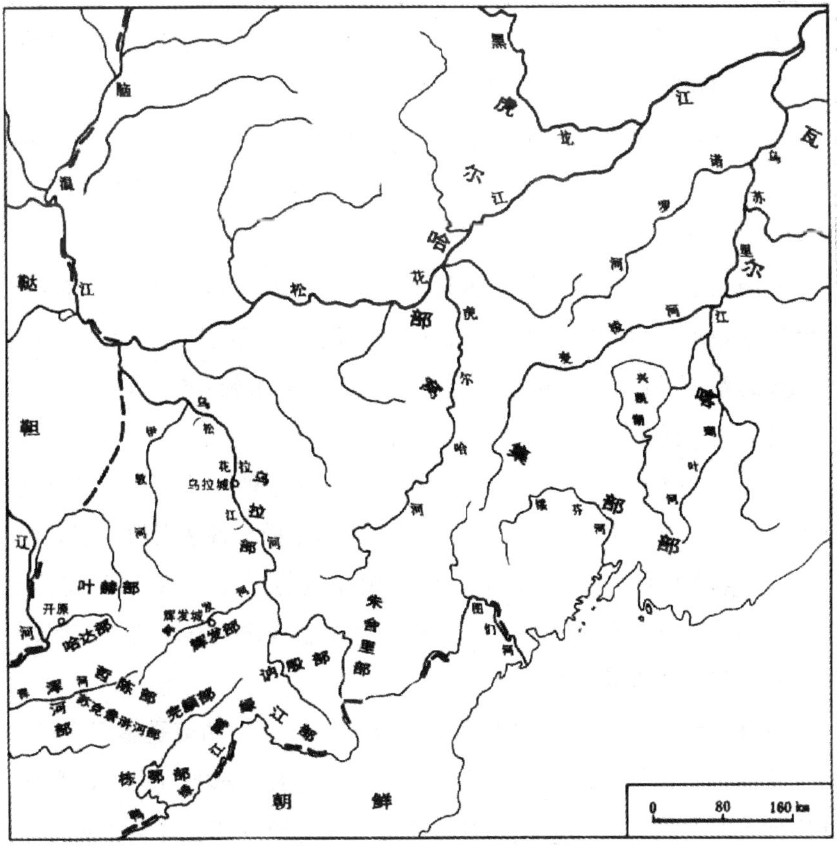
黑龙江
叶赫部
开原
哈达部
辉发城
乌拉城
乌拉部
朱舍里部
讷殷部
哲陈部
苏克素浒河部
栋鄂部
兴凯湖
朝鲜
0
80
160 km

女真部落图

兄弟两人政治地位相当，他们并肩称王。女真酋长们进京朝贡皇帝时，都是由努尔哈赤和舒尔哈齐分别带队面圣。朝廷对他们的封赏，也是一碗水端平。朝鲜对努尔哈赤和舒尔哈齐也是同样看重，把兄弟俩并称为两都督。万历二十三年（1595 年）秋天，朝鲜通事河世国进入建州时，不但要拜见努尔哈赤，还要拜见舒尔哈齐，所采用的礼仪规则也相同，这说明建州女真由二人共同执掌。

权力会让人迷乱，它如同醇酒，在愉悦感官的同时，也改变人的思维。眼看扩张的蛋糕做大，努尔哈赤和舒尔哈齐的心理，都慢慢起了变化。

万历二十三年（1595 年）冬天，朝鲜南部主簿申忠一拜见舒尔哈齐。寒暄完毕以后，舒尔哈齐忽然说，以后你们使者给我送礼，不能比送给我兄长的差。[①] 申忠一琢磨了半天，才明白了他的潜台词，舒尔哈齐不是嫌弃礼品少，而是要享受与兄长同等的待遇。

申忠一并不知道，舒尔哈齐早就开始追求这种待遇了。河世国进入建州时，城内正在大兴土木，“各以十坐分为木栅，各造大门，别设楼阁三处”，为努尔哈赤和舒尔哈齐建设规模相同的行宫。[②] 在政治待遇上，舒尔哈齐处处向努尔哈赤看齐，甚至连穿戴也要求一样，要知道服饰是体现权力和地位的标志。

在舒尔哈齐看来，建州女真能有今天，有一半功劳是属于自己的。为了这座江山，他不但冒死冲锋陷阵，而且连女儿都搭进去了，和兄长并肩称王，实属理所当然。权力的种子一旦生根发芽，就会如同藤萝一样四处蔓延，不可抑制。申忠一在建州女真期间，住在努尔哈赤部将家中。舒尔哈齐亲自上门造访，他非常热情地说，兄长请你，我也要接待你。他还不避嫌疑，未经许可，就将申忠一安排到自己部将家中居住。

这是一出舒尔哈齐争夺权力的独幕剧，努尔哈赤冷冷地看着他的表演。在努尔哈赤的心里，势力膨胀的舒尔哈齐早就成了肉中刺。万历二十三年（1595 年）时，努尔哈赤手下兵丁万余名，战马七百余匹，而舒

① 参看（朝鲜）申忠一：《建州图录》。
② 参看吴晗：《朝鲜李朝实录中的中国史料》，中华书局 1980 年版。

尔哈齐手下就有兵丁五千余名，战马七百余匹。舒尔哈齐凭借实力，处处和自己争权夺势，有时甚至公开叫板，以至于在大明和朝鲜的眼里，舒尔哈齐成为和自己并驾齐驱的领导人。

肯定有无数个夜晚，努尔哈赤在梦中被惊醒。他一生在刀口上舔生意，见惯了父子反目，兄弟相残。权力是垄断而排他的，它不相信眼泪和亲情，血淋淋的暴力置换，才是通行的法则。步步进逼的舒尔哈齐让努尔哈赤寝食难安，身边趴着如此凶猛的一只猛虎，任何人都会提心吊胆。

卧榻之侧容许他人酣睡，那是因为形势使然。努尔哈赤明白，舒尔哈齐的存在，是对自己汗权的最大挑战，只要不除掉他，手中的权力就不可能稳固。权力的美酒只有一个人有资格品尝，那就是努尔哈赤自己，他不可能允许舒尔哈齐染指，但现在不是摊牌的时候。经过十几年的艰苦奋战，自己刚刚统一了建州女真。海西女真和东海女真鹰视于前，大明和蒙古狼顾于后，周围强敌环伺，自己的力量本就薄弱，如果现在出现内讧，势必会形成“人为刀俎、我为鱼肉”的局面。面对舒尔哈齐的挑衅，努尔哈赤用宽容的微笑，掩饰住内心的慌怒。他不断告诫自己，目前唯一能做的就是容忍。容忍的同时，努尔哈赤恩威并济，尽力将舒尔哈齐拢在自己的麾下，安抚住他那颗躁动不已的心，共同对付外敌。

舒尔哈齐有夺权之念，却没有蓄势之能。在他心目中，革命无非是吃吃喝喝，多占几间房子，多养点兵马，排场大一些，就可以成为女真之主。致力于争夺待遇的舒尔哈齐，被努尔哈赤的微笑迷惑住了，他忽略了兄长的容忍力和报复心。努尔哈赤多年纵横塞北，已经成为一头恶狼。他在耐心地等待着，等待着既能吃到肉又不损伤自身的机会。

十二年后，这个机会终于到来。

万历三十五年（1607 年）三月，努尔哈赤以褚英、代善等子侄为主力将领，以舒尔哈齐及费英东等老将为辅，领兵三千，在乌碣岩大败布占泰一万军队。此战标志着努尔哈赤子侄已经成熟，军事将领进入新老交替阶段。眼看打击舒尔哈齐的时机到来，忍耐了十二年的努尔哈赤果断出手。他以作战不利为由，欲处死舒尔哈齐部将常书、纳齐布。

此次出征大获全胜，努尔哈赤却指斥常书、纳齐布作战不利，实属于“项庄舞剑，意在沛公”。乌碣岩战役是舒尔哈齐指挥的，以“莫须有”罪名处死两位将领，无非是间接打击主帅，削掉其羽翼和手足。舒尔哈齐终于明白了，努尔哈赤开始动手了。他看着兄长阴鸷的眼神，心里慢慢变冷。这十二年来，他只顾着追求待遇，有时候摸摸狼屁股，沉浸在并肩称王的快感中，完全忘记了潜在的危险。

舒尔哈齐第一次发现，原来兄长的眼神也可以杀人。他索性撕破脸皮，威胁努尔哈赤说，杀我两位部将，就如同杀我。在舒尔哈齐的据理力争下，两位部将的性命虽保住了，但他却从此被剥夺了军事指挥权。

舒尔哈齐已经懵了。一夜之间，努尔哈赤的笑脸，忽然冷若冰霜，这个变化太快了。十几年来自己每每以合伙人自居，到头来只不过是一个打工仔，努尔哈赤才是整座江山的董事长，试图捞点股份，甚至操纵股权，纯属痴心妄想。他隐约感觉大祸将至，努尔哈赤这头恶狼一旦张口，不咬下块肉是不会罢休的。他向长子阿尔通阿、三子札萨克图抱怨说，我不只是衣食住行受制于人，现在可能连性命都不保。惶恐忧郁中，他走出了致命的一步臭棋，带领部众脱离努尔哈赤，在黑扯木另立门户。[①]

努尔哈赤笑了。乌碣岩之战后没有处死舒尔哈齐，是因为指挥不利这个借口，不足以置其于死地。现在舒尔哈齐公然叛离，纯属自寻短路。努尔哈赤下令，籍没舒尔哈齐家产，诛杀阿尔通阿、札萨克图，焚死舒尔哈齐心腹大臣乌勒昆。

眼见大势已去，舒尔哈齐知道胳膊扭不过大腿，又决定归顺努尔哈赤。他以为凭借血缘关系和赫赫战功，努尔哈赤不至于赶尽杀绝。在权力斗争中，亲情能有几两重？利益才是最重要的砝码。舒尔哈齐想悔一步棋，以期扭转颓势，却没料到把自己将死。他不可能了解努尔哈赤的内心世界：受了你十二年的窝囊气，何况你又比我小五岁，怎么可能继续养虎为患？他让手下人以请客为名，将舒尔哈齐诱入寝室囚禁起来。

囚室的条件很简陋，门户被铁皮封死，只留下两个小孔，一个往里

---

① 参看赵尔巽等：《清史稿·舒尔哈齐传》，中华书局 1977 年版。

面送饭食，一个往外面出便溺。[1] 曾经叱咤风云的开国元老，如今成为阶下囚，夜夜笙歌已随金戈铁马远去。追抚往昔，舒尔哈齐不禁百感交集。

不久，努尔哈赤斩草除根，以反叛罪，将舒尔哈齐诛灭。

《满洲实录》记载舒尔哈齐之死，只用了短短的二十二个字："(万历三十九年）八月十九日，太祖同胞弟达尔汗巴图鲁薨，年四十八岁。"在清代早中期所有的历史典籍中，都没有为舒尔哈齐立传。而在记载满清早期重要活动的《满文老档》中，则将舒尔哈齐描述成一个无功无德的庸人和小人。这不奇怪，历史是由胜利者书写的，必然会打上成王败寇的烙印。

清代第一次政变，就这样划上了句号；而一代开国枭雄，也这样云散烟消。在争夺权力的舞台上，亲兄弟也不过是打酱油的临时工。

一个政治红人的垮台

天命八年（1623 年）三月十五日，被贬赋闲的重臣扈尔汉，提笔给努尔哈赤写了一封信，言辞哀怜，盛意拳拳，令人不忍卒读。

扈尔汉说，自从十四岁追随父汗以来，我从来没有犯过罪。而父汗和众位弟弟交给我的任务，没有不公正尽力的。在信中，年仅四十七岁的扈尔汉，还谈到了自己的凄凉晚景："吾所娶之妻，所养之子，下之诸弟，皆已死矣。吾自身亦得重病，殆将死矣，此亦世世代代之罪过而应遭报应矣。"话锋一转，扈尔汉立下誓言，表示愿"弃其前恶，敬慎从善"，希望父汗能重新起用自己，如有违犯，愿受重罚。[2]

一年多来，处分如同阴霾一样，笼罩在扈尔汉头上，压得他喘不过气来。此次违心地承认错误，就是希望能获得重新出山的机会。这一番披肝沥胆的泣血忠言，可以换来父汗垂怜的目光吗？

扈尔汉不安地等待着。

努尔哈赤不可能忘记扈尔汉。万历十六年（1588 年），扈尔汉随父亲

① 参看中国第一历史档案馆编：《满文老档·太祖朝卷》，中华书局 1990 年版。
② 参看中国第一历史档案馆编：《满文老档·太祖朝卷》，中华书局 1990 年版。

二 代善

扈拉瑚率部众投靠努尔哈赤。当时努尔哈赤只是一个小酋长，兵力不过数百。扈拉瑚的到来，使努尔哈赤兵力增加了数倍，军威大震。努尔哈赤高兴之余，把扈尔汉收为义子，十四岁的他就被倚为肱股之臣。

万历三十五年（1607 年）三月，在乌碣岩之战中，扈尔汉作为先头部队，领兵丁五百名与布占泰一万士兵相持一夜，为后援部队击败布占泰，赢得了充裕的时间。五月，扈尔汉与额亦都等领兵两千，征讨东海渥集部，克数城，获人畜两千。班师后，被努尔哈赤赐为“达尔汉虾”[①]。万历三十九年（1611 年），扈尔汉与额亦都等领兵两千，再征东海渥集部，获人畜一千。[②]

此后，在天命四年（1619 年）三月的萨尔浒战役，以及天命六年（1621 年）三月的辽阳、沈阳战役中，扈尔汉率领部众积极参战，奋勇杀敌，屡建奇功。史书上说，扈尔汉“感上抚育恩，誓以戎行效死，每出战，辄为前锋”。[③] 可以说，为了父汗的江山，扈尔汉抛头颅，洒热血，以百战功绩，成为开国元勋。

扈尔汉是努尔哈赤的义子，兼之作战勇猛，功勋卓越，倍受父汗宠信，累功擢为第一督堂、固山额真和总兵官等要职，第一督堂是八旗将领中的最高官职，由此可见地位之高，成为与代善、莽古尔泰、皇太极、阿敏四大贝勒权势并重的大臣，甚至连时任太子的代善，都尊之为“虾阿哥”。

然而，政治风云变幻莫测。天命六年（1621 年）闰二月初五，扈尔汉因为红了一次脸，被努尔哈赤监禁三日。他没有料到，这次红脸居然是自己政治生命终结的开始。

当日，努尔哈赤下令众贝勒和大臣重审沈阳追击案。

天命五年（1620 年）八月，努尔哈赤部队夺取了蒲河，驻扎沈阳的明军来袭。努尔哈赤下令反击，并要部队趁其退入沈阳之际，乘乱夺城。战斗打响后，右翼统帅代善和扈尔汉接到巴拜、伟齐等将所传大汗之命，

① “虾”在满语中为勇士之意。
② 参看周远廉:《清太祖传》，人民出版社 2004 年版。
③ 参看（清）无名氏撰，王钟翰点校:《清史列传 · 扈尔汉传》，中华书局 1987 年版。

停止追击。班师后，努尔哈赤命断事官审理停追案，并认定代善和扈尔汉贻误战机。简单判罚之后，此案也就划上了句号。

努尔哈赤要求重审此案后，巴拜、伟齐等将推翻原供，称大汗并没有颁布停追令，而他们也没有传达这种命令。新供词呈奏努尔哈赤后，努尔哈赤要罚代善、扈尔汉以及断事官罪银。扈尔汉认为这种判罚不公，气得脸都红了，当面对努尔哈赤说：明明是大汗您下的命令，不应该这样处罚我。努尔哈赤大怒，斥责扈尔汉撒谎，而且“红脸抗拒”，判处扈尔汉画地为牢，监禁三日。[①]

沈阳追击案看似简单，其实扑朔迷离，背后隐藏了努尔哈赤的政治阴谋。努尔哈赤建立后金之前，曾先后诛杀亲弟舒尔哈齐以及被立为继承人的长子褚英。建立后金之后，他又把次子代善立为太子。令他痛心疾首的是，太子代善听信继妻谗言，虐待其次子硕托，兼之代善同自己争夺宅院，努尔哈赤一怒之下，于天命五年（1620 年）九月将代善废掉。

此时，六十二岁的努尔哈赤已垂垂老矣。他忽然发现，寻找一个合格的继承人，比吃掉大明王朝这块蛋糕，甚至还要困难。诸子皆不可信，他决定推行八贝勒共治国政制度，即由八旗之主共同治理后金。该制度虽然正式颁布于天命七年（1622 年）三月，但废除代善后的当月，努尔哈赤就勾画了共治国政制度的框架，并宣布立阿敏、莽古尔泰、皇太极、德格类、岳托、济尔哈朗、阿济格、多铎多尔衮为八贝勒。这个名单中，并没有战功彪炳的扈尔汉。

在努尔哈赤心目中，义子就是义子，连亲儿子都不可信，何况还是个外人。扈尔汉权力名列四贝勒之后，权势熏天，假以时日，必定严重威胁共治国政。努尔哈赤大翻历史旧账，暗中令巴拜、伟齐等将翻供，为的就是打击扈尔汉，免除后顾之忧。

努尔哈赤并不想一招毙命。扈尔汉毕竟有功于社稷，何况还是自己的义子，处理得过于唐突，将会让功臣寒心，引起道义指谪。努尔哈赤决定钝刀子割肉，慢慢寻找和制造借口，剥夺扈尔汉的权力，将他赶出庙堂。重审沈阳追击案半个月后，努尔哈赤借口扈尔汉对公事敷衍塞责，

① 参看中国第一历史档案馆编：《满文老档 · 太祖朝卷》，中华书局 1990 年版。

罚他十天之内，不准上朝。

九月一日，扈尔汉为给亡妻上坟，向值班贝勒莽古尔泰请示后，将统兵在外的弟弟章嘉召回。努尔哈赤知道后，大发雷霆之怒，对扈尔汉罚款一百两白银。为了显示自己的公正，他还处罚莽古尔泰，“没其女真五十丁”。对放走章嘉的直接领导何和礼和阿敦，也各处罚白银二十两。扈尔汉召弟回家，已获得了批准，努尔哈赤小题大做，无非是告诉众贝勒和大臣，扈尔汉失宠了。[①]

十一月一日，一场更大的风暴卷向扈尔汉。

当日，扈尔汉之弟达尔泰向努尔哈赤告发，说扈尔汉在辽东向济尔哈朗、岳托、硕托、桑斋古四贝勒索要财物，并且盗取缎匹财帛。努尔哈赤不问青红皂白，立即将扈尔汉第一督堂之职，降为三等总兵，罚没自征战沈阳以来所有的赏赐，并永远取消了他参政议事的资格。

这又是一个让人难以捉摸的案件。扈尔汉自征战以来，所受封赏往往是一般总兵的二三倍。以他第一督堂的身份，不可能去偷盗财帛，而且又没有人证物证。扈尔汉是济尔哈朗、桑斋古的兄长，也是岳托、硕托的叔叔，相互之间礼尚往来，并不能算作索要。[②]此案最大的疑点就是由达尔泰首告，弟弟以不成罪之事实告发兄长，是大义灭亲，还是出于私欲，抑或受人指使，历史文献中并没有记载，但联想到在沈阳追击案中，巴拜、伟齐等将改口供一事，此次很可能又是努尔哈赤玩的猫腻。

处罚完了扈尔汉，努尔哈赤并没有放过济尔哈朗、岳托、硕托、桑斋古。他指责四贝勒送礼，是要结好扈尔汉，自谋为君，让兄长叔父不能继位，然后画地为牢，让他们穿上女衣，监禁三日。努尔哈赤给四贝勒定的罪名，流露出他惩罚扈尔汉的真正目的。扈尔汉功高震主，权重危国，决不可能让他影响政局，或者参与竞争。九月份他处置扈尔汉时，之所以牵连莽古尔泰、何和礼和阿敦，无非是杀鸡骇猴，让众贝勒和大臣与扈尔汉保持距离。而今济尔哈朗、岳托、硕托、桑斋古却不理解他的意图，还把扈尔汉当作“阿虾哥”，必须予以严惩，以儆效尤，所以，

① 参看周远廉:《清太祖传》，人民出版社 2004 年版。

② 参看周远廉:《清太祖传》，人民出版社 2004 年版。

他亲自“痛斥诸子，唾其脸后，乃遣回家”。如果济尔哈朗、岳托、硕托、桑斋古真有谋逆之举，努尔哈赤怎么会只是监禁三日了事？

一年之内，曾经集千百宠爱于一身的政治红人四次遭贬，作为一名忠心耿耿的粗莽武将，扈尔汉根本没有意识到父汗的真正用心。他已经被卷入了一场政治浪潮，以往所立的战功以及所获得的封赏，将成为捆在他身上的沉石，功勋越大，石头越重，下沉得也就越快。天命七年（1622 年）初，努尔哈赤将扈尔汉降为闲散副将，彻底将他排斥出视野之外。

书信很快呈到了努尔哈赤的案头。

透过历史的迷雾，我们完全可以想象这样的场景，努尔哈赤肯定轻轻地舒了口气。他何尝不知道这是扈尔汉的肺腑之言，何尝不知道扈尔汉并没有什么过错？为了能将后金国的权杖顺利地传承下去，他只能效仿明太祖朱元璋，将这些碍手的棘刺削掉。在努尔哈赤心目中，功臣与功狗之间，没有丝毫的差别，不过是供己驱使的工具。“飞鸟尽，良弓藏；狡兔死，走狗烹”，扈尔汉不可能再有出头的机会，可惜他至今不明白。

当日，努尔哈赤再次痛责扈尔汉，并决定永不叙用。

天命九年（1624 年）正月初十，一代功臣扈尔汉在稀里糊涂中含恨病逝，享年四十八岁。

贪赃是清洗的最好借口

天命八年（1623 年）五月三日早晨，努尔哈赤召集众贝勒、大臣，下达了长达千言的汗谕，为昨日自己诛杀一位大臣辩护。

这是努尔哈赤一生中唯一的一次自辩。四十年来，他诛亲弟舒尔哈齐，杀长子褚英，废太子代善，屠功臣如宰小鲜，翻脸如同翻书，从不需对任何人交代。此次努尔哈赤急匆匆地出面解释，是因为这位大臣的突然被杀，触动了整个汗国最敏感的政治神经。

这个消息不可能没有地震效应。被杀的额尔德尼是当时的第一文臣，努尔哈赤最得力的助手，汗国政治制度和礼仪法令的制定者。就这样一位元老级人物，从立案、审查到被杀，居然用了不到两天时间，而且证据类同“莫须有”。

贝勒和大臣们还清楚地记得，八年前努尔哈赤的就任典礼，就是额尔德尼主持的。额尔德尼自幼聪明好学，敏而多才，精通蒙汉双语，而且弓马娴熟，多谋善断，是汗国少有的文武全才。额尔德尼很早就追随努尔哈赤打天下，因“传宣诏令，招纳降附”，长于外交，“著有功绩”，文赐“巴克什”称号，武授副将，深受宠信。额尔德尼最大的贡献是，借用蒙古文，于万历二十七年（1599年）创制了满文，让本民族有了自己的文字。

这样一位勋臣说倒就倒了，朝野难免惴惴。

事情的起因看似很简单。五月一日，额尔德尼的婢女告发主人，说额尔德尼夫妇收受了不少东珠、珍珠和金子，藏匿于井中，去年抄没家产时，又转移到妻弟家中。

关于抄没家产案，有必要交待几句。天命七年（1622年）正月十三，额尔德尼被属下诬告，说他收受汉官贿赂。法司搜查之下，只不过是八头褪毛猪，以及少许鸡、雉、米、面。法司一面将这些物品呈送努尔哈赤，一面派人抄了额尔德尼的家。额尔德尼平日积攒了一些值钱的物品，都藏在院子里的井中，他怕被当做赃物抄走，惶恐之下，立即将物品转移到亲戚家中。

法司未经许可竟敢抄勋臣之家，此举固然耐人寻味，但努尔哈赤对此案的处理，也让人捉摸不透。努尔哈赤先是很宽容地表示，“汗之近身之人，何可无此财物”，命人归还抄没之家产，然后以“汉官之馈，少受尚可，所受过多也”为由，革额尔德尼副将职，夺所辖牛录，没多余之人畜。[①]

遭此重罚之后，额尔德尼似乎并未失宠，仍以文官身份，替努尔哈赤处理要政。不过，额尔德尼聪明一世，糊涂一时。法司和努尔哈赤的态度表明，一场致命的政治漩涡已经到来，他却毫无察觉。

被婢女告发后，努尔哈赤讯问额尔德尼有无此事。他告诉额尔德尼，

① 参看中国第一历史档案馆编：《满文老档·太祖朝卷》，中华书局1990年版。

如果有所藏匿，交出后可免责，否则将予以严惩。额尔德尼表示，“我岂能以金、珠为宝，自身为贱乎”，他毫无保留地交出了珠宝。同时，他还说明了东珠的来源。额尔德尼说，这二十几颗东珠是雅逊的妻子给的，雅逊妻本来想把东珠献给哈达格格，哈达格格没有接受。因为儿子有牙病，就向雅逊妻索要了，准备研细了涂抹患处用的，因为用不了那么多，就收藏起来了。额尔德尼还说，雅逊妻的东珠来路也很正，是从汉人王国臣那里购买的。除了哈达格格外，四贝勒皇太极以及岳托、济尔哈朗、德格类等三位贝勒也知晓此事。

讯问完毕后，努尔哈赤并没兑现诺言，而是将额尔德尼交给由众督堂组成的临时法庭审讯。临时法庭并不听取额尔德尼的自我辩护，他们反复强调两个问题：第一，你自己藏匿东珠，为何卸罪于雅逊？第二，如果没有问题，为何将东珠转移到亲戚家？额尔德尼多次解释，众督堂既不听信，也不召集证人，只是反复追问这两个问题。

额尔德尼忽然明白了，这是要坐实罪名，置自己于死地。额尔德尼没有猜错。众督堂审理后一致认为，额尔德尼夫妇藏匿东珠，拒不承认，还巧言诡辩，嫁祸他人，应当立斩不赦，明正法典。该判决经由努尔哈赤签署同意后，立即生效。五月二日，额尔德尼夫妇法场就刑。藏匿东珠的额尔德尼亲戚，也受到了严厉惩处。

这是一个天大的冤案，留有浓重的人为制造的痕迹。此案从告发的形式、处理者的行为到努尔哈赤的态度，与去年的猪头案如出一辙。众督堂不传问证人，却一致判定额尔德尼死罪；努尔哈赤明明说如有藏匿交出可免责，却自食其言，杀了额尔德尼。究竟是一个什么样的阴谋，让众督堂和努尔哈赤必须置这位第一文官于死地而后快？

五月二日晚，也就是努尔哈赤发布自辩书的前天夜里，他究竟想了些什么，没有可资借助的历史资料，我们不可能进入他的内心世界。但有一点毋庸置疑，努尔哈赤肯定非常明白，如此迅速地借助微不足道的理由，对一个汗国重臣施以极刑，如果不出面正清舆论，势必有损于政权的稳固。他从贝勒和大臣看似平静的眼神里，已经觉察到了按捺不住的躁动：惶恐不安，幸灾乐祸，得意洋洋，无动于衷，哀怜同情，抑或兼而有之。

如果没有第二天努尔哈赤发布的自辩书，额尔德尼将背负着贪拿藏匿的道德污名，被永远钉在历史的耻辱柱上。恰恰这份为自己杀功臣正名的汗谕，泄露了努尔哈赤心里难与人语的隐秘。

这是一个没有经过加工整理的口头讲话，在长达千言的自辩书里，努尔哈赤絮絮叨叨，语无伦次，一副贼喊捉贼的样子。他反复纠缠于东珠的来源、数量等细节问题，甚至还指责额尔德尼告过褚英的黑状。如果额尔德尼所说的是谗言，那么褚英被杀肯定是错误的，既然是冤杀，为什么不予以平反呢？这种自相矛盾的指责，显示了努尔哈赤的烦乱与心虚。

在冗长的自辩书里，夹杂着一句看似不经意的话。努尔哈赤说："于辽东时，一寻额尔德尼，即已去四贝勒巡察之处。复寻之，仍又去四贝勒巡察之处。"[①] 仔细分析后会发现，就是这句话要了额尔德尼的命，也正是这句话，成为打开努尔哈赤心灵之窗和本案幽密之门的钥匙。

努尔哈赤共有十六个儿子，由于长子褚英已被诛杀，最有可能成为接班人的是四大贝勒，即次子代善、五子莽古尔泰、侄子阿敏、八子皇太极，他们都是旗主，位高权重，对汗位虎视眈眈。代善本是太子，但天命五年（1620 年）九月发生的废储事件，改变了争储的格局。在四大贝勒中，代善已失去资格，阿敏是舒尔哈齐的儿子，莽古尔泰本人鲁野粗莽，因此，天资聪颖、战功赫赫的皇太极，便成为最被看好的潜力股。

天命六年（1621 年）三月，努尔哈赤正式进驻辽东。由于太子已于去年被废，储争渐渐浮出水面。额尔德尼是非常聪明之人，他不会看不清争储的格局，所以努力向皇太极靠拢，希望提前抱佛脚。但额尔德尼作为大汗的近臣，却没有领会努尔哈赤的政治意图。天命七年（1622 年）三月，努尔哈赤已经宣布推行八贝勒共治国政制度，决不允许寡头出现，额尔德尼却顶风作案。这是他的失算之处，额尔德尼太急于立功了。

努尔哈赤逐渐发现，在皇太极的身边，形成了一个集团，成员包括岳托、济尔哈朗、德格类等人。按照国制，各旗旗主及属员不准相互来

---

① 参看中国第一历史档案馆编：《满文老档 · 太祖朝卷》，中华书局 1990 年版。

往。而自己所依赖的第一文臣，居然上蹿下跳，担任起了串联者的角色。所以，他指责额尔德尼："往而不问，归而不告其所往，如此之举，不为挑唆，岂有他哉！"[①]

在这份自辩书里，努尔哈赤还生气地说，为什么皇太极、岳托、济尔哈朗、德格类知道额尔德尼占拿东珠一事，而我贵为大汗却没人来汇报？额尔德尼经常往返于皇太极"巡察之处"，他出了经济问题你们也不揭发，不是结党营私又为何？努尔哈赤显然是在间接指责皇太极集团互通消息，图谋不轨。

有了努尔哈赤的这份自辩书，不明就里的贝勒和大臣们才终于明白：额尔德尼卷入了最高统治集团的权力之争。法司之所以有恃无恐，众督堂之所以如此判决，那是因为都归属于不同的集团，他们无法扳倒皇太极，却可以趁机暗算这位得力助手。而努尔哈赤之所以如此处理额尔德尼，那是因为他威胁了自己汗位的安全和政治意图的实现。

努尔哈赤心里可能掠过这样的想法：去年没有动手，是因为拿几个猪头不至于死；今天杀了你，是因为二十余颗东珠足以致命。毫无疑问，你是汗国的有功之臣，但无论如何不能容许你结党营私。进入了争夺嗣位的雷区，就只有让你粉身碎骨。所以，努尔哈赤杀了额尔德尼，以贪赃的名义。

天命十八年（1633 年），额尔德尼冤诛后十年，接掌汗位的皇太极将其誉为"一代杰出之人"，并给他平反昭雪。

皇太极不可能忘记额尔德尼。

集体领导的猫腻

天命七年（1622 年）三月初三，努尔哈赤颁布了一道汗谕。这道汗谕虽然事关政治改革，但贝勒和大臣们却读出了大汗隐藏已久的心事。

当天朝会时，阿敏、莽古尔泰、皇太极、德格类、岳托、济尔哈朗、

---

① 参看中国第一历史档案馆编：《满文老档·太祖朝卷》，中华书局 1990 年版。

阿济格、多铎多尔衮[①]等八和硕贝勒问努尔哈赤："天予之政，何以平定？天福何以永存？"潜台词是说，您老人家百年后，安排谁来接您的班呢？

努尔哈赤显然早就做好了思想准备，他告诉子侄们，不能选性格太强的人继承我的汗位，否则他会自恃强大冒犯上天。一个人再有见识，也不如集思广益好，"尔等八子为八王，若八王共议，庶可无失矣"。[②]努尔哈赤宣布，今后实行八和硕贝勒共治国政制度，不允许出现寡头一手遮天的恶政。

这些年来，随着政权的建立和发展，一丝苦恼占据了努尔哈赤的心，这苦恼排解不掉，挥之不去，如同塞外经年不化的积雪，越积越深，凝结成冰，让他感到彻体严寒。日月掷人去，忽忽催人老。随着时光的流逝，努尔哈赤明显感觉自己力不从心，这苦恼又爬上了额头和发际。积郁已久，竟炼化成锋利的政治清洗之刀，一次次挥向身边的亲人和宠近臣。

努尔哈赤宣布完毕后，感到一阵莫名的轻松。权力交接大事，关乎汗国的存亡，自己不经意的举动，往往就会掀起一场血雨腥风，他只能将心事憋在心里，让它蚕食着自己的心，这是一种高处不胜寒的悲凉和寂寞。贝勒和大臣们从努尔哈赤舒展的表情里，终于明白了大汗的心事。萦绕在努尔哈赤心头并使之苦恼的，是如何处置这片江山的问题。

偌大一个家业托付给谁，事关千秋万代，努尔哈赤不可能不苦恼。

即使用今天的眼光来看，努尔哈赤也是一个顶级的 CEO。他把女真人和部分蒙古人、汉人和奴隶，分成八个部分，用八种颜色的旗子区分，成为国家的统治基础——八旗。用比较枯燥的话来说，八旗是政治、经济、军事合一的控制管理组织系统。努尔哈赤是大汗，对八旗拥有百分百的股权。虽然子侄充任各旗旗主，享有本旗的军政大权，但不过是打工仔。他们只拥有爵位、财产、属员的使用权，产权却完全归大汗支配，说给就给，说收就收，毫无保障。

努尔哈赤对政权的绝对控制，依靠一套伪民主的议政班子。在后金

① 参看中国第一历史档案馆编：《满文老档·太祖朝卷》，中华书局 1990 年版。
② 参看中国第一历史档案馆编：《满文老档·太祖朝卷》，中华书局 1990 年版。

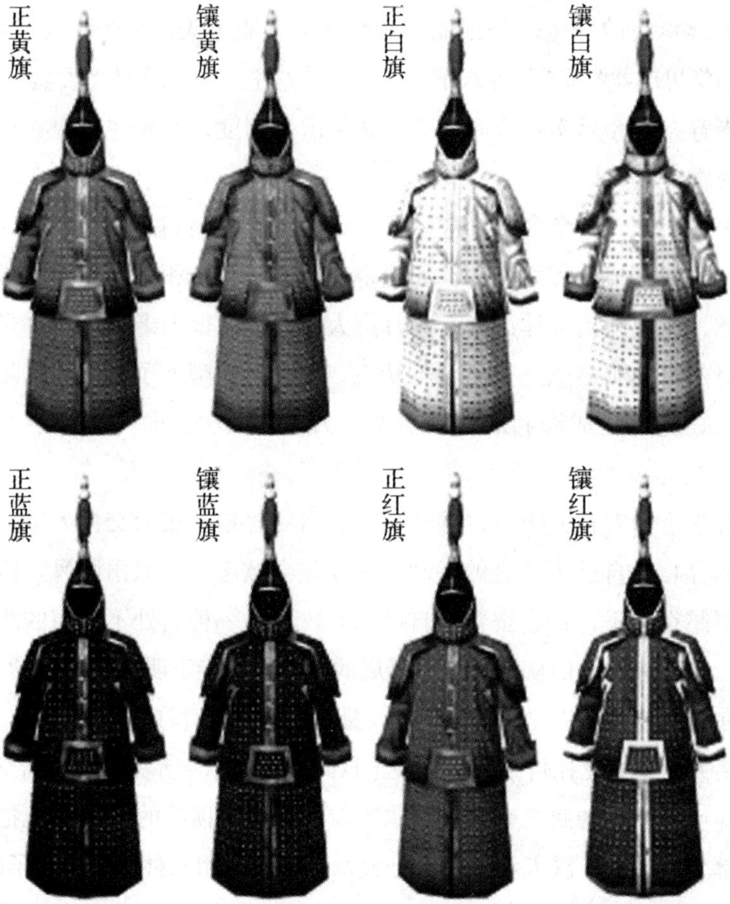

八旗军服

国建立前，由于子侄们还没有成熟，班子成员五湖四海，主要是费英东、额亦都、扈尔汗、何和礼、安费扬古五大臣，政权就如同一个集体企业，领导层都有一定比例的股份；后金国建立后，元老们逐渐被安排到二线，代善、阿敏、莽古尔泰、皇太极四大贝勒走上前台，政权就演变成为家族企业。其实无论是集体分股，还是家族持股，都是努尔哈赤牵总抓纲，一股独大。

女真部落酋长权力的交接，一般采取兄终弟及或父没子继的方式。创业之初，努尔哈赤的子侄还小，外出打仗靠的都是亲兄弟。随着家业逐渐扩大，努尔哈赤私心越来越重，兄弟们也想分一杯羹。利益分配用刀子解决问题，就拉开了第一次政治清洗的帷幕。万历三十九年（1611年），努尔哈赤将“有战功，得众心”的亲弟舒尔哈齐囚死，摆平了最有威胁的竞争对手，排除了兄终弟及的可能性，将旁落的权力股份，完全收入个人囊中。

所谓的万岁，不过是忽悠人的。这么大个家业，总是要留给子孙后代。囚死舒尔哈齐后，努尔哈赤开始考虑接班人问题。十几个儿子到底给谁呢？自古讲究立长不立贤，努尔哈赤也逃脱不了这个怪圈。万历四十年（1612年），他命长子褚英执政。然而，这一做法招来了麻烦，对汗位抱有幻想的元老们不接受，实力逐渐强大的四大贝勒也不答应，双方之间势如水火，你死我活。为了维护最高领导层的团结，努尔哈赤不得不杀掉褚英。

第一次挑选接班人失败后，努尔哈赤陷入了苦恼之中，他万万没有想到，打江山易，守江山难，选接班人更是难上加难。经过深思熟虑后，他再次选择了父业子承，将目光投向了次子代善。这次矛盾更大，众贝勒群起而攻之，甚至还制造出了太子与皇后通奸案。大火烧到了后院，天命五年（1620年）九月，努尔哈赤不得不废掉太子代善。

接班人两次选立失败，努尔哈赤终于认识到了问题的症结。权力就像一块肥肉，一旦给了一只狼，群狼立即就把这只狼当做敌人，群起而攻之，要想避免相互撕咬，只能采取平均主义。指定继承人的途径走进了死胡同，他不得不改变旧有思路，探索新的权力交接方法，这就是八和硕贝勒共治国政。努尔哈赤有自己的如意算盘，他希望借助这种制度，既能将权力股份牢牢控制在家族手中，又能避免因为分配不均引起的血腥争夺。

其实早在废除代善时，努尔哈赤已开始构想蓝图。天命六年(1621)年，他还犹豫不决。努尔哈赤私下里向从弟阿敦征求意见，问他谁可以做接班人。对汗权怀有私心的阿敦说，皇太极是众望所归。推荐了皇太极后，他又向代善走风漏气，说皇太极等人要杀他。阿敦此举，把四大贝勒和众小贝勒都卷入争夺战中。为避免子侄内讧，败政权于萌芽，心思疲惫的努尔哈赤，下决心推行八和硕贝勒共治国政。

要想顺利通过权力的战场，必须要扫除阻碍前进的地雷。努尔哈赤开始了他的第二次政治清洗。天命六年（1621 年），他先是囚禁了挑拨是非的阿敦，又冤禁了与四大贝勒平起平坐的义子扈尔汗，彻底消除了汗权的潜在威胁者。天命七年（1622 年），他颁布汗谕，实施新政。

八和硕贝勒共治国政制度看似复杂，其实就是一句话，即汗国所有军政要务由八和硕贝勒共同商议裁处，大汗或贝勒不能单独行使政治、军事、外交、司法、人事权力。其核心理念是八和硕贝勒能够罢立大汗，如果大汗独断专横，“不行善道”，可以“强行换之”。①

共治制花费了努尔哈赤不少心思。他有自己的如意算盘，就是让大汗与八和硕贝勒以及八和硕贝勒之间相互牵制。共治制的出台，标志着后金汗国的政治体制，由家长专权向八王分权过渡，这在客观上避免了权力内讧。

这是一个有人欢喜有人忧的决定。小贝勒们忽然有了与四大贝勒平起平坐的资格，自然是欢喜之极。四大贝勒却耿耿于怀，欲罢不能，嗣位争夺战转入地下。努尔哈赤决定杀鸡给猴看，开始了他的第三次政治清洗。天命七年（1622 年），他诛杀了第一文官额尔德尼；天命八年（1623 年），又重惩女婿乌尔古岱，将争夺汗位的瓢暂时按在水下。

“一屋不扫，何以扫天下？”从天命六年到天命十年的五年间，努尔哈赤没有外出逐鹿，他一门心思关起门来处理家务。经过几轮政治打击，

---

① 参看中国第一历史档案馆编：《满文老档 · 太祖朝卷》，中华书局 1990 年版。

各股力量此消彼长，后金汗国迎来了最高领导层的平衡稳定期。

然而，八和硕贝勒共治国政是一位政治伟人穿越历史的帷帐肇始的民主政治，还是一个政治天才通过格局平衡制造的独裁统治，出身原始部落的努尔哈赤下的究竟是一步什么棋？

历史给后人留下了巨大的想象空间。

战略大汗努尔哈赤评传

明万历十一年（1583 年）五月，二十五岁的努尔哈赤以遗甲十三副起兵，攻占尼堪外兰占据的图伦城，打响了建立后金国的第一仗。

努尔哈赤本为女真小部落酋长之子。万历十一年年初，其祖觉昌安、父塔克世担任向导，随明军攻打古勒寨时，被明军误杀。努尔哈赤不敢公开与明王朝为敌，把矛头对准了助明为恶且欲吞并自己的尼堪外兰。图伦城一役后，努尔哈赤走上了兼并扩张的道路。

当时，女真分为建州女真、海西女真和东海女真三大系统，大大小小的部落近百个。各部落相互攻击，称王称霸。事业之初，个人魅力至关重要；创业之时，战略则是决定成败的主因。生存在夹缝中的努尔哈赤，因沉着坚韧，豁达机智，善于用人，赏罚分明，作战勇敢，战术得当，很快吸附了大批人才和部众。更重要的是，努尔哈赤是一个战略大师，他针对实际情况，规划出合理科学的战略，又有效地加以贯彻实施。在努尔哈赤的领导下，这个小小的部落远交近伐，恩威并行，迅速做大。

在向明王朝叫板前，努尔哈赤的基本战略是：对外佯从明廷，结好朝鲜，拉拢蒙古，避免四处树敌；对内由近及远，先弱后强，征抚合用，逐步统一各部。起事后四年即万历十五年（1587 年），作为“流寇”的努尔哈赤，在苏子河畔筑城，“立禁约法制”，建立了组织化、制度化和体系化的政权雏形。万历二十七年（1599 年），作为“草莽”的努尔哈赤，命额尔德尼和噶盖仿照蒙文字母，创制自己的文字系统满文，搭建了满族共同体的文化意识桥梁。万历四十三年（1615 年），作为“游牧”的努尔哈赤，实施牛录屯田，多垦良亩，积蓄谷粮，增加财政收入，为征伐用兵奠定了经济基础。万历二十九年（1601 年），作为“游寇”的努尔哈赤，鉴于以族寨为基础的武装组织的临时性和拼凑性，整编牛录，使之成为社会基层组织和军队基本单位。

万历四十三年（1615 年），为了将来自不同地区的、分散的数十万人口统一编制起来，努尔哈赤又在牛录制的基础上，创建了八旗制度。八旗制度包含了军、政、财等多种职能，是一种社会组织、社会宣传和社会动员的制度性手段，促进了整个统治区的一体化和高效化。从社会学的角度来讲，其最大的功能是消除了所编地区民众的差异性，形成了经济条件、语言文字、风俗习惯、心理状态等方面基本一致的新的民族共同体——满族。

万历三十四年（1606 年），威名远播的努尔哈赤即被蒙古一部尊为聪睿恭敬汗。万历四十四年（1616 年），努尔哈赤被拥为英明汗，建元天命。万历四十六年（1618 年）四月十三日，努尔哈赤找了几个借口，凑成“七大恨”誓天，发兵征明，十五日即攻下抚顺。抚顺之战引起了明王朝的恐慌，遂用军十万，号称四十七万，大征辽东。万历四十七年（1619 年）三月一日，八旗军在萨尔浒大败征讨之敌，亡明军四万五千余人。经此一役，努尔哈赤正式打出了同明王朝分庭抗礼的后金汗国旗号。

对明王朝用兵的同时，努尔哈赤在自己的根据地里实施战略整合：计丁授田，按丁纳赋，提高粮食生产能力和赋税汲取能力；全国编庄，优待女真，加速社会结构变动和阶层阶级变形；满蒙联盟，编旗重教，解决沉积两千多年的北方游牧边患问题；任用汉官，豢养辽民，增强汉满的文化交流和认同。此外，他还铁血固权，囚死亲弟舒尔哈齐，杀死长子褚英，废掉次子代善，诛灭诸多功臣，建立起形式上具有原始民主性质、实质上个人一手操盘的八贝勒共治国政制度。

由于明王朝内部党派林立，经抚有隙，将帅不和，朝廷先后起用熊廷弼、孙承宗和高第经略辽东。努尔哈赤瞅准时机，休养生息，调整战略，趁势用兵，先后拔沈阳、克辽阳、取广宁、战义州，动摇了明王朝在辽东的统治。天启五年（1625 年），努尔哈赤考虑到沈阳的战略地位，“西征明”，“路直且近”；“北征蒙古，二三日可至”；“南征朝鲜，可由清河路以进”；“时而出猎，山近兽多；河中水族，亦可捕而取之”，力排众议，将政治、军事和经济重心前移，迁都沈阳。

天启六年（1626 年）正月，六十八岁的努尔哈赤，将兵六万，号称二十万，进军明王朝门户宁远。守将是四十二岁的宁前道袁崇焕，毫无军事经验，以一介书生之身和不足两万之兵，布置火炮，坚壁清野，军民共防，以静制动，重创努尔哈赤，使之愤恨而归，积郁成疾，于是年八月十一日驾崩。

盖棺论定，努尔哈赤虽然壮志难酬，但却奠定了清朝二百九十六年大业的基石。在他身上，充分体现了奠基之君的坚韧、智慧，尤其是超人的战略意识，当然，也散发着浓重的血腥之气。

努尔哈赤私档

姓名：爱新觉罗·努尔哈赤（1559—1626）

庙号：太祖

谥号：初为“武”，后为“高”

年号：天命

即位时间：明万历四十四年正月初一（1616年2月17日）

即位年龄：五十七周岁

在位时间：十一年

陵寝：福陵（今辽宁沈阳）

父母：父塔克世，母喜塔拉氏

配偶：十六人，初婚为佟佳氏，皇后叶赫那拉氏

子：十六人，长子褚英，次子代善，三子阿拜，四子汤古代，五子莽古尔泰，六子塔拜，七子阿巴泰，八子皇太极，九子巴布泰，十子德格类，十一子巴布海，十二子阿济格，十三子赖慕布，十四子多尔衮，十五子多铎，十六子费扬果

女：八人

继位人：皇太极

第二章 皇太极的夺权逻辑

天命十一年（1626年）八月，江南仍旧酷暑难当，塞外却是秋高云淡。六十八岁的努尔哈赤蜷缩在病榻上，饱受痈疽发作之痛，他纵马征服了整个辽东，却无法跨越生命的黄昏。此时，这只曾纵情翱翔在草原上空的雄鹰，孱弱得如同折翼的幼鸟，那双浑浊而悲凉的双眼，甚至无力欣赏最后一抹夕阳。十一日下午，壮志未酬的一代天骄努尔哈赤，带着入主关内的遥远梦想闭上了渴望的双眼。

夜夜笙歌只是富人们的情调，戴月荷锄归或者听取蛙声一片，则是农人的别致生活。八月十一日，对绝大多数人来说，普通得如同一次呼吸，匆匆逝去，留不下任何痕迹。而沈阳大汗行营，却是暗流涌动。随着努尔哈赤的心跳逐渐停止，他所留下的权力真空，让众贝勒的心跳逐渐加速。八月十二日，当争夺汗位的最后一枚棋子落定的时候，置身局外的人们才发现，权力的对弈在八月十一日晚就已经分出了输赢。

八月十一日晚，究竟发生了什么，在普通人的鼾声中，悄然改变了历史？

死亡通知

大妃阿巴亥最先嗅到了死亡的气息。

努尔哈赤总共有过三个大妃，第一位大妃是原配佟佳氏，生褚英、代善，去世较早；第二位大妃是富察氏，生莽古尔泰、德格类和女儿莽古济，因罪遭休离，后被莽古尔泰诛杀。第三位大妃即是阿巴亥，生阿济格、多尔衮、多铎。

阿巴亥生性聪颖，貌美端庄，史书上说她“饶丰姿”[①]。阿巴亥十二岁时嫁给长己三十一年的努尔哈赤，一时集万千宠爱于一身，备受宠幸。后金汗国时期，大妃相当于正宫皇后。阿巴亥贵为正室，执掌后宫，其声誉之隆、地位之高，可想而知。

这样一位一国之母，在先夫尸身未冷之际，脸上泪痕未干之时，突然接到了一份离奇的死亡通知。

八月十二日卯时，早晨六七点钟，地平线上的第一抹阳光，已将塞外的草原和森林，涂上了一层金黄。初秋的早晨，尽管风中有了透衣的凉意，但依旧鸟语虫鸣，田野中的庄稼，已经沉甸甸的等待收割。

对绝大多数普通人来说，这是一个成熟和收获希望的季节。

阿巴亥云鬓散乱，双眼红肿，她已经几夜没有休息了。努尔哈赤的病危和去世，使三十七岁的她骤然失去了依靠，没有什么比中年丧偶更令人痛心。想起十四岁的多尔衮和十二岁的多铎，阿巴亥痛哭失声。

阿巴亥知道，努尔哈赤的驾崩，势必会影响她个人的命运，但她远远没有想到，自己已经成为秋后的蚂蚱。权力的巨大漩涡，正慢慢向她卷来，自己在这个秋天的早晨所收获的，不只是悲痛欲绝的伤心，还有即将吞噬她的令人绝望的黑暗。正在她啼哭之际，代善、阿敏、莽古尔泰、皇太极等贝勒破门而入，宣布要阿巴亥为努尔哈赤殉葬。

① 参看中华书局影印：《清太祖努尔哈赤实录》，中华书局 1985 年版。

‖ 阿巴亥

阿巴亥一下子惊呆了。

女真族向有殉葬的传统，丈夫死前，会指定小妾或丫鬟殉葬，殉葬者不许抗拒，精心打扮后自杀。对于这一点，阿巴亥是清楚的。但即使殉葬，也轮不到她。富族皇室中，殉葬之人都是小妾，没有正室或皇后随夫而亡的先例。再者说，多尔衮、多铎尚未成年，自己抚养幼子的义务没尽，是可以避免殉葬的。

阿巴亥看着众贝勒，疑惑而又惊惧。这些曾拜在她脚下谦恭而敬孝的子侄们，此刻如同恶狼一般环伺周围，眼神冷漠而残酷，仿佛自己是一只待宰的羔羊。阿巴亥说：大汗并没有让我殉葬。众贝勒显然是有备而来：大汗有遗命。

我们似乎真能从历史典籍中，找到努尔哈赤让阿巴亥殉葬的证据。《清太祖实录》说，阿巴亥"心怀嫉妒，每致帝不悦，虽有机变，终为帝之明所制，留之恐后为国乱，预遗言于诸王曰：'俟吾终必令之殉'"。然而这样的记载可信吗？要知道该《实录》成书于皇太极执政时的崇德元年（1636年），历史是由胜利者来书写的，其舆论笔调必然以其之利益为标尺来衡量。

后人说阿巴亥心怀妒嫉，努尔哈赤对其很不满，显然是为她的殉葬，制造一个合理合法的借口。如果努尔哈赤真想除掉阿巴亥，就不会在驾崩前几天，急诏阿巴亥前来服侍。

几天以来，阿巴亥一直在努尔哈赤的病榻左右，未曾离开半步，如果大汗有遗命，她怎么可能不知道？众贝勒看阿巴亥不想殉葬，就说，大汗有遗命，你不愿意也得愿意。① 言下之意，她根本没有选择的余地。阿巴亥终于明白了，这是有人要置她于死地。她早已经意识到迟早会有一场暴风雨，只是没有想到会来得这么快。

在朝鲜史料的记载中，努尔哈赤想传位给多尔衮，考虑到他年龄较小，拟让代善摄政。② 顺治年间，多尔衮也曾宣称："太宗文皇帝之位，原

① 参看中华书局影印：《清太祖努尔哈赤实录》，中华书局1985年版。
② 参看潘喆等：《清入关前史料选辑》，中国人民大学出版社1985年版。

系夺立。”[①] 既然努尔哈赤没有明诏多尔衮即位，那么这个消息必然是由阿巴亥传出的。考虑到努尔哈赤驾崩后第二天早晨，阿巴亥就被迫殉葬，那么八月十一日晚，阿巴亥肯定亲自找代善谈过这个重大问题。

其时，代善虽是大贝勒，但作为废太子，政治上早已过气。由代善摄政，完全可以提高他的政治地位。而代善不但没有接受阿巴亥的口传“密诏”，还帮着死对头皇太极逼迫她殉葬，这是为什么呢？阿巴亥不明白。

阿巴亥是否明白其中的猫腻，这已经不重要了。她所要做的就是以自杀的形式殉葬。现在，还有谁会相信自己口中的密诏？即使有千般言语，不过是自己拒绝从死的托词。阿济格、多尔衮、多铎虽然已经各是一旗之主，但毕竟年轻人微，尤其多尔衮、多铎还未成年，他们怎么能救得了自己？在残酷的政治斗争中，基于私利的虚伪用心，往往披着漂亮的外衣，真诚的言词背后，常常隐藏着不可告人的目的。众贝勒众口一词，大汗遗命令自己殉葬，显然是达成一致协议，将殉葬之名坐实。

阿巴亥在众贝勒的包围中，开始了她一生中最后一次的梳洗打扮。她穿上了礼服，戴上了珠宝，抹上了胭脂。镜子里的那个女人虽然戚容满面，但风韵犹存。阿巴亥心中掠过一阵悔意，只可惜自己是一个弱女子，没有凭借努尔哈赤的宠爱，以及三个儿子所拥有的兵力，及时积蓄力量，否则自己有可能成为第二个武则天或者萧太后。

一切都已经成为假设了。阿巴亥对众贝勒说，我还有两个没成年的儿子多尔衮、多铎，希望你们善待他们。贝勒们看到阿巴亥妥协了，终于放下了心中的石头：“二幼弟吾等如不恩养，是忘父也，岂有不恩养之理？”[②] 八月十二日辰时，也就是早晨八九点钟左右，交待完后事后，阿巴亥的生命之花，以自杀的形式，凋谢在晨曦中。

历史典籍中透露了阿巴亥殉葬案，是一个有预谋的政治事件。《清太祖实录》记载，阿巴亥自杀前曾说，我十二岁伺候大汗，丰衣美食，已经二十六年了，“吾不忍相离，故相从于地下”。这一记载同该书中“俟

---

① 参看李鸿彬：《皇太极继嗣的几个问题》，载《历史档案》1981 年第 3 期。

② 参看中华书局影印：《清太祖努尔哈赤实录》，中华书局 1985 年版。

吾终必令之殉”的大汗殉葬遗命，前后矛盾。既然努尔哈赤有强制性遗命，阿巴亥怎么会自称“不忍相离故相从”？人为殉葬阿巴亥的阴谋，昭然若揭，欲盖弥彰。

不过，是不是阴谋，似乎已无关紧要了，重要的是阿巴亥死了。同时用弓弦[①]自尽而殉的，还有努尔哈赤的另外两个小妾：阿济根和代因扎[②]。

后金国史上最重要的政治力量，被一份离奇的死亡通知逼出了政治舞台。

是谁导演了这个清除异己的殉葬案呢？

一个候选人的“桃色新闻”

代善表面很平静，但他心里已经乐开了花。

对殉葬案内幕了如指掌的代善，似乎并没有过多地考虑阿巴亥之死对政局的影响，他已沉浸在代因扎死亡的快感中。仇恨如同一条毒蛇，时时刻刻撕咬着他的神经，半夜惊醒，有时都是一身冷汗。

六年了，他终于出了一口恶气。

天命五年（1620 年）九月，后金汗国发生了震惊朝野的废太子案。第一位太子褚英被杀之后，代善因年长成为大贝勒。代善是努尔哈赤的十五个儿子中最有才干和军功最著的，并且统领八旗中的正红、镶红两旗，很受父汗的青睐。考虑到代善是长子，而且作战勇敢，富于谋略，性格宽厚，努尔哈赤正式将其册立为太子。

褚英和代善的共同点就是都是嫡长子[③]，军功显著，精通谋略，很受拥戴，不同点就是两人性格迥异。努尔哈赤认为，以宽厚的代善取代心胸狭隘的褚英，就能顺利地解决继承人问题，没有料到代善也出了差错。

将太子掀下马的直接导火索是虐子案。

① 有史料说是用白绫。
② 也有史书把代因扎称为德因泽、代音察，三者为同一人。
③ 褚英死后，代善居长。

九月初三，代善前妻之子硕托、岳托和阿敏之弟斋桑古等，打算叛逃大明，被人告发后幽禁。努尔哈赤细查之下，原来是代善听信继妻谗言，迫害硕托，致使他出此下策。事发之后，代善不但不检讨，还五六次跪在努尔哈赤面前，信誓旦旦地表示：如果是听信谗言虐待硕托，子是父非，则杀继妻；如果是儿子悖乱，则亲手刃之。言下之意，硕托大逆不道，必除之而后快。

代善没有想到，父汗并没听信自己的誓言。努尔哈赤一边将硕托调到自己旗下保护起来，一边暗中调查其受虐之事。经过调查他发现，硕托、岳托所领有的属户，比代善与继妻所生孩子的少而差。面对努尔哈赤的质问，代善不但不认错，反而再次听信枕边风，说硕托与自己的小妾私通，另外一个小妾喀勒珠可以作证。

令代善没有料及的是，自己的所作所为拨动了父汗最敏感的隐痛。选择代善做接班人，就是因为他为人宽厚。而今他听信继妻谗言，虐待亲子，心胸狭窄，与褚英何异？他完全忽略了努尔哈赤的用心。

努尔哈赤心里掠过一阵悲凉，自己早年被继母虐待的情景涌上心头。他召集贝勒大臣，当众责骂代善，你也是我前妻所生，怎么不想想我是怎么对你的？你为什么听信继妻的话，虐待自己的亲生儿子？莽古尔泰火上浇油，趁机弹劾代善说，我们这些贝勒大臣，都对兄嫂畏之如虎。[①]

努尔哈赤亲自审问喀勒珠，同时找来硕托之妻等二十人问话，喀勒珠承认是受代善继妻指使作伪证。盛怒之下，努尔哈赤痛骂代善：欲杀亲子、诸弟之人，哪有资格当一国之君，执掌大政？[②]他宣布废黜太子之位。

虽然虐子案导致代善被废，但了解后金汗国政局的人都知道，该案只不过是一桶油，真正点燃废太子事件的火种，是半年前的私情案。

眼看着代因扎自杀时痛苦的挣扎，代善心里无比畅快，就是这个女人的诬告，让自己背上了黑锅，断送了原本一片光明的政治生涯。

天命五年（1620 年）三月二十五日，代因扎向努尔哈赤打小报告：

① 参看东洋文库清代史研究室编：《旧满洲档》，东京：东洋文库 1975 年版。
② 参看东洋文库清代史研究室编：《旧满洲档》，东京：东洋文库 1975 年版。

大妃富察氏曾两次做好饭食送给太子代善，代善笑纳了；也曾送给四贝勒皇太极，皇太极没有受用。大妃每天三番两次派人去代善府，可能有密谋，而且她本人也曾深夜出宫两三次。[①]努尔哈赤连忙召集扈尔汉、额尔德尼、雅逊、蒙哈图，组成四人专案组调查此事。经认真查证，代因扎所告属实。

这是一个惊天的大丑闻，努尔哈赤懵了。

代善生于1583年，时年三十七周岁。富察氏在代善之母去世后，晋升为大妃，当时三十岁出头。代善和大妃虽无血缘关系，却有母子之名。自己的儿子和大妃有私情，丑闻蔓延到了自己的床笫间，努尔哈赤恼羞成怒。可这毕竟是自己家的丑闻，如果传扬出去，势必影响汗室的形象。

努尔哈赤压住自己的怒火，他亲自出面解释："我曾经说过，百年之后，未成年的儿子和大妃，交托给接班人代善照顾。所以，太子和大妃走得近些，完全在情理之中。"[②]努尔哈赤虽然如此为代善开脱，但厌恶的种子已经开始萌芽。

不久，又一轮"拉链门"丑闻向代善袭来。

代因扎[③]又向努尔哈赤报告说，每当在大汗家举行宴会或召开会议时，大妃总是披金挂银，拿媚眼斜视代善，频送秋波。贝勒和大臣们害怕代善和大妃报复，都敢怒不敢言。厌恶的种子，终于在努尔哈赤的胸膛破土而出。

在自己有生之年，代善竟然如此狂悖，大逆不道，有背人伦，是可忍孰不可忍？显然，代善并不具备人主之资。努尔哈赤明白，如果就此杀掉大妃，罢黜代善，无疑是告诉天下人，大妃和太子确有奸情，这显然属于不打自招。同时，轻言杀罢，也会引发政治地震。他所能做的就是寻找借口，徐徐图之。

富察氏平时喜欢占点小便宜。对于妻子的经济问题，努尔哈赤平时总是睁一只眼，闭一只眼。私情案发后，他派人仔细查证，"乃以大福晋

① 参看中国第一历史档案馆编：《满文老档·太祖朝卷》，中华书局1990年版。

② 参看中国第一历史档案馆编：《满文老档·太祖朝卷》，中华书局1990年版。

③ 没有直接史料说明此次告密者是谁，据代因扎事后地位骤升来看，笔者推测她即是告密者。

窃藏绸缎、蟒缎、金银财物甚多为辞”，[1]用腐败的名义，定了大妃的罪。考虑到生养的孩子还没成年，只是将富察氏休离，没有杀她。

代善和富察氏只有私情嫌疑，并没有事实上的男女关系，如果废立，证据不足，无法服众。所以，努尔哈赤没有立即处理代善。假如代善从此能够检点自身，谨小慎微，他有可能保住自己的太子之位。没有料到，半年之后，又发生了虐子案，代善从此被打入政治冷宫。代善显然没有意识到，在政治漩涡中，必须力求洁身自好，私生活方面的任何不检点，都会成为政敌攻击的软肋，断送自己的政治生命，甚至会带来灭顶之灾。

是谁发起了对代善的攻击？代善心知肚明，只是他无力反击。他唯一所能做的，就是幸灾乐祸地看着代因扎死。

事实上，如果不是政敌一方昨夜敲开了自己的门，他也许还不能了此仇恨。

八月十一日的黑夜棋局

八月十一日夜，皇太极君临黑暗。

尽管有很多人因为努尔哈赤的驾崩无法入眠，但这个夜晚是属于皇太极的，他才是漫漫长夜的真正第一主角。

有资料表明，这是一个晴天。我们可以在脑海中，勾勒出这样一幅迷人的画卷：柔软的夜风抚过大地，送来黑泥土的芳香。依稀作响的树叶，衬托着秋虫的呢喃细语。漫天的繁星，以万年不变的姿态，安详地俯视着人间。

一个多么静谧、温馨而富于诗意的夜。

四贝勒皇太极的心里很不平静，他无意欣赏这无边的夜色。自天命十一年（1626年）正月，努尔哈赤在宁远被袁崇焕击败以来，皇太极就发现从未有败绩的父汗，一下子垮了。这是一个极其重要的政治信号，它意味着六十八岁的努尔哈赤可能即将退出舞台。父汗之后，千秋大统

① 参看中国第一历史档案馆编：《满文老档·太祖朝卷》，中华书局1990年版。

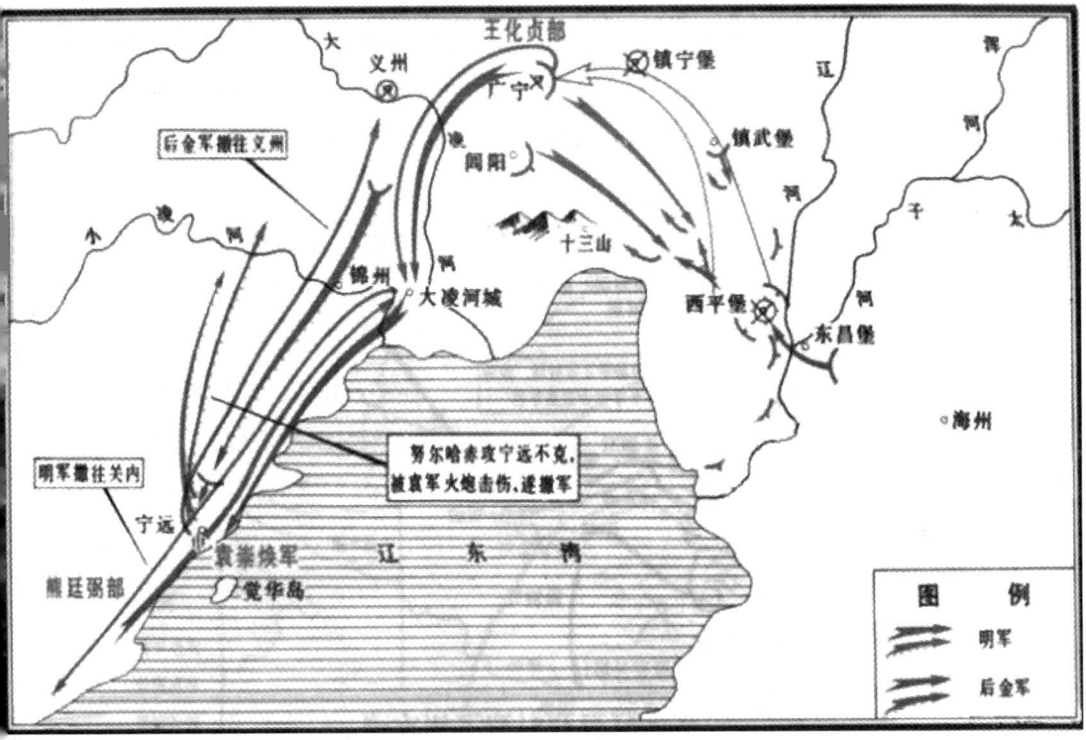

王化贞部
义州
镇宁堡
广宁
闾阳
镇武堡
后金军撤往义州
十三山
锦州
大凌河城
西平堡
东昌堡
海州
努尔哈赤攻宁远不克，
被袁军火炮击伤，遂撤军
明军撤往关内
宁远
袁崇焕军
辽东湾
熊廷弼部
觉华岛
图例
明军
后金军

宁远作战经过示意图

谁来执掌？皇太极心跳骤然加速。机会只给有准备的人，他如同一个猎人，密切注视着父汗的一举一动，同时开始了紧锣密鼓的安排。

七月初，努尔哈赤痈疽发作，通体长疮。二十三日，移驾清河，进行温泉汤疗。八月七日，努尔哈赤病危，和接到急诏前来的大妃阿巴亥会合。十一日下午，努尔哈赤驾崩于沈阳四十里外的小镇。

众贝勒大臣跪在努尔哈赤的灵柩前，痛哭流涕。一张张同样泪流满面的脸，掩盖着各自不可与人语的心事。安排好值班贝勒守灵后，贝勒大臣们回到自己的驻地休息。由于努尔哈赤生前推行八和硕贝勒共治国政制度，事先没有指定接班人，他的骤然离世不仅留下了巨大的权力真空，也留下了无限的想象空间。

政坛如战场瞬息万变，机会稍纵即逝。在今夜众多无法安然入睡的权力赌徒中，皇太极无疑是最清醒的一个。经过这么多年的政治斗争，皇太极已成长为精明的猎人，谁会成为他最有力的竞争对手呢？

对皇太极来说，除了自己之外，父汗还有十五个儿子，即长子褚英，次子代善，三子阿拜，四子汤古代，五子莽古尔泰，六子塔拜，七子阿巴泰，八子皇太极，九子巴布泰，十子德格类，十一子巴布海，十二子阿济格，十三子赖慕布，十四子多尔衮，十五子多铎，十六子费扬果。其中褚英已死，代善被废，其余诸子似乎都有可能继嗣。

不是具有血缘关系，就可以继承大统。能否坐上汗座，不仅依赖于努尔哈赤的遗命，还取决于其所拥有的实力。对于这一点，皇太极非常清楚。既然父汗没有明诏，实力就是唯一的砝码。是否具备实力，就看他是否掌握旗军。长期以来，父汗亲领正黄、镶黄两旗，晚年赐给阿济格、多铎；皇太极自己领正白旗，褚英之子杜度领镶白旗[①]；代善领正红旗，代善子岳托领镶红旗；莽古尔泰领正蓝旗，阿敏领镶蓝旗。

我们可以为皇太极作如下分析：从地位上来说，最有影响力的是代善、阿敏、莽古尔泰和自己这四大贝勒；从兵力上而言，是代善父子和多尔衮兄弟；而从受父汗宠爱程度来讲，则是多尔衮兄弟。杜度和岳托虽然掌握一旗之军，但他们都是孙辈，且德能勤绩劳均不能服众，无法

① 努尔哈赤本拟给多尔衮，未改赐便过世，后被新汗皇太极夺去。

成为自己的竞争对手。阿敏是努尔哈赤的侄子，其政治前途早已随着舒尔哈齐的倒台而断送，加之性情乖张，难与人相处，不可能继承汗位。莽古尔泰不过是个猛张飞，性格粗暴鲁莽，富察氏因性丑闻被休，他自己为表忠心，竟手刃生母，弑母之罪虽没受惩，却有背人伦，更不可能入嗣。

皇太极忽然感到一阵沉重，压得他几乎喘不过气来。他发现，有一股潜在的力量严重威胁着他。这股力量不是来自代善。对于代善，皇太极并不担心，这只是一只死老虎。尽管代善已经被废，但他和长子岳托、亲侄杜度还有三旗的兵力，而且代善还是领头大贝勒，军国大政皆由他协助处理，如果放手一搏，汗位落于谁手，还很难预料。

但代善会吗？皇太极太了解这个对手了。代善在私情案、虐子案的打击下，已经意志消沉。尤其是在私情案中，代善如同一个面团，任人揉捏却毫无还手之力，暴露了智谋上的严重缺陷。而且代善能力有余，魄力不足，性“宽柔”，乏“威暴桀骜之势”[①]，他只可能是守株待兔的农夫，却成不了放手豪搏的猎手。而且，岳托和杜度会帮代善吗？皇太极不禁暗中笑了。

皇太极真正担心的是多尔衮兄弟。

自八月七日开始，皇太极就寝难安枕，食不甘味。他不是担忧父汗的病情，而是阿巴亥的受命前来，让他心惊肉跳。父汗到底什么意思？为什么在病危时急诏大妃？大妃有三个孩子：阿济格、多尔衮、多铎，他们分别在十四岁、八岁、六岁时，就跻身八和硕额真之列，最近父汗又将自己统领的正黄、镶黄两旗，分赐给多尔衮、多铎，这可是八旗中地位最高、人数最多、战斗力最强的精锐部队啊。难道……皇太极不敢往下想了。

皇太极担心的不是多尔衮兄弟的兵力，凭阿济格一个毛头小伙和多尔衮、多铎两个娃娃，能掀起多大风浪？但如果阿巴亥宣布自己受遗命，拉拢代善等人辅佐多尔衮兄弟呢？父汗急诏阿巴亥前来，存在两种可能，一是服侍自己，二是留有口诏。即使没有口诏，假如阿巴亥矫诏，宣称

① 参看（朝鲜）李民寏：《建州闻见录》。

让多尔衮兄弟继位呢？无论口诏还是矫诏，政治遗嘱具有不可抗拒的宪法效应，违反遗嘱的决定，将使个人陷入道义和规则的困境。退一步讲，即使阿巴亥不矫诏，她坐镇后宫，多尔衮兄弟立于庙堂，也必成心腹大患。十七年后，皇太极的担心成为事实，只是遭受打击的对象，变成了他的儿子。皇太极坐不住了，他现在要做的就是，必须立即采取措施，让所谓的“遗诏”胎死腹中，切断多尔衮兄弟染指汗位的手。

努尔哈赤的死，也在代善心里掀起了波浪。这位曾经的前太子尽管意志消沉，但依旧对汗位垂涎三尺。正在他内心斗争之际，大妃阿巴亥前来拜访，向他宣布了努尔哈赤的“遗诏”：立多尔衮为汗，由他摄政。

无论阿巴亥所传的遗诏是真是假，这都是一个诱人的信息。如果他成为摄政汗，将会一人之下，万人之上。假以时日，他甚至可以凭借自己三个旗的兵力，实现黄袍加身的梦想。代善兴奋得脸都红了。但兴奋归兴奋，他对阿巴亥口头带来的遗诏，没置可否。沉浮政坛多年，饱受暗箭之苦，他已成了惊弓之鸟，没有百分百的把握，不能够轻易出手。

送走阿巴亥后不久，长子岳托和三子萨哈廉又敲开了房门。岳托和萨哈廉并不是来辅佐他的，两人很直接地告诉父亲：“国不可一日无君，宜早定大计。四贝勒才德冠世，深契先帝圣心，众皆悦服，当速继大位。”[①] 自己所依仗的亲生儿子，居然成了皇太极的帮手，潜伏在身边多年，自己却毫无察觉，对手的手段实在太高明了，代善一下子脸都白了。如果说依靠儿子的支持，联合阿巴亥和多尔衮兄弟，自己还有机会搏一搏。如今皇太极行动如此迅速，肯定做好了充分准备，而阿巴亥和多尔衮兄弟至今还沉浸于悲痛中，已丧尽了先机，再加上连儿子都不支持自己，这盘权力弈局注定没有赢的机会。

代善发现，自己已成为一个无足轻重却又不可或缺的砝码，放置在谁的一边，都会增加争夺汗位的机会。口头遗诏毕竟不具有法律效力，产生不了实实在在的约束力。对八弟手段了如指掌的代善，决定投靠皇

① 参看（清）蒋良骐撰，鲍思陶、西原点校：《东华录·太宗卷》，齐鲁书社 2005 年版。

太极。[1] 他对两个说客说："(让皇太极继位) 此吾素志也，天人允协，其谁不从？"[2] 为了表示自己的诚意，成为皇太极的功臣，代善积极参与设计了殉葬案，逼死声称奉有遗诏的阿巴亥，以及食肉寝皮方能解心头之恨的代因扎，埋葬了政治遗嘱所产生的潜在威胁。十二日上午，他主动说服阿敏、莽古尔泰和其他小贝勒，并亲自手拟了一份劝进书，推皇太极为新任大汗。

漫长的一夜过去了，十二日的太阳黄灿灿的，照亮了整个辽东。黑夜和白天已经成为自己的，皇太极终于笑了。

代善虽然稍解心头之恨，但他失去了主掌后金汗国的机会。

令他想不到的是，自己和兄弟子侄的灾难，即将拉开帷幕。

一个"菜鸟"的上位史

在接受众贝勒推举之前，皇太极结结实实地作了一次官样文章。

殉葬了阿巴亥之后，民主选举大汗会议正式开始。前太子代善起草意见书，带头劝进，请皇太极继位。皇太极表示，自己德薄才疏，如果忝居汗位，会辜负圣意民心，所以再三推辞。代善等人坚持劝进，皇太极就是不受，拉锯战一直持续到了下午。

不要被皇太极的谦虚迷了眼。汗位已成囊中物，推辞一下，略表谦虚的美德又何妨？在漂亮的官样文章背后，总隐藏着赤裸裸的暴力和阴谋，这是历史性规律。八月十二日下午申时，也就是四五点钟，在众贝勒将近五个时辰的坚请下，皇太极一副很无奈的样子，被正式推举为新大汗。

没有人天生就是皇帝，即使有幸生在帝王家，也必须遵循优胜劣汰的法则，经历残酷的血谋竞争。在努尔哈赤十六个儿子中，排行老八的皇太极，是如何脱颖而出的呢？这是个今天看来都很有意思的话题。

---

① 据（朝鲜）李肯翊《燃藜室记述》载，努尔哈赤临死前，遗命代善："九王（多尔衮）当立而年幼，汝摄位后，可传九王也。"代善"以嫌疑，遂让洪太氏（皇太极）"。

② 参看（清）蒋良骐撰，鲍思陶、西原点校：《东华录·太宗卷》，齐鲁书社 2005 年版。

努尔哈赤起兵不久，势力强大的叶赫部首领杨吉努见他“相貌非常”，主动将十四岁的女儿下嫁。那拉氏“庄敬聪慧”，努尔哈赤得此贤助，事业如虎添翼。那拉氏出身大族，精通翰墨，洞悉宦斗，母亲血液中的精华，毫无保留地遗传到皇太极身上，造就了他善于学习、多思善断的潜在素质。

十一岁那年，母亲去世。艰苦的生活是一个社会的过滤器，有些人会因此沉沦没落，有些人却能锻造顽强而拼搏的精神意志。在努尔哈赤妃子们的白眼和诸多手足兄弟的挤压下，皇太极心理趋向于内省，养成了心思缜密、工于心计、顽强宽宏的性格。在众贝勒中，唯有他精通满汉双语，文武俱胜，深受长辈喜爱和部属拥戴。

万历四十年（1612 年）上半年，三十三岁的长兄褚英成为父汗的接班人，在别人成功的烟花中，二十一岁的皇太极注定无法点燃自己的快乐。九月二十二日，皇太极开始向权力出发，踏上了幕后十四年的帝王路。当天，皇太极第一次领军，出征乌拉。从这时起，皇太极的文韬武略有了试验田，而潜伏在内心深处的权力欲望，也被金戈铁马催生出来。

那拉氏早亡，努尔哈赤不忘旧情，爱屋及乌，破格将八子皇太极提拔为四大贝勒。但他毕竟是侧室所生，并非嫡子，而且刚刚走上舞台，功绩比起征战多年的褚英、代善、莽古尔泰、阿敏，差距难以道里计。然而和能征惯战的兄长相较，皇太极的优势是过人的软实力，这就是智谋、胸襟、意志等个人品质，以及善于用人、笼络人和沟通协调等能力。

在政治的食物链中，遵循正式游戏规则，注定无法吃到汗位的肥肉。检视皇太极十四年帝王路，他其实只做了两件事：搞垮竞争对手和培植私人势力。

褚英是第一个出头鸟。万历四十年（1586 年），褚英被内定为接班人后，立即引起了费英东、额亦都、扈尔汗、何和礼、安费扬古五元老和代善、莽古尔泰、皇太极、阿敏四贝勒的妒嫉。对汗位早有觊觎之心的猎人们，将自私的弓箭瞄向了褚英。他们先是联手向努尔哈赤检举他的陋行，然后趁努尔哈赤出征之际，由留守大本营的皇太极，收买褚英的家臣，制造了一出谋反案，将其拽下接班人之位。

代善是第二个出头鸟。褚英被废之后，太子之位塞到了代善屁股底下。代善忘记了“以彼之道，还施彼身”的古训，他没有料到褚英式戏剧，会在自己身上重演。皇太极意识到，即使除掉代善，汗权的把手也不会轮到自己来握，因为当时富察氏是努尔哈赤的大妃，母贵子荣，莽古尔泰会成为又一块绊脚石。所以仅仅除掉代善，并不能保证自己就能摘到权力的果子。

立代善为太子不久，年事已高的努尔哈赤公开表示，百年之后，由代善承担起照顾自己妃子和幼子的责任。富察氏为讨好代善，给他送了几次美食，同时也给皇太极送了一份。富察氏没有想到，送给皇太极的这份美食，不但要了自己的命，也断送了代善的前途。

皇太极将美食退了回去，他找到了代因扎。

代因扎只是努尔哈赤众多妃子中的一个，地位极其低下，甚至没有资格和努尔哈赤同桌进餐。在无数个寂寞的黑夜里，她渴盼着努尔哈赤的阳光，能够照亮自己独守的空房，皇太极的到来，像是突然送来了一根救命稻草。代因扎知道，这是一个千载难逢的机会，只有依靠皇太极，扳倒富察氏，才可以迎来灿烂的黎明。代因扎接受了皇太极的计划，心甘情愿地做了一支毒箭，凶狠无比地射向了富察氏。她对努尔哈赤说：大妃和太子有私情。

努尔哈赤差点气懵了，他当即组成专案组，命令扈尔汉、额尔德尼、雅逊、蒙哈图调查私情案。大汗万万没有想到，他随意抽取的专案人员，竟有一半是皇太极的私人势力。大汗幕僚额尔德尼是皇太极集团的骨干成员，善弄权术的雅逊是皇太极的属下，而扈尔汉则与代善有很大过节，代善曾向大汗打过他的小报告。由这样一帮人来调查私情案，其结果的客观公正性可想而知。私情案发后不久，努尔哈赤以经济问题为由，休离了富察氏；以虐待亲子罪，罢黜了代善。莽古尔泰为讨好大汗，竟手刃亲母。而代因扎也因首告有功，坐到了努尔哈赤的饭桌前。

一块石头打下了代善和莽古尔泰两头鹰，皇太极兴高采烈地认为，自己这只鸟终于有出头的机会了。然而，努尔哈赤却另有想法。权力黑洞不但吞噬了长子的生命，而且还将整个家庭卷进了尔虞我诈的泥潭，痛定思痛，努尔哈赤决定推行共治国政，由阿敏、莽古尔泰、皇太极、德格类、岳托、济尔哈朗、阿济格、多铎多尔衮八和硕贝勒共同治理汗国，这意味着推举大汗时，每位和硕贝勒人手一票。眼看到手的鸭子要飞了，皇太极立即调整战略，加紧结党营私，打击异己，拉拢同盟。

宣布实施共治制后，努尔哈赤一直感觉有一个幽灵在他的汗位周围游荡。他知道，这是贼心不死的皇太极。天命八年（1623 年）六月初九，努尔哈赤召开会议，痛骂皇太极、德格类、济尔哈朗、岳托，指责皇太极"欲为汗乎"，"何其愚也"，[①] 并给了罚银夺丁的严重警告处分。也许是年老多怜，他吸取了痛杀褚英的教训，并没对皇太极下死手。

此次惩罚皇太极，原因很简单，就是努尔哈赤发现了儿子结党的阴谋。皇太极手段很高明，一方面，他讨好笼络父汗身边的重臣，比如汗国第一文官、大巴克什额尔德尼；百官之首、大汗族弟阿敦；第一督堂、大汗女婿乌尔古岱，阿敦甚至还向努尔哈赤建议立皇太极为太子。另一方面，他竭力拉拢小贝勒们，植养新兴阶层，向竞争对手掺沙子。比如硕托和岳托因代善和继母虐待自己，被皇太极拉拢在身边；济尔哈朗和桑斋古因为兄长阿敏排挤自己，尤其阿敏还想杀掉桑斋古，也被皇太极纳为私党；德格类因为兄长莽古尔泰失宠，主动投靠了皇太极。尤其是岳托、济尔哈朗和德格类，不仅是议政贝勒，握有投票权，而且还因为和代善、阿敏、莽古尔泰的特殊亲缘关系，成为安插在他们身边的棋子。

天命八年（1623 年）五月，审理额尔德尼案时，努尔哈赤察觉皇太极、岳托、济尔哈朗和德格类牵涉其中。六月，审理乌尔古岱贪污案时，努尔哈赤再次发现皇太极、岳托、济尔哈朗和德格类卷入内，并且认准了皇太极已经结成了一个私人势力集团。为了打击皇太极集团的气焰，努尔哈赤实施了口头警告和经济处分。遭此打击后，皇太极及时改变骄横作风，处事谦虚低调，言行谨慎，赢得了父汗和贝勒大臣的赞许。

尽管皇太极努力夹起尾巴做人，但争夺汗位之心一直蠢蠢欲动。天命十一年（1626 年），努尔哈赤驾崩后，多尔衮兄弟成为新的出头鸟。皇太极故技重施，通过岳托拉拢代善，捻灭了他争权的最后希望，然后勾

① 参看中国第一历史档案馆编：《满文老档·太祖朝卷》，中华书局 1990 年版。

结代善，殉葬了大妃阿巴亥和代因扎，不仅将多尔衮兄弟逐出竞争的舞台，而且把私情案的告密者灭了口，又可以说是一石二鸟。

搬掉多尔衮兄弟这最后一块绊脚石，再也没有人能够阻挡皇太极迈向汗权的步伐。八月十二日下午，皇太极以黑马般的姿势，成为后金汗国的新任大汗。纵观皇太极的幕后十四年，我们可以发现，一个帝王的成长史，可以说是一部充满赤裸裸暴力和阴谋的血谋史。

然而，在这个阳光明媚的下午，正在独自品尝喜悦和尊敬的新大汗，是否会想到十七年以后，报应将轮回到自己身上？

政治解套的学问

天命十一年（1626 年）九月一日，新大汗登基大典正式举行。

皇太极的心情和宫殿外的阳光一样明媚，这是他生命中最灿烂的日子。三十五岁还是一个男人播种的季节，但在震耳欲聋的鼓乐声中，皇太极却已开始收割无限江山。然而，随着典礼的进行，皇太极却越来越不愉快，他感觉有一片乌云飘向自己心灵的天空。

八旗将官兵民也感觉有些异常，这次大典明显和努尔哈赤登基仪式不一样。十一年前，老汗称汗时，一人接受万民跪拜。而今天，新汗向叔伯兄长们磕完头，才能登上汗座，和八和硕贝勒并肩受礼。[①] 如果不是皇太极居中而坐，很难从并排就座的十位贝勒中，[②] 分出谁是主掌后金的大汗。

皇太极没有想到，千辛万苦争来的皇冠，居然是一顶紧箍咒。看着两侧志得意满的众贝勒，皇太极心里如同塞满了石头，抑郁而又沉重。他心里清楚，这一切的症结，在于共治国政制。

天命七年（1622 年）三月初三，努尔哈赤颁布汗谕，宣布今后实施共治国政。在正式登基前，皇太极研究过该制度的内容，他发现这个规

① 参看中国第一历史档案馆编：《满文老档·太祖朝卷》，中华书局 1990 年版。

② 努尔哈赤封阿敏、莽古尔泰、皇太极、德格类、岳托、济尔哈朗、阿济格、多铎多尔衮九人为八和硕贝勒。代善和阿敏、莽古尔泰、皇太极为四大贝勒，亦在参拜之列，共计十人。

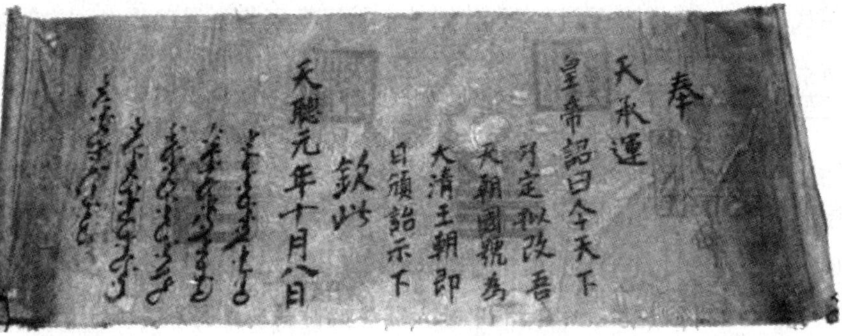

大清建国诏书

则从七个方面限制了自己的权力：一、八和硕贝勒能够罢免新汗；二、新汗需要和八和硕贝勒共同裁处军国大政；三、八和硕贝勒握有律法裁决权；四、八和硕贝勒掌控组织人事权；五、八和硕贝勒负责处理八旗纠纷，惩戒和更换和硕贝勒；六、八和硕贝勒共同分享汗国的财政经济；七、新汗需和八和硕贝勒并肩接受国人朝拜。①

用今天的眼光来看，共治国政制在本质上，是一种限权和分权的原始民主制度，努尔哈赤推出共治国政制的初衷，是为了维护一人独尊的局面。皇太极不可能通晓这些现代性理论，但他知道，没有了人事、财政、律法和处理国家大事的权力，连自己废立都由别人说了算，汗位就如同鸡肋，弃之可惜，食之无味。如果遵照共治国政制，在这个权力的盛筵中，自己注定只能分一块肉，稍有不慎，甚至连喝汤的资格都可能被取消。遥想当年父汗独坐中堂，脚下文臣武将跪拜两旁，是何等意气风发，雄姿飒爽，而现在自己呢？虽然贵为一国之汗，却好像一个任人摆布的傀儡，在很多重大问题上，只能签签字，划划圈，盖盖章。

没有足够的历史证据，可以让我们沿着皇太极的思维脉络，发掘出登基后的当天夜里，他对今后如何处理与八和硕贝勒的关系，做过什么样的思考。但可以肯定的是，十人面南背北接受朝贺的格局，肯定如虫子般噬咬过他的心。然而，皇太极必须接受这个现实，努尔哈赤所立的这项制度，具有不可侵犯的宪法效应，如果轻易废除，会危及统治的合

① 参看周远廉：《清太祖传》，人民出版社 2004 年版。

法性。而且，基于共治国政的温床，八和硕贝勒已滋生为一个特殊利益阶层，相互之间休戚与共，以皇太极一人之力，无法对抗整个集团。他所能做的，就是先向现实妥协，然后伺机清理，实行垄断。这就意味着新官上任的火把，无法随心所欲地熊熊燃烧。

九月二日，根基未稳的皇太极为控制政局，笼络人心，获取支持，率领代善等兄弟子侄大小十四贝勒，以誓言的形式肯定他们的既得利益："我若不敬兄长，不爱子弟，不行正道，明知非义之事而故为之，兄弟子侄微有过愆，遂削夺皇考所予户口，或贬或诛，天地鉴谴，夺其寿算。"十四贝勒也对天盟誓，表示遵从共治国政制度，拥护皇太极。

八和硕贝勒虽然平起平坐，但论功绩，讲资格，四大贝勒才是真正的政治核心。代善、阿敏、莽古尔泰和诸小贝勒，不是父子，就是兄弟，稳住了他们，就等于控制了诸小贝勒。皇太极知道，三大贝勒居功至伟，根本不愿和诸小贝勒一个炕头吃饭，而诸小贝勒资历尚浅，无法和三大贝勒平等相处。盟完誓约后，皇太极向三大贝勒行三拜大礼，表示要和他们以兄礼事之，不以臣礼相待，四人同时面南而坐，共理朝政。

三大贝勒在享受新汗叩拜时，没想到自己会落入温柔的陷阱。皇太极此举，是在实施政治分化，把和硕贝勒割裂为两帮。他将八和硕贝勒并肩听政，切换成为四大贝勒共同听政，将八和硕贝勒之间的平等关系，置换成为大贝勒与小贝勒的从属关系。从表面上看，是提高三大贝勒的地位，实际上是削减小贝勒的权力，从而相应地增强自己的话语权。

将小贝勒排挤出政治核心后，权力分散的问题并没有解决，重大事项依旧需要三大贝勒圈阅，皇太极决定从调整工作分配入手，逐步削弱贝勒们的权力。后金汗国的国本是八旗，贝勒们能和皇太极抗衡，就是因为握有旗政，掌有旗兵，俨然一个独立王国。要剥夺贝勒们的发言权，首先要弱化其对旗政的控制。

如果硬性回收旗权，势必引发政治骚乱。皇太极决定曲径通幽，派心腹之人掺沙子，在贝勒们身边安插上自己的人，既让他们有苦说不出，还能将其手中的权力分散。天聪三年（1629 年），皇太极决定推行旗务大臣制度，八旗中每旗设一名总管旗务大臣，该大臣有权总理本旗一切事务，并与贝勒们共同参政议政；每旗各设佐管旗务大臣二人、调遣大臣二人，“佐理国政，审断狱讼”[①]，以应调遣。此举将旗权一分为六，掌旗贝勒再也不能操纵一切，皇太极通过总管旗务大臣这根线，就可以控制八旗。如此一来，众贝勒对抗皇太极的基石被松动。

天命六年（1622 年），努尔哈赤任命四大贝勒为值班贝勒，按月轮流处理国中机要。皇太极登基后，继续实施值班贝勒制度。由于汗国推行共治国政，皇太极和三大贝勒地位平行，而不是相互隶属，所以经常发生政出多门和扯皮推诿现象，这令他十分苦恼。

天聪三年（1629 年），筹划已久的皇太极派出总管旗务八大臣，向三大贝勒摊牌：“向因值月之故，一切机务辄烦诸兄经理，多有不便。嗣后，可令以下诸贝勒代之。”[②]以负担太重，关心兄长健康为由，废除值月制度，逼三大贝勒退居二线。小贝勒们虽然可以值班处理政务，但由于早被架空，所以不能擅自做主，需要事事请示，大权落入皇太极之手。

看着贝勒们由傲慢无礼到诚惶诚恐，自己的意志能比较畅通地贯彻下去，皇太极满意地笑了，有位才有为，有为才有味，他慢慢体会到了做一把手的好处。

随着大汗的步步紧逼，已淡出政治核心的代善等人，渐渐退至权力的悬崖。

十万两的联欢

天聪九年（1635 年）十二月二十八日，代善率领众贝勒向皇太极表忠心。代善说，从今以后，如果对大汗不竭忠尽力，不得好死。[③]阿巴泰、济尔哈朗、阿济格、多尔衮、多铎、杜度、岳托、豪格等紧随其后，依次盟天，宣誓效忠。

在宣誓效忠的队伍里，少了阿敏、莽古尔泰等权倾一时的贝勒。按

① 参看（清）蒋良骐撰，鲍思陶、西原点校：《东华录·太宗卷》，齐鲁书社 2005 年版。
② 参看中华书局影印：《清太宗实录》，中华书局 1985 年版。
③ 参看中华书局影印：《清太宗实录》，中华书局 1985 年版。

照共治国制的蓝图，大汗受八和硕贝勒的制约，代善为什么要向皇太极效忠，而阿敏、莽古尔泰又哪里去了？

设置旗务大臣，废除值月制度，只是皇太极大权独揽的第一步。此举虽然抑制了代善、阿敏、莽古尔泰的权力，主旋律里少了些杂音，但三大贝勒依旧和大汗并肩而坐，他们作为旗主，苦心经营多年，实力依旧非常雄厚。要想实现独裁政治，完全自己说了算，必须拔掉这三个钉子。而处置他们的前提是，犯有“不行正道”、“明知非义之事而故为之”的错误，程序是经过八和硕贝勒集体讨论，单凭皇太极的个人意愿，无法废黜任意一位和硕贝勒。

从看似妥协和顺从的眼神里，皇太极读到了隐藏在内心深处的信息，那就是不安和逆反。毒蛇蜷伏在身边，总有一天会咬到自己，即使不伤人，也让自己伸展不开手脚。皇太极静静地等待机会，等待对手露出七寸的机会。

天聪四年（1630 年）三月，皇太极让阿敏驻守永平、滦州、迁安、遵化，准备以此为跳板，进军关内。辽东经略孙承宗统兵来袭，阿敏见明军势大，消极抵抗后，屠城败逃沈阳。皇太极当即召集贝勒大臣会议，历数阿敏十六条大罪，将他幽禁。阿敏丢城屠民，在军事和政治上造成恶劣影响，遭受处罚，可以说是罪有应得。然而，他平常喜欢和皇太极唱对台戏，已成为大汗欲除之而后快的肉中刺，此次兵败，恰好给了皇太极一个硬邦邦的借口。

八和硕贝勒推举皇太极，阿敏见风使舵予以拥立，没有提反对意见，但趁贝勒们守灵之际，派傅尔丹跟皇太极说：我选你做大汗是有功劳的，请你继位后派我部驻扎外藩。皇太极当然明白阿敏的猫腻，他断然予以拒绝，镶蓝旗出居外藩，其他旗也提出外驻，八旗四分五裂，我岂不是光杆司令了？[①] 阿敏另立门户的阴谋不但没有得逞，反而将自己的野心暴露在皇太极面前。

天聪元年（1627 年）二月，阿敏率济尔哈朗、阿济格、杜度、岳托、硕托等攻占朝鲜。岳托建议，和议既成，应早班师，防止蒙明犯边。眼

① 参看中华书局影印：《清太宗实录》，中华书局 1985 年版。

看脱离皇太极节制，所带兵力又可与之分庭抗礼，阿敏独立的念头复生。他找到杜度说，谁愿意走就走，咱叔侄俩留在这里。阿敏以为，杜度之父褚英的死，与皇太极有关，他肯定心有怨恨，没想到杜度不同意。

阿敏要留驻朝鲜，岳托要回师，双方僵持不下。岳托对济尔哈朗说，贵兄所做之事，有违天理，你应该劝谏。岳托还威胁说，如果你想留在这里，我率领两红旗走，两白旗和两黄旗也会跟我走的。[①] 阿敏权衡利弊，不得不同意班师。此事让皇太极极为震惊，然而他继位不久，根基不稳，而阿敏又没有公然反叛，处置旗主需要八和硕贝勒公决，皇太极只能藏住心中的利刃。

阿敏在永平等四城之战中，没有认真抵抗就匆忙逃回，皇太极一眼就看清了他的算盘，有实力才有发言权，阿敏此举显然是想保存家底。此时，皇太极已经在位四年，根深蒂固，早非昔日吴下阿蒙。他果断出手，削夺阿敏旗主之位，赐予济尔哈朗。阿敏最终步其父舒尔哈齐后尘，反叛不成，死于禁所。

阿敏被囚禁后，三大贝勒只剩两个，皇太极向独裁的目标又迈进了一步。正在他耐心等待机会之际，莽古尔泰自己跳了出来。

天聪五年（1631 年）八月，皇太极领军进攻大凌河。莽古尔泰以正蓝旗损失很大为由，想将拨出去的部众调回。皇太极埋怨说：你部纪律松弛，经常违误。莽古尔泰说，我部一向担当重任，哪有半点差池？皇太极见他顶撞，很不高兴：我会严加追查，不管违误属实还是纯系诬告，都要追究当事人责任。莽古尔泰握住刀柄，怒视皇太极：我向来唯你命是从，为什么偏偏为难我，是不是想杀我？同母弟德格类见此情形，斥责莽古尔泰大逆不道。莽古尔泰抽刀出鞘，被德格类推出营外。到了傍晚，莽古尔泰醒过神来，向皇太极请罪，说自己喝了几杯酒，胡言乱语，虽唐突犯上，却是无心之过。

莽古尔泰以为说句对不起，就可以化解皇太极的不满，他想得太天真了。

去年囚禁阿敏，已表明皇太极开始对三大贝勒下手。从后来代善的

① 参看中华书局影印：《清太宗实录》，中华书局 1985 年版。

遭遇看，即使此时莽古尔泰退避三舍，尚不能确保无虞，而他竟贸然挑战权威，无疑是自寻短路。伺机寻找或制造借口，然后无限上纲上线，将对手彻底打翻，却又让其有苦难言，是传统官场斗争的艺术。皇太极等待了五年，才找到一个废除他的借口，而今莽古尔泰自暴七寸，怎肯轻易放过？大凌河之役后，皇太极召集众贝勒大臣，集体决议，以“御前拔刃罪”，革去大贝勒名号，罚银万两。

有大臣提议，莽古尔泰不是大贝勒，自然没有资格和皇太极、代善并坐受礼。皇太极说：“曩与并坐，今不与坐，恐他国闻之，不知彼过，反疑前后互异。”[①] 遂提议交由代善处理。代善明白皇太极的政治意图，将这个烫手的山芋交给自己，是逼自己表态。他主动提出，今后大汗居中而坐，自己侍于一侧。天聪六年（1632 年）元旦，皇太极南面独坐，努尔哈赤的遗制被废弃。

莽古尔泰被罚后不久，和弟弟德格类相继抑郁而死。其妹莽古济家奴冷禅机出面告密，说莽古尔泰兄弟、莽古济夫妇等人曾密谋反叛，自己也曾参与其中，所以知道底细。皇太极令人抄家，搜出木牌印十六枚，刻有“金国皇帝之印”，遂诛杀了莽古济和她的儿子。众贝勒表示，冷禅机曾参与谋反，也应重罚。皇太极说，如果冷禅机不报告，反叛阴谋怎么会暴露？[②] 不罚反奖，授其为世袭三等梅勒章京。冷禅机本来就是个投机小人，后来还因挑拨顺治与两黄旗的关系，被多尔衮斩首。由这样一个人物揭发莽古尔泰，谋反案的真实性值得怀疑。然而这些已经不重要，重要的是皇太极清除了莽古尔泰集团，名正言顺地将正蓝旗拨到自己账户上。

代善冷冷地看着这一切，他知道自己已步入权力的黄昏。为了达到目的，不惜运用一切阴谋阳谋，向对手背后捅刀子，这是皇太极惯用的手法，他太熟悉弟弟的伎俩了。阿敏和莽古尔泰相继被剥夺旗权，接下来就应该是自己了。这么多年来，自己由太子被整为大贝勒，由主执政大贝勒被整为参议政小贝勒，由大股东被整为小股民，如今处处退让，

① 参看（清）蒋良骐撰，鲍思陶、西原点校：《东华录·太宗卷》，齐鲁书社 2005 年版。

② 参看中华书局影印：《清太宗实录》，中华书局 1985 年版。

谨小慎微，仰人鼻息，无非是想落个善终，安享晚年。现在只剩自己这棵独木，还能支撑多久呢？在战战兢兢中，代善又支撑了四年。天聪九年（1635 年），皇太极召集贝勒大臣，集体讨论代善这么多年来的罪过，革除大贝勒称号，罚银万两，独裁道路上的最后一个眼中钉，被轻轻地拔除。

天聪十年（1636 年）四月，皇太极正式登基称帝，国号大清。登基庆典耗费帑银十万两，联欢持续将近一个月。一人专制取代集体领导，十年乌云一朝风散，独裁的太阳冉冉升起，皇太极没有理由不庆祝。

开国枭雄皇太极评传

皇太极时代，华夏大地先后存在着五个“皇帝”：君临大明的崇祯，建立大顺的李自成，坐拥大西的张献忠，统治蒙古察哈尔部的林丹汗，领导大清的皇太极。几年过去，在政治舞台上的主角，只剩下了皇太极和他的继承人。

皇太极是努尔哈赤的第八子，在八大贝勒中排名第四，又称四贝勒。他十二岁丧母，二十岁将兵，三十五岁即位，五十二岁早逝。在努尔哈赤的十六个儿子当中，除皇太极和多尔衮外，其余都是草莽之辈。皇太极能成为最亮的政治明星，并在奠基者努尔哈赤之后，成为大清的开国者，不仅因为其作战经验非常丰富，更重要的是他雄才大略，智机过人，善弄权术。

在对外扩张的同时，后金汗国内争不息。皇太极作为幕后主使，联合几个贝勒除掉汗位继承人褚英后，又污指代善和大福晋有私情，取消了代善的继承人资格。努尔哈赤逝世后，皇太极殉葬了大福晋，排除了其子多尔衮等人继承汗位的可能性。利用八贝勒推举走上汗位之后，皇太极又打击大贝勒代善，诛杀二贝勒阿敏、三贝勒莽古尔泰，废掉大汗与三贝勒并坐制，最终“南面独坐”，成为一代王者。

在利益的调节器下，道德与政治会呈现背离。这一点在皇太极身上表现得最充分。皇太极善弄权谋，其所采取的很多策略，虽有悖于人伦道德，但并不妨碍他成为伟大的君主。纵观皇太极的一生，其主要方略是两条腿走路：一是整理内政，一是对外扩张。

皇太极上台伊始，就立即提出“治国之要，莫先安民”，改变努尔哈赤奴民的政策，限制贵族特权，放宽汉民政策，鼓励农业生产，实施开科取士，为后金政权积累人才和经济资本。与此同时，效法明王朝进行组织和军事建设。清天聪五年（1631 年），设置六部；天聪九年（1635 年），改女真为满族；天聪十年（1636 年），改大金为大清，正式称帝；同年，设置都察院和理藩院。天聪五年（1631 年），鉴于宁远兵败的教训，制造红衣大炮，设置新军种——炮兵。天聪九年（1635年）到崇德七年（1642年）间，增设汉军八旗和蒙军八旗，解决兵力不足问题。

皇太极登基时，东海女真尚未完全臣服，蒙古察哈尔部在明王朝控制之下，朝鲜还是明王朝属国。卧榻之侧岂容他人酣睡？皇太极认为，要逐鹿中原，必先解决东海女真、蒙古察哈尔部和朝鲜问题，免除后顾之忧。他首先向东用兵，两征朝鲜，于崇德二年（1637年）使之成为臣国；然后向西用兵，三征蒙古，于崇德三年（1638年）彻底解决蒙患；最后向北用兵，将海东女真纳于股掌间。

在完成原始积累后，皇太极的目光开始盯上了关内。他并没有急于同明王朝决战，而是瞅准其劳心力于民变之际，不断游而击之，消耗明王朝的实力。天聪元年（1627年）五月六日，皇太极亲自带兵，攻打锦州、宁远，被袁崇焕阻击后，无功而返。天聪三年（1629年），皇太极率军绕道蒙古经热河，占领遵化，威胁北京，后被袁崇焕阻挡。皇太极这才清醒地认识到，要想吃到明王朝这只羔羊，必须先除掉袁崇焕这个障碍。他摸准了崇祯和袁崇焕的性格，利用朝廷内部的派系斗争，制造了“反间计”这个天大的阴谋，使袁崇焕以通敌叛国罪，被凌迟处死。“自崇焕死，边事益无人，明亡征决矣。”性格决定命运，崇祯自毁长城，最终付出了亡国之代价。

天聪八年（1634年），皇太极又亲统大军，侵扰宣府、大同。天聪十年（1636年），皇太极命阿济格入居庸关，蹂躏京畿，连陷十余城，获人、畜十七万。崇德三年（1638年），皇太极命多尔衮入关，直扑济南，获人、畜四十六万。崇德五年（1640年），皇太极出兵山海关，至崇德七年（1642年），拿下关外除宁远以外的所有地区。崇德七年（1642年）十月，皇太极命阿巴泰入关，攻陷蓟州，横扫山东，获人、畜六十八万。清军屡次入关，掠获大量人、财、畜，招降大批优秀将领，风蚀了明王朝的基石。

正当事业如日中天之际，皇太极于崇德八年（1643年）八月初九晚突然病逝，据说是死于脑溢血。《清史稿》评价他说：“允文允武，内修政事，外勤讨伐，用兵如神，所向有功。”这个说法固然没错，其实皇太极最大的特长是长于权事，精于计谋，善于战略。而他最大的功劳则是为大清入关，创建了较努尔哈赤更为现代的组织基础。更为重要的是，他将辽阔的东北、正北和西北地区，归于大清的统治下，不仅为清军问鼎中原提供了战略屏障和动力资源，更是奠定了近现代中国在这一广大地区的版图雏形。

皇太极私档

姓名：爱新觉罗·皇太极（1592—1643）

庙号：太宗

谥号：文

年号：初为天聪，十年改元崇德

即位时间：天命十一年九月初一日（1626年10月20日）

即位年龄：三十五周岁

在位时间：十七年

陵寝：昭陵（今辽宁沈阳）

父母：父努尔哈赤，母那拉氏

配偶：十六人，皇后博尔济吉特氏

子：十一人，长子豪格，次子洛格，三子洛博会，四子叶布舒，五子硕塞，六子高塞，七子常舒，八子未命名（夭折），九子福临，十子韬塞，十一子博穆博果尔

女：十四人

继位人：福临

第三章
顺治：空降皇帝背后的「女强人」

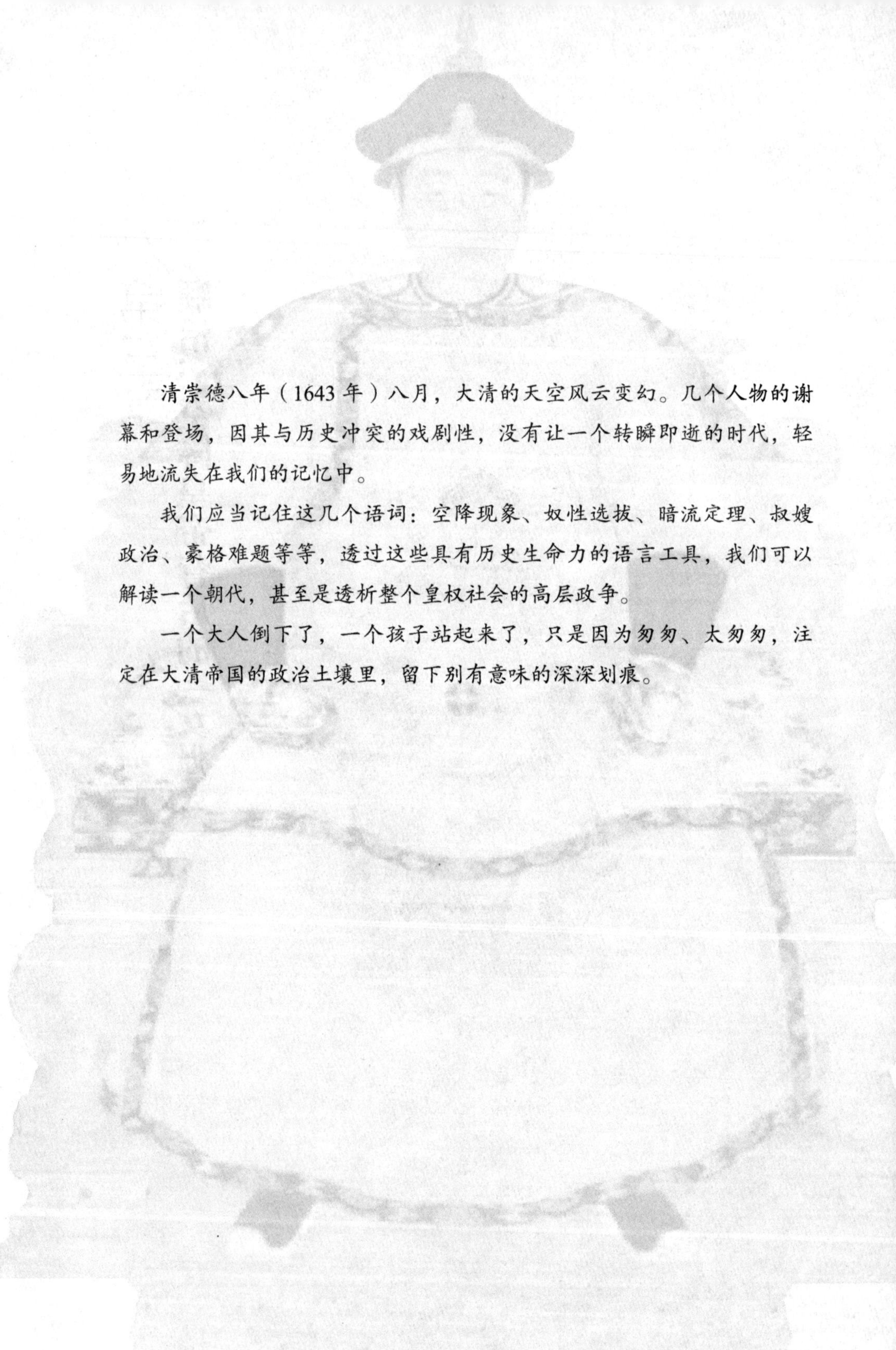

清崇德八年（1643 年）八月，大清的天空风云变幻。几个人物的谢幕和登场，因其与历史冲突的戏剧性，没有让一个转瞬即逝的时代，轻易地流失在我们的记忆中。

我们应当记住这几个语词：空降现象、奴性选拔、暗流定理、叔嫂政治、豪格难题等等，透过这些具有历史生命力的语言工具，我们可以解读一个朝代，甚至是透析整个皇权社会的高层政争。

一个大人倒下了，一个孩子站起来了，只是因为匆匆、太匆匆，注定在大清帝国的政治土壤里，留下别有意味的深深划痕。

接班人要做乖孩子

八月初九亥时，也就是晚上九、十点钟，处理完政务后的皇太极，端坐在沈阳皇宫南炕头上，无疾而终，享年五十二岁。

十七年前，努尔哈赤就是在这样一个初秋的季节，怀揣未酬的入关梦想，伴着细碎的虫鸣随风而去。大臣们忽然发现，由于皇太极英年突逝，事先没有指定未来的掌舵人，何去何从，朝廷的整个航向被彻底打乱了，大清国一下子驶入漫长的黑夜。

谁有资格当皇帝呢？这个问题不仅牵动着大臣们的神经，整个皇室也都陷入了焦灼和期待中。

登上汗位，进而称帝以来，皇太极一直致力于两件事：对外扩张，对内集权。他打破共治国政的枷锁，将八和硕贝勒由分权的股东，变为俯首称臣的打工仔，实实在在地把国家个人化、权力私人化，成为独裁的君主。太子的选拔方式，当然不再是兄终弟及或能者居之，而是父业子继。

皇太极共有十一个儿子，长子豪格，次子洛格，三子洛博会，四子叶布舒，五子硕塞，六子高塞，七子常舒，八子未命名即夭折，九子福临，十子韬塞，十一子博穆博果尔。其中，豪格三十五岁，洛格和洛博会幼年早殇，叶布舒十七岁，硕塞十六岁，其余都不足十岁，福临五岁半，韬塞四岁，博穆博果尔才两岁。

从表面上来看，这八个儿子都有继位的可能，其实不然。纵观皇权时代，择立接班人都遵循这样一个奴性选拔机制：一、立嫡不用长，既嫡又长最好；二、选贤不任能，德才兼备更佳；三、用奴不择才，听话且有才至善；四、用爱不用亲，心爱并亲近为上。历史上之所以鲜见有作为的帝王，就是因为选拔机制出了问题，而雄才伟略之君，大都是打破奴性选拔机制，走上政治舞台的，比如窃位者唐宗、开国者宋祖。这种机制的核心理念，就是用乖孩子。

现在，大清朝刚刚建立不久，皇太极就用这种奴性选拔，择立未来的接班人。

豪格不止一次地暗自高兴，甚至在睡梦中还咂摸过黄袍加身的滋味，帝国臣工也给予他越来越多的尊敬，没有人会对一支皇权潜力股报以冷眼。豪格没事偷着乐是有道理的。他“生而英毅，多智略”，[①] 天命年间因战功授贝勒，天聪年间封和硕贝勒，崇德元年进和硕肃亲王。更重要的是，豪格是皇长子，已过而立之年，他统领正蓝旗，政治经验丰富，功勋卓著，势力庞大。而弟弟们都未成年，甚至不知道敌人的鲜血是什么颜色，父皇百年之后，怎么可能成为自己的竞争对手？

豪格意气风发的时候，忽略了父皇对他的态度。纵有千百条符合接班的资格，但如果皇太极不待见，他皱起的眉头就会成为豪格无法攀越的大山。

豪格碰到了这座高山。

豪格并没有被立为太子，原因很简单，皇太极不喜欢他。豪格虽然很受信任，但父子关系并不如想象中的那么融洽。皇太极认为他极其“庸愚”，和岳托等人有结党倾向，“怀异心以事朕”。[②] 一个人再有能力，如果领导对他有偏见，注定没有什么政治前途。

更重要的是，豪格虽是长子，却非嫡出。皇太极称帝后，册封了五宫后妃，分别是皇后博尔济吉特氏，宸妃博尔济吉特氏，大福晋贵妃博尔济吉特氏，侧福晋淑妃博尔济吉特氏，侧福晋庄妃博尔济吉特氏，五宫后妃并没有给豪格的母亲留个位置。

皇太极不立豪格为太子，并不代表不准备建储，他将储君之位留给了宸妃的儿子。皇太极的五宫后妃全来自蒙古，其中皇后与宸妃、庄妃是姑侄关系，宸妃和庄妃是亲姐妹。[③] 宸妃虽比庄妃晚嫁皇太极九年，却“有宠于太宗”，[④] 地位尊贵。

崇德二年（1637 年）七月初八，宸妃为皇太极生下了第八个儿子，

① 参看（清）鄂尔泰等：《八旗通志初集》。

② 参看中华书局影印：《清太宗实录》，中华书局 1985 年版。

③ 参看杨珍：《清朝皇位继承制度》，学苑出版社 2009 年版。

④ 参看张尔田：《清列朝后妃传稿》，台北：文海出版社 1975 年版。

这是五宫后妃所养育的第一个皇子，按旧俗他才是嫡长子。爱屋及乌，皇太极没有考虑这个孩子是否有能力接班，就将其立为储君。崇德三年（1638年）元旦，朝鲜还曾专门进表朝贺，“上皇太子笺文”，“献皇太子礼物”。[①]第八子能获得皇太极的垂青，有三个原因：母后极受宠爱，他本人是嫡长子，加强满蒙联姻的政治需要。

有了这三条，五个哥哥虽然年长于他，尤其是豪格战功赫赫，却都被剥夺了继承父位的机会。也就是说，尽管每个人的机会看似公正均等，其实却受非正式规则的支配，被剥夺了个人发展的自由，这种公正其实是灰色公正。公正既是一种价值观念，更是一种公共产品。真正的社会公正是理性公正，即整个社会所倡导的价值理念和建构的规则制度，能够保证个人按照其本质需求获得良性发展。

皇太极的理想并没有实现，崇德三年（1638年）正月二十八，还没有命名的八子夭折。也许是没有寻到中意的人选，也许是认为自己尚处英年，对设立储君一事还有足够时间考虑，当然也不排除忙于攻打大明而无暇立储，爱子亡故后，皇太极没有再立太子。

没有历史资料表明，八弟早夭和父皇突逝，是否会在诸皇子尤其是豪格悲伤的外表下，掀起惊喜和焦虑的波澜，但有一点是肯定的，他们残酷竞争的时候到了。

暗流左右时局

朝鲜人预言了即将发生的宫廷政争。

五年前，也就是崇德三年（1638年）八月，朝鲜人说：“诸王辈皆分党，多有乖争之事，汗死则国必乱矣。”这句话透露了三个重要信息，一是皇室结党，二是诸王争利，三是皇太极死后，国家会陷入混乱。朝鲜人还说，豪格因为不是嫡子，得不到太子之位，叶布舒也是侧室之子，也继承不了皇位，“他日必有争立之举”。[②]

---

① 参看中国第一历史档案馆编：《清初内国史院满文档案译编》，光明日报出版社1989年版。

② 参看吴晗：《朝鲜李朝实录中的中国史料》，中华书局1980年版。

一 豪格

朝鲜人的描述和预言正确吗？

五年后，风起云涌的大清政坛，很快给出了答案。

皇太极八月九日晚去世，十四日上午开始择立新君，满打满算四天的时间里，在悲痛的乌云下，酝酿着暴风骤雨，斗争的焦点是谁能继位。

豪格一下子看到了希望。

这么多年来，豪格一直生活在郁闷中。自太祖努尔哈赤时代开始，他就将脑袋拴在腰带上，披肝沥胆，南征北战，立下了无数汗马功劳。作为努尔哈赤众多子孙中的普通一员，他并没有幻想过能够承继大统。那张宝座虽然触手可及，其实遥远得如同天边的星辰，灿烂却缥缈。但随着父亲由贝勒拔擢为大汗，再由大汗晋级为皇帝，他的心情如同一只气球，慢慢被欲望和希望充盈，飘飘荡荡，升上了快乐的天空。

然而，豪格万万没有想到，那块皇权的肥肉，快要落到自己手中时，忽然划了一道诱人的弧线，掉到了八弟的嘴里。征伐多年的长子和功臣，在父皇的心目中，居然不如一个乳臭未干的孩子，豪格心里充满了怨恨。八弟虽然早早夭折，但他终于明白了个人的处境，依照常规，帝位的眼神不会对自己青睐了。匍匐在父皇脚下，他只能收住眼中怨恨的光芒，而在无数个辗转反侧的夜晚，这光芒化作声声嗟叹。

父皇的去世固然令人悲伤，但去掉了压在心头多年的石头，豪格感到无比的轻松。皇弟皆未成人，寸功未立，自己年富力强，经验丰富，又主掌正蓝旗，实力强大，当然是接班人的不二人选。皇太极刚刚驾崩，两黄旗大臣图尔格、索尼、图赖、锡翰、巩阿岱、鳌拜、谭泰、塔瞻八人，就一起赶到豪格家中，商议立他为君，立福临为太子。[①]

获得了两黄旗的支持，豪格信心大增。兴奋往往会迷住人的灵魂。在前途一片乐观的时候，他忽略了两个致命的问题：一、还有没有潜在的竞争对手；二、黄旗八大臣为什么倡立福临为太子。

有一个人就没有这么乐观。两年以后，在温故这次宫廷政争的时候，他感叹地说，英王阿济格和豫王多铎跪在面前请自己继位，自己坐在那

① 参看中华书局影印：《清世祖实录》，中华书局 1985 年版。

里稳如泰山："尔等若如此，予唯有一死而已。"[①] 在这里，他撒了个大谎。他不是不想继位，而是看到了一股无法控制的暗流，如果自己任意妄动，这股暗流会吞噬他，甚至淹没大清。

这个人就是豪格最大的竞争对手多尔衮。

皇太极的死，将多尔衮拉回到了十七年前。是时，正是皇太极殉葬了亲生母亲，夺走了自己的汗位。在他的心目中，如果不是皇太极巧取豪夺，今天大清国的主人就是自己。现在，皇太极去世，风水循序转，皇帝轮流做，庄家应该是自己做了。

大清国政坛也看好多尔衮的实力。

让我们看一下他的档案：多尔衮，三十二岁，正白旗旗主。天聪二年（1628 年），因破敌有功，赐名墨勒根[②]。后阿济格因罪被革，接掌正白旗。设立六部后，任吏部尚书，主管全国的组织人事工作。天聪九年（1635 年），获元朝传国玉玺，敬献皇太极。皇太极登基时，任典礼主持人，封和硕睿亲王。崇德三年（1638 年），统军征明，长驱直入，打到济南，获人、畜六十八万。

比起豪格，多尔衮的势力有过之而无不及。多尔衮同母兄弟阿济格和多铎，都获封亲王，兄弟三人掌管两白旗。经过多年的磨练和展现，多尔衮的雄才大略和聪明睿智表露无遗，再加上他礼贤下士，战功赫赫，威名远播，已成为大清国冉冉升起的一颗政治新星。

虽然皇位离自己很近，但多尔衮并没有被冲昏头脑，他知道形势远比想象的要复杂。无数经验教训表明，在历史和现实的河床下，存在着一股暴力集团或个体力量基于利害计算而按非正式规则进行博弈的暗流，博弈所产生的合力影响或左右着时局的发展，这就是暗流定律。深谙厚黑三昧的多尔衮，明白暗流左右时局这个道理，能不能够做皇帝决不是由表面优势决定的，谁相信"能力决定一切"，谁就是个政治盲。

在择立新君问题上，有投票资格的是六位宗室：即礼亲王代善、睿亲王多尔衮、英亲王阿济格、豫亲王多铎、肃亲王豪格、郑亲王济尔哈

① 参看中华书局影印：《清世祖实录》，中华书局 1985 年版。
② 贤明、睿智之意。

朗。而投票的手上，则分别系着一条无形的绳子，绳子的另一头，掌握在他们所归属的利益集团手里。

短短的四天内，大清国的政治力量围绕着立君这个核心，迅速划分为立皇子派和立皇弟派两个集团，作为集团的利益代表，向无冲突的豪格和多尔衮被推到了擂台上。

谁会成为新的一国之君呢？答案很快以令人吃惊的方式和结果揭晓。

妥协出来的空降皇帝

八月十四日早晨，择立新君会议在崇政殿召开。

多尔衮兄弟还没进入殿内，便感觉到气氛异常。直属于皇家的两黄旗士兵，张弓搭箭立于宫殿周围。① 择立新君是一场战争，这一点早在多尔衮意料之中。但没有想到对方动手这么快，多尔衮隐隐觉得局势有些不乐观。

众王爷大臣坐定之后，索尼和鳌拜首先发言。他们说，应当立皇子。按道理，索尼和鳌拜是两黄旗大臣，只有列席的资格，没有发言的权力。与会的王爷大臣明白，他们有恃无恐地发言，一是仰仗已做好的军事准备，二是先声夺人为会议定下个调子。多尔衮很生气，立即将他们喝退。

阿济格和多铎提出了他们的方案，就是让多尔衮继位。多尔衮见除两兄弟之外，无人提议拥立他，而且两黄旗虎视眈眈，一时犹豫不决。多铎说，你要是不答应，就立我算了，“我名在太祖遗诏”。多尔衮见多铎也有野心，居然毛遂自荐，怕众人拥立他，坏了自己的好事，赶紧表示反对：遗诏里不只有你多铎的名字，也有豪格的名字。② 多尔衮的意思很明显，太祖遗诏不能作为今日立君的依据，你多铎没有资格，豪格也没有资格。

多铎见状，又抛出了一套方案。他说，如果不立我，就立代善，按年龄，他是老大。接连遭受打击、满眼俱是夕阳的代善，已经年过六十

① 参看赵尔巽等：《清史稿·索尼传》，中华书局 1977 年版。

② 参看赵尔巽等：《清史稿·索尼传》，中华书局 1977 年版。

二 多铎

岁，虽然位居众亲王之首，德高望重，但浮浮沉沉多年，万丈雄心早化作明哲保身。眼看两黄旗张牙舞爪，多尔衮面沉似水，多铎却要将烫手山芋抛向自己，代善连忙说，如果多尔衮答应做皇帝，那是大清国的福气，否则就立皇子吧，我都这么大把年纪了，干不了这个差事。[①]代善两面讨好：我也不想做，我也不愿意选，谁也得罪不起，出道选择题，你们自己解去吧。

四套方案接连出台，却无法形成一致意见，会议陷入僵局。这个时候，最失望的人是豪格。他一直认为自己才是最合适的人选，没有想到不但众王不拥护他，连跑到自己家里表过忠心的八大臣也不提议，候选人名单都没有进入，自己留在这里还有什么意思？他向与会者表示，我“福少德薄”，担当不了重任，然后中途退场。可惜，曾国藩生得太晚了，豪格没有机会读到这位中兴名臣的《挺经》，如果他再坚持一下，挺一挺，历史也许会是另外一种书写方式。豪格乘兴而来，败兴而去，不但没有获得一官半职，五年后，他还要以生命为代价，替这次假谦虚埋单。

看到豪格退场，立皇子派又少了重要一票，两黄旗大臣纷纷站了起来，按剑威胁众位选举人说：“吾属食于帝，衣于帝，养育之恩与天同大，如不立帝之子，宁死从帝于地下而已。”[②]一场政斗即将爆发，代善担心沾上血腥味，以年老体衰为由，退出了崇政殿，阿济格也随之而出。参会的六位亲王，只剩下了多尔衮、多铎和济尔哈朗。

多尔衮终于意识到，这是一场一个人的战争。代善、豪格不支持他，济尔哈朗是观望派，两黄旗大臣按剑而立，多铎有自己的算盘，阿济格成了观众，看似牢不可破的三兄弟联盟，在严峻的考验面前，竟如此不堪一击。可惜自己棋差一招，如果做好军事准备，也不至于如此被动。政治是一门妥协的艺术，在多种利益冲突面前，往往只有调整和降低心理预期，尽量满足他方的需求，才可能使自身利益最大化。多尔衮现在只有一种选择，那就是向现实妥协，同意两黄旗的主张，立皇子为帝，否则，是否能活着出去都成问题。

---

① 参看赵尔巽等：《清史稿·索尼传》，中华书局 1977 年版。

② 参看辽宁大学历史系编：《沈阳状启》，辽宁大学出版社 1993 年版。

一个组织的重要职位出现空缺时，如果派系力量出于私心，相互攻讦拆台，往往会一损俱损，被外来（派）势力占据，这种“鹬蚌相争，渔翁得利”的现象，即是空降现象。

现在，空降现象出现在大清国的皇帝选拔上。

多尔衮不支持豪格为帝，而他本人又得不到拥护，无奈之下，多尔衮推出了自己的方案：立皇九子福临为帝，由他和济尔哈朗摄政。此方案虽然有附加条件，但毕竟是实现了立皇子的意愿，两黄旗大臣也向多尔衮让步，接受了他的条件。

索尼等六大臣也不是省油的灯，他们看清了多尔衮的意图。会后，六人“盟于三官庙，誓辅幼主，六人如一体”。[①] 八月二十二日，两黄旗大臣、侍卫共二百一十人，又盟誓天地，效忠幼主，不得谄事诸王，结党谋逆。[②]

中间有一个插曲，颇值得玩味。在拥立福临之前，多尔衮一直被当作绩优股。代善之孙多罗郡王阿达礼曾找到多尔衮说：“王正大位，我当从王。”硕托也派人对多尔衮说：“内大臣图尔格及御前侍卫等，皆从我谋矣，王可自立。”然后，硕托和阿达礼来到代善家，请他一起拥立多尔衮。[③]

事后，谨小慎微的代善为了自保，向多尔衮揭发了硕托和阿达礼的密谋。而多尔衮眼看大局已定，为了洗清自己谋逆的嫌疑，笼络人心，稳定大局，将两人以“扰乱国政”罪处死。

历史将很快证明，此次皇位之争虽然表面上避免了流血冲突，实现了帝权的顺利交接，但却给无数人的政治生涯埋下了致命的种子。

叔嫂政治：当男强人遭遇女强人

馅饼不会无缘无故掉到一个五岁半的孩子嘴里。

---

① 参看赵尔巽等：《清史稿·索尼传》，中华书局 1977 年版。

② 参看中华书局影印：《清世祖实录》，中华书局 1985 年版。

③ 参看（清）蒋良骐撰，鲍思陶、西原点校：《东华录》，齐鲁书社 2005 年版。

福临被拥立为帝，留下了两个至关重要而又无法参透的谜团：两黄旗大臣为何不再支持豪格，多尔衮为什么会从众多皇子中选择福临。弄明白了这两个问题，左右时局的暗流就会涌出地面。

拨开历史的迷雾，我们会发现，有一只手利用了立皇子派和立皇弟派的矛盾，将福临轻轻地托上了皇位。

这是一只细腻而轻柔的手，原本只适合拨弄琴弦，让清脆而缠绵的音调，在宫殿里轻轻流淌，然后化作“楼上有人愁”式的哀怨，随风飘散。而今这只手竟然擂起了战鼓，在刀光血影里挥洒自如，一锤定音，当战场突然死一般宁静，鏖战双方清醒过来的时候，胜败已成定局。

这只手来自庄妃博尔济吉特氏，皇太极五宫后妃之一，也就是我们所熟知的孝庄皇后[①]，福临的生身母亲。影视文学作品为赚取孔方兄，大肆捏造和渲染孝庄的风流韵事，让一段下嫁公案更加扑朔迷离。此处无异于捕风捉影，将花边旧闻翻炒一遍。我们只想沿着这只手，来揭开福临继位的谜底。

这只手为什么会有如此大的能量呢？

史料记载，孝庄“性知书”，[②]“嗜古好学”。[③]天命十年（1625 年），孝庄十三岁时嫁给皇太极。在五宫后妃中，孝庄家族占了三宫，即姑姑孝端、姐姐宸妃和孝庄。孝庄虽然位列五宫之末，但入宫年头却仅次于皇后孝端，比姐姐都早了九年。孝庄本出身世家望族，嫁入后金后，又目睹了历次政斗，她天性聪颖，耳濡目染，对权力运行规则了然于心。崇德元年（1637 年），孝庄开始参与军国大事，在皇太极的授意下，主持制定“立国之经”的衣冠服饰，[④]其政治才能备受好评。

崇德三年（1638 年）正月三十日，后宫的权力格局发生了微妙变化。这一天，孝庄产下了福临，而三天前，宸妃所生的皇嗣子夭折，这意味着福临成为五宫中的皇长子。尽管皇太极没有再立接班人，但小福临地位之尊可想而知。孝端无子，宸妃因悲伤离世，贵妃和淑妃尚无孕，孝

① 此处为行文惯习以孝庄称之，其实孝庄是其死后才有的谥号。

② 参看张尔田：《清列朝后妃传稿》，台北：文海出版社 1975 年版。

③ 参看（清）蒋良骐撰，鲍思陶、西原点校：《东华录》，齐鲁书社 2005 年版。

④ 参看中华书局影印：《清太宗实录》，中华书局 1985 年版。

孝庄

庄成为后宫的核心。随着福临一天天长大，她的权力欲望慢慢膨胀。尽管孝庄很想儿子早日进入选嗣视野，但她心里非常清楚，心急吃不了热豆腐。因此，孝庄一面小心谨慎地相夫教子，一面仰仗后宫之便，刻意结交索尼等权臣。

皇太极突然去世，将孝庄这对孤儿寡母卷入政治漩涡。此时大清已立国八年，礼仪制度已纳入正常轨道。孝庄虽然没有被迫殉葬的危险，却有可能从此被打入权力的冷宫，这将是比死亡还要凄苦的结局。在她看来，按照现在的格局，福临虽为五宫长子，但毕竟是个五岁半的孩童，寸功未立，毫无威信可言，而自己又是一个妇道人家，根本不可能从群狼嘴里，抢到诱人的野味大餐。

孝庄对形势之严峻了如指掌。目前，最有希望竞争皇位的是豪格和多尔衮，在两个人周围形成了各自的利益集团。无论谁成为皇帝，都不会分自己母子一杯羹。孝庄认为，以自己的力量，绝对不可能对抗豪格、多尔衮。要想将皇位抢到手，只有一种可能，那就是借助第三方的力量，支持一方，打倒另一方，然后再将胜方击败，从中渔利。

谁会成为第三方力量呢？孝庄想到了两黄旗。

两黄旗是直属于皇太极的嫡系，八旗中实力最强大、地位最尊贵的精锐之师，不仅向来担当征讨四方的主力，而且还是执掌皇家的安全警卫。掌握了两黄旗，就抓住了大清的军事命脉。皇太极去世后，以孝庄为核心的后宫，自然成为两黄旗的代理人。在皇太极的羽翼下，两黄旗已孵化成为一个特殊的利益群体。一朝天子一朝臣，如果豪格继位，其地位和利益将被正蓝旗取代，如果多尔衮继位，则会被两白旗替代；如果是毫无背景的皇子继位，则还有可能继续保持既得利益。基于共同利益，两黄旗和孝庄结成了同盟。

仅仅争取到两黄旗，并不能确保万无一失。如果两黄旗支持豪格，只有一种结果，那就是豪格作为事实上的皇长子，登基大宝顺理成章，没有理由再以尚不懂事的福临，取豪格而代之。如果两黄旗支持多尔衮，则可能有两种结果，一是多尔衮君临天下，二是利用多尔衮排斥掉豪格后，再利用两黄旗对多尔衮进行威逼利诱，让其接受福临称帝的方案。

孝庄进行利害分析后认为，无论如何不能同多尔衮彻底撕破脸，否则以他兄弟三人的力量，会对自己形成毁灭性打击。

孝庄所采取的策略，如同一盘玲珑棋局，复杂而又奥妙。她首先委托索尼等八大臣告诉豪格，两黄旗支持立他为新君。然后她亲自找多尔衮谈判，拟立福临为帝，由他领衔众亲王辅政。当时豪格担任新君的呼声很大，八大臣开始对孝庄的方案表示怀疑，他们给自己留了一手。在同豪格会谈时，八大臣提议拥立他为皇帝，然后立福临为太子，目的是部分性保留两黄旗的利益。孝庄获知消息后，立即约谈八大臣，让他们打消这种荒唐的念头，历史上鲜见兄为皇帝、弟为太子的先例，如果豪格为帝，绝对不可能立福临为嗣。而孝庄本人同多尔衮的谈判也不顺利，他虽然没有明确表示反对，但从闪烁不定的眼神里，孝庄看到了跃跃欲试的野心。

在这场权力博弈中，两黄旗是最关键的棋子。而要想用活这个棋子，赢取整座江山，必须在择立新君会议上，设置一道让豪格赞同，而多尔衮又不得不接受的底线。多尔衮并不认同孝庄的提议。会议前夕，他跑到索尼那里去摸底，想试探一下两黄旗的态度，一向对他尊敬有加的索尼，居然很不客气地说："先帝有皇子在，必立其一，他非所知也。"这就是孝庄的底线——立皇子为帝。除了皇子，谁也别想染指玉玺。

经过抽丝剥茧式分析，我们可以归纳一下孝庄的意图。只有设置立皇子这道底线，将众皇子全部纳入接班人视野，福临才有机会和豪格平等竞争。而多尔衮根本不可能允许自己的势力受到威胁，所以必然反对由豪格继位。待多尔衮排斥掉豪格之后，两黄旗再借助武力压制住他的野心，迫使其接受以皇叔身份辅政的方案。

豪格和多尔衮都认识到了拉拢两黄旗的重要性，也都认识到两黄旗与孝庄休戚相关，其同盟牢不可破。但两个人的失算之处在于，他们没有及时采取军事准备，致使择立新君会议当天，投鼠忌器，疏失荆州。

八月十四日，两黄旗利用自己卫戍部队的身份，对崇政殿实施了戒严。会议开始后，索尼和鳌拜首先定了立皇子的调子。豪格认为两黄旗会按事先的约定，对自己予以积极支持。结果，两黄旗只提立皇子，就是不提名豪格。多尔衮将豪格排斥走后，会议陷入了僵局。两黄旗大臣武力相胁：如果不立皇子，就刀兵相见，拼个你死我活。无奈之下，多尔衮只得亲口提议，立福临为新君。在他看来，如果不接受孝庄的方案，自己就会成为立皇子派的公敌，如果接受，至少可以保存实力，甚至还有翻盘的机会。会议结束后，两黄旗担心多尔衮兄弟和豪格兵乱，集体盟天誓地，誓死保卫福临，将他们最后一个幻想的肥皂泡捅破。

在一场没有硝烟的战争中，福临正式成为大清的新皇帝。孝庄非常清楚自己的处境，有野心勃勃的多尔衮在身边，他们孤儿寡母注定朝不保夕。如果多尔衮与福临有父子之名，就有可能确保皇位无忧。为了控制住多尔衮，孝庄主动委身下嫁，以一双温柔而细腻的玉手，安抚住他那颗躁动不止的野心。[①]这也是孝庄选择支持多尔衮，抛弃豪格的一个重要原因。孝庄与豪格有母子情分，无法以下嫁的方式，对他进行政治操控。

孝庄和多尔衮这种内闱和外廷两种势力，基于各自利害关系而谋求政治联盟的方式，可名之为叔嫂政治。叔嫂政治开启了裙带政治的一个分支，可以说是为追求权力而实施联合的一种方式创新。孝庄去世后，康熙称她“佐太宗文皇帝，肇始丕基，启世祖章皇帝式廓大业”，对其历史功绩进行了盖棺论定。一句“启世祖章皇帝式廓大业”，可以看作是对叔嫂政治的别样注解。此次叔嫂联合操政的结果是：顺治成为大清入关后的第一位皇帝，多尔衮成为权势熏天的皇父摄政王，而孝庄也成为历四朝佐三代的皇太后，可以说是各得其所。

多尔衮并不是政治傻瓜，他被迫把辅政的绳子套向自己脖子的时候，悄悄留了一个活扣。

夺权不夺位

这个活扣就是济尔哈朗。

---

① 学术界对孝庄是否下嫁颇多争议，此处从下嫁说。原因有二：一、满清入关前，尚处于蒙昧状态，有姑侄姐妹同嫁、兄弟同娶、改嫁易婚的习俗；二、满清入关后效仿前朝以孝治天下，视孝庄下嫁为丑闻，故不可能保存这方面的文档。

二 多尔衮

八月二十六日，不足六岁的福临走上了金銮殿，成为大清国的顺治皇帝，四十五岁的济尔哈朗和三十二岁的多尔衮分列左右，担任辅政大臣。

迫于形势，多尔衮推举福临为皇帝，但作为附加条件，提议由济尔哈朗和他辅政。在帝国的六位亲王中，多尔衮家占了三席，两黄旗绝不可能容许辅臣都出自多尔衮系。代善虽然年迈，胆小怕事，但根基深厚，子孙多重臣。盘算来盘算去，多尔衮选择了济尔哈朗。在择立新君问题上，济尔哈朗表面上是沉默派，感情上却倾向于立皇子。选择他辅政，便于让两黄旗接受。

济尔哈朗心如明镜。辅政大臣的位子，是多尔衮给的；位列首席，不过是沾了年龄大的光；贵为亲王，却非皇室直系；主掌镶蓝旗，但父舒尔哈齐、兄阿敏皆因叛死，自己只能在猜忌的眼神中，小心翼翼，夹着尾巴做人；年龄虽长，无论才能、资历和功绩，都无法和多尔衮相提并论。在这种情况下，自己不过是一个幌子，除了仰多尔衮鼻息，并没有太多选择的余地。

多尔衮认为，要想独揽大权，就必须把辅政改为摄政；要想摄政，就必须集权；要想集权，就必须整人；要想整人，就必须打拉两手互用，结党排异并行。顺治少不更事，完全可以玩弄于股掌；孝庄是后宫的掌柜，管不了前台的账簿；两黄旗势力庞大，自己能挟天子以令诸侯。朝野之间，目力所及，找不到多少绊脚石。只要稳扎稳打，自己就可以成为大清帝国的幕后主人。

福临继位后，多尔衮立即踏上夺权之路。

顺治元年（1644年）正月，多尔衮和济尔哈朗召集众王说，我们俩作为辅政大臣，处理不好政务罪过不小，考虑到责任重大，有件事不得不说。先帝按明制设置六部时，暂时让诸王署理部务。现在国家纳入正式轨道，这道命令也该废止了，而且我们俩不兼理部务，你们也都退出来吧。[①] 多尔衮以“盈廷聚讼，纷纭不决，反误国家政务”的名义，将满清贵族排斥到决策层外。从此以后，六部尚书直接听命于辅政大臣。

① 参看中华书局影印：《清世祖实录》，中华书局 1985 年版。

为防止诸王贝勒背后发牢骚，多尔衮还命令都察院收集调查他们的违法言行。

以两辅政大臣名义集权后，多尔衮将眼睛瞄向了济尔哈朗。

济尔哈朗的辅臣位置虽形同虚设，但位列首席，遇事需与他商量，碍手碍脚。而且，不明就里的臣僚，请示报告只呈交济尔哈朗，影响自己的权威。正月二十日，多尔衮命济尔哈朗出面，召集各部院堂官发布谕告：今后各衙门办理事务，必须先向睿亲王报告，然后再向我报告；请示报告必须"先书睿亲王名"，然后再写我的名字。[①] 此谕告正式确立了多尔衮"一把手"的地位。不久，多尔衮又借礼部之口发布命令，诸王不得和辅政大臣平起平坐。

清军入关后，多尔衮借诰封功臣之机，明升暗降，继续削弱济尔哈朗的权力。他借顺治之口，封自己为"叔父摄政王"，封济尔哈朗为"辅政叔王"。两人本来都是辅政大臣，现在却成了叔父摄政王和辅政叔王。多尔衮绝不会幼稚到玩文字游戏，称号和经济待遇、政治待遇直接挂钩，虽然只差了两个字，但权力大小之分和经济收入差距昭然若揭。"摄"为督管之意，"辅"为帮助之意；"叔"只表明亲疏辈分，"父"则意味血统尊卑。

多尔衮和济尔哈朗工资原本相等，他唯恐王臣看不出区别，又拿薪水做文章，下令定制亲王俸禄，摄政王每年白银三万两，辅政王每年白银一万五千两。不久，他又通过顺治赏自己黄金一万两、白银十万两、绸缎一万匹，而济尔哈朗只得到了黄金一千两、白银一万两、绸缎一千匹。薪水和奖金拿得少了，自然意味着权力小了。多尔衮成了总司令，济尔哈朗则沦为参谋。

很快，济尔哈朗连参谋也干不成了，被逐出了"大本营"。

顺治四年（1647 年），济尔哈朗在建造府第时，私自设立了铜狮、铜鬼、铜鹤，台基也超过了规定的尺寸，多尔衮认为济尔哈朗身为人臣，不懂规矩，以下违上，犯了"逾制"大罪。多尔衮以此为借口，罢其辅政权，罚银两千两，然后封多铎为辅政叔王，将济尔哈朗的权力，转交

① 参看中华书局影印：《清世祖实录》，中华书局 1985 年版。

给多铎，彻底把最高决策权纳入个人囊中。在惩罚济尔哈朗的时候，他似乎忘记了一件事。多尔衮给自己建造的墨勒根王府[①]，历时三年方成，规模堪比皇宫。

顺治五年（1648年）是多尔衮独自收获的季节。

这年三月，发生了震惊朝野的豪格案，两黄旗大臣索尼、鳌拜、图赖等和济尔哈朗牵扯其中。多尔衮立即抓住这个机会，清除自己的政敌。他又借助顺治之口，将济尔哈朗降为多罗郡王，罚银五千两，索尼、鳌拜、图赖等人革职为民。两个月后，多尔衮恢复了济尔哈朗的王位，但却将他派往山东，调离京城。豪格被囚禁后不久，暴死狱中。十一月，三朝元老代善病逝。此时，王公贵族中，已无人能与多尔衮抗衡。多尔衮借机给自己加封为“皇父摄政王”，“凡一切政事及批票本章，不奉上命，概称诏旨”。[②]谭泰、拜尹图等两黄旗大臣见风使舵，积极投靠多尔衮，原本隶属于皇家的精锐部队，成为私人武装，多尔衮彻底垄断了帝国的大权。

没有足够的历史证据表明，多尔衮是否想废掉顺治，自立为帝。但毫无疑问，他已成为皇上皇，这一点连德国人都看得很清楚。事隔多年以后，魏特深邃而冷静地分析说，多尔衮才是“中国实际上的统治者”。[③]

多尔衮在发号施令的时候，忽略了一双幼稚却充满仇恨的眼睛。只是这双眼睛喷出怒火的时候，他已经看不到了。

豪格难题：竞争者要埋单

顺治元年（1644年）四月初一，豪格被剥夺了封号，成了普通百姓。被废的原因很简单，就是有人告发他谋乱。

到手的鸭子飞了不说，连点油水也没捞到，豪格心里非常灰暗。他以“福少德薄”为由中途退场，本打算以舍我其谁的气势将亲王们一军。

---

① 现为南池子小学所在地。

② 参看中华书局影印：《清世祖实录》，中华书局1985年版。

③ 参看（德）魏特：《汤若望传》，商务印书馆1949年版。

没有料到自己的假谦虚，将自己真正排挤出最高决策层。皇帝没当上，辅政大臣也没自己的份儿。愤愤不平之余，开始破罐子破摔。多尔衮派他出征，他不想干，向部下发牢骚：我还没有出痘就去打仗，这不是想置人于死地吗。不仅如此，他还在背后议论多尔衮短命："和硕睿亲王非有福之人，乃有疾之人也。其寿几何，而能终其事。"[①] 豪格并不甘心失败的结局，多次和议政大臣杨善等人密谋，商量如何东山再起。

豪格没有想到，他的所作所为犯下了不可饶恕的政治错误。一个竞争者在失败后，首先要做的是缩回脑袋，避免遭受打击报复。如果心理失衡，不安心正常工作，四处发牢骚，妄言议政，自然会引起忌恨。都统何洛会为了抱权力的粗腿，抓住豪格的小辫子向多尔衮告了密。该案处理的结果是，杨善等人被杀，豪格被废为庶人后囚禁。此时，多尔衮地位尚不稳固，如果杀掉豪格，会落下个政治报复的恶名。他以"罪过多端，不能悉数，姑置不咎"为由，[②] 将豪格释放。姑置不咎并不代表不追究，豪格所犯的过错都记在了账本上，多尔衮需要的是一招毙命，且又不沾血腥。

十月十八日，入关后的大清帝国大封功臣。豪格因为累有勋绩，重新被封为和硕肃亲王。欲弱之先强之，欲取之先予之，这是做局的辩证法。沉浸在喜悦中的豪格，丝毫没有料到这是多尔衮的一个圈套。在多尔衮看来，重新提拔豪格，一是可以体现自己宽宏大量的胸襟；二是当此国家用人之际需要豪格这样的人才；三是只有付以重任才能有机会找到漏洞。多尔衮已成为叔父摄政王，整个大清掌握在自己手中，豪格只不过是一只羔羊，什么时候宰，以什么方式宰，还不是自己说了算？！

打击济尔哈朗和豪格，是多尔衮清除异己工作的重中之重。顺治三年（1646 年）正月二十一日，多尔衮封豪格为靖远大将军，率师出征四川张献忠，拨付的大都是两黄旗将领。将豪格外放四川有两个目的：一是为了放手整治济尔哈朗，不给两人联合的机会；二是无论豪格与张献忠孰胜孰负，都会除掉自己的心腹大患。豪格出征后，多尔衮加紧打击

① 参看章开沅：《清通鉴》，岳麓书社 2000 年版。

② 参看章开沅：《清通鉴》，岳麓书社 2000 年版。

济尔哈朗，顺治四年（1647 年），罢其辅政叔王之位，以多铎代之。济尔哈朗成落水狗之后，豪格与张献忠的决战也有了胜负。经过两年鏖战，豪格亲手射杀张献忠，剿其部众，胜利班师。

豪格万万没有想到，胜利之时，居然是自己的死亡之期。

顺治五年（1648 年）二月初三，豪格凯旋。这么多年来，张献忠盘踞在四川，另立王朝，成为大清的心腹巨患。剿灭张献忠，是帝国至高无上的功勋。为表彰豪格的荣誉，顺治在太和殿设宴犒赏兄长。豪格立功受奖，让众王臣的眼神，渐渐复杂起来。

豪格在觥筹交错中谈笑风生，多尔衮却从酒杯中闻到一股杀气。在自己的铁腕统治下，朝廷虽然表面风平浪静，但却充满了不满和怨恨的暗波。如果济尔哈朗、两黄旗、孝庄和顺治联手，帝国的权力棋盘，就不会再有自己落子的空间。

三月四日，贝子吞济、尚善、吞齐喀等告发济尔哈朗，说皇太极驾崩后，索尼等八大臣谋立豪格为帝，福临为太子。此计划通知给济尔哈朗后，济尔哈朗不但没有检举揭发，还刻意加以隐瞒。多尔衮借此机会，把济尔哈朗降为多罗郡王，索尼、鳌拜、图赖等人革职为民。

这是一个带有浓重人为策划痕迹的案件。

第一，通知济尔哈朗的是杨善和何洛会，而杨善四年前已经被杀，显然何洛会当时告发豪格时，就已将此事报告多尔衮，多尔衮苦于时机不成熟，故而隐忍不发；第二，济尔哈朗获知该计划后，不但没有参与，还表示我意亦如此，但须和多尔衮商议，[①] 应该说对多尔衮给予了尊重。退一万步讲，即使济尔哈朗等人谋立豪格为帝，豪格身为皇太极的长子，继承大统也无可厚非。可以肯定的是，豪格凯旋后，政治气候发生了微妙变化，这让多尔衮感到心惊。为整治济尔哈朗和豪格，多尔衮故意指使吞济、尚善、吞齐喀等将旧案翻出来，试图一箭五雕：排斥济尔哈朗，压制两黄旗，敲打孝庄和顺治，警醒众王臣，打击豪格。

收拾完济尔哈朗和两黄旗大臣后，多尔衮将矛头立即对准了豪格。三月六日，多尔衮主持召开诸王、贝勒、贝子和大臣会议，给豪格定了

① 参看中华书局影印：《清世祖实录》，中华书局 1985 年版。

三条大罪：出师两年没有功绩，纵容部将希尔艮冒功，提拔杨善之弟吉赛为护军统领。多尔衮由此得出结论说，“(豪格此举）实乃乱念不忘”。[①]真是欲加之罪，何患无辞。豪格此次出征，剿灭张献忠部，怎能说无功？希尔艮出击屡胜，怎能说冒功？吉赛虽然是罪臣之弟，有战功依律完全可以提拔。在多尔衮的授意下，讨论会一边倒，将豪格定为死罪。在顺治出面求情下，多尔衮才“免肃亲王死，幽系之，夺其所属人员”，但其统领的正蓝旗，被阿济格夺取。[②]豪格被囚禁后两个月，不明不白地死在狱中。

牢狱中的豪格万万没有想到，多尔衮会将私愤发泄在自己老婆身上。顺治七年（1650 年）正月，多尔衮不顾天伦，强纳豪格妻为侧室。

豪格所经历的遭遇，是一种社会现象。在传统社会政治中，权力竞争是一个高成本和高风险的工种，失败者一旦选择进行竞争，就意味着从此踏上了不归路。胜利者出于猜忌和报复心理，往往缺乏平等相处的开阔胸襟，对失败者施以无情而致命的排挤和打击。这种现象，可以说是竞争者的豪格难题。这道难题豪格个人无法解答，只有良性的社会制度和文化才能够消解。从豪格身上，可以回味其失败后的心理失衡，更可以体味权力竞争的残酷。

可以说，豪格难题，是传统社会政治中所有竞争者都面临的难题，尽管程度不一样。

十三岁的阴阳谋

顺治十二年（1655 年）正月，多尔衮去世五年后，福临提起当年做傀儡的日子，仍心有余悸。他说：多尔衮摄政时，我只有拱手把皇位让给他。国家大事我管不着，也没有人向我汇报。[③]

岂止掌握不了国家大事，多尔衮摄政时，福临连人身安全都成问题。

① 参看中华书局影印：《清世祖实录》，中华书局 1985 年版。
② 参看章开沅：《清通鉴》，岳麓书社 2000 年版。
③ 参看中华书局影印：《清世祖实录》，中华书局 1985 年版。

顺治七年（1650年），锡翰、冷禅机等人“绑架”了小皇帝，将福临连推带搡带到墨勒根王府，让他给皇父摄政王请安。请安的目的只有一个，半年前多尔衮的元妃死了，心情一直不好。

这一切在顺治七年（1650年）十二月初九那天结束了。

七年前，豪格曾预言多尔衮“非有福之人，乃有疾之人也，其寿几何”，这个预言居然成为现实。七年后，三十九岁的多尔衮在行猎途中，膝疾复发，不治而亡。可以想象的是：十二月的北京，冷风如同刀子般刺骨。太阳也懒懒的，了无精神。还没有融化的积雪，踏上去咯吱咯吱的。皇宫大内炉子烧得通红，对抗着这数九寒天。在年轻的福临看来，春天提前来到了他的心里。十三日，消息传到北京，福临长长吐了一口气。七年以来，他虽贵为天子，却如同生活在牢笼一般，不见天日。多尔衮高大的身影，投射在十二岁的福临身上，如同鬼魅一样，压得他喘不过气。

福临、孝庄、济尔哈朗知道，梦魇一般的日子即将过去。然而，他们心里都明白，多尔衮摄政七年，广植党羽，势力如同千年古树，根基伸到了北京城的每个角落，对他们绝不能轻举妄动。在孝庄等人的安排下，福临表现得成熟而沉稳。他们采取阴阳两手，欲擒故纵，清理外围，打击重点，回收皇权。

“阳”手分两步走，目的是欲擒故纵，麻痹多尔衮势力集团神经。

第一步，十二月二十五日，答应多尔衮党羽的提议，以皇帝的规格安葬了摄政王，然后追尊多尔衮为义皇帝，其元妃为义皇后。转年正月初十，命多尔衮之子多尔博承袭父爵，薪水三倍于一般亲王，赏护卫八十名。

第二步，从正月初三到二月初二，在一个月内接连提拔亲皇派势力，任命布丹、苏克萨哈、詹岱、伊图、巩阿岱、鳌拜、巴图鲁詹、杜尔玛为议政大臣，晋升满达海、多尼为亲王，罗克铎、瓦可达、杰书为郡王。而鳌拜等人是多尔衮的死对头，满达海等人则是豪格征川旧部。大力提拔这些人有何目的，明眼人一看就知道。

“阴”手分三步走，目的是清理外围，实施权力清洗。

第一步，囚杀阿济格。多尔衮去世前，曾召英王交代后事，英王即遣三百骑驰京师。历史上没有记载多尔衮交代后事的内容，但他显然是敏感地认识到，自己死后肯定会兴起反击大潮，希望阿济格接替自己，维护家族的既得利益。阿济格的动作慢了。随同多尔衮打猎的大学士刚林，“抢先入京，闭城九门，遍告宗王、固山等以为备”。三百铁骑一到达京师，就被诛杀。[①]先机没有占到，阿济格又企图吞并正白旗，以武力成为多尔衮第二，结果被人告发。正月初六，济尔哈朗等以对摄政王不敬为由，对阿济格实施削爵、抄家、囚禁，不久又令其自尽，多尔衮的根基被连根拔起。

第二步，削弱党羽。二月初五，亲王博洛、尼堪揭发多尔衮亲信罗什、博尔惠、额克亲、苏拜、吴拜等“动摇国是”，经众王臣会审，或杀或流。十五日，谭泰告发何洛会、胡锡协助多尔衮为非作歹，福临下令将何洛会、胡锡乱刀砍死。这些重要党羽被剿灭后，其余的部众都投靠了新主人，多尔衮势力集团被彻底瓦解。

第三步，追黜多尔衮。外围障碍清理完毕后，反击的长剑直刺多尔衮灵柩。二十一日，济尔哈朗等人罗织了多尔衮四大罪状，昭示中外：一、多尔衮以多铎取代济尔哈朗摄政，“背誓肆行，妄自尊大”；二、所用礼仪和器具，与皇帝无异；三、散布谣言，诬称皇太极之位系夺立；四、逼死豪格，纳其妃子。宣告多尔衮的罪行后，福临立即下诏，“削爵、撤庙享、罢谥号、黜宗室、籍财产入官”。[②]

不是不明白，是这个世界变化太快。瞬息多变的大清帝国政坛，让普通人眼花缭乱。昨天还是享受“成宗”称号的义皇帝，今天就成了欺君枉上的窃国大盗。在国家个人化和权力私人化的体制下，政治正义性和非正义性的边界趋于模糊，其品质围绕利益调节器呈现利己性切换。可以说，传统社会的政治，是一种中性政治，没有善恶好坏之分，只有谋私获利之用。

追黜多尔衮后，福临又将两黄旗和正白旗合称上三旗，直接纳入自己掌握之中。同时，为防止贵族势力再次把持朝政，福临开创性地设立

① 参看章开沅：《清通鉴》，岳麓书社 2000 年版。

② 参看赵尔巽等：《清史稿·多尔衮传》，中华书局 1977 年版。

内阁，援用文人处理政务。在一系列集权政策下，福临彻底将流落出去的皇权，如数回收到自己屁股底下。顺治一朝的权力交接，随着铁腕人物多尔衮的去世，在烦乱纷纭的政变中，慢慢画上了句号。

一个年轻的皇帝，在一个即将迎来春天的残冬，正式开始统治一个年轻的皇朝。只是这个皇朝将被他引向何方，连他自己都不知道。

至于一个向来健康壮硕的皇父摄政王，怎么会在三十九岁之虎狼之年因区区“膝疾”病亡，似乎已经无关历史的宏旨了。

性情天子顺治评传

顺治是大清入关后的第一位皇帝。而我们绝大多数人能记住他，是因为他的风流韵事和出家之谜。从个性特征上来讲，顺治多愁善感，属于性情中人，缺少横扫六合的气概。

顺治六岁登基，十三岁亲政，二十四岁驾崩。他的人生可以划为两个阶段，分水岭是十三岁时多尔衮逝世。清崇德八年（1643 年）八月二十六日即位后，他仰摄政王多尔衮鼻息，战战兢兢，如履薄冰；顺治八年（1651 年）亲政后，他处理朝政，文治天下，成绩斐然。

龙椅能塞到顺治屁股下，纯属天上掉下来的馅饼。皇太极驾崩后，多尔衮与豪格相争不下，双方折中妥协，选中了尚未成年的福临。多尔衮以叔父之名摄政，暗行帝王之实。他没有效法朱棣，夺取侄儿的帝位，显然是冷静地意识到，残酷的政争内耗，只会扼杀大清问鼎中原的事业。客观来讲，没有努尔哈赤，大清事业之火就不会燃烧；没有多尔衮，大清事业之火就会中途熄灭。

多尔衮摄政后，立即整装待发，逐鹿中原。他招降吴三桂，借道山海关，击破李自成。顺治元年（1644 年）九月，清廷迁都北京，十月初一日，在武英殿宣布即位。此时，群雄割据，义军蜂起。多尔衮派吴三桂、豪格、阿济格等统重兵，实施血腥掳掠，征服关内疆土大部。与此同时，多尔衮党同伐异，独揽大权；以汉制汉，鼓励生产。而为了维护清廷统治，他还逆时而动，颁布剃发令、圈地令、逃人法等。此时的顺治，只能用幼稚而愤恨的眼神，偷偷看着皇父摄政王唱独角戏。

顺治七年十二月戊子日（1650 年 12 月 31 日），三十九岁的多尔衮英年早逝，十六天后，被尊为“成宗义皇帝”。顺治八年正月庚申日（1651 年 2 月 1 日），顺治实行亲政。挺直腰板后的福临，开展政治清洗运动，剥夺多尔衮爵位，没收其家产，贬斥其党羽，将帝权握入手中。

顺治治理国家，有自己的一套思路：政治上，坚持沿袭明制，大力任用汉官；经济上，恢复农业生产，减轻百姓负担；吏治上，实施考核制度，鼓励优胜劣汰。为稳定社会秩序，他颁布缓剃发令，诏令停止圈地，废除了多尔衮时代的许多弊政，对休养生息，缓解矛盾，起到了积极的促进作用。

尤其值得一提的是，他吸取明朝宦官乱政的教训，对太监人数加以限制，严禁太监干预政事。有清一代，没有出现阉患，应该说是顺治开了个好头。

顺治亲政时，全国尚未完全统一。西南李定国、孙可望、刘文秀部，南明桂王朱由榔部，东南郑成功部，各占一方，四处出击，积极抗清。顺治在主力八旗军外，招降大批明军和地主武装，成立绿营军，驻扎各地，打击起义和叛乱。

由于幼年遭受多尔衮式高压，顺治留下了挥之不去的阴影，养成了懦怯脆弱的心理。他在繁重的国事负担下，开始寻求心理寄托。顺治受汤若望的影响，尊崇耶稣会。顺治十四年（1657 年），又信奉佛教，取法名“行痴”、法号“痴道人”。此时君临天下的顺治皇帝，更像一个敲打木鱼的行脚僧。

顺治十五年（1658 年），四皇子出生，四个月后夭折。顺治十七年（1660 年），集万千宠爱于一身的董鄂妃又病逝。在丧偶夭子之痛的打击下，顺治心灰意冷，一蹶不振，无意政事，只想出家。和尚虽没当成，但他却走向了生命的终点。顺治十八年（1661 年）正月初六日，顺治患天花病逝，享年二十四岁。

顺治早年受过良好的汉文化教育，他的治政思想里更多的是儒佛的情怀。虽然生命之花早早凋零，但他的亲政却标志着清廷从武功到文治的转折。

顺治私档

姓名：爱新觉罗·福临（1638—1661）

庙号：世祖

谥号：章

年号：顺治

即位时间：崇德八年（1643 年）八月二十六日

即位年龄：五周岁半

亲政年龄：十三周岁

在位时间：十八年

陵寝：孝陵（今河北遵化）

父母：父皇太极，母孝庄太后

配偶：十七人，皇后博尔济吉特氏

子：八人，长子牛钮，次子福全，三子玄烨，四子未命名（夭折），五子常宁，六子奇授，七子隆禧，八子永干

女：六人

继位人：玄烨

第四章 康熙与一个集团的战争

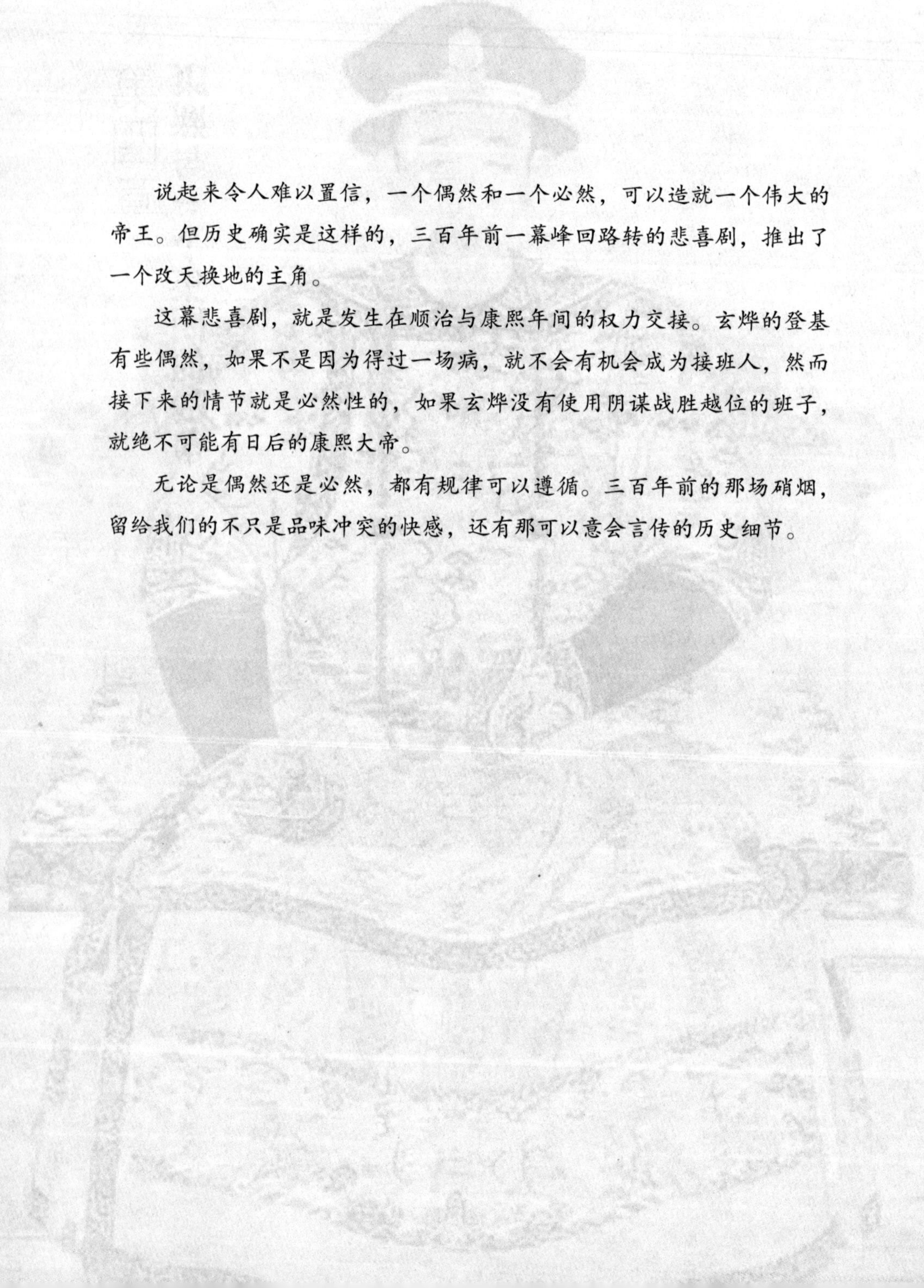

说起来令人难以置信，一个偶然和一个必然，可以造就一个伟大的帝王。但历史确实是这样的，三百年前一幕峰回路转的悲喜剧，推出了一个改天换地的主角。

这幕悲喜剧，就是发生在顺治与康熙年间的权力交接。玄烨的登基有些偶然，如果不是因为得过一场病，就不会有机会成为接班人，然而接下来的情节就是必然性的，如果玄烨没有使用阴谋战胜越位的班子，就绝不可能有日后的康熙大帝。

无论是偶然还是必然，都有规律可以遵循。三百年前的那场硝烟，留给我们的不只是品味冲突的快感，还有那可以意会言传的历史细节。

没病不能坐龙床

顺治十八年（1661年）正月初六晚，新年的气息溢满大街小巷，原本是万家灯火的日子，紫禁城内却一片死寂。皇宫里的春联和花灯，甚至早就被悄悄摘掉。太监宫女们满脸凝重，连忙碌的脚步都变得轻柔细缓。

这一切源于最高领导人的病情。

养心殿内，感染天花的顺治躺在龙床上，病入膏肓。天子虽贵为一国之君，一声令下就可以让千万颗人头落地，而今却脆弱得碾不死一只蚂蚁。死神正慢慢逼近顺治，一股巨大的力量正在抽取他的灵魂。大殿内虽然灯火通明，但顺治生命的蜡烛即将燃尽。

三更时分，学士王熙、麻勒吉奉诏见驾。顺治艰难地抬了抬眼皮，说自己"已患痘症[①]，势将不起"，让他们"详听朕言，速撰诏书"，安排后事。王熙流着眼泪笔录第一段后，见顺治支撑不住，就奏请待草就后再请皇上阅示。两人拟好草稿后，经过顺治三次修改，于黎明时分定稿。初七晚上，二十四岁的顺治走完了短暂的一生。

走向生命终点的顺治万万没有想到，他钦定的遗诏居然会被人篡改。而篡改自己遗诏的，恰恰是生身母亲孝庄。

顺治共有八个儿子，长子牛钮和四子夭折，其余分别是次子福全，三子玄烨，五子常宁，六子奇授，七子隆禧，八子永干。顺治驾崩时，虽遗命玄烨继位，但这只是他的无奈选择。玄烨能够成为康熙大帝，纯属偶然，历史的重大转变往往行走在偶然间。

这个偶然就是玄烨得过天花。

权力是一种致命的诱惑，同时也是一种沉重的心理和生理负担。顺治继位后，帝国的江山落在了这个不足六岁的孩子身上。在多尔衮八年摄政的政治高压下，顺治心理所承受的重荷非常大，逐渐养成了敏感脆

① 即天花。

弱而又固执的个性。亲政后，他本以为可以自由释放心灵，没想到另一个紧箍咒，又套在了自己的头上。

帝国众臣们都知道，在顺治的身后端坐着一个女人，孝庄才是大清的主心骨。

皇太极驾崩后，孝庄联合两黄旗大臣力挫政敌，把自己的儿子送到了龙椅上。多尔衮摄政后，孝庄和两黄旗大臣又顶住压力，按住了他蠢蠢欲动的双手。令人意想不到的是，随着摄政王的倒台，顺治和孝庄、两黄旗大臣也很快度过了蜜月期。顺治"好华语，慕华制"，[①]是满族中的开明派；而孝庄"甚厌汉语"，儿孙但有沾染汉人习俗者，就加以禁止，[②]和两黄旗大臣构成了满族中的保守派。两派的矛盾冲突，开始于因文化背景、价值观念不同而引发的政策分歧，最后转化为谋求贯彻己方政策所必需的最高权力之争。[③]

政治上的战火，首先蔓延到了顺治的床边。

顺治曾经立过两位皇后，第一位是科尔沁蒙古卓礼克图亲王吴克善的女儿，第二位是吴克善的侄孙女，她们都是母后包办的。在孝庄看来，生理决定伦理，伦理影响政治，婚姻固然是为了传宗接代，但更重要的是有利统治。孝庄选择两位蒙古女子做皇后，根本目的是为了稳固帝国的大后方。其中，还隐藏着她不可告人的企图，那就是维护自己的家族势力，她希望未来的皇帝身上，更多的是蒙古草原的奶酪、青草和牛羊粪便的气息。

知情人都知道，吴克善是孝庄的侄子。但是，顺治无法忍受这种政治婚姻。

自己的权力处处受到掣肘不说，连床笫之间的事情居然都有人指手画脚，年轻的皇帝心里充满了怨恨。他不能对抗孝庄和两黄旗，就干脆拿皇后撒气。立第一位皇后仅两年，顺治就提出分居，并不顾群臣反对，以皇后"生性妒忌"为由，将其降为静妃。立第二位皇后不久，他又以

① 参看吴晗：《朝鲜李朝实录中的中国史料》，中华书局1980年版。

② 参看中华书局影印：《清世祖实录》，中华书局1985年版。

③ 参看杨珍：《清朝皇位继承制度》，学苑出版社2001年版。

“乏长才”为由渐渐疏远，并禁止皇后到孝庄宫中请安。如果不是孝庄坚决反对，顺治又差点将其废掉。

政治上的极度压力或失意，往往导致心理的灰暗和抑郁，而女性的温柔和妩媚，恰恰会成为减压和解脱的阀门。这也是古往今来政客多拜于石榴裙下的根本原因，一个失败或成功的男人背后，往往站着一个或数个妩媚的情人。

顺治的石榴裙是董鄂妃。在顺治看来，董妃“颖慧过人”，“有母仪之度”，“衣饰绝去华彩”，[①]简直就是自己的女神。他不仅给予董妃万千宠爱，还准备立她为后。这个想法虽然被阻止，但董妃却成为后宫主管，“虽未经后名，实后职也”。[②]顺治宠爱董妃，并非是追求爱情自由，对孝庄干政的叛逆和反击，是一大主因。

顺治并不中意玄烨，他原本有自己理想的继承人，这个继承人就是董妃的儿子。

顺治十四年（1657年）十月初七，董妃产下了一个男孩。顺治大喜之下，置其排行第四而不顾，竟称之为“朕第一子”。这种癫狂的行状，显示了顺治对董妃的极度偏爱。前面我们讨论过，在传统政治体制下，皇帝立嗣遵从的是奴性选拔。出于对董妃的宠幸，顺治打算将至爱的四子立为皇太子。[③]没有想到，四子三个月后即不幸夭折。两年后，董妃也在忧伤中死去。唯一知音的悄然辞世，令顺治痛不欲生，他不停闹着要出家当和尚。[④]董妃死后不到半年，身体虚弱的顺治就感染了天花。

在病榻之上，顺治曾产生让位安亲王岳乐的想法。[⑤]考虑到自己驾崩后，如果子嗣承位，很容易为保守派操纵，既定治国方针无从贯彻，而岳乐和自己的政治理念相近，军政经验又极其丰富，顺治有意皇位兄终弟及。但此事不了了之，估计只是转瞬之念。顺治很明白，孝庄不可能让皇权流出掌心。

---

① 参看（清）福临、（清）金之俊：《孝献皇后行状》，仁和吴氏双照楼，民国五年（1916年）。

② 参看（清）福临、（清）金之俊：《孝献皇后行状》，仁和吴氏双照楼，民国五年（1916年）。

③ 参看（德）魏特：《汤若望传》，商务印书馆1949年版。

④ 参看蒋兆成，王日根：《康熙传》，人民出版社1998年版。

⑤ 参看杨珍：《清朝皇位继承制度》，学苑出版社2001年版。

顺治病危时，选择新君的余地并不大。奇授、隆禧、永干正在襁褓之中，福全是独眼龙，玄烨是麻脸，常宁还不懂事。他征求德国传教士汤若望的意见，百年之后该立何人为帝。汤若望时任钦天监监正，主管天文历法，是当时公认的“大师”，平日很受顺治的宠信和尊敬。

汤若望建议立三子为帝，理由是玄烨出过天花。

清朝初年，幼儿极易感染天花夭折。玄烨生下来不久，就被保姆带到京西一家寺庙，接种预防疫苗。这种预防方式没起作用，玄烨还是感染了天花。在保姆的照顾下，他虽然奇迹般活了下来，脸上却留下了坑坑洼洼的麻点。出过天花的人有免疫能力，而福全和常宁都没出过，很有可能不幸夭折。福全虽然年龄较长，但身体有残疾。因此，玄烨就成为最佳人选。没有人会想到，玄烨的天花竟成为日后坐上龙床的决定性砝码。

幼年的玄烨是在孤寂中度过的，晚年他曾辛酸地回忆说，“父母膝下，未得一日承欢，此朕六十年来抱歉之处”。[①] 玄烨虽然痛失父母慈爱，但孝庄却给了他无限垂怜。玄烨母亲佟佳氏怀孕时，曾发生过一些异兆，孝庄听后说，此子“必膺大福”。[②] 玄烨刚会说话，孝庄就以帝王的标准要求他。五岁时，还特派贴身侍女苏麻喇姑教习满文和礼仪。孝庄对玄烨的培养，纯属于无心插柳。她并没有料到顺治会英年早逝，也并没有打算让庶出的玄烨接班。对孙子的疼爱，更多的是出于天性。

顺治在遗诏中立玄烨为皇太子，“持服二十七日，释服即皇帝位”。[③] 选择玄烨做接班人，虽然是顺治和孝庄的共同心愿，但安排索尼、苏克萨哈、鄂必隆、鳌拜辅政，却不一定是顺治的意思。王熙和麻勒吉起草好遗诏后，由麻勒吉和御前侍卫贾卜嘉呈孝庄审定。后人通行的看法是，遗诏对朝政和个人行为无情批判和检讨部分，是经过孝庄修改后，以顺治之口发布的，目的是“改良”现行国政。[④]

---

① 参看中华书局影印：《清圣祖实录》，中华书局 1985 年版。

② 参看（清）清圣祖撰，（清）张玉书等编：《圣祖仁皇帝御制文集》，台湾商务印书馆 1983 年版。

③ 参看中华书局影印：《清圣祖实录》，中华书局 1985 年版。

④ 参看杨珍：《清朝皇位继承制度》，学苑出版社 2001 年版。

其实，除了“罪己”部分外，遗命四大臣辅政也不可能是顺治的愿望。即使顺治有意让大臣辅政，也不会指定索尼、苏克萨哈、鄂必隆、鳌拜四人。顺治朝中后期，皇帝和太后在政治上如同水火，索尼、鄂必隆、鳌拜等两黄旗大臣，担任领侍卫内大臣，并兼任议政大臣，后宫和前院的事务一起抓。他们都是孝庄培养和提拔的亲信，除了在政治上和太后保持一致外，还负责对顺治的监控和沟通工作。顺治十三年（1656年）六月初一，孝庄替皇帝册立嫔妃，按道理应由她本人直接向顺治宣布，却交由索尼、鄂必隆、鳌拜转达。其中《春秋》笔法，无须赘言。顺治对这几颗钉子恨之入骨，怎么可能将他们撒到龙椅旁？

孝庄没有想到，她的这一修改，在即将登基的新皇帝身边，埋下了一颗颠覆整个帝国的定时炸弹。

从皇帝嘴里抢肥肉

帝国的人事安排涉及利益调整，牵动着每个臣工最隐秘的神经。顺治遗诏一宣布，立即在朝堂上掀起轩然大波。

正月初八，朝廷正式公开遗诏，由八岁的玄烨入主天下，为“保翊冲主，佐理政务”，特命索尼、苏克萨哈、鄂必隆、鳌拜辅政。

宗室贵胄们简直不相信自己的耳朵。索尼、苏克萨哈、鄂必隆、鳌拜是什么东西？他们虽然高居庙堂，只不过是看门护院的狗。顺治一纸遗诏，不但将他们擢升为分利人，而且还代理经营权。在大清这个庞大的帝国企业中，太祖的子孙才是真正的股东，什么时候轮得上打工仔瓜利分红？眼看幼主不能理政，诸王、贝勒都想分一杯羹，没料到等待他们的，却是袖手旁观的结局。

索尼、苏克萨哈、鄂必隆、鳌拜也愣住了。自古以来，历代王朝奉行家国一体的统治理念，国君即家长，家长即国君，只有家族成员才有资格品尝王权的盛宴。在他们看来，自己这些八旗子弟，能够在太后的羽翼下，享受权力散发出的温暖，已经是一种莫大的尊荣，从来没想过会有一天，可以亲手触摸天子的权柄。

鳌拜

兴奋之余，一股寒意掠上心头。浸淫官场多年，索尼等人不会不明白个中厉害。古往今来，因猜忌而被杀的臣子还少吗？权力可是一把双刃镰刀，弄不好还没收获到黄灿灿的庄稼，反而把脑袋混没了。宗室贵胄一个个鹰视狼顾，他们能允许自己染指皇权？麻勒吉刚念完遗诏，索尼等人立即跪在地上："今主上遗诏，命我四人辅佐冲主，从来国家政务，为宗室协理，索尼等皆异姓臣子，何能综理，今宜与诸王、贝勒等共任之。"[①]

四位大臣的表层意思很明显，辅政大权是先皇给的，不是我们自己要的，如果不同意外姓人干，你们可以把担子挑起来。宗室贵胄并不是傻瓜，立即读懂了他们的潜台词，这是索尼等人逼自己表态。如果你们同意我们四个人干，今后就可以放开手脚；如果不同意，那就是抗旨。

烫手的山芋扔给了诸王、贝勒。现在不是努尔哈赤、皇太极时代了，宗室贵胄可以参与最高权力的暴力角逐和最高领导人的"民主"立废。经过皇太极和顺治两代的打击，宗室势力虽然还很庞大，可以在朝堂之上参政议政，但已缺乏多尔衮式的既握有军权又深孚众望的强势人物，能一言九鼎，威胁到皇权的安全。他们除了遵从遗诏这一临时"宪法"，根本没有别的选择。诸王、贝勒很不情愿，却又无可奈何："诏旨甚明，谁敢干预，四大臣其勿让。"[②]索尼等人要的就是这种态度。他们见没人提反对意见，立即向孝庄作了详细汇报。

完全可以料想，坐在幕后的孝庄淡淡地笑了。

现在帝国的影坛上，只有孝庄才享有最终剪辑权。索尼等人的辅政大权是她授予的，朝堂上的辞权表演也是她排练的。索尼等人获得的掌声虽然稀稀拉拉，但节目上演得还算顺利，一切按照自己的设计进行，这就是巨大的成功。她当即召集宗室贵胄和文武大臣，谕令他们同心协力，以辅幼主。四位辅政大臣和文武大臣先后在顺治灵前发誓，表示不私亲戚，不计怨仇，不结党羽，不受贿赂，协忠诚，共生死，努力辅佐玄烨。[③]

---

① 参看中华书局影印：《清圣祖实录》，中华书局 1985 年版。

② 参看中华书局影印：《清圣祖实录》，中华书局 1985 年版。

③ 参看中华书局影印：《清圣祖实录》，中华书局 1985 年版。

按照孝庄的设想，康熙还没有成年，自己身为女流，上不了厅堂，因此需要一个临时性班子，襄助政务，挈携幼帝。在帝国的权力格局中，康熙是君主，辅臣是丞相，康熙是董事长，辅臣是总经理。康熙掌握所有权，经营权归辅臣。等康熙亲政后，再两权都抓，两手都硬。而索尼、苏克萨哈、鄂必隆、鳌拜作为经理班子成员，是聘请来为康熙服务的。他们各来自不同的利益集团，相互制约，保持平衡，不至于反客为主，影响君权。

这种美好设想只是孝庄的一厢情愿，四辅臣很快就将自己的誓言抛在脑后。

辅臣号称协理政务，实际上代行皇权。凡国家机要或政策法令，以“辅臣称旨”的名义，谕令中央部院和地方贯彻执行。而中央部院和地方上报的奏疏，由四位辅臣讨论决定后，再上奏康熙圈阅。康熙不过是一个少年，对政事似懂非知，成了一个橡皮图章，而四辅臣则成为实际上的皇帝。

不受节制的权力是一针心理催化剂，在给人带来责任和义务的同时，其所产生的潜在收益，会逐渐改变所有者的心理和文化结构，加速人的膨胀和异化。按道理说，康熙是脑袋，辅臣是手脚，手脚接受指令，代替脑袋工作。辅政之初，索尼等人感恩戴德，还算勤勉，时间久了，手脚有了独立的思想，习惯了吆三喝四，就不再听脑袋的指挥。顺治时代，为了打击宗室干政，朝廷大力推行官员的职业化和文职化，取消内务府，设立十三衙门；取消内三院，设立内阁；改变满汉官员品级差别等。索尼、苏克萨哈、鄂必隆、鳌拜辅政后，为独揽大权，全部推翻了顺治的政治革新，重新设立内务府、内三院，实施满汉官员品级差别化。

一个领导者接手一项新事业或者一个新单位，因为初来乍到，资历尚浅，往往受到既得利益者和别有用心者的排挤与架空，处理不好就会被越位，导致权力旁落。眼看皇权的肥肉被抢走了，年幼的康熙只能流着口水，看索尼等人大块朵颐。大权在握后，四辅臣逐渐懒得上朝，而是把个人府第当成了办公场所。一时间，朝廷门可罗雀，辅臣门庭若市，大清帝国臣民眼里只有辅臣，慢慢忘记了金銮殿的龙椅上，还坐着一个孤零零的小麻脸。

更为严重的是，孝庄曾经担心的事情，终于不可避免地发生了。

孝庄的棋子：皇帝更需要夫人路线

孝庄选择异姓大臣辅政，根本的原因是担心出现第二个多尔衮。

这本来是一个极为成功的分权抑权案例。根据孝庄的设计思路，如果选择宗室辅政，他们树大根深，又有帝胄血缘，极易做大乱政，威胁君权。而索尼等人并非皇室，又是亲信，提拔起来肯定竭力效忠，而且他们根基不深，容易辞退清除，不至于萌逆妄为。孝庄此举，目光极为悠远，收益却在眼前。宗室势力雄厚，只有参政之资，辅臣虽掌实权，然而力量弱小，两派相互监督，又彼此克制，可谓是帝王术中以实权小臣对付勋重权贵的典范。

事实上，孝庄对自己的手笔也颇为得意和放心。

顺治十八年（1661 年）三月，有位投机分子特地从安徽桐城赶到北京，向朝廷提了十条建议。这个名叫周南的秀才不好好读书，却无端地想参政议政，“请（孝庄）垂帘，以勷盛世之隆”。[①] 孝庄并不领情。天下早晚是孙子的，现在需要的是扶上马，送一程，在实践中锻炼治国理政的才能，而不是让康熙躺在温室里，永远长不大。如果实施垂帘，康熙亲政后，势必会成帝后相争之势，于国于家都不利。

孝庄能够放心将帝国交给一个孩子，还有一个主要原因，就是安排了四位亲信辅政。孝庄认为，辅臣帮衬于外，自己遥控于内，完全可以确保大政无虞。然而，孝庄有一个致命的疏忽，人属于善变的动物，一旦掌了权，更是靠不住。她没有想到自己宠信的嫡系，会去抢孙子嘴里的肥肉。

现在我们来看一下四位辅政大臣的简单情况。

首辅大臣索尼是正黄旗人，资格最老，德高望重，在拥立顺治时，

① 参看中华书局影印：《清圣祖实录》，中华书局 1985 年版。

和孝庄结成统一战线，可谓铁杆嫡系。然而，他是个官油子，加上年老多病，遇事往往三缄其口，明哲保身，不喜当头；次辅大臣苏克萨哈是正白旗人，才器超凡，善于广结善缘。他原是多尔衮旧部，后来反水倒戈，颇受重用；三辅大臣遏必隆是镶黄旗人，曾经因反对多尔衮，受到罢斥。他性格软弱，属于墙头草，见风就倒；末辅大臣鳌拜也是镶黄旗人，也曾因反多尔衮受罢斥。他战功卓著，性格刚暴，是典型的强势人物。四位辅臣的共同点是，一、都来自上三旗，隶属皇家直属力量；二、都是反多尔衮的功臣，和孝庄在政治上保持一致。然而四位辅臣来自三个不同的集团，相互间有利益冲突，并非铁板一块。

随着各自权势和利害关系的变化，以及彼此间性格和才具的不同，四位辅臣地位和力量此消彼长，位居末席的鳌拜竟然后来居上，成为四位顾命大臣中的铁腕人物。

鳌拜是清初有名的战将，皇太极曾亲封其“巴图鲁”称号，被誉为满洲第一勇士。他和遏必隆同属镶黄旗，是一根绳子上的蚂蚱，利益一致。遏必隆本人比较懦弱，鳌拜专横跋扈，遏必隆虽然位居其上，却成了他的跟屁虫。鳌拜倚恃战功，排斥异己，他和亲弟都统穆里玛，以及侄子内廷行走塞本特、讷莫，联合领侍卫内大臣、大学士班布尔善、吏部尚书阿思哈、户部尚书马迩赛、兵部尚书噶褚哈，遍植党羽，将欲望的触角，伸到帝国的每一个角落里，“文武各官，尽出伊门下”。趴在私利关系网中的鳌拜，如同一只硕大的蜘蛛，肆意捕食来往的猎物。鳌拜势力做大以后，已不顾及自己的辅臣身份，不但眼皮不夹索尼和苏克萨哈，“凡事在家定议，然后施行”，而且连皇帝这一壶他都不愿尿，经常当面出言顶撞，“施威震众，高声喝问”，“稍有拂意之处，即将部臣叱喝”。[①]

鳌拜的表现不可能逃过孝庄的眼睛。

虽然久居后宫，孝庄并不是冬眠的青蛙，她静静地坐在帷帐内，冷眼看着鳌拜的欲望舞蹈。鳌拜势力增长之快，是她始料未及的；鳌拜专权霸朝，也出乎她的想象。此时，皇室贵胄没有实权，索尼处处退让，几乎没有人可以制住鳌拜。鳌拜虽没露反意，但长此以往，康熙会成为

① 参看中华书局影印：《清圣祖实录》，中华书局 1985 年版。

顺治第二，即使亲政也无法亲权。

孝庄不动声色，在复杂狰狞的棋局上，稳稳地落下了自己的棋子。康熙四年（1665年）九月，玄烨年仅十二岁，孝庄提出册立皇后。鳌拜一听就急了，他立即联名遏必隆上书极力反对。鳌拜不可能不激动，因为册立的对象是索尼的孙女赫舍氏。在鳌拜看来，如果孝庄和索尼联姻，不但提高了正黄旗的地位，而且还会使索尼的势力更加庞大，成为自己的心腹之患。

鳌拜没有想错，孝庄就是打算在康熙和鳌拜之间，建立一道防火墙，抑制鳌式病毒的传播和危害。索尼虽然年边，但掌握正黄旗，子孙多干材，家底雄厚。他唯一的缺点就是想将脑袋缩在壳里，颐养所剩不多的天年。如果赫舍氏和康熙结亲，索尼一家成为帝国的大股东，一荣俱荣，一损俱损，索尼就会伸出脑袋盯紧鳌拜，死心塌地辅佐幼帝，不生异心。

孝庄没有理会鳌拜的奏折。

她心里非常清楚，这个多尔衮第二之所以还没有翻天，就是对自己这个老太婆非常忌惮。此时如果不下定决心，替康熙走这条夫人路线，给鳌拜专权制造潜在威胁，假以时日，就更难控制局面。孝庄以自己多年树立起来的威望，置鳌党的反对而不理，替康熙包办了这门亲事。

在鼓乐喧天声中，索尼满脸的皱纹慢慢舒展开来，而鳌拜凌厉的目光渐渐收敛。

四年之后的历史事件将证明，孝庄所下的这枚棋子，将成为帝国权力中心定时炸弹的拆除者。

一个冤狱的暴力哲学

孝庄为康熙铺就的夫人路线，从本质上来说是一种长线投资，短期之内无法获得立竿见影的利润。但这种资产的优化组合，在遏制鳌拜野心的同时，也会让其狗急跳墙。

对权力的追逐，如同弯弓搭箭，一旦射出去，就再没有回头的可能。

康熙四年后的鳌拜就是这支箭，在追权逐利的驱动下越飞越远。此

‖ 康熙手迹

时的帝国权力格局中，康熙虽然坐在金字塔尖，但只是象征性的国家元首，类同摆设，国家大政方针都捏在四位辅政大臣手中。要想个人独揽大权，必须摆平其他三臣。索尼根深难拔，遏必隆是同党，鳌拜先拿苏克萨哈开刀。

苏克萨哈虽位列次辅，是努尔哈赤六驸马之子，帝国的一等公爵，领侍卫内大臣加太子太保，但其实是辅臣格局中最薄弱的一环。究其原因，是因为苏克萨哈来自正白旗，被索尼、遏必隆、鳌拜视为异类。皇太极即位后，为抬高自己地位，将自领之两白旗改为两黄旗，将多尔衮兄弟所领之两黄旗改为两白旗，黄白旗由此结下怨隙。而且，苏克萨哈经常叫板，不时挑战鳌拜的权威，让他很是忌恨。孝庄册立赫舍氏时，苏克萨哈颇为眼红，走了一步臭棋，他以赫舍氏长康熙一岁为由，“嗔怨年庚不对”，表示反对，[①] 差点坏了孝庄的大计不说，还让索尼恨得咬碎所剩不多的老牙。以致于日后鳌拜作乱时，索尼竟不顾权力格局的平衡，以私废公，支持整治苏克萨哈。

康熙五年（1666 年）正月十五日，鳌拜首先发难，矛头直指苏克萨哈。

当日，鳌拜在朝堂上表示，多尔衮曾将镶黄旗应得之土地给了正白旗，而现在镶黄旗土地贫瘠而不堪耕种，要求户部给予调换。在索尼、遏必隆的附议下，朝廷派出调查小组实地勘察，经查证后发现确有实情。调查报告呈报辅臣后，鳌拜派户部尚书苏纳海、侍郎雷虎会同直隶、山东、河南总督朱昌祚和巡抚王登联落实换地事宜。“圈地议起，旗民失业者数十万人”。[②] 严重影响了社会稳定。孝庄听到风声后，对鳌拜等人的做法，给予了严厉批评，并谕旨停换。

事情闹到这个地步，已是欲罢不能。

苏纳海领命之后，在地方住了一个多月，阳奉阴违，并未主持调换。而朱昌祚和王登联则是先后上书，直陈更换土地的弊端：“旗地待换，民

① 参看中国科学院编：《明清史料·丁编》，国家图书馆出版社 2008 年版。章开沅：《清通鉴》，岳麓书社 2000 年版。

② 参看赵尔巽等：《清史稿·苏克萨哈传》，中华书局 1977 年版。

地待圈，皆抛弃不耕，荒凉极目。”两人都建议停换。朱昌祚更是锋芒毕露，矛头对准鳌拜，指责他欺君枉上，矫诏行事，“若果出自庙谟，臣何敢越职陈奏，但目睹旗民交困之状，不敢不据实上闻”。

由于更换土地引起民乱，官员带头抵制朝廷的政策，并没有什么不妥。但事情远没有这么简单。政治斗争的复杂性在于，公私往往相互纠缠难分良莠，有时是打着正义的旗号整人，有时又以鄙劣的手段维护公器。苏纳海是正白旗人，朱昌祚是镶白旗人，苏克萨哈得知孝庄反对调换后，立即暗示二人反戈一击，企图借助后宫的力量，废止调换土地政策，进而痛击鳌拜。

鳌拜知道，要搞垮苏克萨哈，必先断其手足，折其羽翼。当下，他以不奉旨办差为由，下令兵部、吏部将苏纳海、朱昌祚和王登联逮捕，交刑部议罪。在向康熙汇报该案时，鳌拜联合索尼、遏必隆，奏请处以重典。对于鳌拜此举的动机，康熙心知肚明，这是借自己的手清扫异己力量，因此“未允所请”[①]。有这样一个痛打落水狗的机会，鳌拜怎么可能放过？他以手中代康熙批红之权，擅自矫诏，将三人绞死。

鳌拜出招之凌厉狠毒，无论庙堂之高还是江湖之远，都大为震惊。

官场斗争讲究使用太极手法温柔对敌，看似推捏揉搓毫无力道，实际上“谈笑间”，能使“樯橹灰飞烟灭”。此种斗争最忌讳横冲直撞，如同三十二路伏虎拳，看似呼呼生风霸气十足，固然也能杀敌谋利，然则花架子居多，一旦被看出破绽，就能一招落败，甚至搭上身家性命。此次鳌拜所要并非迷踪拳，而是来有踪去有影的形意术，内力透过三位重臣，击向苏克萨哈这个形，其实意取康熙。鳌拜虽然粗鲁，但并不是傻瓜，他赤裸裸地奉行侵权的暴力哲学，敢于将意图暴露于朝堂面前，犯下政治斗争大忌，根本原因在于有恃无恐。

鳌拜所恃的是他编织的权力关系网，经过猎杀苏纳海等三人一役，更加检验了这张网的捕捞能力。苏克萨哈隐约感觉到脖子开始冒凉气。他和鳌拜最初关系并没有这么僵，两人甚至还有姻娅之谊，而今时过境迁，玩权术怎么还顾得上讲亲情，权力从来就不相信血缘和眼泪。看着

① 参看中华书局影印：《清圣祖实录》，中华书局 1985 年版。

苏纳海、朱昌祚、王登联家人泪眼婆娑的脸，回头再瞅瞅膝下环绕之儿女，苏克萨哈胆怯了，他决定找一个合适的机会退出赌局。在打退堂鼓的时候，苏克萨哈忽略了一件事，一旦踏上政治斗争的旅程，还有回旋返转的余地吗？此时，对家鳌拜也正寻找一个合适的机会，让他输得永不翻身。

谁能得到这个机会呢？

康熙六年（1667 年）七月七日，十四岁的康熙在这天开始亲政。一个月前，首辅大臣索尼病逝，鳌拜成为实质上的辅臣魁首。没有了索尼的制约，鳌拜的专权更加无厘头。对手不时抛过来狰狞眼神，让苏克萨哈彻体冰凉。十三日，他上疏康熙，请求辞职看护先帝陵墓，使“如线余息，得以生全”。鳌拜冷冷地笑了：你以为自己是陶渊明啊，官做不好了就挂印而去，寻找自由呼吸的桃花源，我的天下哪有你诗意栖居之地？既然选择了远方，你就风雨兼程吧。他当即以“辅臣称旨”的名义，给苏克萨哈扣上了一顶大帽子：“兹苏克萨哈奏请守陵，如线余息得以生全，不识有何逼迫之处，在此何以不得生，守陵何以得生？”[①] 到底谁逼迫你了，在朝廷怎么就没法生存了，守陵怎么就能生存了，朝廷还不如坟墓吗？

十五日，在鳌拜的主持下，议政王大臣召开紧急会议，以“往守陵寝进行要挟，实有不愿归政之意”的罪由，将苏克萨哈全家和亲信批捕。在遏必隆家的牲口圈里，鳌拜和班布尔善等人罗织了二十四条大罪。十七日，奏请康熙将苏克萨哈和长子内大臣查克旦凌迟，其余子侄无论成年与否全部斩立决，家产没收充公。

这是一出杀鸡骇猴的欲望表演。

康熙清醒地认识到，苏克萨哈一案纯属冤狱。鳌拜之所以痛下杀手斩草除根，固然是为了发泄对敌之根，更重要的是想借苏克萨哈全家人头警示所有的政敌，他鳌拜才是大清的青天白日。出于自保和悲悯，康熙“坚执不允所请”。鳌拜根本就没把皇帝当回事，他“攘臂上前，强奏累日”，软硬兼施，逼迫康熙签字。[②]

① 参看中华书局影印：《清圣祖实录》，中华书局 1985 年版。

② 参看中华书局影印：《清圣祖实录》，中华书局 1985 年版。

康熙颤抖着拿起朱笔，在奏折上违心地留下了御批。此时，连他本人都已无法分清，这颤抖是因为愤怒、震惊还是慌乱、痛惜。他除了将凌迟改为绞刑，稍微减轻苏克萨哈和查克旦的痛苦外，已经无能为力。

菜市口的夕阳将地上的血色涂抹得更加浓重，十四条冤魂在夏日的夜幕里随风飘荡。在高大豪华的府第里，我们没法想象帝国第一勇士鳌拜是否正品着泛绿的香茗，沉浸在畅意恩仇的快感中。但完全可以预见，铲除了一个潜在的对手，肯定让鳌拜的胃口大开。

他似乎并没有想过，一个隐忍多年的孩子，日后将会激荡出多大的反弹力。

是龙也需要盘着

皇帝是一个很无聊的职业，看起来君临天下风光无限，其实高处不胜寒寂寞得很。李世民喜欢和群臣打成一片，有个下属上书劝谕，“皇天以无言为贵，圣人以不言为德”，[①] 让他少说两句，以保持神秘，树立威严。

康熙这个皇帝干得更没意思，先别讲愿不愿意说话，就是想说也没有机会，鳌拜专权，根本不容他发表独立见解。康熙登基时只有八岁，正是豆蔻年华贪玩的年龄，却只能穿着制服，乖乖地端坐在那里，有时一上就是一天班，完全泯灭了儿童的天性，拿童趣换无趣。到了十四岁已属于少年叛逆期，最讨厌别人说三道四的时候，鳌拜却整天介咆哮朝堂，他又不得不逆来顺受，完全是拿青春赌明天。被这样一个人物骑在头上，不被逼傻也被逼疯了，他愣是硬撑了六年。康熙的心理素质如此过硬，固然得益于孝庄的调教与排解，也与个人的天赋秉性不无关系。

一句话，康熙天生就是职业皇帝。

有个小故事见于正史，虽有溢美之嫌，但也可一斑而窥全豹，看出这位未来帝王的潜质。玄烨六岁那年，顺治曾问他和福全的志向，独眼的福全回答愿为贤王，而麻脸的玄烨胸怀锦绣，一板一眼地回答说，愿

① 参看（后晋）刘昫等：《旧唐书·刘洎传》。

效法父皇。[1]顺治莞尔一笑：这孩子生来就是帝王的料儿。两人高下立判的回答，可以说是源于政治上的早慧，而这种思维和观念上的发育，肯定得益于孝庄多年潜移默化的训导。

索尼虽然已是老眼，但脑子却未昏花。

康熙六年（1667 年）三月，感觉自己时日不多的索尼，决定把孙女婿扶到前台上去。他联合苏克萨哈，极力推动鳌拜和遏必隆，以康熙年届十四岁为由，恭请皇帝亲政。康熙没有答应，他敦请四大臣继续辅政。索尼见主子似乎没有理解自己的意图，拖着病体多次上疏，奏陈亲政事宜，康熙还是没有答应，把奏折压在那里不予答复。到了六月，索尼再也支撑不下去，撒手而去。

关于缓迟亲政的理由，康熙是这样解释的，他认为自己“年尚幼冲，天下事务殷繁，未能料理”。政治家之言不只是沾濡染墨的文字问题，更多的是指东道西的利弊分析。年幼是真，事繁不假，未能料理是否属实，则就要打个折扣了。以康熙和孝庄的政治智慧，加上索尼等人的辅佐，就算不能使政务条条俱善，也不至于荒废凋敝。然而，康熙有自己的打算，此时即使亲政，有鳌拜把持国柄，自己只能做个挂名皇帝。有索尼、苏克萨哈等人作为缓冲带，与其直面与鳌拜冲突，不如继续幕后养精蓄锐。刚刚学会走路，跑起来怎么能不摔跤？！

索尼之死打乱了康熙的计划。

索尼一死，意味着权力格局失衡。此时如果还不亲政，继续躲在象牙塔里学习走路，首先到达终点站的未必就是康熙。虎仔再小也有长大的那一天，总要学会自己打猎觅食。他必须提前站出来，以自己弱小的螳臂，直接面对正在权力路上狂奔的鳌拜。七月上旬，他将索尼等人的多份奏疏，下发给众位臣僚。经过充分的舆论准备后，于七日在太和殿宣布亲政。

名义上是权力无边的天子，实际上连自身的安危都不能保障，面对鳌拜的不断挑衅和步步紧逼，少年康熙所能做的就是隐忍。康熙非常清楚对手的能量，鳌拜是三朝元老，朝野上下到处都是他的私党，如果轻

① 参看中华书局影印：《清圣祖实录》，中华书局 1985 年版。

举妄动只能打草惊蛇，搞不好会搬起石头砸了脚。老子讲："将欲歙之，必固张之；将欲弱之，必固强之；将欲废之，必固兴之；将欲夺之，必固与之。"[①] 加官进爵并不意味着提拔重用，有时往往是修理整治的开始。与人斗是一项技术含量很高的工作，非心思缜密谋事长远者不能为之。为了麻痹鳌拜的神经，康熙不断给他加官进爵。亲政后一个月，康熙为安抚鳌拜，授其一等公，子纳穆福承袭其原有之二等公。一年后，又拜其为太师，纳穆福为太子少师。大清国的官帽有的是，多封几个官不过就是多加几两银子的工资，并无碍大局。随着官帽子越戴越多，鳌拜的脑子也越来越迷糊。

这里，我们有必要分析一下"隐忍"二字。

隐是藏拙，藏拙才能韬光养晦；忍是守性，守性方可泰然取远。隐忍不是窝囊或者胆怯，而是一种"尺牍之间，情怀千里"的境界。官场政治人事极其复杂，故高人多奉行隐忍二字，常以一副大肚弥勒的面孔示人，金刚怒目状则不是很成熟，就是脑子进了水。隐忍是一项传统的美德。无论勾践卧薪尝胆，以期闻达于诸侯，还是刘禅乐不思蜀，以期苟全于乱世；无论蔺相如宁愿退避三舍，不同廉颇争强弱，还是韩信甘心胯下之辱，不与泼赖论短长，目的不同，结果有异，然都遵信的是隐忍的信条。能隐忍者必定有大智慧，必定是非常之人，故而必谋定有后动。从这个意义上来说，隐忍是一种利害计算，属于典型的阴谋式美德。

有一则史料可以帮助我们了解康熙的隐忍策略。

鳌拜有一次摆架子，在府里装病不上班，想让康熙亲往探视，以炫耀自己的尊贵，可又怕他趁机发难，就在被窝里藏了把刀。御前侍卫们到了寝室之后，发现鳌拜脸色有些不自然，急忙掀开被窝搜查，发现鳌拜身怀利刃。当时鳌拜、家人及其侍卫非常紧张，一场拼斗一触即发。如果此时发生冲突，很难说鹿死谁手，十六岁的康熙哈哈一笑，刀不离身是咱们满人的风俗，没有什么好奇怪的。[②] 举手投足间，一场刀光火影消弭于无形。而鳌拜一身冷汗以后，产生了一个致命的误会，这个小子

---

① 参看老子：《老子·第三十六章》。

② 参看章开沅：《清通鉴》，岳麓书社 2000 年版。

不过是个糊涂虫嘛！

当对手面对挑衅或欺辱，还能保持谦恭镇定时，千万不要被表象迷住了眼睛。看不起对方的智商，只能说明自己的智商有问题。智商有问题，还要玩政治，离倒霉就不远了。

鳌拜很快就要为自己的智商埋单。

休闲式“治疗”

康熙八年（1669年）五月十六日，大清帝国第一实权人物鳌拜和往常一样，迈着稳重而轻快的步伐，赶往南书房去上班。

北京的夏天干燥少雨。日头洒落在马路上，泛起热辣辣的银光。偶尔一抹闷风吹过，也燥热得让人打不起精神。整个京城在知了单调的嘶叫声中，如同茶馆酒肆里的小二，懒洋洋地打着盹儿。

鳌拜后背早就湿透了。官衣官帽虽然看起来体面，夏天穿在身上却很遭罪。官服事关国体，妆容牵涉政治，绝对不可掉以轻心。不过，鳌太师身上很热，心里却清凉如春，没有什么比权力更能令人容光焕发。一路走来，太监、侍卫们的眼神饱含崇敬，臣工们则连鞭梢都挂满了谄媚，鳌拜的心情像头顶上的太阳，熠熠生辉。整个大清国都笼罩在自己编织的铁网中，巍峨森严的紫禁城不过是闲庭信步的后花园。

然而，令鳌拜始料未及的是，当他迈着八字步缓缓进入南书房时，一张大网以出人意料的方式，悄悄撒向了他的头顶。

康熙出手了。

这些年来，康熙虽然位极九五之尊，但权力的美酒都被鳌拜一人喝了，自己嘴里几乎淡出鸟来。在鳌拜一党的把持下，别说按照自己的旨意推行政务，就连重要岗位的人事任命权都被掳走。户部尚书空缺时，康熙本打算提拔玛希纳，鳌拜却和班布尔善暗箱操作，令亲侄玛迩赛充任，接管了帝国的经济命脉。玛迩赛不久病死，鳌拜指使党羽替其请谥，康熙不答应。鳌拜一不做二不休，自己矫诏谥玛迩赛“忠敏”，干脆剥夺了皇帝的话语权。

在动手之前，康熙两次摸了鳌拜的屁股。

康熙六年（1667 年），朝廷下旨鼓励大臣直谏。臣工慑于鳌拜的淫威，都不敢上书言事。只有弘文苑侍读学士熊赐履打破沉默，引用程颐“天下之乱系宰相”之语，奏章煌煌数千言，弹劾戟指鳌拜。鳌拜拟以“妄言罪”打击报复，康熙据理力争，坚决反对，鳌拜的图谋没有得逞。

康熙七年（1668 年），比利时传教士南怀仁弹劾钦天监监正杨光先。四年前，杨光先为谋取监正一职，诬告汤若望改革历法意欲谋反。出于打击顺治朝旧臣，鳌拜将汤若望、南怀仁等下狱。杨光先接任后，由于不懂天文历法，致使预报纰漏百出。康熙认真调查取证后，确认杨光先外行领导内行，果断将其撤职，以南怀仁代之，推翻鳌拜旧判。

保护熊赐履，罢免杨光先，看似是整饬朝政，实际上是一套试探鳌拜的组合拳。高手过招，往往不急于攻敌制胜，而是先走上几个趟，估摸一下对手的实力。两个回合下来，康熙发现鳌拜虽然势如猛虎，不过是一只外强中干的黔之驴，缺少心计和智谋。但鳌拜毕竟经营多年，党羽遍布朝野，轻举妄动只能是自乱阵脚。康熙相信，只要自己开动脑筋，完全可以四两拨千斤。

1513 年，马基雅维利写出了他的不朽名著《君主论》。在这部被称为人类有史以来对政治斗争最独到、最精辟、最诚实的“验尸报告”中，意大利人写道：“君子恪守信用是重要的。但是，欺骗、虚伪、尔虞我诈、阴谋诡计，对巩固统治更为重要。”[①] 康熙不可能读到这部作品，但他对君主统驭之道却了然于心。

在统治面临巨大威胁的时候，他想起了祖母孝庄太后四年前下的那枚棋子。

鳌拜刚踏入南书房的大门，十几条人影向他扑了过来。

缺少历史典籍的详细记载，我们没法进入离奇而惊险的武打场面。但有兴趣的读者不妨翻一翻《鹿鼎记》，金庸先生的文学想象，也许可给我们一种现场性描绘。尽管情节和文字很夸张，但真实的情景绝对惊险有过之而无不及。

---

① 参看（意）马基雅维利著，高煜译：《君主论》，广西师范大学出版社 2002 年版。

惊慌之中，鳌拜发现这十几条人影，竟然是那些十五六岁的布库戏演员。

康熙知道，鳌拜是满洲第一勇士，对待这样一个实力派权臣，只能智取，不可力敌。也许是康熙少年心性，他居然动了自己亲手擒鳌拜的念头。如果对号入座的话，索尼第二子索额图就是《鹿鼎记》中韦小宝的原型。这位康熙正宫皇后的叔父，自小就在皇宫大内担任侍卫，和康熙成为莫逆之交。康熙七年（1668 年），担任一等侍卫的索额图，开始兼任吏部侍郎。在康熙的授意下，索额图专门挑选了十几个少年侍卫，练习满族传统的摔跤运动——布库戏。

在鳌拜心目中，康熙不过是个孩子，不理政务而纵心于摔跤，和宋徽宗喜欢书法、天启帝钟情木工一样，只能是玩物丧志，而天下大权，则旁落在自己手中。眼看康熙沉湎于布库戏，热衷于娱乐休闲，鳌拜“心益坦然”，在朝堂上进进出出，毫不戒备。高兴之余，他还亲自指点几招。鳌拜吃了糖果忘了疼，完全忽略了一个重要环节，当年孝庄联姻索尼，就是为了对付他。康熙八年（1669 年）五月，索额图辞掉吏部侍郎，专心致力于训练侍卫摔跤。这种异常举动，显然是有所企图。可惜权力的耀眼光环，迷住了鳌拜的心智，让他完全忽略了这项休闲式运动的真实意图。

侍卫训练成熟后，康熙决定对鳌拜这块心病实施治疗。

自古以来，从事政变或整人的高手，都奉行一条夺权曲线，即从清理外围入手，对目标实施迂回包抄，待解决掉羽翼势力后，再轻松地直捣黄龙。为防止鳌拜党羽作乱，康熙动手前，接连将他们派往外地，其弟内大臣巴哈差往察哈尔，其侄侍卫苏尔马差往科尔沁，其亲家理藩院左侍郎绰克托差往苏尼特，其死党工部尚书、都统济世差往福建巡海。

五月十六日，鳌拜被按倒在南书房。

他抬起头看了看康熙，才发现这张十六岁的麻脸，竟是如此威严而不可侵犯。鳌拜心里一阵抽搐：权力的黄昏在这个上午提前到来了。

鳌拜被擒后，康熙考量其所立之战功，只将鳌拜终身监禁。对诸党羽的处置，也尽量缩小打击面。可以说，对鳌拜案的处理，显示了康熙

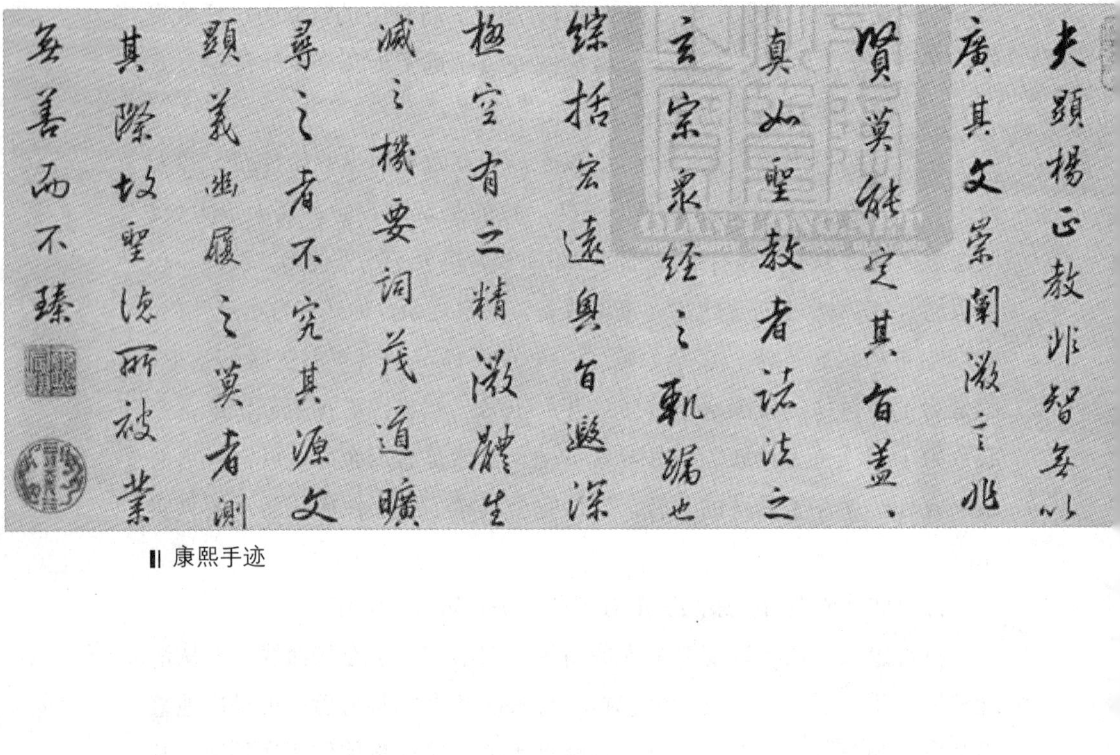
夫顯揚正教非智無以
廣其文崇闡微言非
賢莫能定其旨蓋
真如聖教者諸法之
玄宗衆經之軌躅也
綜括宏遠奥旨遐深
極空有之精微體生
滅之機要詞茂道曠
尋之者不究其源文
顯義幽履之莫者測
其際故聖慈所被業
無善而不臻

康熙手迹

仁慈宽恕的一面，不过，更深层次的原因恐怕在于，“水至清则无鱼，人至察则无徒”，如果打击面过宽，势必人心惶惶，影响政治稳定。在鳌拜的淫威下，连康熙都寄人篱下，何况一般臣子？智擒鳌拜后，康熙稳稳地坐在了龙椅上。以少年康熙的智商和胸襟，中国王朝史上的最后一抹辉煌，发生在他的执政期，完全在情理之中。

如果我们今天回味鳌拜的故事，似乎可以得出这样一个道理：权力最本质的特点是垄断而排他的，领导永远是领导，无论他年龄再小，资历再浅，能力再差，和他的关系再紧密，为他立的功劳再大，获得他的信任再重，都需要保持适当的尊敬和距离，服从才是硬道理。

鳌拜只是一介武夫，他可能不知道权臣霍光、张居正的结局。但他应该明白，无论身处哪个朝代，越位永远不可能有好下场，除非你有本事将对方拉下马。

创世大帝康熙评传

当世界工业革命浪潮逐渐引发经济全球化变局时，爱新觉罗·玄烨登上了中国历史的舞台。今天我们回头检视康雍乾盛世，会发现肇始于康熙的辉煌的创世纪，达到了农业帝国经济和版图的顶峰，只可惜这种辉煌因为缺少了工业化引擎，很快就夕阳西下，脆弱得不堪一击了。

康熙八岁继承大统，十四岁亲政，在位六十一载，终年六十九岁，是中国历史上在位时间最长的帝王。顺治临终前，遗命索尼、苏克萨哈、遏必隆、鳌拜辅政。由于康熙年幼，无力治国，逐渐形成鳌拜结党擅权的局面。身处政治高压环境中，康熙并没有养成懦弱敏感的性格，在祖母孝庄的培养下，少年康熙性坚气定，敏而多机。康熙八年（1669 年）五月十六日，亲政两年的康熙，设计擒住鳌拜，清除专权集团，开始掌握实权。

清除鳌拜势力后，康熙大力整治朝纲，鼓励生产，养精蓄锐。四年后，羽翼已丰的康熙，开始盯上了威胁统治的心腹大患。他先用了八年时间平定“三藩”，然后又用施琅为将，于康熙二十二年（1683 年）统一台湾。其时，沙俄骚扰黑龙江流域数十年。康熙两次派军进行雅克萨自卫战，并于康熙二十八年（1689 年）七月二十四日签署了平等的《尼布楚条约》，巩固了东北边境的安宁。东北问题还没解决，西北战乱又起。康熙三次御驾亲征，败死葛尔丹，将漠南、漠北、漠西控制在版图之内。

此时的大清帝国，总面积达一千三百万平方公里，成为世界上面积最阔、人口最多、经济最丰、国力最强的国家。所以，康熙的贡献不在于后世所指称的文治武功，而是其对中国疆域国土的历史性拓定，以及民族统一战线的开创性建筑。

康熙非常注重农业生产，极力实行重农政策。康熙八年（1669 年），下令停止圈地，实行“更名田”，使耕种藩田的农民成为自耕农。为了鼓励垦荒，由六年起科改为十年起科，还规定地方官能招徕垦荒者升，否则罢黜。康熙五十一年（1712 年）二月二十九日，宣布“滋生人丁，永不加赋"，将人丁税固定下来，减轻农民负担。在诸多利民政策的鼓励下，农业生产工具得到开发利用，农业生产技术得以改进提高，农业优良品种得到种植推广。康熙还非常重视农业基础设施建设，将三藩、河务、漕运列为三大要务，曾先后六次南巡视察河工，亲自进行试验，彻底解决治河问题。经过努力，全国垦田面积由顺治末年的五亿五千万亩，增加到康熙末年的八亿亩。

康熙秉持"宽仁"的治国思想，强调"天下当以仁感，不可徒以威服"。他非常注重不拘一格，广纳天下之才。康熙十六年（1677年），设置南书房，命翰林院、詹事府、国子监官员轮流入值，笼络汉官。康熙十七年（1678年），开"博学鸿儒科"，网罗硕学大儒。此外，他大力提倡程朱理学，借以收拢汉官和士子。康熙时期，文化事业也勃然兴旺，政府组织编撰了《康熙字典》等六十余种、两万余卷书籍。当然，康熙还通过大兴文字狱，镇压异端思想，制造了诸如《明史》案、《南山集》案等，开了清代文字狱的先河。

康熙不仅是勤政型帝王，还是学习型君主。他一生勤于政务，博学多才，经史子集、天文历法、数理医律、佛道自然，无不涉猎。他对西方自然科学兴趣浓厚，曾聘请法国传教士白晋和张诚担任顾问，为他讲解自然科学，并指点科学实验。康熙曾创建了蒙养斋算学馆，主持用经纬法绘制中国地图。从某种意义上来说，康熙是第一个睁眼看西方科学技术的中国皇帝。只可惜他的学习科学知识的活动，只限于个人兴趣而没有借助行政力量推向全国，否则中国的现代化启蒙至少要提前一百五十年。

扫天下易，扫一屋难。康熙晚年十分痛苦，宫中皇子结党成风，明争暗斗，他不得已两立两废太子，却始终解决不了继承人问题。康熙六十一年十一月十三日（1722年12月20日），康熙在郁闷中驾崩。

康熙年间，西方正在大力发展海外贸易，中国坚持"天朝"朝贡体制，禁行海外贸易，丧失了纳入经济全球化体系的契机。大清帝国在康熙手里逐渐走向鼎盛之时，从世界眼光来看却是逐渐走向衰落。康熙确实是一个伟大的农业型统治者，但他成不了工业型治理者。

这不能全怪他，建立在农业基础上的帝权体制，是一个封闭的政治和文化系统，打破这个集权的专制制度，无异于烧毁自己的龙椅。这对康熙及其子孙们来说，无疑是一个不可能完成的任务。

康熙私档

姓名：爱新觉罗·玄烨（1654—1722）

庙号：圣祖

谥号：仁

年号：康熙

即位时间：顺治十八年正月十九日（1661年2月17日）

即位年龄：六周岁

亲政年龄：十三周岁

在位时间：六十一年

陵寝：景陵（今河北遵化）

父母：父福临，母佟佳氏

配偶：十六人，皇后赫舍里氏

子：三十五人，夭十一人。长子胤禔，次子胤礽（废太子），三子胤祉，四子胤禛，五子胤祺，六子胤祚，七子胤祐，八子胤禩，九子胤禟，十子胤䄉，十一子胤禌，十二子胤祹，十三子胤祥，十四子胤禵，十五子胤禑，十六子胤禄，十七子胤礼，十八子胤祄，十九子胤禝，二十子胤祎，二十一子胤禧，二十二子胤祜，二十三子胤祁，二十四子胤祕

女：十六人

继位人：胤禛

第五章
「被告」雍正：一个帝王的成长阴史

这是一个残酷的时代。

在利益和权力的转换器下，人性扭曲为阴鸷的眼神和冰冷的利箭，在缤纷落英中，欲望舞蹈。我不知道该怎么解读三百多年前的这一幕，打开历史典籍“吃人”二字面目狰狞。兄弟成仇，父子反目，功臣喋血，阴算阳谋，明枪暗箭，矛盾和情节跌宕起伏的莎士比亚戏剧，在历史本真面前也会黯然失色。康雍之际皇位交接的权、血、谋，是一个浓缩了几千年王朝史的标本。

竞争没有胜利者，也没有中间道路可走，只有生与死，毁与谤。记得曾看过一部《天涯明月刀》的电视剧，主题曲唱道：“在欢呼声中，竟充满了毒咒；床中的枕与衾，早施布了陷阱”，歌者凄美的声音还无奈地呢喃：烈酒最香，毒花最美，如何去消受？

主题曲之后，真实历史剧正式上演……

第一节 一二把手的战争

太子挂职

帝国臣民都知道，胤礽挂职锻炼做皇帝时，只有十六个月大，嘴边还挂着涎水。当时老爸康熙也不过二十二岁，嘴边的绒毛刚刚发育成胡须。

康熙如此年轻就急于考虑身后大事，源于一个半遮半掩的政治目的。

康熙十二年（1673 年）十一月，平西王吴三桂起兵反叛；当月，杨起隆打着朱三太子旗号，在北京放火作乱；次年三月，靖南王耿精忠起兵东南；十二月，陕西提督王辅臣逆事西北。不到两年，帝国连失八省，江山只余半壁，岌岌危于危难之中。

数路烽火呈燎原之势，烧得康熙像热锅上的蚂蚁。他打算御驾亲征，被群臣劝阻。群臣说，皇上身关天下之重，不宜轻出，一旦被敌人“斩首”，政权就保不住了。当务之急，就是选个后备皇帝，那时再亲赴前线，由储君坐镇北京，能稳定军心民意。即使被人先擒了王，帝国也是只有头的鸟，可以继续飞翔。

有儿子就有香火，有香火就有希望。康熙在杀死吴三桂的儿子吴应熊和孙子吴世霖，断了这老贼家族和事业根脉的同时，抓紧开动生育机器，制造子嗣，让叛徒们明白爱新觉罗家后继有人。

谁能成为接班人呢？

康熙选择的余地很小，他当时只有两个儿子。长子胤禔四岁，为惠妃所生，来自纳兰家族；次子胤礽两岁，为皇后所生，来自索尼家族。两人都还是个鼻涕虫。素质分不出优劣，就得看谁的出身好。康熙慈爱的目光，落在了胤礽粉嘟嘟的脸上。

胤礽根正苗红。他年龄虽比胤禔小，但由于皇太极和顺治的正宫皇后不生育，因而是大清帝国三代领导人所生的第一位嫡长子。而且，康熙十二岁时就和皇后结成连理，两人共同度过了青春岁月，感情十分深

二 胤礽

厚，对胤礽可谓爱屋及乌。更重要的是，依据汉族王朝惯例，选择嫡长子做接班人，可以获得意识形态上的认同。

康熙十四年（1675 年）十二月十三日，帝国举行立储大典，择胤礽为皇太子。这次立储固然可“以重万年之统，以系四海之心”，[①] 但康熙绝对没有想到，由于过于匆忙，竟埋下了一个耗尽半生精力，仍无法清除的政治隐患。

穿着开裆裤的胤礽，正式成为帝国的二把手，开始了挂职皇帝的实习岁月。

能够当上皇帝，要么靠争夺，枪杆子里出政权，要么靠继承，老子退休儿接班。如果提拔得太早，往往会先天不足，后天就要加强学习。康熙培养儿子自然不用砸锅卖铁，而且也没有谁敢乱收费。为把胤礽教育成合格的接班人，他设立了正三品的詹事府，一所相当于副部级的贵族学校，聘请张英、李光地、熊赐履、汤斌等院士级大儒，担任家教。

今天我们没必要研究太子的课程表，但康熙的教育方针倒是值得学习。他不像今天的家长一样，让儿子参加各种特长班，而是紧紧抓住两条：满汉文化全学，满文为主；文化武艺兼备，不忘骑射。太子年少时，康熙亲自开办百家讲坛，讲授四书五经；待年龄慢慢大了，就领着太子外出考察调研，向实践学习。

和绝大多数事业有成者一样，康熙皇帝做得很潇洒，但作为家长并不轻松。他曾苦笑着炫耀说，“朕于宫中谕教皇太子，谆谆以典学时敏，勤加提命，日习经书，朕务令背诵，复亲加讲解，夙兴夜寐，未尝间辍”，[②] 就差给儿子听课抄笔记了。

胤礽似乎并没有辜负老爸的期望。

少年太子不但是个才子，精通满汉双语，擅长骑射歌赋，而且还是个超男，出落得眉清目秀，一表人才。康熙看在眼里，喜在心头。

三十二年（1693 年）五月，康熙患了疟疾，正式授权胤礽主持工作。

---

① 参看中华书局影印：《清圣祖实录》，中华书局 1985 年版。

② 参看（清）清圣祖撰，（清）张玉书等编：《圣祖仁皇帝御制文集 · 二集》，台北：世界书局 1988 年版。

康熙对二十岁的挂职皇帝放手使用。他专门告诉大学士们，太子没有从政经验，你们要多提携提携，就算犯点小错误，也没有什么大不了的，年轻人嘛。[①]

三十五年（1696年）、三十六年（1697年），康熙三次亲征葛尔丹，在出差十个月期间，胤礽代理帝国总裁，举行祭祀，批阅奏章，区处要政，工作做得扎实细致，井井有条。大家都觉得，这个年轻干部不错嘛，有能力，有前途。[②]

康熙在外开拓市场，胤礽在家主持日常，两个人组成的班子和谐高效，关系亲密无间，迎来了双方合作的政治蜜月。在一封给太子的朱批信札中，康熙愉快地回忆起了两人之间建立的情谊，高度赞扬了合作所取得的成绩，并对这段政治蜜月给予了充分肯定："汝居京师，办理政务，如泰山之固，故朕在边外，心意舒畅，事无烦扰，多日优闲，冀此岂易得乎？"[③]

然而，二人世界没有永远的蜜月，甜蜜之后就是三年之痒。而且，第三者瞪着发红的眼珠，早已经不耐烦了。

康熙高兴得太早了。

二把手的"副道"

康熙这番表白纯属于单相思，他没有料到自己所钟情的对象，心理早就起了变化，已经开始"出轨"了。

胤礽不守"副道"，并不是突发性事件，而是遵循一种渐变的心理曲线。腐蚀胤礽的，是不断膨胀的欲望。若干年以后，他回忆起自己的太子岁月，还耿耿于怀："古今天下，岂有四十年太子乎？"[④]

最初，胤礽政治上还是靠得住的。如果我们事后诸葛亮，可以发现康熙对胤礽的同床异梦，负有不可推卸的责任。

尽管选择鼻涕虫做二把手，是一种战时应急性政策，但胤礽享受的

① 参看庄吉发：《故宫档案述要》，台北故宫博物院1983年版。
② 参看中华书局影印：《清圣祖实录》，中华书局1985年版。
③ 参看台北故宫博物院编：《宫中档康熙朝奏折》，台北故宫博物院1976年版。
④ 参看吴晗：《朝鲜李朝实录中的中国史料》，中华书局1980年版。

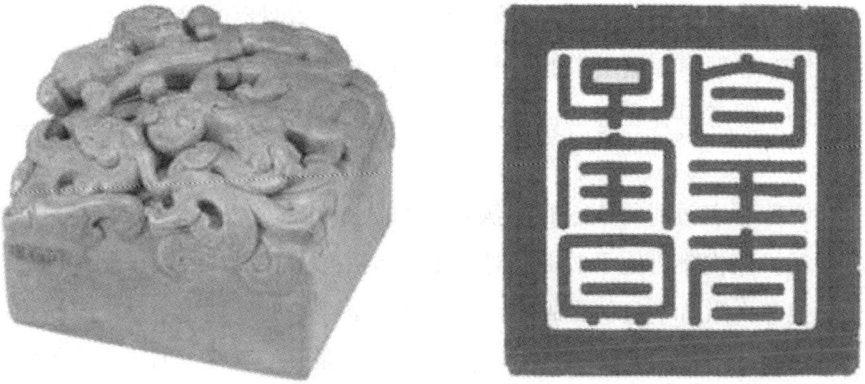

皇太子宝

是元首级待遇。他的服饰和专车，用的是明黄色。饮食和家居的规模，甚至超过了康熙。雍正继位四年后，还惊叹而嫉妒地说，东宫里的宝贝，比老爸多好几倍呢。宫里开源节流，连皇上的肉食数额都压缩了百分之二十，康熙却御批胤礽待遇不变。每年元旦、冬至、万寿节时，大臣们朝贺康熙后，要向胤礽行二跪六叩之礼。陪同康熙到地方检查工作时，地方官员朝见康熙后，还要朝见胤礽并敬献礼品。

这种过度地溺爱和放纵，改变了胤礽小心谨慎的心理趋向。帝国的二把手架子慢慢大了，口气粗了，脾气也长了，动不动就欺凌宗室贵胄和大臣，甚至还动手打过郡王和贝勒。在随同康熙到江宁考察时，知府陈鹏年拒绝送礼，亏了曹寅等人的营救，才没有被他陷害致死。朝鲜人偷偷地说，这家伙要是上了台，大清就等着完蛋吧。[①]

看到这位挂职“干部”的拙劣表演，我们只能说他脑子进水了。出于对年轻“同志”的关心和爱护，就没有人提醒一下他吗？

有一位，索额图。可惜的是，索额图的脑子也进了水。这位当年聪明一时的大内统领，因智擒鳌拜被破格提拔为大学士，后改任领侍卫内大臣。索额图是胤礽母亲的亲叔叔，血缘关系成为他紧密团结在太子周

① 参看吴晗：《朝鲜李朝实录中的中国史料》，中华书局 1980 年版。

围的理由。在胤礽被立为太子前，康熙命索额图制定储君礼仪。我们可以想象，索额图知道未来的皇帝出自自己家族后，肯定高兴得跳起了民族舞蹈。得意很容易忘形，他所制定的礼仪，让胤礽享受的待遇，接近了当今皇上。

明珠对索额图的表现很不满意。大学士明珠是胤禔母亲的亲哥哥。康熙越级提拔胤礽他不敢提反对意见，但愤怒和忌恨却装满了肥硕的肚子。他怎么瞅着皇位怎么眼馋，睡觉时甚至都梦见外甥当了皇上。这位平三藩的功臣，与大学士余国柱、户部尚书佛伦、刑部尚书徐乾学等结成明党，公开和索额图叫板，搞得朝廷乌烟瘴气。康熙二十七年（1688年），康熙为维护二把手的权威，果断罢斥了明珠。

康熙的偏袒更助长了索额图的气焰。明珠被罢斥本来是索额图吸取教训的机会。如果说胤礽年轻没有经验，没有树立正确的权力观，那么索额图沉浮宦海多年，应该知道二把手的生存哲学。二把手看似一人之下、万人之上，无限风光在顶峰，其实风险很大，很容易翻船。二把手既要全力辅佐一把手，又要不揽功、不诿过，不能功高盖主；既要在下属面前树立必要的威望，又要防止树大招风，成为众矢之的。索额图没有提醒胤礽务必保持谦虚谨慎、不骄不躁的作风，务必保持艰苦奋斗的作风，却一味唆使他争权力、抢待遇，出风头，这是索额图的严重失误。康熙五十二年（1713年）二月，康熙提起已去世十年的索额图，仍直咬牙根："（胤礽）骄纵之渐，实由于此。索额图诚本朝第一罪人也。"[①]

面对糖衣炮弹的进攻和溺爱纵容的追捧，胤礽渐渐摆不正位置，把自己当成大腕了。

在官场中，二把手奉行的是这样一种"副手之道"，即到位而不越位，到位而不空位，到位而不无为。一句话，踏踏实实做事，夹起尾巴做人。胤礽刚当二把手时，自然非常感谢康熙的提携之恩，处处揣着小心。后备的帽子戴时间长了，妨碍了个人的发展，这种感激就变成了怨恨。胤礽盘算着康熙早点腾出位置来，康熙则希望胤礽做好参谋和助手。而胤礽占据着太子位置不走，其他皇子就没法进步。二把手在事业成功后，

① 参看中华书局影印：《清圣祖实录》，中华书局1985年版。

自信心很容易膨胀，产生居功自傲的心理。而一把手对二把手成功前后的表现很敏感，极易产生猜忌和不满，导致双方产生隔阂。再加上双方利益集团互不买账或别有用心者的挑拨，更会加剧矛盾和冲突。在权力的生物链中，胤礽注定是重要而又易受攻击的一环。

胤礽被欲望冲昏了头脑，权势恶性膨胀到敢挑战一把手权威的地步。在康熙出差期间，他擅自修改和否定父皇的决议，[①] 俨然以第二个政治中心自居。

胤礽脑子发热，还有大臣脑子更热。

康熙三十三年（1694 年），礼部尚书沙穆哈办了一件糗事。朝廷召开办公会议，讨论奉先殿祭祀礼仪。礼部认为，太子的跪垫应该和皇帝的一样放在殿门内。这不是和我一个级别了吗？康熙表示反对。沙穆哈则认为，不同意可以，将皇帝的原话记录在谕旨里。沙穆哈有自己的算盘。这是你们爷俩的事，如果太子追究起来，我就拿记录给他看。康熙非常愤怒，这家伙是在讨好太子，给自己找退路，那我现在就给你退路，你就回家种红薯吧。当即将沙穆哈就地免职。

康熙将沙穆哈免职，意在旁敲侧击，表达自己对太子的不满。可惜，胤礽对康熙意图并没有领会。康熙四十七年（1708 年）十月，康熙曾和胤礽专门谈了一次话。他很真诚地说，我本打算把皇位交给你，然后找个水土好的地方，颐养天年。眼看着你一步步滑下深渊，难托重器，也就断了这个念头。[②] 胤礽知道康熙有这个念头后，肯定后悔得肠子都青了。而现在的胤礽，正沉浸在对权力的妄想中无法自拔，他举起刚刚发育成熟的胳膊，不断去摸康熙这只老虎的屁股。

康熙是父亲，更是皇帝。父亲生气了，发发火也就没事了。皇帝如果很生气，后果就很严重。

一废太子：栽赃还是告密

康熙四十七年（1708 年）九月初四。塞外，布尔哈苏台。落霞与孤

① 参看中华书局影印：《清圣祖实录》，中华书局 1985 年版。

② 参看中华书局影印：《清圣祖实录》，中华书局 1985 年版。

鹰齐飞，秋草共长天一色。皇帝行营，气氛紧张。

康熙盯着跪在地上的胤礽，心中无比的绝望和悲凉。

这是自己的儿子吗？你胤礽刚刚出生，母后就难产而死，我又当爹又当妈，一把屎一把尿，把你拉扯大。穿开裆裤的时候，我就把你立为太子，成为万众瞩目的接班人。六岁入学时，除请了最好的家教，我忙完了工作，就给你辅导功课，检查作业。经济条件紧张时，我吃的猪肉都削减了，还特批你的待遇不变。我不顾别人说三道四，给你分配了最好的住房和办公设施。你贪污腐化，我睁一只眼闭一只眼。你欺凌王公大臣，我没有作声。明珠结党生事，为了保护你，我罢了他。我所做的一切，不就是为了维护你的权威吗？我今年五十五岁了，土都埋到脖子了，百年之后，江山不就是你的吗？你怎么如此迫不及待，竟然想、居然敢谋害阿玛？胤礽啊胤礽，你这个孽子，不忠不孝，大逆不道啊。

想起以往的点点滴滴，康熙悲从中来，不可断绝。

长子胤禔、十三子胤祥、十五子胤禑、十六子胤禄、十七子胤礼和王公大臣侍卫，此时大气不敢出一声，只有康熙心碎的声音和痛苦的表情，在空气中弥漫。

这段历史已经过去三百年，需要说明的是，对当事人心理状态的解读，只是一种基于事实的合理化推测。通过这种心理分析，我们可以走进康熙的内心世界。还可以推测的是，王公大臣紧张的表情后面，隐藏着各自不可告人的心事。

不可能没有心事。

即将上演的是历史上有名的康熙废太子事件，源自一个人的导演。这是一出别出心裁的好戏。导演充分展示了自己的逻辑推断能力，他借助于胤礽的缺点过失和心理倾向，直击康熙的情感和政治要害，让其彻底丧失了理性思维和正确判断。尽管康熙很快就察觉了其中的猫腻，但此时他却被感性牵着鼻子，成为沉浸在悲剧中无法自拔的主角。

当年五月，康熙帝率部分皇子和大臣巡视塞外。

自顺治入主中原以来，历朝君王都保持了巡塞的惯例。这种巡视的政治意图显而易见，就是加强对蒙古的拉拢和威慑，巩固边防。每次巡塞必带皇子随从，为的是开阔视野，增长见识，锻炼体魄。

在现存的五月至八月的所有文档中，没有发现康熙和胤礽矛盾激化的记载。

九月二日，风云突变。冲突源自胤祄生病。

十八子胤祄当时只有七岁，是汉族妃子中康熙最宠爱的密妃王氏所生。八月中旬，胤祄经不住长途颠簸，得了急性腮腺炎。康熙心疼幼子，将他抱在怀里，不分昼夜亲自照料。胤祄病情曾一度好转，欣喜若狂的康熙写信给京城说，自己仿佛获得了新生。[①] 九月二日，胤祄病情急转直下，趋于恶化，眼看不能救治，康熙急火攻心，异常痛苦。此时，胤礽的表现让康熙彻底失望。作为康熙的副手、帝国的储君、胤祄的兄长，本来应该承担起照顾弟弟的责任，替父皇分忧解难，没料到胤礽表现得非常冷漠，谈笑自若，顾盼自雄，毫无半点怜爱之心。

胤礽丝毫没有吸取十八年前的教训。

康熙二十九年（1690 年）七月，康熙在亲征葛尔丹途中，染上重疾。康熙非常想念儿子，他让胤礽和三子胤祉前来侍驾，宽慰圣心。令康熙意想不到的是，见到面黄肌瘦的父皇后，胤礽不但没有忧戚之意，而且连安慰的话也不说一句。康熙认为胤礽“绝无忠爱君父之心”，眼不见心不烦，一气之下，将他赶了回去。

康熙主张以孝治天下，是出了名的孝子慈父，感情极其细腻。在出征途中，他曾经因为邮寄包裹破损，专门写信给胤礽，责备他没有仔细验看。他还担心胤礽想念自己，就记下沿途所见所闻寄给他。而胤礽毫不理会父皇的苦心，居然没有回复一封信。对胤礽的做法，康熙感到齿冷：“皇太子为何不给朕回一句话？给皇父写信，又岂有致尔忧劳之理？既然如此，嗣后朕亦不再多写。”[②]

如果说十八年前胤礽不担心父皇的病情，是因为年少不更事，那么十八年后胤礽人到中年，对病入膏肓的弟弟不闻不问，显然有悖人伦。康熙很不高兴，他责备胤礽说，你是亲哥哥，怎么没有一点友爱之心？

① 参看杨珍：《清朝皇位继承制度》，学苑出版社 2001 年版。

② 参看台北故宫博物院编：《宫中档康熙朝奏折》，台北故宫博物院 1976 年版。

如果胤礽立即检讨，或者默不作声，都不至于让两人的关系不可收拾。面对父皇的批评，胤礽居然“忿然发怒”。[①]

冲动冒失是政治家的天敌。这种冲动的表现，着实让人难以理解。

胤礽“忿然发怒”，可能是因为恃宠生骄耍大牌，或者是因为有所依仗胆子壮，亦或是二者兼而有之。胤礽的不理智表明，他已不把康熙放在眼里。尽管康熙没有当场发作，但绝望的心情肯定溢于言表。此时，康熙对胤礽的容忍，已经达到极限，只差一根稻草，胤礽就会沉入万劫不复的深渊。

胤禔出场了，他拿起一根稻草，轻轻放了上去。

皇长子胤禔等待这个机会，用一首流行歌曲说，是等到花儿都谢了。妒嫉和怨恨折磨胤禔三十多年了。三十多年来，他静静潜伏在寂寞的角落里，等待下手的机会。如今胤礽自暴其短，他怎么可能轻易放过。胤禔盼望胤礽倒台，根本不需要太多理由，取而代之这一条就足够。胤禔心里非常清楚，尽管康熙对胤礽失望至极，但太子是国之根本，绝对不会轻言废除。只有一种可能，那就是太子阴谋作乱。

康熙会相信胤礽谋逆吗？胤禔脸上浮现出诡异的笑容。

胤禔屁颠颠地跑到康熙那里，面色凝重地汇报工作。历史没有记载他具体说的是什么，但却记下了最核心的四个字。就是这四个字，改变了众多人的命运，也改变了历史的轨道：

帐殿夜警。

康熙三十六年（1697 年）九月，曾发生过厨师悖乱案。康熙巡视塞外期间，随驾的御膳房、茶房的三个仆役，竟然上演了一出无间道，将皇帝的衣食住行，随时密报太子。案件查实后，康熙将涉案人员诛杀。康熙四十二年（1703 年）五月，索额图阴谋作乱，“朕若不先发，尔必先之”。[②]康熙先下手为强，下令将其拘禁致死。这两件事都属于阴谋犯上，虽牵涉太子，但康熙很单纯地认为主犯是索额图，与太子关联不是太大，也就没有追究。

---

① 参看中华书局影印：《清圣祖实录》，中华书局 1985 年版。

② 参看中华书局影印：《清圣祖实录》，中华书局 1985 年版。

一 胤祥

此次胤禔密报的帐殿夜警，直接击中了康熙最敏感的部位，引起了他对胤礽的警觉和怀疑。帐殿夜警示什么意思呢？九月四日，康熙亲口对这四个字做出了解释："（胤礽）每夜逼近布城，裂缝向内窥视。从前索额图助伊潜谋大事，朕悉知其情，将索额图处死。今允礽（即胤礽）欲为索额图复仇，结成党羽，令朕未卜今日被鸩，明日遇害，昼夜戒慎不宁，似此之人，岂可付以祖宗宏业。"[①]一言以蔽之，就是偷窥康熙行踪，意欲实施谋害。

客观来说，胤礽急于取而代之的心意肯定有，但谋害康熙的可能性并不大。即使想谋害康熙，出巡期间，负责警卫工作的是胤禔和胤祥，胤礽的势力有限，根本不可能成功。可能性的解释是，胤礽被康熙痛斥后，为自己的冒失担惊受怕，于当晚和第二天晚上，窥探过父皇是否会采取对自己不利的行动。

即使胤礽裂缝窥视，也不至于到谋逆的程度，胤禔此举显然属于告密；如果胤礽没有裂缝窥视，胤禔此举就属于栽赃。历史很快将证明，无论胤禔栽赃还是告密，都有其不可告人的险恶用心。在这种小儿科的栽赃或告密面前，英明一世的康熙没有保持冷静的头脑，原因在于：一、胤礽有两次前科；二、胤禔是掌握证据的警卫工作负责人；三、胤祄病入弥留。这一系列因素，是胤禔实施掀翻太子计划的基础，也是康熙不能理智对待胤礽的前提。

九月四日，胤祄病亡。天作孽，犹可恕；自作孽，不可活。我能容你，天能容你吗？在丧子之痛打击下，声称忍了胤礽二十年的康熙，来不及回到京城，就宣布了专权、腐败、不孝、谋逆等罪状，将做了三十三年太子的胤礽废黜。

这是一个充满悬疑的九月。

不仅帐殿夜警案迷雾重重，而且还有一件事永远没有真相。自此事件后，十三阿哥胤祥被幽禁，并从此淡出政坛达十四年之久。没有人能给出合理的解释，只是历史有点让人意外。十四年后，资历、爵位和功业居于末流的胤祥突然浮出水面，担任议政王大臣，在众兄弟遭迫杀禁

① 参看中华书局影印：《清圣祖实录》，中华书局 1985 年版。

斥的情况下，成为唯一一个受雍正终生重用和宠信的人。没有无缘无故的爱，也没有无缘无故的恨。

这种反常的现象，让人遐想无限。

废黜太子后，康熙仆倒在地，痛哭失声。站在康熙身边的胤禔暗暗笑了，而且笑的绝对不止他一人。在遥远的京城，似乎有人在对酒当歌。

一场更大的政治风暴，正卷向整个大清帝国。

伪民主推荐

康熙四十七年（1708 年）十一月十四日，康熙在畅春园召开满汉文武大臣扩大会议，中心议题是民主推荐太子人选。

这是一次民主的大会、团结的大会，却不是一个胜利的大会。原因很简单，康熙提出的等额推荐的人员名单，大大出乎与会人员的意料，而与会人员不理会当今天子的暗示，联名推翻候选人名单，提出了另外一名人选，也让康熙愤怒而惊诧。

康熙提出的唯一一名候选人是胤礽。

需要请读者原谅的是，此时帝国的政坛过于诡秘，地下活动和矛盾冲突多头并进，令人眼花缭乱。为了保证情节的顺畅，不妨碍读者的阅读，这里不得不放弃悬念设置，采用单一角度的叙事方式。关于结党问题和皇子博权等故事，会专作详细交待。

康熙提名胤礽看似突兀，仔细分析后就不难理解。

废黜太子在情感上对康熙打击很大。有一次他对大臣说："我梦见太皇太后，她隔远默坐，脸色很难看，不愿意理我；孩子他妈也因为太子被冤，对我有意见。"[①] 康熙是性情中人，在他看来，废黜太子，既对不起奶奶，也有负于老婆。赫舍里氏难产去世后四年内，日理万机的康熙竟然去京郊拜祭了八十次。用情之深，连闲人雅士都感觉汗颜。赫舍里氏去世后，他又册立了两位皇后，这两位皇后都未生育，并于康熙三十六岁前去世。为维护胤礽唯一嫡子的地位，康熙终生再也未立皇后。可以

① 参看中华书局影印：《清圣祖实录》，中华书局 1985 年版。

说在胤礽身上，凝结着康熙、孝庄和皇后的全部期望和感情。十月二十三日，康熙因为思念胤礽，病倒在南苑。当天晚上，他匆忙回宫召见胤礽。“召见一次，胸中乃疏快一次”，经常和胤礽见面，竟成为康熙治病的良药。

胤礽曾委托皇九子胤禟向康熙表明心迹：“皇父若说我别样的不是，事事都有，只弑逆的事，我实无此心。”[①] 经过康熙查证，胤礽弑逆确属子虚乌有。康熙这么快原谅胤礽，还有一个根本的原因，就是废黜太子不但没有解决所有矛盾，反而让所有问题浮出水面，废掉了一个胤礽，冒出来好几个胤礽。这种身陷政治纠葛无法逃脱的状况，让康熙“念天地之悠悠，独怆然而涕下”，真正体会到孤家寡人的苍凉感。东宫储君职位空置后，对权力的争夺由地下转入地上，由暗斗转入明争，由秘密转入公开，由温吞转入白热。皇子们与康熙的矛盾加剧，相互之间也结党攻讦。眼看康熙步入老龄，大臣们纷纷寻找新的靠山。整个朝廷无心正常工作，因为人事问题搅成一锅乱粥。

在人治社会中，官员的选拔和擢升缺乏客观标准。自小所浸淫的四书兼五经、所尊崇的天地君亲师、所信奉的仁义礼智信，无法与卑劣的人性和灰社会的运行规则相结合产生的生态系统抗衡，道德让位利益，律法屈从陋规，拍溜、贿赂、投机、结党、裙带，就成为晋升的必然而最佳的路径。而皇帝端坐在金字塔顶，看似高高在上，俯瞰芸芸众生，洞若观火，其实以天地之辽阔、情况之复杂、利益之纷繁、谋略之高明，即使伟大英明如康熙也无法察掌一切。面对废黜太子而引发的政治危机，康熙只能按照情感的指引，重新捡起胤礽这块碎片，希望通过拼接粘贴，还原成可以“正衣冠、鉴得失”的除污镜鉴。

其实，康熙没必要搞民主推荐，这本不是专制帝王的特长。康熙在家是老爸，于国是君主，谁继承财产，谁来做皇帝，他这个君父完全可以搞一言堂，任何人都插不上嘴。那么他为什么偏偏要民主不要专制呢？

原因只有一个：他是个好皇帝。

好皇帝是注重名节的。康熙一辈子没干过窝囊事。继位以来，擒鳌

① 参看故宫博物院文献馆编：《文献丛编》，故宫博物院 1988 年版。

拜，平三藩，收台湾，定藏疆，治国以仁，理政以德，侍亲以孝，待人以诚，持节以礼，文治武功不让秦皇汉武，遑论唐宗宋祖。但他发现在胤礽这件事上，他被毁了。太子没有培养好，他成了失败的爸爸；儿党欺骗了他，他成了窝囊的皇帝。这种失败让他痛心疾首，也有苦难言。在太子这件事上他本可以一言九鼎，然而名不正则言不顺。匆匆忙忙废太子，又匆匆忙忙平反昭雪，无异于自打嘴巴。皇帝的手再大，也无法堵天下悠悠之口。

正式提名胤礽之前，在不同场合，康熙多次提起胤礽，既是替胤礽吹风，也是为自己开脱。十一月八日，康熙告诉群臣，胤礽身体恢复差不多了，关于立太子一事，他自己有主意了。九日，新任左都御史劳之辨揣摩圣意提立胤礽。劳之辨拍马屁的手，捅破了遮遮掩掩的窗户纸，让康熙很不高兴，一气之下把他遣回原籍。

做好所有准备工作后，康熙召开推荐太子会议。为表示公开、公平、公正，他提前为会议定了调子。康熙说，大家议一议，从除胤禔之外的皇子中，推选一位做太子吧。大臣说，这事关系重大，非人臣所能定，我们不能越权啊。康熙说，没有关系，你们不用担心，无论推荐谁，我都按大家的意思办。在开会之前，康熙问胤礽的老师李光地，胤礽的病怎么医治，才能痊愈啊？康熙的意思是，你要多多做工作啊。这位倍受宠信的大臣回答说，徐徐调治，天下之福。①

李光地没有理解或者误解了康熙的意思。但是，有两个人理解了康熙的意思，也贯彻了民主的理念，只是这种理解与贯彻，更多的是利用旨意，实现自己的政治企图。这两个人就是国舅佟国维和大学士马齐。

已退休的佟国维并没有参加推荐会议。在众位大臣揣摩康熙的心思，上书保举胤礽的时候，佟国维舍命陈奏，请康熙不要再立胤礽。马齐听到即将召开民主推荐会议的风声后，与大学士张玉书一起，到处串联。会议开始后，康熙可能听到了议论，取消了马齐的推荐权利，然后退入内堂，让大臣们充分酝酿。内大臣阿灵阿、散佚大臣鄂伦岱、工部尚书王鸿绪、侍郎揆叙，各在自己手心里写了一个数字，暗中传示。

① 参看中华书局影印：《清圣祖实录》，中华书局 1985 年版。

无记名投票结束，内侍梁九功、李玉呈上推荐结果。康熙大吃一惊，皇八子胤禩全票当选为新一届太子。康熙所属意的人选，竟然获得零票。阿灵阿等手里写的，竟然是一个“八”字。

胤禩是什么人？不过是闲散宗室。一个多月前，因为胤禩有结党倾向，被削去爵位。

康熙不由大怒，当即传下旨意：“立皇太子之事关系甚大，尔等各宜尽心详议。八阿哥未曾更事，近又罹罪，且其母家亦甚微贱，尔等其再思之。”①否决了大臣的提议。康熙还当场指责李光地：“前召尔入内，曾有陈奏，今日何无一言。”对他不能理解领导的意图，深表失望。

这一推荐结果，气得康熙两天没吃下饭去。

佟国维是康熙的二舅，马齐是“能令汉大臣心服者”的满族大学士，张玉书是内阁大学士，阿灵阿是额必隆之子兼康熙皇后的亲弟弟，鄂伦岱是康熙大舅佟国纲之子，王鸿绪是汉族官员中的翘楚，揆叙是明珠之子。在康熙看来，立谁为太子倒在其次，关键是这些宗室贵胄、满汉权臣的压倒性意见，让他感到前所未有的压力。

事后，康熙非常坦白地说，我听政四十九年，包容之处甚多，只有太子推荐风波，让我睡不着觉，以至于忧愤成疾。②对于不能接受民主推荐的结果，我们从康熙的有关谈话中找出蛛丝马迹。康熙曾批评胤禩，“凡朕所宽宥者及所施恩泽处，俱归于己，人皆称之，朕何为之”。对众位大臣，他也直言不讳地予以批评，认为“立太子事，皆由于尔诸臣，不由于朕”，“倘得立彼，则在尔等掌握中，可以多方簸弄”。③一句话，胤禩的风头盖过了康熙，他感觉自己被架空了。这是绝对无法接受的。

康熙不可能允许威信几超自己的继承人存在，相较之下，他宁愿选择已丧失人心的胤礽作为储君。十一月十六日，康熙释放胤礽，宣布立他为太子。尔后，他大肆追查串联一事，痛斥佟国维，辞退王鸿绪，监禁马齐，罢免参与其事的李荣保及马齐之弟马武。

---

① 参看章开沅：《清通鉴》，岳麓书社 2000 年版。

② 参看中华书局影印：《清圣祖实录》，中华书局 1985 年版。

③ 参看中华书局影印：《清圣祖实录》，中华书局 1985 年版。

二 胤禩

无论胤禩是否结党，他能以闲散宗室成为赢家，获得广泛的民意支持，肯定不是等闲之人。限于叙事的流畅，其波澜壮阔的手腕，这里就不交待，请看下回分解。

帝国史上唯一一次由皇帝主持的民主推荐会议，用打击报复划上了一个沉重的句号。

二废太子：吃喝惹的祸端

安郡王岳乐去世后，几个儿子为争夺爵位，打得头破血流。马尔浑奉诏袭爵，景熙只得了个公爵，心里很是憋屈。

康熙四十八年（1709 年）十一月，马尔浑因病去世，景熙又来了劲。没想到人家儿子华玘接班，景熙空欢喜了一场。看着马尔浑一家门丁兴旺，景熙一百二十个不舒服，总想找点茬儿，出口恶气。即便是只铁皮的鸡蛋，有景熙这样的苍蝇盯着，也能等到裂缝的时候。马尔浑治丧期间，一些满族官员聚在一起吃吃喝喝，犯了禁忌，被景熙跑到康熙那里告了一状。

就是这一状，揭开了二次废太子的序幕。

喝酒的官员里面，有马尔浑的都统迓图。从表面上看，景熙的本意是想整治迓图，借此暴暴马尔浑的家丑。实际上，事情远没有这么简单。这与景熙的身份有关。论资排辈，他是胤禩的妻舅，和胤禩同属正蓝旗。而被告是些什么人呢？都是太子胤礽的朋友。即使是太子的朋友，丧期会饮只能说有损风化，也治不了大罪。

问题出在这些人的职务上。

参加宴会的人员名单，让康熙脖子后直冒凉气。

喝酒的分别是步军统领托合齐、兵部尚书耿额、刑部尚书齐世武，另外还包括十几名八旗都统、副都统，全都是手握重兵之人。托合齐是太子乳母丈夫凌普的朋友，耿额是索额图的家奴。尤其是托合齐，担任步军统领（类似于今天的北京卫戍区司令兼中央警卫局局长）近十年，负责京城治安和康熙安全。这样一帮子与太子来往密切的人，在都统鄂缮家吃吃喝喝，鬼知道他们要干什么。景熙告其“结党会饮”，康熙不相信都难。

状告到这个程度，就由作风问题转向政治问题，其意图已经是“司马昭之心，路人皆知”了。为了把罪名坐实，景熙还告他们贪赃不法。生活、经济、政治作风问题三管齐下，托合齐等人根本没有还手之力。康熙立即下令调查，结果是没有真凭实据，案件暂时搁置。[①]

这是一个政治谎言。

这么多人一起聚餐，别说是找当事人，就是随便找个仆人审一下，也能查个八九不离十。康熙派要员调查取证，竟然“访寻未得其实”，而且此事还不了了之，肯定有人动了手脚。历史上没有记载，谁敢在如此惊天大案上玩猫腻。最合理的解释，动手脚的就是康熙本人。

可以怀疑康熙的政品，但千万不要怀疑康熙的智商。康熙一眼就看出了其中的把戏。作为帝国的一把手兼爱新觉罗氏的家长，他对这种裙带关系了如指掌。四十七年（1708 年）十月，康熙在指责胤禩被老婆控制时，特意提到马尔浑、景熙等是其妻舅。[②] 考虑到上月二十九日，胤禩因“柔奸成性，妄蓄大志”被锁拿，康熙点明胤禩与景熙等的关系，恐怕别有深意。

康熙认为，景熙出面首告托合齐等结党会饮与贪赃不法，肯定是派性作怪，受了胤禩的指使。太子因谋逆被废，又因无实据复立，储君之位很不牢固，难免有人别有用心，背后放冷箭。胤禩图谋太子虽在情理，但托合齐等不法又不能不查。调查结果表明，托合齐等确实喝酒了，也确实拿了千把两银子，但结党谋逆则属诬告。户部尚书沈天生等在包揽湖滩河朔事例时收受红包，分给托合齐两千四百两、耿额一千两、齐世武三千两。这么点小数目，如果不认真追究，一闭眼也就过去了；如果认真追究，足以将这几个人拉下马。是否予以追究，则取决于政治需要。

这个案子牵涉到胤礽。

康熙在立废太子时，完全受了环境影响，考虑失之周密。第一次立太子是战时的应急之策，第一次废太子是神伤时的仓促之举，第二次立

① 参看中华书局影印：《清圣祖实录》，中华书局 1985 年版。
② 参看中华书局影印：《清圣祖实录》，中华书局 1985 年版。

太子则迫于党争的压力。几次折腾下来，动了国家的根本，也伤了康熙的元气，损了皇帝的威严。胤礽是帝国的二把手，大臣有所依附完全正常。如果以此来追究责任，势必酿成政治运动，影响稳定团结。

康熙悄悄将案件压了下来。

要怪就只能怪胤礽不争气。

政治和情感一样，都是非常脆弱的，需要小心经营，认真呵护。世界上没有永远不变的政治关系，也没有恒固久甜的情感关系。当拥有的时候，必须小心呵护，一旦失去，就别想重头再来。即使勉强再走到一起，也会留下敏感而易裂的伤疤，轻轻一碰，就会流血。胤礽似乎并不懂得这一点。这是一块典型的不可雕琢的烂木头。他在政治的地狱中转了一圈，又重新回到了快乐的天堂。这段刻骨铭心的经历，本来可以让他长长记性，只可惜白白混了这么多年。康熙的宽宥纵容，让他产生了一个致命的错觉，这个国家少不了他，太子之位是私有财产，谁也别想染指。

胤礽错了。

康熙复立他为太子，完全是不得已而为之，如果忘了教训，不独善其身，就很难兼济天下。因串联推荐胤禩被迫退休的王鸿绪说："我京中时常有密信来，东宫目下虽然复位，圣心犹在未定。"在籍丁忧的东平州知州范溥则预言："东宫虽复，将来恐也难定。"[①] 阿灵阿推举胤禩失败后，气得寻死觅活，差点上了吊。他和揆叙"合谋买嘱优僮下贱，每于官民燕会之所，将二阿哥肆行诬蔑"，[②] 到处说坏话，制造不利于胤礽的舆论。

康熙希望胤礽可以重新做人，胤礽却不理会老爸的苦心。重新走上二把手岗位后，他重萌旧态，不仅纠集了一批党羽，成为独立于康熙之外的政治核心，而且大摆二把手派头，饮食服御陈设超过了皇帝。他还经常派家奴到地方上去，搜集美女，索要贡物，得不到满足，就肆行诬告打击。对于胤礽的拙劣表现，康熙一忍再忍，只是担心患生肘腋，"使

① 转引自冯尔康：《雍正传》，人民出版社 2004 年版。

② 参看（清）无名氏撰，王钟翰点校：《清史列传·阿灵阿传》，中华书局 1987 年版。

不得须臾离侧”，[①] 不让他单独活动。

然而，康熙的这种隐忍，不但让胤礽变本加厉，而且让朝臣无从适应。在大臣们看来，如果不跟着太子，将来就要遭殃；如果不跟着皇帝，立马就会招来祸害。康熙对这种状况看得很清楚：“至于臣庶不安之处，朕无不知。今众人有两处总是一死之言。”[②]

康熙痛苦而又失望。

康熙五十年（1711 年）十月二十日，康熙任命隆科多为步军统领，以患病为由革职托合齐。二十七日，康熙在畅春园逐个指责耿额、齐世武、鄂缮等，你们都是我提拔的，受恩五十年，现在却跟在太子屁股后面，打算干什么？[③] 发了一阵火后，将所有参与喝酒的人羁押候审。另外，将托合齐交宗人府。康熙五十一年（1712 年）四月二十日，康熙将户部贪污案抖露出来，判耿额、齐世武绞监候，秋后处决；判托合齐凌迟处死。还没有等到凌迟，托合齐病死。康熙连死人也不放过，命将其锉尸扬灰，不准收葬。还有材料说，齐世武是被铁钉钉在墙上，呼号数日才闭眼的。

放在历朝历代帝王中看，康熙都算是个仁慈之主。鳌拜和索额图专权擅行，康熙只是将他们拘禁而已。在处置托合齐等人时，康熙手段之狠辣，为本朝处置大臣所仅见。我们今天查遍历史典籍，除了发现耿额、齐世武、托合齐依附太子外，没有任何证据表明他们有叛逆行为。退一万步讲，即使他们会饮结党，存心谋逆，康熙也绝不会让腹患滋长近两年。所以，托合齐等人谋逆，极有可能子虚乌有。

康熙为什么会以如此残忍的手法对待大臣呢？这里只有一种解释：康熙对胤礽彻底失望，他已经动了再废太子之心。

四年之内三次废立同一人，在历史上找不出第二个记录。康熙是一个事业型的帝王，他绝对不可能将江山托付给胤礽这样的人。再废太子的想法，肯定深深灼伤了康熙的尊严。为了合理合法合情地废储，罪名

---

① 参看吴晗：《朝鲜李朝实录中的中国史料》，中华书局 1980 年版。

② 参看中华书局影印：《清圣祖实录》，中华书局 1985 年版。

③ 参看中华书局影印：《清圣祖实录》，中华书局 1985 年版。

必须扎实，不能留下遗患。因此，他重提会饮结党案，并重查贪赃枉法案，以莫须有的谋逆罪名和轻微的经济问题，严厉处治耿额、齐世武、托合齐，完全是“项庄舞剑，意在沛公”，目的想坐实胤礽的罪名，使再废之举有充分的理由。同时，他也打定主意不再册立储君，为维护政局稳定，杀鸡骇猴，打击皇子和权臣结党之风。

经过深思熟虑和认真准备后，康熙五十一年（1712 年）九月三十日，康熙在畅春园宣布将胤礽拘禁。十月一日，亲笔写了朱谕，坦陈了拘禁理由：“（胤礽）数年以来，狂易之疾仍然未除，是非莫辨，大失人心。朕久隐忍，不即发露者，因向有望其悛改之言耳。今观其行事，即每日教训亦断非能改者。”正式宣布废黜太子，并明确表示，今后不再册立太子。

康熙第一次废太子时，连续六天没睡好觉，天天抹眼泪。此次废太子，康熙说自己“毫不介意，谈笑处之”。[①] 康熙可以掩抑自己内心的痛苦，却无法掩抑皇子们内心的疯狂。

欲望的魔鬼一旦放出来，就不会主动钻回良知的瓶子。

第二节　皇子党的集团式博权

结党是第一生产力

中国有句老话叫“多子多福”，这话用在康熙身上简直就是反讽。

康熙皇帝当得好，身体更好，不但吃嘛嘛香，而且生育能力超强。康熙生了三十五个儿子，排序的有二十四个，除去夭折四个，出嗣一个，未满十六岁的五个，临终前可考虑继承皇位的有十四个。在专制体制下，由于组织内部个体力量的弱小，往往容易产生以私人利益或政治企图为基础的集聚性势力。这种势力通过广泛的人脉关系纽带结成联盟，整合并攫取更多支配资源的公权，形成竞争性的牟利集团。儿子这么多，位置只有一个，都要做皇帝，都想最大限度地分利，一个人的力量有限，怎么办？团结就是力量，只有结党。

---

① 参看中华书局影印：《清圣祖实录》，中华书局 1985 年版。

十四个候选人中，十四子胤禵以上者十二人最有竞争力，他们是长子胤禔，次子胤礽，三子胤祉，四子胤禛，五子胤祺，七子胤祐，八子胤禩，九子胤禟，十子胤䄉，十二子胤祹，十三子胤祥，十四子胤禵。

在这十二人中，没有明显结党意图的是胤祉、胤祺、胤祐和胤祹。其余八人分为两派五党，两派分别是拥护太子派和反对太子派，五党按实力排序，分别是皇太子党、皇八子党、皇长子党、皇四子党和皇十四子党。

皇太子党——

党魁：胤礽。

军师：领侍卫内大臣索额图。

主要成员：步军统领托合齐、兵部尚书耿额、刑部尚书齐世武以及索额图家族等，以满族势力为主，没有皇子和汉族权臣参加成员。该党为第二大党。

主要手段：依靠衍生权力，结党打击异己。

主要优势：一、康熙唯一嫡子，备受宠信；二、长期担任储君，附者众多。

主要劣势：一、党魁个人素质低劣，贪婪骄奢，群众基础差；二、集团作为唯一执政党，易受其他党派联合攻击。

康熙点评：是非莫辨，大失人心。

皇八子党——

党魁：胤禩。

军师：胤禩（兼）。

主要成员：皇九子胤禟、皇十子胤䄉，国舅佟国维、大学士马齐、大学士张玉书、内大臣阿灵阿、散佚大臣鄂伦岱、工部尚书王鸿绪、侍郎揆叙等。除这些人之外，还曾获得皇十四子胤禵的支持。该党为第一大党。

主要手段：广结人缘。

主要优势：一、党魁个人素质优良，“聪明强干，谦洁自矢，才具优裕，能办大事”（雍正评价）；二、党魁“固结人心”的手段十分高明，是诸皇子中口碑威望和群众基础最好的。

主要劣势：一、党魁出身卑劣；二、集团结党意识强烈。

康熙点评："乃若八阿哥之为人，诸臣奏称其贤"，"此人之险，实百倍于二阿哥"。

皇长子党——

党魁：胤禔。

军师：大学士明珠。

主要成员：大学士余国柱、户部尚书佛伦、刑部尚书徐乾学等。明珠被罢斥后，成员作鸟兽散。后期，胤禔改投皇八子党门下。该党为第三大党。

主要手段：利用迷信，打击政敌。

主要优势：党魁作为皇长子，曾深受康熙器重，长期担任要职，有较强实践能力。

主要劣势：党魁出身比较低微，性格暴躁，不善与人相处。

康熙点评：气质暴戾。

皇四子党——

党魁：胤禛。

军师：四川布政使戴铎。

主要成员：理藩院尚书隆科多、四川总督年羹尧、侍卫傅鼐等。虽无明显证据证实，但从后来受重用看，皇十三子胤祥是该党秘密成员。该党为第四大党。

主要手段：一、韬光养晦，戒急用忍，暗中结党；二、随机应变，见风使舵，投人所好。

主要优势：并无突出竞争优势。只是因为党魁诚孝父皇，友爱兄弟，勤慎敬业，没有特别明显的政敌。

主要劣势：一、党魁出身低贱；二、群众基础一般。

康熙点评：幼年时微觉喜怒不定，至其能体朕意，爱朕之心，殷勤恳切，可谓诚孝。

皇十四子党——

二 胤禵

党魁：胤禵。

军师：无。

主要成员：无重要成员，早期曾加入皇八子党，与胤禩、胤禟、胤䄉友善。该党可以看作是无党派。

主要手段：礼贤下士。

主要优势：一、党魁很受康熙溺爱；二、党魁有军事才能，掌重兵；三、党魁“才德双全，我兄弟皆不如”（胤禟语）。

主要劣势：一、党魁个人素质优秀，但势力比较单薄；二、党魁性情虽然率直，但喜怒形于色。

康熙点评：确系良将，有带兵才能。

不结党，毋宁死，结党才是政治的第一生产力。康熙末年的帝国政坛上，这五个利益集团形成一股党流，开始了逐鹿问鼎博权之旅。康熙曾经痛心地说，老爸这么大年纪了，工作又忙，你们这些小祖宗，发发慈悲，就别生事了。然而，正如阎崇年所说，他们争的不是房子、银子、珠宝和土地，而是皇位。巨大的诱惑，使这种争夺由表及里，由隐到显，由缓到急，由温到烈，势不能止。[①]党派之间，你我渗透，相互攻击，一时间暗战的狼烟四起，整个帝国陷入迷乱之中。

既然争斗不能避免，就只有拿出亮剑精神了。然而，最有优势的不一定能成正果，领跑的未必能最先达到终点，优势与劣势，死局与活局，往往就在一线之间。

“中原得鹿不由人”。多少年以后，当一切尘埃落定，我们发现，成功与失败的相互切换，充满了学问和诡秘。

迷信支配仕途：大师是政界的“香饽饽”

胤禔秘密会晤了巴汉格隆。

皇长子和藏教喇嘛零距离接触，并非商谈民族或宗教事宜，而是为了扭转一场豪赌的运气。胤禔是帝国一颗政治新星，受组织上培养教育

① 参看阎崇年：《清宫疑案正解》，中华书局 2007 年版。

多年，组织又对他非常信任，经常委以军政要务。因此，当这件糗事被“狗仔队”曝光后，立即震动了整个政坛。

康熙四十七年（1708 年）九月初四，赌局在塞外上演，胤禔感觉自己拿了一手好牌。

胤禔十九岁即担任征讨葛尔丹副总指挥，二十七岁累功获封直郡王，因军国政务打理得井井有条，深受康熙倚赖和宠信。然而，在胤禔的心里，潜伏着一股说不出的痛。随着时间的推移，这股痛在胤禔的神经里疯长蔓延，折磨了他整整三十三年。同为龙子龙孙，他胤礽凭什么就又红又专，我却成了靠边站的黑五类，他胤礽凭什么大口吃肉，我却只能喝点剩汤？胤禔盼望有一次公平竞争的机会，哪怕是一场你死我活的赌博。

胤禔知道，从实质上来讲，赌博的对手不是胤礽而是康熙。自己押的是个人命运，对手的赌注则是胤礽，只有让对手输掉胤礽，自己才能赢得晋升的机会。但这个对手太可怕了。自己与父皇相比，简直是王大妈见了王麻子，不知相差多少点。鲁莽出手，只能是自取其祸。胤禔所能做的，只有等待，耐心地等待。

赌博一开始，胤禔就靠出“老千”，轻松地赢了一局。

胤禔赢得虽然投机，但却不取巧。这些年来，随着君权和储权的此消彼长，康熙和胤礽彼此猜忌，相互提防，陷入了没有硝烟的拉锯战。九月二日，因为胤祄病危，两人发生了正面冲突，康熙责备胤礽没有情义，胤礽则愤怒地予以反驳，内部矛盾升级为阶级斗争。九月四日，胤祄病丧，康熙极度悲痛。胤禔果断出手。他充分利用对手感情失控的心理盲点，制造了帐殿夜警事件，将胤礽拉下了马。

然而，第二局还没开始，胤禔的判断也出现了失误。

胤礽被废除后交由胤禔羁押。胤禔分析后认为，这是父皇对自己信任的表现。胤禔还乐观地估计，胤礽是康熙唯一嫡子，太子之位空置后，论资排辈，讲功述绩，自己是最佳人选。当天，他迫不及待地鼓动随驾大臣，提名自己做新任皇太子。令胤禔难以接受的是，康熙根本没考虑过他。康熙公开答复说，朕命直郡王善护朕躬，并没有立他为皇太子之意。胤禔秉性躁急愚顽，岂可立为皇太子。[①] 胤禔被康熙这么一评价，心完全就不是心了，像被万箭穿过一样，血淋淋的都是伤口。

失去先机的胤禔，决定打出最后一副牌。底牌很快摊在了权力的赌桌上，清一色的一条龙。胤禔认为，有这副至尊宝，自己赢定了。

在胤禔看来，如果父皇知道了事情真相，胤礽就有可能卷土重来，因此必须斩草除根，让康熙和胤礽无法翻本。另外，他还清楚地意识到，在众多皇子中，有资格和自己竞争的只有胤禩。很受康熙尊敬的兄长福全，曾向康熙推荐胤禩，说他有才有德，心性好，不矜夸。胤礽倒台，胤禩有可能压倒自己，成为最大的黑马。

胤禔手中的这副牌，必须一举压住胤礽和胤禩，才能彻底击溃康熙，让他立储的天平，倾斜到自己身上来。

胤禔再次出手。他对康熙说："允（胤）礽所行卑污，大失人心。相面人张明德曾相胤禩后必大贵。今欲诛允（胤）礽，不必出自皇父之手。"[②] 胤禔所说的这句话，包含两个重要信息：第一，诛杀胤礽；第二，揭发胤禩。

第一个信息很明显。胤礽大逆不道，意图谋害父皇，依律当诛，如果父皇不愿承担杀子罪名，我可以出面做掉他。第二个信息就需要解释了。在所有的历史典籍中，都认为这是胤禔在无望的情况下，倒向了竞争对手胤禩。

其实这是一个历史性的误读。

康熙曾经和传教士徐日升聊天，胤禔看见徐日升满脸大胡子，居然不顾皇长子的身份，开玩笑说要给他剃掉。多亏康熙在一旁打圆场，才没让这个洋人过多尴尬。[③] 从这个记载可以看出，胤禔为人粗鲁随便，但如果据此认为他毫无政治头脑，那就大错特错了。胤禔自小生活在宫廷，谙于官场伎俩，政治经验丰富。胤禔如果真心推荐胤禩，绝不会谈及张明德相面一事。

---

① 参看中华书局影印：《清圣祖实录》，中华书局 1985 年版。

② 参看中华书局影印：《清圣祖实录》，中华书局 1985 年版。

③ 参看（清）清世宗：《圣祖庭训格言》，台湾商务印书馆 1983 年版。

在官场中，因为政治死亡率很高，轮流交替率很快，命运不确定性很大，政治人物往往缺乏安全感，思想上虚无空洞，以致于身心疲惫，不得不借助于风水和迷信，寻求精神上的寄托。而古人求富贵之命，则被当作染指权力的一种工具，目的在于制造舆论，以收人心。胤禩为了获得储君之位，曾经找江湖术士张明德算命。张明德说，胤禩“丰神清逸，仁谊敦厚，福寿绵长，诚贵相也”。他还说，太子暴戾，只要有机会我就杀掉他。[①] 如果说算命无可厚非，但涉及皇位继承和阴谋篡夺，则就属于大逆不道了。

阳奉而阴违，表举而内压，虚扬而实抑，这种表里不如一的生存和斗争手法，是千百年来官场人士所奉行的政治信条。胤禔以推荐胤禩的形式，言及其算命一事，目的只有一个，就是揭发胤禩勾结江湖术士，将他推上谋逆的审判台。

胤禔企图一箭双雕，但他没有想到，自己射出去的这支箭，调头贯穿自己的身体后，又飞向了胤禩。

胤禔射出这支箭的时候，忽视了一个重要细节。

康熙在心神慌乱时废除太子，根本原因在于胤礽为人不遵人伦，帐殿夜警又有谋逆的嫌疑，严重伤害了康熙的感情。胤禔心急火燎地提议请杀废太子，无疑将自己置于大逆不道之境，和胤礽混同为一路货色。胤禔手足相残的卑劣念头，引起了康熙的逆反和警觉。康熙冷静下来后忽然发现，自己钻进了胤禔设计的圈套。他斥责胤禔是“乱臣贼子，天理国法，皆所不容者”，[②] 并秘密安排人将其监视起来，提防他狗急跳墙。

十月十五日，胤禔身后的黄雀——皇三子胤祉跳了出来。

洋溢在胤祉脸上的文化气息，掩盖了他对权力的极度渴望。胤祉是以一副温文尔雅的学者形象，出现在帝国的政治舞台上的。诚郡王胤祉性格稳重平和，文化素养高居众皇子之首，曾多次主持历法文学、律吕算术编纂等大型文化工程，很受康熙和朝臣的推崇。胤礽的垮台让胤祉看到了一线曙光。此时帝国的夺储格局是，前太子胤礽被羁押，胤禩因

① 参看中华书局影印：《清圣祖实录》，中华书局 1985 年版。
② 参看中华书局影印：《清圣祖实录》，中华书局 1985 年版。

Ⅱ 胤祉

算命事件接受调查，胤禔四处活动。依照目前的格局，只要搞掉胤禔，无论立长立德还是立才，胤祉都是不二人选。

胤祉也有一副属于自己的好牌。

当日，他向康熙检举揭发了胤禔和巴汉格隆的不法行为。胤祉是一个天文历法的大玩家，对江湖巫术了如指掌。胤禔和巴格汉隆的会晤，引起了这位超级“狗仔队”的兴趣。经过秘密调查，他发现胤禔指使巴汉格隆以巫术诅咒太子。这个发现令胤祉惊喜不已。如果巫术能够镇压太子，自己再出面揭发胤禔，就会成为得利的渔翁。

根据胤祉提供的线索，康熙掘出了埋在地下的十余处神符。胤禔的欲望诅咒，最终诅咒了自己。康熙下令革去胤禔的王爵，将其圈禁起来。反太子的一员干将，成为竞争储位最早的出局者。不久，算命事件也被查实，张明德被凌迟处死，胤禩因不择手段谋取储位，被革去贝勒，贬为闲散宗室。

胤祉并没有成为最后的渔翁。因为被废掉的胤礽，有惊无险地在牢笼里转了一圈，又重新被立为太子，成为此次赌博的赢家。

死鹰事件：一个最佳选手的出局

康熙五十三年（1714年）十一月二十三日，胤禩为讨好父皇，给前往热河巡猎的康熙送了两只鹰。

就是这两只鹰，彻底断送了胤禩的前程。

十一月的塞外，空旷而料峭。“久在樊笼中，复返得自然。”远离公私琐事的喧扰，呼吸着新鲜的空气，心情在大地上自由驰骋，康熙骤然年轻了许多，感觉自己如同一只孤鹰，雄劲的翅膀划破天际，只留下点点的碎云。

冬狩的季节，怎能没有满人最喜欢的海东青呢？“羽虫三百有六十，神俊最数海东青。”[1]康熙对雄鹰的赞美，未尝没有孤芳自赏的蕴意。还是胤禩体贴啊，在康熙意兴勃然的时候，送来了两只鹰。

---

① 参看（清）清圣祖撰，（清）张玉书等编：《圣祖仁皇帝御制文集》，台北：世界书局1988年版。

当太监呈上来时，所有的人都目瞪口呆，康熙的笑容也凝固了：胤禩所送来的，竟然是奄奄一息的将死之鹰。

两只将死之鹰是否为胤禩所送，康熙为什么一口咬定是胤禩所为，时至今日，仍如同一团巨大的谜雾，笼罩在康熙末年的帝国政坛上。

在众多皇子中，胤禩能力、作风和威信均出类拔萃，是皇位最有力的竞争者。胤禩身上有三大突出优点：第一，具有领导潜质。胤禩的口碑非常好，"朴实"，"极正气"，不仅很受朝臣的拥护，连胤禟、胤䄉、胤禵等皇子，"俱奉胤禩如师"；第二，能力非常突出。胤禩做事果敢，沟通协调能力强，"论其才具、操守，诸大臣无出其右者"；第三，善于团结同志。胤禩为人低调，平易近人，和胤礽"屡失人心"不一样，他反其道而行之，"屡结人心"，党羽众多。

儿子如此优秀，老爸原本应该为之骄傲。然而，看着胤禩活跃的身影，康熙感到一阵寒意漫过心头。

康熙四十七年（1708 年）九月三十日，相面事件案发，胤禩勾结张明德，意图刺杀胤礽。康熙以"柔性成奸，妄蓄大志"，将胤禩贬为闲散宗室，胤禟、胤禵出面保奏"八阿哥无此心"，尤其是胤禵言辞激烈，气得康熙亲自拔出刀子，差点杀了自己的儿子。十一月十四日，康熙主持召开民主测验，推选新一届太子候选人，被削掉爵位的胤禩，居然压倒胤礽全票当选，气得康熙两天没吃饭。康熙五十一年（1712 年）九月三十日，第二次废太子事件爆发。胤禩跑到康熙那里探听口风，如果大臣推荐我怎么办，要不就干脆装病吧。康熙对他的行为给予了严厉指责："以贝勒存此越分之想，探试朕躬，妄行陈奏，岂非大奸大邪乎？"[①] 此后，大臣们连上奏折，推荐胤禩继任储君，都被康熙拒绝。

这三个看似没有关联的简单线条，勾勒出了一幅让康熙心惊肉跳的清晰的图像：一个以胤禩为核心，以胤禟、胤䄉、胤禵为羽翼，以佟国维、马齐、张玉书、阿灵阿、鄂伦岱、王鸿绪、揆叙等为爪牙的势力集团，渐渐露出了冰山一角，占据了帝国的政治舞台。就是这个势力集团，破坏了帝国的储君政策，将做了三十三年的太子搞下台，让康熙的颜面

① 参看中华书局影印：《清圣祖实录》，中华书局 1985 年版。

无存不说，还将朝政拖入污浊的泥淖。更加严重的是，胤禩过于强烈的结党意识，严重威胁了康熙的地位和安全。

客观评价来说，胤禩结党具有一定的合理性。在当时的体制下，结党是一种普遍现象，如果没有集团势力的支持，根本没有机会参与竞争。按道理讲，康熙如果遵从民意，在废除胤礽后，应当择胤禩为太子。

以胤禩的人品和能力，完全可以胜此大任。

然而，胤禩越有能力，康熙越是担心。

康熙四十七年（1708年）九月初九，废除太子的第四天，康熙任命胤禩署理内务府总管事，让他审查前任总管——太子乳母的丈夫凌普。胤禩没有深入察查，就草草结案。康熙很不高兴，认为胤禩收买人心，“到处妄博虚名，凡朕所宽宥及所施恩泽处，俱归功于己，人皆称之”。[①]从心理学的角度讲，一旦对一个人有了偏见，是很难改变固有的印象的。在康熙的眼中，胤禩所具备的优秀素质，都切换成对自己不利的潜在因素，其“党羽甚恶，阴险已极，朕亦深畏之”。

康熙弃胤禩而不用，毫无疑问，加剧了两人的矛盾冲突。胤禩虽然没有流露出明显的篡逆意图，但其政治动机却十分明显，康熙“年老已迈，岁月无多”，只要自己不断积蓄力量，保持目前的权力态势，一旦康熙宾天，“谁敢争执，遂自谓可保无虞也”。[②]

在此背景下，爆发了死鹰事件。

十一月十八日，康熙率领胤禛、胤禩等五位皇子前往热河巡猎。半道上，胤禩因生母去世两周年忌日，离开康熙前往陵寝拜祭。二十三日，胤禩为表达自己的歉意，让太监给康熙送去两只狩猎用的鹰。康熙看到两只快要死的鹰时，认为胤禩暗示自己体弱多病，不久于人世，气得犯了心脏病。大怒之下，历数胤禩的种种罪行，宣布断绝两人的父子关系。

这是一个具有明显人为栽赃迹象的构陷事件。以胤禩的政治智慧，决不会故意送上将死之鹰，自毁前程。

那么，究竟是谁陷害了胤禩呢？

---

① 参看中华书局影印：《清圣祖实录》，中华书局1985年版。

② 参看中华书局影印：《清圣祖实录》，中华书局1985年版。

最大的可能就是胤禛。

第一，胤褆、胤礽集团已经垮台，胤禩集团尚未形成，他们都没有能量制造事端；第二，胤禛集团已初具规模，而且胤禛本人就在康熙身边；第三，胤禛私党隆科多担任步兵统领，负责此次巡猎的安检工作。

日益膨胀的胤禩集团树大招风，不但成为康熙的眼中钉，也成为以胤禛集团为代表的敌对势力的肉中刺。而且，胤禩的拉拢工作，居然做到了年羹尧那里，而这位四川巡抚，恰恰是胤禛的大舅子。胤禩集团疯狂的扩张势头，不能不引起胤禛的忧惧。此时，胤褆、胤礽已经失去做太子的资格，胤禩的风头一时无二。只有扳倒胤禩，胤禛才有出头的机会。在此情况下，胤禛和隆科多密谋，买通太监做了手脚，将两只鹰弄个半死，然后献给康熙，导演了死鹰事件。

胤禩得到消息后，于二十七日奏折诉冤，康熙根本不理他这一套。

在康熙看来，胤禩已有"兴兵构难，逼朕逊位"之心，严重威胁了自己的安危。死鹰事件是谁导演的并不重要，重要的是，死鹰是以胤禩的名义送出的，这是打击和处置胤禩的最好机会和借口。康熙五十四年（1715年）正月二十九日，康熙停发胤禩及下属的俸银俸米。此后，两人的父子关系如薄纸一张，以致于胤禩得了重病，康熙都懒得过问。

胤禩的经历如同一个寓言，它再次以历史经验的方式告诫世人，在人治体制下，领导的私认是检验人才的唯一标准，一个人再优秀、再本事，如果领导不欣赏、不重视、不培养，即使得到群众的公认，也只能是虽壮怀激烈，却郁郁不得志。

康熙朝最优秀的皇帝候选人，就这样沦落到喝西北风的地步。

导师决定"选秀"成败

从现在起，主人公胤禛才正式登上舞台。主角千呼万唤才出来，是因为权力的舞台上群星闪耀，盖过了胤禛的光芒。

胤禛本来是一个庸人，只适合跑跑龙套。

用现在的话说，生于康熙十七年（1678年）十月的胤禛，是一个"三不突出"干部：学习不突出，能力不突出，政绩不突出。别的皇子六岁上学，他七岁才拖拖拉拉进了学校。胤礽、胤祉琴棋书画样样精通，胤祥、胤禵文韬武略样样在行，胤禛的学习成绩却差强人意，很多科目甚至倒数。

胤禔十九岁担任征讨葛尔丹的副总指挥，胤礽二十岁开始主持帝国全面工作，箭法和康熙不相上下的胤祉，成年以后就主持国家大型文化工程，而胤禛在康熙去世前，除了主持过祭祀工作，几乎从来没有独当一面，总是跟在别人屁股后面，帮帮人场，打打下手。即使比起学习成绩同样不优秀的胤祺，胤禛的能力也差一大截，这一点甚至连他自己也承认。在人际关系方面，胤禛曲低和寡，更是无法和从者如云的胤禔、胤礽、胤祉、胤祺、胤禟、胤䄉、胤禵等人相比。

康熙三十七年（1698 年），康熙第一次给儿子们封爵，连年龄仅长一岁的胤祉都封为郡王，胤禛却和二十岁的胤祺、十九岁的胤祐、十八岁的胤祺一个级别，只弄了个贝勒。若干年以后，胤禛回忆说，自己“向日并无希望大位之心”，[①] 这一说辞，固然是在掩饰自己的政治野心，恐怕也是当年庸碌无为的真实写照。

由于胤禛“三不突出”，年过三十了，还只给康熙留下“一个突出”印象，就是“喜怒不定”和“性格急躁”。

以他的政治和工作表现，做梦也不敢梦见天上掉馅饼。

在早期的政治活动中，胤禛奉行“两不两亲”原则，即不结党、不结怨，亲皇父、亲兄弟。后人评价他这是为谋取皇位而实施的韬光养晦之策，其实这是一种误读。在太子被废除以前，几乎所有人都接受了胤礽继承大统的现实。不结党是假，没有朋党的支持，根本无法生存。不结怨、亲皇父、亲兄弟则是真，夹着尾巴做人，是夹缝中求生存的策略。

胤礽第一次倒台时发生的一件事，颇能说明胤禛的为人。

太子被废后不久，康熙表扬胤禛说，“前拘禁胤礽时，并无一人为之陈奏，惟四阿哥性量过人，深知大义，屡在朕前为胤礽保奏，似此居心行事，洵是伟人。”获得老爸的褒奖本应该高兴，谁知胤禛吓得脸都绿了，

① 参看中华书局影印：《清世宗实录》，中华书局 1985 年版。

连忙辩解说，自己没有保过废太子，“皇父褒嘉之旨，臣不敢仰承”。[①] 在废太子事件中，胤禛基于自己替补无望，采取维护前太子地位的策略，一是对康熙健康表示关切，二是为胤礽仗义执言，三是同夺嫡最力者胤禩保持联系。胤禛骑墙式政治表演，无非是为了多方讨好，如今被康熙亮了底牌，很容易招致嫉恨。

不过，无心插柳柳成荫。胤禛低调做人，却避免了黑暗伤害，成就了良好的声名，这是不争的事实，而这又恰恰是后来居上的关键。

胤禛的事业出现转机，是因为一个小人物的出现。正是这个人，改变了胤禛的人生航向。

我们可以把这个人称为胤禛的导师。

这个人就是戴铎。

戴铎曾在福建任知府，后晋升道员，康熙末年任四川布政使。正是他的出现，将胤禛这块石头，点成了金子。

康熙五十一年（1712年）九月，康熙第二次废掉胤礽，宣布从此不再立储。这一消息的发布，深深刺激了胤禛的神经。这意味着，从此以后，每个皇子只要表现得好，都有参与竞争的机会。戴铎什么时候成为胤禛的门人，已经不可考，但至少是在二废太子以前。因为戴铎于康熙五十二年（1713年）给胤禛写了一封信，从这封信的亲密程度看，两人已是无话不谈的死党。

今天，我们无论怎么评价这封信对于胤禛的意义都不为过，可以称它为伟大纲领，或者是指导手册，或者是政功秘籍，甚至可以生动地说，是播种机，是宣传队，在胤禛的心里播下了成功的种子，指导和鼓励胤禛如何拿下王位。远比今天忽悠人的水煮、麻辣或宝典之类的图书，要管用得多。可以这么说，自从有了这封信，更恰当地说，是自从有了戴铎这个人，胤禛的革命面貌焕然一新。

这是一封今天看来都很有指导意义的信。考虑到文字浅显易懂，知识产权也已过期，特解读如下，供有心人参考。

戴铎首先分析了胤禛的处境，指出“当此君臣利害之关，终身荣辱

① 参看中华书局影印：《清圣祖实录》，中华书局1985年版。

之际”，“皇上有天纵之资，诚为不世出之主；诸王当未定之日，各有不并立之心”。皇帝聪明了，兄弟们多了，人际关系就难搞，为什么呢？戴铎接着说，“处英明之父子也，不露其长，恐其见弃；过露其长，恐其见疑”；“处众多之手足也，此有好竽，彼有好瑟，此有所争，彼有所胜”，高低不就，众口难调，相处起来就麻烦。那么，有什么好的办法呢？戴铎列出了十六字方针，应当“孝以事之，诚以格之，和以结之，忍以容之”。他特别指出，胤禛兄弟众多，更应当和他们搞好团结，以防出师未捷身先死，“其诸王阿哥之中，俱当以大度包容，使有才者不为忌，无才者以为靠”。

戴铎特别提醒胤禛，要和康熙身边的人打成一片，因为“一言之誉，未必得福之速；一言之谗，即可伏祸之根”。革命并不全靠请客送礼，有时几句好话，就会产生意想不到的效果，他说：“素为皇上之亲信者，不必论，即汉官宦侍之流，主子似应于见面之际，俱加温语数句，奖励数言，在主子不用金帛之赐，而彼已感激无地也。”戴铎还建议胤禛要洁身自好，不要整天打探和传播小道消息：“至于各部各处之闲事，似不必多于与闻也。”

戴铎还请胤禛高度重视亲信的培植工作。他引用古语“不贪子女玉帛，天下可反掌而定”，告诫胤禛要舍得花钱，政治和金钱是孪生兄弟，“况主子以四海为家，岂在些许之为利乎”。在戴铎看来，胤禛要想夺取天下，必须提拔一些自己的人，让他们成为打江山的班底，“恳求主子加意作养，终始栽培，于未知者时为亲试，于已知者恩上加恩，使本门人由微而显，由小而大，俾在外者为督抚提镇，在内者为阁部九卿”，“虽未必人人得效，而获得二三人才，未尝非东南之半臂也”。[①]

大海航行靠舵手，事业成功需导师。任何一个人要想获得成功，必须有洞见时局的高人来指点迷津，才能事半功倍，不至于迷失方向。刘邦能击败项羽，靠的是萧何；朱元璋能获得天下，靠的是李善长。反观胤禛能成就帝业，戴铎的指导功不可没。当时的权力格局，很像元朝末年，群雄蜂起，列强逐鹿。朱元璋依靠“广积粮，深筑墙，缓称王”的

① 参看故宫博物院文献馆编：《文献丛编》，故宫博物院 1988 年版。

策略，避免当出头鸟，却最终成为出头鸟。

在争储斗争风起云涌之时，胤禛写过一首诗，其中两句是“懒问沉浮事，闲娱花柳朝”，一副闲庭信步的样子。他还出版了一部《悦心集》，大唱恬淡和出世思想，把自己打扮成“天下第一闲人”。胤禛早期碌碌无为，此时在戴铎的指点下，大行韬光养晦之道，一脉相承，不着痕迹，避免了步胤禔、胤礽、胤禩后尘。

在众多皇子中，胤禛最不具有优势，他的党羽也最少，实力也最小，但确实如同戴铎所说的，“虽未必人人得效，而获得二三人才，未尝非东南之半臂也”。依靠戴铎的点拨，外依年羹尧，内赖隆科多，起步最晚，却笑到了最后。

可以学学胤禛，从某种意义上来说，这是个好榜样。

关键时刻别出差

康熙五十七年（1718 年）十二月起，胤禵到西北出了一趟长差，想借此机会捞点政治资本，功劳虽然立了不少，没想到却丢了大好前程。

胤禵本名胤祯，生于康熙二十七年（1688 年），排行十四，和胤禛同出一母。由于禛、祯同音，胤禛继位后为避嫌，改为允禵，很多文献资料干脆把他称为胤禵。胤禵自小“聪明绝世”，军事才能尤其显著，深受康熙疼爱，在一些兄弟眼中，他“才德双全，我弟兄们皆不如”。[①]

首脑胤禩混得灰头土脸后，胤禵从皇八子集团中脱颖而出，集团成员把他当作优良资产剥离出来，企图通过盘活存量，在皇位之争中实现寡头垄断。

为获得胜利，胤禵广泛联络士人。李光地是理学名儒，也是康熙宠臣，在建储问题上，曾屡受垂询。为和他拉上关系，胤禵拼命讨好其门人陈万策，不顾皇胄身份，“待以高座，呼以先生”，以致于“十四爷虚贤下士”的段子，在社会上广为流传。

胤禵年纪轻，资历浅，说话没有分量，没多少人注意，因此，迫切

① 参看杨珍：《清朝皇位继承制度》，学苑出版社 2001 年版。

需要一次机会，全面展示自己的文治武功。

机会说来就来。

康熙五十七年（1718 年）春天，在准葛尔起事的策旺阿拉布坦叛军攻下了拉萨，杀死拉萨汗，全没侍卫色楞统帅之军。帝国向来依赖西藏喇嘛教，作为操控蒙古的精神工具。西藏沦陷，意味着西北和北部边疆从此洞开。为解除这一巨大隐患，康熙高度重视用兵工作。三月，越级将贝子胤禵提拔为抚远大将军王，十二月，亲自在太和殿主持了隆重的誓师大会，依照皇帝的规格，励其西征。随同出征的，有康熙的三个孙子弘曙、弘治、弘禧，还有部分皇室贵胄。

德胜门外，旌旗招展。

胤禵看着前来送行的诸王和二品以上大臣，满肚子鼓噪的都是得意的春风。九月，西安将军额伦特阵亡。消息传来，朝廷震惊。在帝国的高级军事会议上，大家都表现出了强烈的畏难情绪。康熙叹息说，要是我还年轻，就这几个破毛贼，何至于斯啊。[①]一副英雄暮年的样子。想起了善于用兵的胤禵，康熙就派他挂帅。胤禵很兴奋，表示十分愿意支援西部。在他和幕僚们看来，这是一个千载难逢的出人头地的时机，此行将使他成为众皇子中，唯一一位单独统军作战和坐镇一方的人。康熙在立储问题上，由伯乐相马改为伯乐赛马，是驴子是马，那得拉出来遛遛。在胤禵想象的眼里，自己这匹骡子，虽然刚刚站在起跑线上，但凭借出征西部这个望远镜，似乎已经看到了终点。

胤禵怀揣梦想，踏上了西进之路。他没有想到，自己一生的荣辱成败，与准葛尔——一个荒凉的地方，紧紧联系在了一起。

离开京城前，胤禵专门和胤禟见了一面。

胤禵千叮咛万嘱咐，老哥，父皇年龄大了，早一天晚一天的，你千万别忘了，要经常给我信啊。胤禟拍着胸脯说，放心好了，你好好干，早立大功，太子就是你的。[②]到了西北后，胤禵又特地算了一卦。卦师张恺忽悠他说，“元武当权，贵不可言，将来定有九五之尊”，还告诉他，

---

① 参看中华书局影印：《清圣祖实录》，中华书局 1985 年版。

② 参看故宫博物院文献馆编：《文献丛编》，故宫博物院 1988 年版。

王爷三十九岁就大福大贵了。三十二岁的胤禵听了，高兴得直蹦。[①] 然而，不久后的事实将证明所谓“大师”是世界上最坑人的骗子。

胤禵驻军西北后，屡次请战。

据专家考证，康熙五十九年（1720 年）正月初五，在康熙决定出兵的同一天，胤禵奏折请战，表示出了父子二人军事战略的高度一致。[②] 胤禵请战，固然是为了保家卫国，还有一个重要因素，就是他把出征准葛尔，当作加重继位砝码的最佳机会。在胤禵的指挥下，当年夏天就收复拉萨，达赖六世举行了坐床仪式。西藏的光复，防止了国家和民族的分裂，胤禵之功威，一时如日中天。

胤禵成了帝国冉冉升起的政治红人。

胤禵出征期间，各省的贡品和美味佳肴，康熙都亲自检验包装，给儿子送上一份。他还特地叮嘱胤禵，缺什么东西，只管问老爸要。出征第二年，康熙破天荒地为胤禵的一女二子，亲自操办了婚礼。[③] 康熙六十年（1721 年）十一月，胤禵回京述职，康熙命诚亲王胤祉、雍亲王胤禛亲自迎接。宗室成员阿布兰违反规定，跪迎胤禵，康熙给予默许。不但如此，康熙还写了一首诗，歌颂普天同庆的盛况。胤祉、胤禛等读了“去年藏里凯歌回，丹陛今朝宴赏陪”，心里一定填满了酸涩。因为四年后，胤禛在一道上谕里，还指责胤禵“妄自尊大，种种不法，我朝大将军如此行事者，从未之闻也”，嫉妒之情，埋于胸间多年，难以消散。

立储的天平，慢慢倾向了胤禵。

清朝末年，曾经流传一个段子，说几位军机大臣分配工作，都不愿意干苦差事。有位老兄内急，提着衣襟往厕所里跑。回来坐定后，同僚们说，我们大家议了议，一致推荐你去干。这位老兄的脸当时就绿了，然而众意难违，已成事实，只得接受。

六十一年（1722 年）正月，康熙决定议和，结束西线战事。同准葛尔打了七年多仗，国库亏空得差不多了，而且康熙的身体每况愈下，立

① 参看故宫博物院文献馆编：《文献丛编》，故宫博物院 1988 年版。
② 参看杨珍：《清朝皇位继承制度》，学苑出版社 2001 年版。
③ 参看杨珍：《清朝皇位继承制度》，学苑出版社 2001 年版。

储迫在眉睫。同叛军开战，成为他生命不能承受之重。四月，在京休假述职的胤禵回到前线，主持议和工作。十月，叛军使臣抵达京城。此次奔赴前线，本来是胤禵签订和平契约，然后以功成名就之身，就任新一任太子的最佳契机。

然而人算不如天算，十一月，康熙病了，而且一病不起。

荒边西宁距离京城，相去何止几千里。当时交通不便，全靠驿站沟通消息，跑一趟要一个月。胤禵坐镇边陲四年，立下功劳无数。然而，这趟差出得时间太久，距离走得太长，真正是天也高了，皇帝也远了。

康熙由患病到离世，不过七天时间。等胤禵接到消息，一切尘埃落定。

关键时候的一次长差，竟然葬送了胤禵的帝王伟业。

第三节 夺权与反夺权：历史是胜利者的谎言

一个政治段子

康熙六十一年（1722 年）十一月十日至十二日，胤禛每天三次派人给父皇请安。这位雍亲王忽然变得这么殷勤，并不是要表明自己有多孝顺。

如此体贴周到的原因，说起来有点令人心寒，他派出去的三拨人，其实都是打听消息的探子。

十月二十一日，康熙给自己休了个小假，驾临南苑皇家猎场，一边打猎一边散心。此时，六十九岁的康熙身体羸弱，已是风烛残年。料峭的北风轻轻刮过，枯树一下子就倒了。十一月七日，康熙身体不舒服，赶回畅春园休养。当天，发布官方消息，皇帝“偶感风寒，本日即透汗，自初十至十五日静养斋戒，一应奏章，不必启奏”，临时停止办公。

一场小小的感冒，凭借皇家高干病房的特级护理，本以为吃点药就好了，没料到却要了康熙的命。

十三日，康熙的病情突然加剧，晚上戌刻（19—21 点），这颗曾经在中国大地上，震荡出最强烈音符的心脏，停止了跳动。

关于康熙的死因，有多个段子。

其中，最著名的一个段子，就是“人参汤”版。

这个政治段子在坊间越传越烈，搞得胤禛多年睡不好觉，以致于八年以后，他不得不亲自出来辟谣。这个版本的说法是这样的，“圣祖皇帝（指康熙）在畅春园病重，皇上（指胤禛，即雍正）进一碗人参汤，不知如何，圣祖皇帝就驾崩了，皇上就登了位”。[①] 段子的流传是一种娱乐现象，更是一种社会心理现象。它借助于民间口头的宣泄性叙述，在嬉笑怒骂间表达个人和群体的解构性意识。由于这种意识带有明显的个人爱憎和利益取向，往往在玩弄嘴皮子的时候，舞文弄法，夹带私货，充当出气阀门的同时，对社会主流舆论构成腐蚀。“不知如何”四个字看似虚指，与“进人参汤”的行为联系起来，就构成了“毒害篡政”的实指。

胤禛感觉自己比窦娥还冤。

也难怪胤禛为自己辩护。很多史书都认为，康熙不可能喝人参汤，因为他懂药理。康熙五十一年（1712 年），他在曹寅的折子上批示说，南方庸医，喜欢用补药，需要小心。康熙五十七年（1718 年），他又说，南方人可以服参，北方人不适合，否则无益有损。[②] 总结起来一句话，康熙不太可能是胤禛害死的，至少没有喝过人参汤。

康熙有心脏病史。

患有心脏病的老年人，最害怕得感冒。呼吸道感染或由此而引起的肺炎，会增加心脏的负担，引起并发症，导致猝死。还有一种说法，就是康熙的感冒，引起心脑血管疾病。总之，康熙死亡的最大可能，就是寿终正寝。不过话又说回来，并没有过硬的历史证据，可以让胤禛彻底摆脱谋命的嫌疑。

但是，没有谋命，不代表没有谋政。

十一月十三：一个什么颜色的日子

胤禛对让自己代班，憋了一肚子意见。

---

① 参看（清）雍正帝：《大义觉迷录》，台北：远方出版社 2001 年版。

② 参看冯尔康：《雍正传》，人民出版社 2004 年版。

初九，康熙考虑到自己生病，就让胤禛去南郊主持祭天大祀。此次父皇龙体欠安，胤禛预感不妙。关键时候让他去值班，胤禛心里很不情愿。然而，祭天是国家大事，不可能想不去就不去；心里那点小九九，又不能明着算出来。胤禛只有违心前往。

然而，胤禛身在曹营心在汉。

他知道时间和机会对一个搞政治的人意味着什么。如果父皇猝然驾崩，自己又不在身边，很可能到嘴的肥肉，立马儿就飞到别人的肚子里。此时，胤禛全部神经如同一只觅食的老鹰，早就瞪大了犀利的双眼，盘旋在畅春园的上空。

初十至十二日，每天早中晚三次，胤禛派侍卫、太监去畅春园请安。请安安排得如此密集和频繁，绝对不只是表达自己的孝心。其真实的目的，是为了和隆科多接头，随时掌握康熙的病情和动态。

康熙在静养斋戒期间，一律不接见王公大臣。宗室延信后来对胤禵说，八旗大臣相约去请安，圣旨让他们不要去了。[①] 连八旗大臣都见不到康熙，胤禛派去的侍卫、太监怎么可能接近龙颜？显然，有负责治安保卫工作的隆科多，在里面接应。

十三日，畅春园，病榻上。

还好，宫廷画家为我们留下了康熙晚年的画像。画像上，端坐着一个枯瘦如柴的小老头，丝毫看不出当年叱咤风云的雄姿，也不是大腹便便的冒尖户形象。现在，这个小老头躺在病床上，生命的烛光摇曳在帷帐里，已经暗淡得看不清颜色。

生命尽头的康熙如同一个皮影，他隐约感觉有数不清的线在拉扯着自己，变化出一些光怪陆离的形象，最后，那些线忽然断了，皮影跌了下去，只留下一片令人窒息的空白。在权力的舞台上，他不知道谁是线，谁是皮影，而谁又是扯线的人。而他所能感觉到的，就是撕心裂肺的痛。

康熙不可能不痛。

为了帝国至高无上的位置，兄弟相残，父子反目，主仆争斗，臣僚失和。风声雨声吵闹声，声声入耳；家事国事天下事，事事操心。跌落

① 参看杨珍：《清朝皇位继承制度》，学苑出版社 2001 年版。

在纷乱如麻的权力交接的漩涡中，他已失却了君临天下的快感。

子不类父啊。康熙曾多次念叨过，老子一辈子英雄，却生出了一大堆狗熊，没几个像样的好鸟。胤礽恃宠生骄，擅权越位；胤禔心存妒嫉，谋权夺位。一句话，两个人都坏在了性格上。胤禩性格宽柔，各方面素质最好，然而权力欲望太盛，结党谋位，搬起石头砸了自己的脚。三个儿子相继跌落尘埃，让康熙看到了问题的症结，正是因为自己急于立储，让二把手成了出头的椽子。为了避免悲剧的再次发生，保护自己权力遗产的继承人，他决定不再公开择立太子，而是在撒手人寰之前，再公布最后的幸运名单。

躺在病榻上，胤祉、胤禛、胤禵肯定如同幻灯片，在康熙的脑海里一一闪过。

胤祉品学兼优但失之软弱，百无一用是书生，他的肩膀扛不起这副担子。胤禛秉性孝诚但气量狭窄，胤禵聪颖能干但锋芒太露，这两个人无疑是最佳人选。让谁继承这笔遗产呢？康熙想起了胤禵，这是自己最疼爱的儿子。派胤禵带兵出师西域，固然有锻炼他实际工作经验的能力，还有一个重要的原因，就是让他远离是非漩涡，避免重蹈胤礽的覆辙。

在康熙物色自己的最佳继承人，点燃指引帝国驶向新的港湾的灯塔时，胤禛也试图从漫长的黑夜中，寻找到可以停泊自己的码头。

在胤禛的心目中，胤祉不过是一个书呆子，根本无法和自己竞争。而最可怕的对手，则是自己的手足兄弟胤禵。去岁，胤禵西征凯旋归来，他从父皇和王公大臣的眼光中，读到了自己的落寞。半年前，胤禵回到前线主持议和，议和一旦成功，卸任大将军王的十四弟，将毫无争议地成为东宫太子。眼下，对自己最有利的条件是，胤禵远在边塞，与京城相距几千里，对父皇的健康状况并不知情，而父皇病入弥留，根本不可能等到胤禵回京。

胤禛最担心的是康熙公布遗嘱，一旦法定继承人是胤禵，他将无力回天。因此，必须保证让遗嘱无效，自己的手脚才能有效。康熙如果有遗诏，就是当时的最高宪法，宪法怎么可能无效呢？

黑暗中，胤禛的眼睛忽然亮了。

他想到了隆科多。

赌徒出场，骗子登台

十三这天，发生了什么呢？我们看一下时间表：

丑刻（1—3点），康熙病势加重，诏命胤禛来畅春园；寅刻（3—5点），诏胤祉、胤祐、胤禩、胤禟、胤䄉、胤祹、胤祥和隆科多，宣布胤禛继位；巳刻（9—11点），胤禛赶到畅春园，在随后的时间里，胤禛三次给康熙问安，康熙还能说话，只是“告以病势日臻之故”，避而不谈继位之事；戌刻（19—21点），康熙驾崩。

这个时间表不是虚构的，而是根据《清圣祖实录》整理出来的，可以说，是来源于铁证如山的官方文件。

然而，这个时间表并不可信，甚至可以说漏洞百出。第一点，西直门畅春园距离南郊祭所不过二十几公里，从诏令发出到胤禛见驾，竟然用了八个小时，时间如此缓慢，除非送信人和胤禛爬着去的。第二点，从胤禛见驾到康熙驾崩，中间隔了十个小时，胤禛三次给康熙请安，不但康熙没有向他宣布遗嘱，胤祉、胤祐、胤禩、胤禟、胤䄉、胤祹没有传达圣旨，尤其令人难以置信的是，胤祥和隆科多两位死党也没有透露半点消息。

如此违反常理和逻辑，只能说明一点，《清圣祖实录》说谎。

在一些重大历史事件上，不要相信官方文件的记载，因为在秉笔直书的背后，往往因为关乎利益和名誉，夹带了很多虚伪的构想。《清圣祖实录》是雍正初年编修的，名义上是马齐领衔，实际由隆科多操作，雍正最后审核把关。乾隆执政六十年，《清高宗实录》编辑了两千多卷，雍正执政十余年，《清世宗实录》也有一百五十余卷。康熙执政六十一年，文治武功，大事迭出，成果斐然，《清圣祖实录》却只编辑了三百卷。这种巨大的反差，只能说明胤禛继位后，删改了很多于人有利、于己有害的史料。

真实的情况究竟是怎样的呢？

那只有问一个人，赌徒隆科多。

隆科多，步军统领和理藩院尚书，累世为皇亲国戚，康熙的表哥兼大舅哥。步军统领“掌九门之管钥，统率八旗步军，京营马步兵”，达两万多人，整个京城以及畅春园，控制在他的手里。隆科多曾经依附胤禩，胤禩集团垮台后，他因有结党嫌疑，受到康熙的训斥。隆科多见风使舵，迅速同胤禩划清界线，与靠拢过来的胤禛结为盟友。在康熙生病的这段时间里，他将皇帝的饮食起居，迅速提供给胤禛。

历史将隆科多推到了赌桌前。

十三日晚，康熙在病床上静养，皇子和王公大臣在病房外守候，隆科多作为步军统领，负责照料康熙，来往传递消息。到了戌刻（19—21点），康熙因并发症，猝然驾崩。康熙在驾崩前，存在三种可能：一、传位给胤禵；二、传位给胤禛；三、因为死神来得过于突然，没有留下一句遗言。无论是哪种可能，有两件事是确凿无疑的，第一，康熙没有留下过书面遗诏；第二，解释权掌握在隆科多手里。既然没有书面遗嘱，隆科多通知哪位皇子，他就能抓住机会，成为帝国财产的继承人。

此时，胤禔、胤礽被囚禁，胤祉孤立无援，胤禵远在塞外，而且，隆科多和他们交往都不深，不可能将皇位安在他们头上。他曾经与胤禩有一段政治恋爱，因为康熙棒打鸳鸯，最后两人分手，促成了和胤禛的结合。胤禩集团党羽很多，有些地位、权势甚至在他之上。官场最忌讳水性杨花，如果再次投靠胤禩，不可能获得首屈一指的位置。而胤禛集团人员较少，如果扶持他上台，自己就会成为白帝受孤的诸葛第二。

权衡再三，隆科多将宝押在了胤禛身上。

《清圣祖实录》里记载，寅刻（3—5点），康熙诏胤祉、胤祐、胤禩、胤禟、胤䄉、胤祹、胤祥和隆科多，宣布："皇四子人品贵重，深肖朕躬，必能克承大统，着继朕登基，即皇帝位。"这是一个带有深深加工痕迹的政治谎言，因为根本不存在八人同领皇诏这一事实。

康熙临终前，只有隆科多在眼前。

雍正二年八月二十二日，胤禛在《上谕内阁》中不小心走漏了机密："前岁十一月十三日，皇考始下旨意，朕竟不知。朕若知之，自别有道理。皇考宾天之后，（隆科多）方宣旨于朕。"

七十年以后，乾隆也不相信官方文件的记载。乾隆六十年（1795年），他谈到前朝皇权交接时认为："圣祖大渐，授位皇考，其时系内大臣隆科多宣传顾命。”[①]

连乾隆也否认了老爸的谎言。

人事变动的政治与技术含量

是非之地不可久留。当天夜里，胤禛就赶回了皇宫。

临走前，他命隆科多严密封锁康熙驾崩的消息，防止引起政治哗变，然后令淳郡王胤祐留守畅春园，贝子胤祹安排乾清宫灵堂，阿哥胤禄和世子弘昇负责宫禁，阿哥胤祥护卫着銮舆，像皇帝日常出行般回城。胤禛本人则在隆科多保护下，提前到达隆宗门，跪接灵柩。风云未定之际，胤祉、胤禩、胤禟、胤䄉等人一个没用，全部随銮舆而行，在胤祥和隆科多掌控之中。

胤禛的“老油条”手法，让所有政敌大吃一惊，这个平常不显山不露水的“窝囊废”，哪里是个生瓜蛋子?！

十四日，胤禛脸还没来得及洗，就公布了人事调整信息。

康熙尸骨未寒，胤禛尚未即位，就立即着手对组织人事工作进行调整，有其深刻的政治用意。政治路线确定以后，干部就是决定因素。[②]新领导上台以后，人事调整是必抓必行的第一要务。培植感恩戴德的亲信，排除心怀贰志的异己，是树立个人权威、保证政令畅通、维护权力稳定的关键步骤。握不好人，就掌不住权，历来为政治规则中最浅显而又核心的道理。其中所蕴含的政治技巧，非用心者不能体会。胤禛的人事调整主要有两条，一条涉及组阁，任命胤禩、胤祥、马齐、隆科多为总理事务大臣，意在排解内忧；一条涉及军事，诏令胤禵将权力交平郡王纳尔素回京奔丧，重在切除外患。

胤禵是康熙最属意的太子人选，在帝国的政坛上风头一时无二。此时，他坐镇西部边陲，拥精兵十余万。一旦外连蒙藏，内结重臣，鹿死谁手，尚未可知。为了将胤禵控制在自己手里，胤禛在他毫无准备的情况下，突击提拔平郡王纳尔素，代理大将军职务，压制住西路军中的异

① 参看（清）清世宗等:《世宗宪皇帝御制文集·慎建储君论》,台北:世界书局1988年版。

② 参看毛泽东:《毛泽东选集》，人民出版社1964年版。

己分子。同时，为确保万无一失，派公爵延信奔赴兰州，与陕甘总督年羹尧共同管理西部军务、粮饷及地方事务，扼住西路军东进的喉咙。胤禛调胤禵的理由很简单，让他回京尽人臣孝子之礼。胤禵如果回来，就落在自己的视线内；如果不回来，就属于大逆不道了。而且年羹尧遏制在东，戴铎虎视于南，急切之间，胤禵很难有所作为。胤禛此招似乎受戴铎的启发。戴铎曾汇报说，一旦胤禛成大事，胤禵有反心，四川可以出兵。[①] 此举既解除了胤禵的兵权，又成全了人子的孝名，在胤禵是有苦难言，在臣僚则无可指摘，可谓一箭三雕。

胤禵和胤禩是最大的政敌。

如果说将胤禵调离虎山不难理解的话，那么提拔胤禩则有些令人出乎意料。其实，这正是胤禛政治手腕的高明之处。

胤禩是在野党的灵魂人物，提拔他做总理事务大臣，无非是为了分化胤禩集团势力，同时，将其纳入自己可以掌控的范围内。更重要的是，通过任命胤禩，可以向胤禩集团灌输自己的正统意识，明确君臣之礼和尊卑之别，这才是终极目的。

胤祥是执政党的铁杆粉丝，也是众多皇子中唯一一个支持胤禛的人。把一个普通的阿哥提拔为总理事务大臣，固然是为了论功行赏，最大的目的恐怕还是想在皇室中培植同盟，起到沟通宗胄的纽带作用。

马齐曾是胤禩的党羽，当年为了选举胤禩做太子，上蹿下跳，忙得不亦乐乎。而他本人虽出身满族，却在汉臣中很有声望。把这位武英殿大学士擢入内阁，有安抚胤禩党羽，表明胤禛用人不咎既往的考虑；同时，也有通过他，拉拢满汉士人的想法。

隆科多的重要性自不待言。既然他将宝押在了胤禛身上，理所当然要享受一下分红的待遇。而且，隆科多执掌理藩院和步军统领衙门，关乎邦交舆论和军界力量，有了这位赌徒的支持，可确保安全不出问题。

在即位后的四十三天内，胤禛共进行了十次以提拔为主的人事安排。

十一月十四日，除宣布了辅政班子外，封胤禩、胤祥为亲王，胤礽之子弘皙为郡王，令户部尚书孙渣济暂理工部工作，两江总督查弼纳暂

① 参看故宫博物院文献馆编：《文献丛编》，故宫博物院 1988 年版。

理礼部工作，一等侍卫拉锡暂理理藩院工作。十五日，令胤禄代理内务府总管。十七日，令兵部尚书白潢协理内阁大学士工作，广东巡抚杨宗仁为湖广总督，安徽布政使年希尧为广东巡抚。十八日，仓场侍郎张伯行办理户部右侍郎工作，内务府总管李英贵为仓场侍郎。二十三日，令隆科多位一等公爵。二十五日，令护军统领衮泰代理步军统领。二十九日，令盛京工部侍郎觉罗苏库为礼部尚书，户部左侍郎敦拜为左都御史，内阁学士励廷仪为兵部左侍郎兼翰林院掌院学士。三十日，令富宁安为武英殿大学士，仍兼吏部尚书。十二月三日，封贝子胤祹为郡王。二十一日，令吏部右侍郎张廷玉为礼部尚书。

对班子的人事安排只是权宜之计，提拔亲信才是长远之策。权力的大盘度过振荡期，自然要重新洗牌。若干年以后，胤禛并不隐瞒自己的实用主义，谈及当时的政治意图，他说：“及朕即位，以阿其那（胤禩）实为匪党倡首之人，伊若感恩改过自新，则群邪无所比匿，党羽自然解散。是以格外优礼，晋封王爵，推心任用。”①

胤禛够坦白的，只是胜利者的坦白，即使把肠子翻出来，也无伤大局了。

为什么要戒严

胤礼吃惊得差点就崩溃了。隆科多向胤禛汇报说，圣祖驾崩那天，我先回京城，在西直门大街碰到了值班的胤礼，我说了您即位的事儿，他神情忽然就变了，慌里慌张地像是疯了，没有迎接您的銮驾，就一个人跑回家，不知干什么去了。②

疯狂的不只胤礼一个人。

胤禛成为最大的黑马，许多人都无法接受。多年以后，胤禛回忆起当时的情形，仍心有余悸。他说，圣祖宾天时，我正在那里伤心，胤禟忽然坐在我面前，拿眼睛非常无礼地瞅着我，不知道他心里想什么鬼点

① 参看中华书局影印：《清世宗实录》，中华书局 1985 年版。

② 参看故宫博物院文献馆编：《文献丛编》，故宫博物院 1988 年版。

子，要不是我一再退让，非得干一架不可。[①] 胤禛还看到了胤禩的敌意，他描述说，老爸驾鹤西游，胤禩这个没良心的非但不难受，还跑到畅春园的院子里，倚在廊柱上一副思考状，不知在打什么算盘，分派给他的工作，不落实也就罢了，根本就不搭理人，由此可以看出，他怨恨到何等地步。[②]

兄弟们的这种反常表现，让胤禛感到心惊肉跳。

可以想象的是，胤禛肯定和隆科多等人，不止一次讨论过自己的安全问题。胤禛心里非常清楚，自己虽然已经成为皇帝，但权威不足以服众，兄弟们都有各自的集团，他们为了自己的利益，可能会孤注一掷。胤祥和隆科多虽然控制了卫戍部队，但无法从根本上确保高枕无忧。权力的斗争绝不只是搞阴谋诡计，稍不留意就会有杀身之祸。历代的宫廷政变不说，单是在本朝，自己不就曾目睹了胤禔请杀胤礽，胤禩勾结江湖人行刺太子吗？

胤禛决定戒严，实施紧急戒严。

他应当在心里有过这样的感叹，隆科多是自己所抓得最好的一张牌。他哪里是自己的舅舅，分明是再造的父母。如果没有隆科多，肥肉即使分到自己名下，也只不过是过一下手而已，最后落到谁的嘴里，都是很难肯定的事情。十四日到十九日，隆科多关闭京城九门，实施戒严，诸王没有旨意，不得进宫。一句话，都老老实实在家呆着，别胡乱串联。

大清历史上唯一一次权力交接班期的戒严，就这样发生了。

后世很多史家认为，胤禛实施戒严的目的，是密不发丧，封锁消息。其实，从期间胤禛所作的人事调整来看，这是一种误解。所谓旁观者清，朝鲜人的见解可以作为戒严的注释，他们认为，“彼国不豫建太子，似必有五公子争立之事”，“康熙既殁之后，祸乱之作，十居八九”。[③] 也就是说，胤禛的戒严令，根本目的就是维护社会稳定，防止发生政变。

戒严期间，胤禛并没有闲着。十四日到十九日，他一边妥善安排康

---

① 参看（清）雍正帝：《大义觉迷录》，台北：远方出版社 2001 年版。

② 参看中华书局影印：《清世宗实录》，中华书局 1985 年版。

③ 参看吴晗：《朝鲜李朝实录中的中国史料》，中华书局 1980 年版。

熙后事，一边精心进行人事调整。此外，他还干了一件事。

就是这件事，让胤禛再也抹不去谋位的嫌疑。

谁动了遗诏

十一月十六日，胤禛公布了康熙的遗诏，没料到引起了御史们的弹劾。

弹劾的原因很简单，胤禛只宣读了遗诏的满文本。御史汤保等人说，按惯例，遗诏有满汉两个文本，现在只有满文的，那汉文的呢？他们不敢批评胤禛玩猫腻，就指责宣读遗诏的鸿胪寺负责人，说他玩忽职守。胤禛赶紧谕告内阁，替鸿胪寺辩解，但也没有说出个所以然。

他不可能说出花来。

因为根本就不存在所谓的康熙遗诏。

胤禛公布的康熙遗诏，现保存在中国第一历史档案馆，有满汉两个文本。它似乎以铁证如山的形式告诉世人，康熙晚年选中的继承人就是胤禛。不过，历史也遗憾地告诉我们，这份遗诏是假的。

十三日深夜，隆科多口传遗诏，由胤禛继承帝业。由于康熙驾崩得过于突然，所以没有留下任何文字材料，证明胤禛就是法定继承人。可以推测的是，如果康熙立过遗诏，十四日、十五日两天，胤禛完全可以拿出来宣读，以正视听，根本没有必要拖延到十六日。他想当然地认为，要想让大家承认地位之合法性，必须拿出康熙遗诏，而康熙没有立过遗诏，怎么办？

造假！

可以肯定地说，隆科多作为唯一见证人，只要他一口咬定继承人就是胤禛，随着时间的推移，对胤禛即位合法性的争论，也就会烟消云散，无需制造什么物证。然而，胤禛太不自信了，也太谨慎了，他急于证明自己的合法地位，急于封住所有人的嘴巴。

过于谨慎的人往往注重细节，而忽视了对总体的把握。百密总有一疏，炮制出来的康熙遗诏还是出了问题。

十六日，胤禛迫不及待地就拿出了康熙遗诏。由于汉文版还没有制

▌雍正:《十二月令圆明园行乐图》

造出来，所以只宣读了满文版。御史们受到反对派的唆使，极力要求鸿胪寺公布汉文版，胤禛一下子就傻了眼。他连忙发布上谕，胡乱辩护了一通后，令人赶紧造假。

二十日，胤禛公布了汉文版康熙遗诏，王公大臣们一看，简直不敢相信自己的眼睛，汉文版遗诏居然错误连篇。

在这篇两千两百一十一个字的遗诏里，有一个错字，四处涂抹。“承”字写成了“成”；“人民乐业”涂抹后，四字占两字空档；“盖由天下事繁”中的“事繁”二字，“惟诸葛亮能如此耳”中的“亮能”二字，“现今俱各安全”中的“安全”二字，涂抹后，二字占一字空档。

汉文版遗诏主要由两部分组成，前大半部分是抄袭了康熙五十六年（1717 年）十一月二十一日的谕旨，主要从宏观上讲皇位传承等问题，后半部分系临时创作的，主要讲将皇位传给胤禛等问题。满汉两个文本的遗诏，落款日期都是康熙驾崩的当天，即十一月十三日。大多数后世史家认为，这个遗诏是胤禛搞的，出现如此多的错误，显然系临时下笔，仓促而成之故。

不过，窃以为，这种错误是胤禛故意为之。

三国时期，曹操为挑拨马超与韩遂的关系，给韩遂写了一封信，故意涂抹和改动了一些地方。当马超从韩遂手里拿到信后，发现破绽百出，以为是韩遂涂改了要害，掩饰自己和曹操的往来，大怒之下，起了内讧，被曹操攻破。有兴趣的读者不妨找来《三国演义》，翻看一下根据此段故事编写而成的“曹操抹书间韩遂”。

胤禛涂改了自己编造的康熙遗诏，目的是想让王公大臣们认定，由于皇帝不久于人世，时间紧迫，秉笔之人匆忙间出了差错，二十日公布的汉文版遗诏，就是十三日当天的原版。我们之所以认定是胤禛故意涂改，原因有三条：一、满文版遗诏工整无误，没有半点差错，汉文版则错讹百出，不符合逻辑；二、传统中国奉行文件治国，向来以文件代替制度，皇帝圣旨容不得半点差错，执笔之人绝不敢大意；三、官僚政府奉行文牍主义，皇宫大内文字高手极多，七天之内炮制的一道遗诏，不可能有如此多的错误。

当时，市井坊间还流传着这样一个段子，即康熙留下了“传位十四子”的遗诏，被胤禛改为“传位于四子”。这个段子很有影响，却不值一驳。第一，按当时的行文习惯，应该是“传位于皇十四子”，如果将十改成于，就是“传位于皇于四子”；第二，于的繁体字是於，很难将十改成於；第三，清朝时，重要文档同时以满汉两种文字书写，汉文易改，满文难更。因此，如果以此来说明胤禛改诏，是毫无道理的。

不过，有一件事透露了胤禛对舆论的担心。十一月二十七日，胤禛害怕于己不利的文字材料满天飞，谕令内外文武大臣，将从前所收康熙朱批谕旨，全部密封上缴，如果谁敢抄写留存，严惩不贷。为了掩饰其真实意图，他还同时表示，以后自己的亲批密旨，也不能抄写留存。

试图钳制舆论的人，往往为舆论所钳制。胤禛本来想证明自己的清白，没料到越描越黑，谋权夺位的帽子永远摘不掉了。

这也是历史值得玩味之所在。

拿死人玩活人的玄机

雍正元年（1723 年）三月中旬，胤禩给胤禛出了一个主意。幸亏胤禛多了个心眼儿，才没在康熙的葬礼问题上栽跟头。

当月，胤禛多次召集王公大臣，讨论将康熙梓宫迁往遵化景陵有关事宜。胤禩没当成皇帝，心情一直不爽，总想给胤禛上点眼药。他偷偷地汇报说，用两万名夫役移送梓宫，完全是形式主义嘛，如果减掉一半的话，能省下不少钱粮，咱不一直提倡勤俭治国嘛。[①]

胤禛听了很高兴，觉得这个主意不错。看着胤禩走出去的背影，他越琢磨越不对劲。这小子哪里是为了节俭，分明是想让我背上不忠不孝的骂名！此心可诛，此心可诛啊！

在康熙的葬礼问题上，这么多天来，胤禛一直不敢掉以轻心。

中国传统社会一切问题的核心，是泛道德化、泛政治化、泛人情化，即以道德代替律法，以政治统率社会，以私情取代公益，由此造成了社

① 参看万依等：《清代宫廷史》，辽宁人民出版社 1990 年版。

会发展的迟滞和僵化。在这种文化和体制下，中国人最注重面子工程和表面形式，对逝者的态度不仅关系到对其本人的尊重，更关系到对既定政策和现行体制的尊重。从这个意义上来讲，接班人对逝者的肯定，也是对自己的肯定。因此，葬礼更要讲政治。

胤禛深深明白这一点。

大清帝国素来标榜以孝治天下，孝道是国家意识形态的核心。如果在葬礼上出了差错，不只是个人的品行受到玷污，甚至可能影响自己即位的合法性，进而动摇统治的稳固。他知道，不只胤禩一个人要看自己的笑话，很多人都坐等政治攻讦的机会。

十一月十四日，胤禛在乾清宫为康熙入殓。他命令王公大臣和王妃公主，瞻仰康熙遗容以示继承遗志。为表明自己是孝子乖儿，他如同乡村里的婆娘，一把鼻涕一把泪，极尽顿足捶胸之能事。他还表示，父皇梓宫停放乾清宫期间，自己不居殿内，不走正门，朝后不安坐饮茶。① 二十日，胤禛正式登基，改明年为雍正元年。本章为了叙述的方便，有些称呼没有采取避讳，从下章开始，要学会对皇帝的尊重了，按惯例称呼皇帝年号，而他兄弟名字中的胤，则应全部改成允。

二十八日，在讨论给康熙定庙号、谥号时，胤禛打破祖制“提拔”康熙，“旧典本应称宗，但经云：祖有功而宗有德。……朕意宜祖号，方副丰功”，给父皇定庙号为“圣祖”。做出决定后，他割破中指，用鲜血圈划“圣祖”二字，以示崇敬诚孝。可能连他自己也觉得这样做有些做作，特地向王公大臣解释说，“朕非于此自慰尽孝，亦非博尽孝之名也”，大家看看，父皇驾崩后，天降缟雪，哀鸦环飞，老天爷都难受，我岂能哭两下算事？！

十二月初三，梓宫移入景山寿皇殿。在举行奉移礼时，焚烧了两万纸锭、六万纸钱、五万五色钱锭。胤禛一天三次祭奠父皇，整整坚持了一个月之久。为了表示自己的哀思，他“斋居素服，三年如一日”，② 可以说，破了历朝皇帝守孝的纪录。

① 参看万依等：《清代宫廷史》，辽宁人民出版社 1990 年版。

② 转引自万依等：《清代宫廷史》，辽宁人民出版社 1990 年版。

雍正元年（1723 年）三月二十七日，七千九百六十名杠夫，分成六十班抬着康熙的梓宫，迁往三百里外的遵化景陵。胤禛提出，由他亲自护送灵车。同时，他再次打破旧有习俗，一改满族火葬的传统，使康熙成为清朝第一个实行土葬的帝王。

康熙梓宫入驻景陵后，胤禛长长吐了口气。

这三个月来，他实在是太累了，不但承受了肉体折磨，精神也高度紧张。葬礼无小事，还好没有纰漏。他如此重视葬礼，尽管有传统文化和旧有制度方面的原因，更重要的是里面隐藏了一个不可告人的政治玄机。这段时间是胤禛继承皇位的过渡期，如果谁挑战新皇帝的权威，无疑也是对老皇帝的不孝。同时，这也是新老交替的调整期，三个月足够他完成政治、军事、人事等方面的一切准备。也就是说，精心筹备葬礼，是稳固政权的一项极其重要的措施。胤禛的表演精准而到位。他靠着谨小慎微，顺利趟过了过渡期和调整期。

胤禛后来说："（如此重视葬礼）并非勉强从事，沽取孝名，以为观美，止求朕心之安耳。礼尽则朕心自安。"

胤禛所说何其虚伪耳。

须知以"沽名"的形式获得"实名"，这正是中国传统政治文化的吊诡之处。

第四节　用生命和前程埋单

泡沫性提拔

允禩升了官后，亲戚们都来祝贺。他老婆发牢骚说，有什么好高兴的，说不定哪天脑袋就不见了。[①] 乌雅氏虽然经常河东狮吼，但贵为岳乐王之后，政治上绝不是个糊涂虫。

她舌头之所以这么长，肯定是脖子后感到了凉风。

雍正当了皇帝，允禩板块一路涨停。康熙六十一年（1722 年）十一

① 参看中国第一历史档案馆编：《雍正朝起居注》，中华书局 1993 年版。

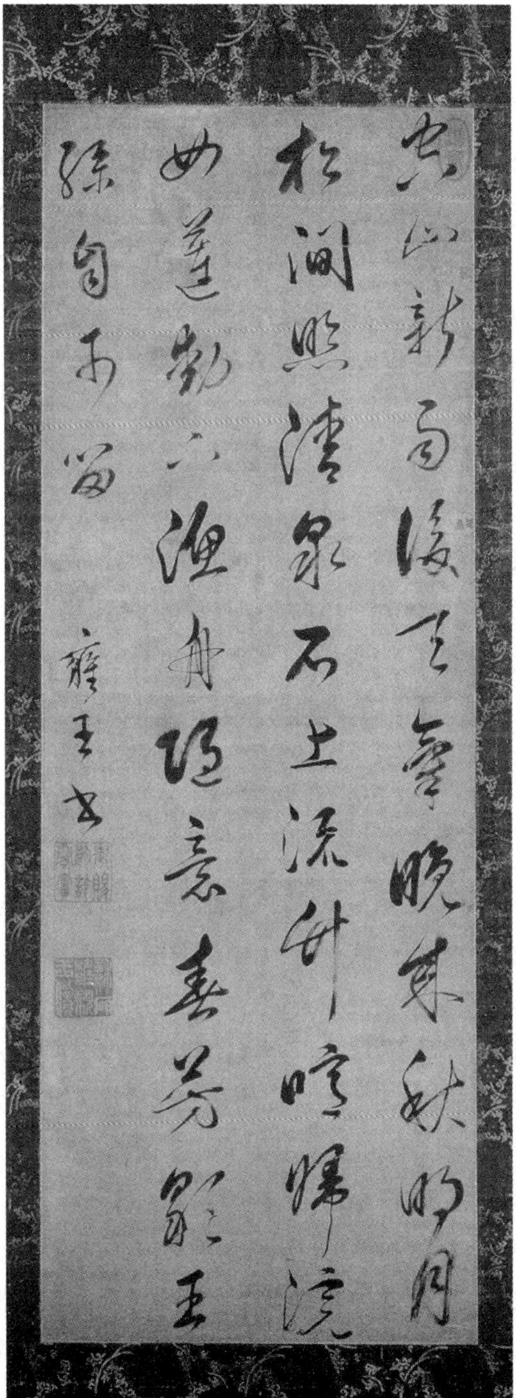
空山新雨后天气晚来秋明月
松间照清泉石上流竹喧归浣
女莲动下渔舟随意春芳歇王
孙自可留
雍王书

月十四日，允禩晋升为第一总理事务大臣，获封亲王爵位。十二月十一日，赐号和硕廉亲王。同月，兼职理藩院和上驷院。两个月后，又改兼工部。

允禩政情看好，旗下各股也不断飘红。允禩儿子弘旺封贝勒，地位之尊，在诸皇侄中仅次于弘晳；被康熙削为贱民的母舅噶达浑，不但恢复了旗民资格，还得赏世袭佐领世职；死党苏努由贝子晋升贝勒，其子勒什亨提拔为领侍卫内大臣；死党佛格原为闲散宗室，擢任刑部尚书；允禩主管内务府时的下属佟吉图，本来赋闲在家，也外放山东布政使。

允禩不是个傻瓜。

在传统的政治体制下，无论功臣还是政敌，都因对权力的分享或攻讦，构成对独裁的侵蚀。两者虽然属于不同的阵营，却有可能拥有同一种结局，就是成为被清理的对象。允禩心里非常清楚，雍正力挺自己，其实是一种“老鼠仓”行为，里面充满了结构性泡沫，一旦雍正觉得时机差不多，对权力的市场进行调整，自己就面临崩盘。

“目下施恩，皆不可信。”允禩毫无办法，他只是一只任人宰割的羔羊，何时抛售，根本不是自己能决定的。他所能做的，就是静静等待那一天，他很清醒地说，“皇上今日加恩，焉知未伏明日伏诛之意？”[①]

允禩想得并没错。

在雍正看来，允禩虽然是反对党领袖，却如同柳宗元笔下的“黔之驴”，看似“庞然大物”，其实经过康熙的打击，已经不堪一提。他当前要做的主要工作，不是整治允禩集团，而是在站稳脚跟的同时，对付自己最大的竞争对手允禵。为防止两个集团联手，他采取了分化拉拢和垂直打击的策略。对允禩集团，他采取的是分化拉拢，通过提拔重用，离间允禩与允禵以及允禩党羽的关系；对允禵集团，他采取的是垂直打击，通过发遣拘禁，消除允禵势力的威胁。

雍正从来就没有相信和重用过政敌。因为怕允禩重施故伎谋害自己，他除了去过一次东陵，呆在京城哪里也不敢去，甚至连祭祀、巡边这样的大事，都不敢亲往。雍正四年（1726年）十月初二，他坦白了自己的

① 参看（清）雍正帝：《大义觉迷录》，台北：远方出版社2001年版。

心事：“（允禩等人）密结匪党，潜蓄邪谋，遇事生波，心怀叵测，朕实有防范之心，不便远临边塞。”[①] 允禩一日不除，他就一天睡不好觉。

雍正二年（1724 年）春天，帝国平定了青海罗卜藏丹津叛乱。雍正自我表扬说：“（经过这件事）谁不诵朕之福，畏朕之威也。”基于政治形势的好转，他开始盯上了允禩。四月，他谕令王公大臣，要据实揭发允禩的行为；五月，因苏努、勒什亨父子老跟在允禩屁股后面，将他们贬为庶民。七月，颁布《御制朋党论》，吹响了总攻的号角。

《御制朋党论》名为反对欧阳修“君子以同道为朋”的观点，实际借此指摘朝廷内结党之风。在发布该论的同时，他亲自作出书面说明，说我即位后，明确要求大家以朋党为戒，都过去一年多了，还是不见效果。如今朝廷分为两三个党派，后面跟着一大帮小弟，一些无知之徒不是加入这个组织，就是入了那个帮派。我还没当皇帝前，一直独立修身，不结党，不拉拢，不结怨。当年如果我也加入朋党，今天哪好意思批评你们？[②]

号角尾音还没落下，发生了年羹尧、隆科多案件，对允禩的打击，雷声大，雨点小，以敲打提醒为主，没有付诸行动。年隆案处理完毕后，对允禩的处理重新提上日程。雍正四年（1726 年）正月初五，雍正发布上谕，指责允禩在康熙朝时，“希冀非望，欲沽忠孝之名，期人耳目，而其奸险不法，事事伤圣祖仁皇帝慈怀，以致忿怒郁结”；在本朝则不顾及自己的宽容，“总以未遂大志，时怀怨恨，诡诈百出，欲以摇惑众心，扰乱国政”。煌煌数千言的上谕，表面上数落允禩对不起父皇，实际上指责他藐视新君。否则，以允禩之“奸险不法”，还能当上总理事务大臣，获授亲王爵位，他雍正岂不应承担失察之罪？！

当天，雍正将允禩逐出宗室，革去长舌妇乌雅氏福晋名号，替两人办理强制离婚手续。二月，将允禩降为民王，勒令对所在旗实施审查，不久又将其羁押。三月，雍正仍不解恨，给允禩改名阿其那（满语，猪或者畜牲之意）。五月，宣布允禩罪状，斩死党鄂伦岱和阿尔松阿。九月，

---

① 参看中国第一历史档案馆编：《雍正朝起居注》，中华书局 1993 年版。
② 参看中国第一历史档案馆编：《雍正朝起居注》，中华书局 1993 年版。

允禩死于禁所。

雍正元年（1723年）十二月，允禩死党阿灵阿之子阿尔松阿被提拔为刑部尚书。人事调动令下达后，阿尔松阿寻死觅活，就是不想去，他怀疑皇帝用这个职位杀他。① 三年后，阿尔松阿的担心变为现实。

一场对政敌的泡沫性提拔，最终以权力股的黑色崩溃画上了感叹号。

史上最牛钉子户

康熙六十一年（1722年）十二月十七日，允禵从西北前线回京奔丧。他行文垂询奏事处，该先拜见新皇帝，还是先拜祭老皇帝。他还行文责问礼部，自己应该享受什么待遇。

允禵不是不懂礼数的人，之所以连出两道难题，无非是想给雍正点难堪。文件呈送到大内，雍正气得一蹦，如果先让你见我，岂不显得我不孝？他让允禵直接去灵堂。

在寿皇殿，兄弟俩爆发了正面冲突。

祭拜父皇时，允禵第一次见到了雍正。出于礼节，他只是远远地磕了个头，不但不祝贺，连句话都懒得说。雍正主动表示亲热，允禵只给了个冷屁股。领侍卫内大臣拉锡看不过去，拉允禵给雍正行礼问安。眼看到手的鸭子成了别人的盘中餐，内心的愤恨像火一样，烧得允禵失去了理智。他当着雍正面大发雷霆，我是皇帝亲弟，拉锡是什么东西，居然拉拉扯扯。如果我有不是，就给我处分；如果我没有不是，就杀了拉锡，以正国体。② 明着是在为难拉锡，实际是打雍正的脸。

允禵是康熙属意的继承人，群众呼声很高，被雍正视为最大的政敌。允禵如此冒失，恰好给雍正以口实。康熙梓宫送至遵化后，雍正令允禵看守景陵，将其圈禁于京城之外，后又同儿子被囚禁在景山。

雍正初年，帝国政坛上有四位著名的钉子户，他们分别是允禩、允禵、允禟、允䄉。

允禩势力最大，急切之间拔不掉，所以雍正采取了拉拢安抚策略；

---

① 参看冯尔康：《雍正传》，人民出版社2004年版。

② 参看（清）张廷玉等：《上谕内阁》。

允禵最具威胁，直接影响皇帝即位的合法性，雍正必须先拔之而后快；允禟、允䄉虽然只是帮闲，但跟在允禩、允禵屁股后面同自己唱反调，拔掉这两个人，对打击允禩、允禵有清淤活血之功效。

允禵虽然失去了活动自由，但在羁押期间还被提拔为郡王，享受着虚拟的高贵待遇。他和雍正一母同胞，处理起来必须考虑政治和舆论影响。允禟、允䄉就没有这么幸运，为了镇住一大帮猴子，雍正把他们俩当成了鸡。

康熙六十一年（1722 年）十一月十四日，雍正派人调允禵回京的当天，以前线无人为由，将允禟发配西宁，交年羹尧监视。在西北期间，允禟差人踏看牧地，宗人府以“抗违军法，肆行边地”，无限上纲上线，革去其贝子爵位。

雍正四年（1726 年）四月，允禟被押解回京，不久定了二十八条大罪，送往保定，谕令直隶总督李绂囚禁。李绂在总督府内拨出三间小房，四周用砖密封，用一个转桶传送饮食。

李绂偷偷向雍正报告说，允禟在囚禁室内，“铁锁在身，手足拘挛，墙高房小，暑气酷热，昨日已报中热晕死。因伊家人用冷水喷渍，逾时始苏，大约难以久存”。①

八月二十七日，允禟腹痛而死。据说是李绂奉了“便宜行事”密旨，将其毒死。

允䄉的下场也好不了多少。

雍正元年（1723 年），哲布尊丹巴胡图克图来京拜祭康熙，不料患病而死。雍正命允䄉去喀尔喀（今位于蒙古共和国）送还灵龛。允䄉不愿离开京城，先称无力准备马匹行李，走到张家口后又以养病为由，驻了下来。

雍正见允䄉不听指挥，就命允禩议处。允禩知道雍正为难自己，就说可以给允䄉发文催行。雍正说他不想去，何必强人所难，命允禩再议。允禩没有办法，请求革去允䄉王爵。不久，允䄉被押回京城，交宗人府永远圈禁。

允禵、允禟、允䄉同是雍正的手足兄弟，一个囚牢于遵化，一个发

① 参看故宫博物院文献馆编：《文献丛编》，故宫博物院 1988 年版。

配于西宁，一个拘禁于京城，三个政敌同一个结局。对不对，站好队；亲不亲，派系分。在官场中，决定关系亲疏远近的，不是血缘而是利益。如果利益冲突，纵然是亲生兄弟，也会掐得你死我活。如果站在一条船上，裤子都能一起穿。

这个故事告诉世人，关键时候，千万不能站错队，更不要说对着干，否则就会成为钉子户。不过，一旦被欲望迷了眼，要想分清路线派系，谈何容易。

皇上也要表忠心

雍正二年（1724 年），皇帝给一个人写了一封表忠心的信，用词之缠绵，语气之肉麻，誓言之真挚，颇似恋爱初期的痴男怨女。

信中说："你此番心行，朕实不知如何疼你，方有颜对天地神明也。正当西宁危急之时，……尔等此用心爱我处，朕皆能体到。每向怡（指允祥）、舅（指隆科多），朕皆落泪告之，种种亦难书述。……不但朕心倚眷嘉奖，朕世世子孙及天下臣民当共倾心感悦，若稍有负心，便非朕之子孙也，稍有异心，便非我朝臣民也。"[①]

收信人是年羹尧。

年羹尧，镶黄旗汉军人，进士出身，康熙年间历任四川巡抚、四川总督兼巡抚、川陕总督，父年遐龄曾任工部侍郎、湖广巡抚。雍正即位后，年羹尧成为疆臣中最受重用的人，进步速度如同乘坐火箭，让人目不暇接。元年（1723 年）二月，朝廷授二等哈达哈哈番世职；三月五日，加太保衔，封三等公；十四日，授兵部尚书兼右都御史；五月，谕命节制西北军事。二年（1724 年）秋，封一等公。一年多时间里，年羹尧由一名普通总督，成为坐镇边陲的西北王。

雍正如此赏识年羹尧，原因说起来令人难以置信，就是当时无人可信而用之。

康熙末年，皇子结党谋储，群臣择木而栖。雍正集团实力最小，成

① 参看（清）清世宗等：《清世宗朱谕》。

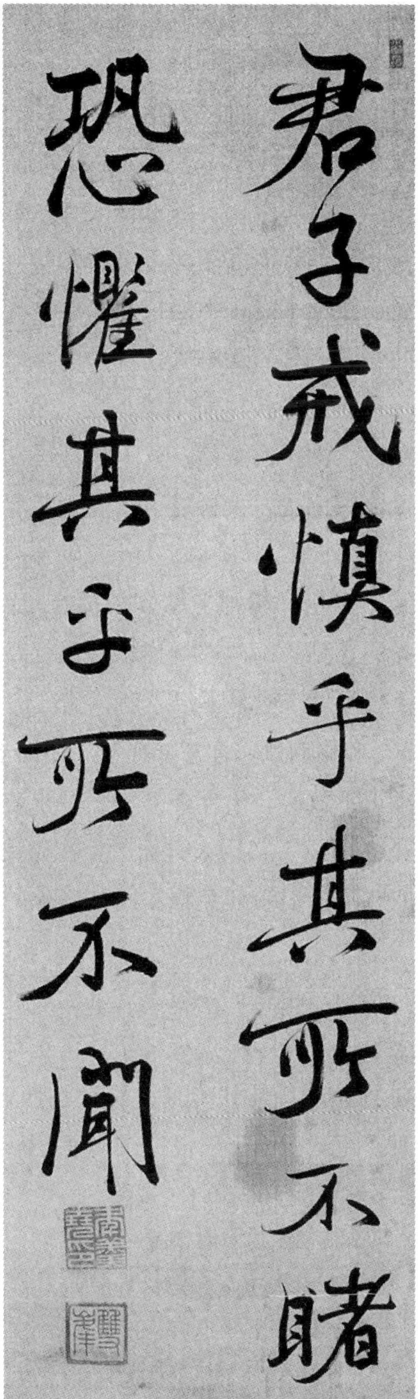
君子戒慎乎其所不睹
恐懼其乎所不聞

员最少，能独当一面者，只有川陕总督和步军统领隆科多。年羹尧系雍正藩邸旧人，其妹先为雍正侧福晋，后晋升贵妃。雍正上台后，为维护政局和权力的稳固，迫切需要一批“分猷佐治”的大臣，建立起私人政权班底，大臣皆无法倚信，集亲戚、属僚、能吏、疆臣于一身的年羹尧，自然成为核心骨干力量。

元年（1723 年）十月，青海发生罗卜藏丹津叛乱。雍正屁股没有坐热，就有人另立中央，处理不好，不但招致宗族中异己分子的攻击，甚至会危及帝国政权的安全。为彻底解决内忧外患，雍正派年羹尧接替贝子延信，任抚远大将军西进平叛。而年羹尧也不负帝望，于二年（1724 年）秋平定叛乱，对树立雍正的威信，立下了汗马功劳。雍正认为有十来个年羹尧，就可保治国无忧，大喜之下，连拍年羹尧的马屁，将他称作自己的恩人。[①]

雍正身边没有几个亲信，精神上感到很孤寂，因此遇到重大决策，总是虚心征求年羹尧的意见。山西巡抚诺岷提出耗羡归公，雍正觉得不错，而朝臣们提出反对意见，他拿不定主意，就写信咨询年羹尧：“此事朕不洞彻，难定是非，和你商量，你意如何？”一次选拔考试时，翰林院按惯例定了名次，雍正不放心，给年羹尧写信征求建议，要求他“不可令都中人知发来你看之处”。[②]在用人方面，年羹尧更相当于地下组织部长，在其辖区内，拥有督抚提镇任免权；而辖区外的人事调动，也常参与意见。

雍正对年羹尧的宠爱，超越了一般意义上的君臣关系。年羹尧生病了，老婆身体不舒服了，父亲生活怎么样了，雍正都牵挂在心。为了显示自己的关爱，雍正甚至动用特快专递，给远在西安的年羹尧送荔枝。二年（1724 年）十月，年羹尧回京汇报工作，雍正命礼部商议接待规格，侍郎三泰提出的方案不够妥切，被降了一级。

在雍正宠爱的目光下，年羹尧慢慢学会了撒娇。娇撒多了，就容易出事。

---

① 参看故宫博物院文献馆编：《文献丛编》，故宫博物院 1988 年版。

② 参看（清）清世宗等：《清世宗朱谕》。

二年（1724年）秋天，年羹尧平定罗卜藏丹津叛乱后，回京述职。雍正非常高兴，连说：“览奏朕实欣悦之至，一路平安到来，君臣庆会，何快如之。十一月欢喜相见。”[①]按照一般人的逻辑，年羹尧此次凯旋入京，肯定是加官授爵。然而出人意料的是，在本应收获喜悦的时候，他却收获了一身冷汗。

十一月十五日，雍正对王公大臣发牢骚说，我又不是三岁小孩，需要年羹尧的指点；难道年羹尧强为陈奏，我就得按他的意见办吗？年羹尧当个大将军或总督还行，他怎么可能有天子的聪明才智？[②]事情的起因是，当时京城里流传，朝廷大举犒赏部队，是应了年羹尧的请求；处置政敌阿灵阿，也是听了年羹尧的意见。

京城里之所以流传这些谣言，是因为有人要整治年羹尧。

要怪就怪年羹尧不检点。

十一月年羹尧进京。为了感谢这位平叛的恩人，雍正提高了接待规格，让王公大臣出城迎接，并规定王公以下官员跪迎。如果说雍正因为兴奋过度昏了头，年羹尧却不应该脑袋瓜子发热。在任何时候，领导的抬举都是礼节性的，就像和群众的握手，只是轻轻一碰，并没有实质内容，如果因此就翘起了尾巴，露出了肮脏的屁股，只会令人生厌。雍正定制的接待规格，是用于迎接亲王以上贵族或友邦元首的，年羹尧是什么人，不过是一个总督衔大将军，说破天一品官而已，朝廷内一品大员多如牛毛，就说六部九卿的负责人，哪个资格比他差？如果年羹尧诚惶诚恐，谦虚一下，说几句不敢当，还几个礼，大家皆大欢喜，也就罢了。问题是年羹尧确实把自己当根葱，雍正第一他第二，认为自己是帝国的大救星。文武官员跪在地上，他稳稳当当地坐在马上，看都不看一眼；王公贵族下马问候，他也只是严肃地点点头，一副小人得志的样子。

过分了！太过分了！我们完全可以想象，愤怒和嫉妒肯定如同秋天草原上的烈火，在王公大臣的心里迅速蔓延，一发而不可收拾。

王公大臣们早就受够这厮的鸟气了。

---

① 参看故宫博物院文献馆编：《文献丛编》，故宫博物院1988年版。

② 参看章开沅：《清通鉴》，岳麓书社2000年版。

在官场上有种类型的人，有了点权，就开始贪；有了点功，就开始傲。大凡这种人，往往聪而不慧，能而无谋，属于典型的给点阳光就灿烂，给件破衣就出汗。

年羹尧就是这样的人。

一年多来，年羹尧依靠雍正的宠信，眼睛都长到天上去了。山西巡抚蒋洞曾说，年羹尧“为川陕督臣，恣凭胸臆，横作威福，每遇文武员缺，无论大小，必择其私人始行请补，或一疏而题补数人，甚至或至数十人，吏、兵两部形同虚设。更可骇者，巡抚提镇布按大吏皆皇上所特简者也，而年羹尧必欲排挤异己，遍树私人”。不要说有点小功在年羹尧的举荐下，就可以成为巡抚提镇布按封疆大吏，甚至他老年家的仆人都能坐镇一方。家仆魏之耀，在年羹尧的提拔下，当了副将；奴才桑成鼎，在年羹尧的关心下，成了直隶道员。胡乱用人的背后，必然隐藏着经济问题。赵之垣曾被年羹尧参奏罢官，因为送去了十万两银子的珠宝，转眼坐上了八抬大轿。一时间，“鲜廉寡耻行贿钻营之徒竞相奔走于其门”。[①]在年羹尧的经营下，形成了一个以他为核心，以川陕甘官员为羽翼，以其他地区部分官员为帮衬的年氏集团。

年羹尧任用私人，贪污受贿，垄断了别人的财路和仕途，已经破坏了官场的潜规则，更令人无法忍受的是，他目无同僚，妄自尊大，拿别人的自尊心不当回事。他和将军、督抚们本属同级，但所发函件竟用令谕。在西北军中，蒙古诸王和额附、郡王，见了他要下跪；回到京城，直隶总督李维钧要跪迎。年羹尧一人得了道，鸡犬全部升天。家教沈某回江苏探家，巡抚以下官员郊迎；魏之耀到京城，游击、守备跪道。[②]

如果说年羹尧得罪的是一般人，人家顶多背后吐几口唾沫，在肚子里骂几句“娘希匹”，腹诽一下也就算了，问题是年羹尧牛过头了。

在总理事务大臣班子成员中，年羹尧作为雍正的嫡系亲信，和允禩、马齐这帮反对派搞不好关系，还情有可原，问题是他和允祥、隆科多也

---

① 参看（清）雍正帝批，（清）允禄、鄂尔泰等编：《朱批谕旨·蒋洞奏折》，台北：世界书局1988年版。

② 参看冯尔康：《雍正传》，人民出版社2004年版。

闹矛盾。在雍正初年的政坛上，允祥、隆科多和年羹尧一个抓总，一个保安，一个靖边，三个人作为雍正的柱石，稳定住了雍正脆弱的皇权。年羹尧仗着自己是雍正府老人，看不起隆科多，对雍正说他是“极平常之人”，没什么本事。年羹尧还看不起其他雍正亲信，屡次重伤河南巡抚田文镜、山西巡抚诺岷、吏部右侍郎李绂等，把同事们得罪个精光。

怡亲王允祥是雍正的铁杆兄弟，在总理事务大臣班子中，虽位列廉亲王允禩之后，实际上实权掌握在他的手里。对于这样一个实力派人物，年羹尧不但不倾心巴结，还肆意恶语中伤。二年十一月，他向李维钧说：“怡亲王第宅外观宏厂，而内草率不堪，矫情违意，其志可见。”[1]李维钧正因为违心下跪，憋了一肚子窝囊气，连忙给允祥汇报了。允祥一辈子对雍正俯首帖耳，正是因为知其猜忌心重，他听了李维钧的小报告，对年羹尧的愤恨可想而知。

一个人的群众基础如果这么差，离倒霉就不太远了。

在一般人看来，此时年羹尧刚刚立了大功，声望如日中天，是皇帝面前的大红人，根本搬不动他。然而，这种想法忽视了一个基本的道理，即功高震主，权重受忌。鸟尽弓藏，兔死狗烹，是任何一个功臣都无法绕过的死弯。雍正和年羹尧关系看似牢不可破，其实就隔了一层窗户纸，轻轻一捅就裂了。

帝王用人讲究的是重愚轻智，重忠轻才，重德轻能，他们不在乎臣子搞不搞腐败，道德是否败坏，而最关心的则是忠不忠心、听不听话。历来经济和作风问题，只是一个权臣挨整的表面借口，路线和忠心问题才是垮台的根本理由。否则，萧何就不会为了让刘邦放心而百般自渎，和珅垄断了大清的财脉却能终乾隆朝而不倒。雍正确实不在乎年羹尧的贪污腐败。二年二月，年羹尧上书向雍正索要财物：“臣伏睹珐琅翎管制作精致，……（请）赏赐一二，以满臣之贪念。”雍正回复说：“今将现有数件赐你。但你若不用此一‘贪’字，一件也不给你。得此数物，皆此一字之力也。”[2]赤裸裸的索要，反倒显得可爱些。

---

① 参看（清）萧奭撰，朱南铣点校：《永宪录》，中华书局 1959 年版。

② 参看故宫博物院文献馆编：《文献丛编》，故宫博物院 1988 年版。

经济和作风问题不管用，倒年派们就用政治问题捅破窗户纸。

年羹尧在西宁军前，曾经两次圣旨颁到，他不按规定摆设香案跪听。皇帝派往西北的贴身侍卫，他不但不好好接待，还拿来充当下人。更有甚者，年羹尧吃饭不叫吃饭，称“用膳”；请客不叫请客，叫“排宴”；下属答谢不叫答谢，叫“谢恩”，完全一副帝王的派头。如果说天高皇帝远，雍正也就忍受了，问题是在天子的眼皮底下，他居然也愣充大瓣儿蒜。在觐见雍正时，年羹尧站无站相，坐无坐相，“箕坐无人臣礼”。[①]中国的传统文化中，最讲究的是君君、臣臣、父父、子子的名分之礼，年羹尧滥用朝廷名器，越过了君臣的警戒线，让雍正落下了个受人支配的傀儡名声，这是反对派环伺的雍正所无法容忍的。连自己的亲信都不尊重自己，何况他人乎？雍正慈爱的目光渐渐凌厉起来。

十一月十五日，雍正发了一通牢骚，目的是敲打一下年羹尧。此时，他已经动了除掉年羹尧的心思。两天前，即十一月十三日，他在李维钧的奏折上说，这两天年羹尧请示了几件事，我怀疑他居心不纯，大有舞智弄巧潜蓄揽权之意，你和他走动比较多，纯粹因为工作关系，所以不要担心，但要注意保持距离，别引火烧身。[②]十二月十三日，他在河道总督齐苏勒的奏折上说，年羹尧如不防微杜渐，将来必定难以保全，要和他疏远。[③]

年羹尧灰头土脸地回到了前线。

雍正认为，除掉年羹尧的时机并不成熟。第一，年羹尧刚立战功，轻开杀戮之端，会给人新君不容功臣的恶名；第二，西北之乱刚刚平定，是否有反复很难推知，有赖于年羹尧坐镇；第三，此时皇权还没完全稳固，允禩等人跃跃欲试，他不能自乱阵脚。还有一个更重要的理由，就是年羹尧是他亲自树立的样板。雍正之所以如此宠幸年羹尧，其实动机很简单，他上台以后亲信很少，迫切需要树立一个典型，让王公大臣们明白，跟着自己干才有前途。轻易除掉年羹尧，无异于自打嘴巴，也冷

① 参看（清）昭梿撰，何英芳点校：《啸亭杂录》，中华书局1980年版。

② 参看（清）雍正帝批，（清）允禄、鄂尔泰等编：《朱批谕旨·李维均奏折》，台北：世界书局1988年版。

③ 参看（清）雍正帝批，（清）允禄、鄂尔泰等编：《朱批谕旨·齐苏勒折》，台北：世界书局1988年版。

了不明真相之人的心。因此，他必须搜集好十足的证据才能动手。另外，年羹尧旗下笼络了一大帮子亲信，搞不好会引起骚乱。因此，也必须做好瓦解分化工作。三年（1725年）三月初一，他在凉州代理总兵宋可进的奏折上，居然以皇帝之尊，搬弄是非：“年羹尧颇不喜尔，尔需加意防范，勿露破绽，被伊指摘。”[①] 雍正此举，无非是要臣僚们同年羹尧划清界线，关键时成为倒年的主要力量。

雍正还以自己的实际行动，表明他本人也同年羹尧划清了界限。三年（1725年）正月，年羹尧参奏四川巡抚蔡珽逼死知府蒋兴仁，刑部查有实据，依律拟斩。雍正公开替蔡珽翻案，他说：“朕思蔡珽所犯，系年羹尧参奏。今若将蔡珽置之于法，人必以为朕听年羹尧之言而杀蔡珽矣。朝廷威福之柄，臣下得而操之，有此理乎？”[②] 不但没有惩罚蔡珽，反而提拔为左都御史。明眼人一看就知道，这是一起典型的政治案，目的是敲山震虎。

三年（1725年）二月，精神高度紧张的年羹尧又犯了一个错，正式拉开了雍正打击年羹尧的序幕。当时，天象出现“日月合璧，五星连珠”祥兆。年羹尧上表祝贺，没料到拍马屁拍到马蹄上去了，把“朝乾夕惕”写成了“朝乾夕惕”。雍正以为年羹尧讽刺他，根本不听年的解释，上纲上线说：“夫君子事朕必诚必敬，陈奏本章，纵系他人代笔，而年羹尧岂有不经目之理？观此则年羹尧自恃己功，显露其不敬之意。”[③] 随即调撤川陕官员甘肃巡抚胡期恒、四川代理提督纳秦等人，清理年羹尧的羽翼，并于四月份解除年羹尧大将军职务，调浙江任杭州将军。

在处理年羹尧问题上，雍正流出了残忍而游戏的心态。他明明知道年羹尧不至于反叛，“朕之不防年羹尧，非不为也，实有所不必也”，[④] 但却拿“帝出三江口，嘉湖作战场”的谣言，戏弄年羹尧，说“朕想你若自称帝号，乃天定数也，朕亦难挽”。年羹尧失势后，反对派们开始落井下石。曾经下跪的李维钧，接连上了三道奏折，弹劾年羹尧“挟威势而

① 参看（清）雍正帝批，（清）允禄、鄂尔泰等编：《朱批谕旨·宋可进奏折》，台北：世界书局1988年版。

② 参看中华书局影印：《清世宗实录》，中华书局1985年版。

③ 参看中华书局影印：《清世宗实录》，中华书局1985年版。

④ 参看中国第一历史档案馆编：《雍正朝起居注》，中华书局1993年版。

作威福”。雍正将群臣的奏折一一发给年羹尧，让他看了后回奏。蔡珽是年羹尧的死对头，雍正贬年羹尧一次，就提拔蔡珽一次，让他们两个人互掐。四月，年羹尧贬为杭州将军，蔡珽由左都御史兼正白旗汉军统领；七月，年羹尧贬为闲置章京，蔡珽提拔为兵部尚书；八月，蔡珽代理直隶总督，年羹尧九月下狱；十月，蔡珽晋升为经筵讲官、议政大臣，年羹尧十一月押到京城。十二月，议政大臣罗列年羹尧九十二条大罪，雍正勒令其自裁，长子年富斩立决；父年遐龄、兄年希尧革职，宗族中为官者皆罢；其余十五岁以上儿子发配，子孙长到十五岁者，全部流配，永不赦免，由蔡珽负责监督处理过程和结果。年羹尧自缢而死后，这位反年斗士如愿以偿地获得了雍正的嘉奖，赏赐的物件则是年在北京的一套房子、二百二十五口奴婢和部分金银、首饰、器皿。

接到自裁令后，年羹尧迟迟下不了手，幻想着雍正能够原谅他。十一日，年羹尧终于盼来了上谕。具有讽刺意味的是，在给这位昔日亲信最后的上谕中，雍正大谈佛家轮回之道：“尔自尽后，稍有含怨之意，则佛书所谓永堕地狱者，虽万劫亦不能消汝罪孽也。”[①]

纵观年羹尧的兴亡之路，可以发现他实际上进入了这样一个怪圈：领导要想保证自己的权力意志畅通无阻，势必要培养有忠心、会办事、懂钻营的亲信，时间长了，亲信势必自然不自然地依托衍生权力形成私人集团，私人集团势必损害他人的利益而引起攻讦，最终势必影响领导的权威导致猜忌产生，成为除之而后快的功狗。

二年（1724 年）十二月十一日，雍正在年羹尧一份奏折上的批示，可以说是对亲信怪圈理论的最好注解。他提醒说：“凡人臣图功易，成功难；成功易，守功难；守功易，终功难。为君者施恩易，当恩难；当恩易，保恩难；保恩易，全恩难。若倚功造过，必致反恩为仇，此从来人情常有者。”

如何做到独善其身呢？雍正在奏折中开了三道药方。他写道：“尔等功臣，一赖人主防微杜渐，不令置于危地；二在尔等相时见机，不肯蹈其险辙；三须大小臣工避嫌远疑，不送尔等至于绝路。三者缺一不可，

---

① 参看中国第一历史档案馆编：《雍正朝起居注》，中华书局 1993 年版。

而其枢要在尔等功臣自招感也。”

根据雍正的说法，似乎亲信的悲剧可以化解。果真如此吗？

其实在这个怪圈中，大大小小的年羹尧们根本无从选择，也无法自拔。恃宠生骄并不是致命的主因，韬光养晦解决不了根本问题。即使谨慎小心如徐达、刘伯温辈，也脱离不了被戕害的命运。这是体制和文化的悲剧，非个人力量所能左右。

年羹尧之死，发人幽思。

一个宠臣权力投资的幻灭

步军统领隆科多心情很愉快，上班时步伐都轻快了很多。风险投资获得了如此丰厚的回报，他没有理由不开心。

如果看看隆科多的履历，我们会发现这个人除了显赫的家底，其实没有什么突出的能力。但朝里无人莫做官，有高贵的DNA，对一个从政的人就足够了。隆科多本姓佟，曾祖佟养正是汉人，其子佟图赖之女是康熙的亲妈，佟图赖之孙女是康熙的皇后，所以，隆科多是康熙的表兄弟兼小舅子。康熙二十七年（1688年），他任銮仪使兼正蓝旗蒙古副统领。在任期间，政绩平庸。后部下违法犯事，康熙指责他“不实心办事”，将其革职。康熙五十年（1711年），因托合齐和太子结党被罢，隆科多得授步军统领，主管京城的治安联防，后兼任理藩院尚书，负责处理民族问题和统战业务。

隆科多是一个有赌博倾向的人。

康熙末年，皇子们和王公大臣拉帮结伙，图谋帝位。眼看康熙风烛残年，隆科多不想一棵树上吊死，打算把自己卖个好价钱，到处寻找优良资产，企图借壳上市，实现存量增值。他曾经依附允禩，遭到康熙训斥后见风使舵，迅速同其划清界线，转眼偷偷和胤禛搞到了一起。六十一年（1722年）十一月十三日，康熙因并发症猝然驾崩，隆科多权衡再三，将宝押在了胤禛身上。他以唯一的见证人身份，一手将胤禛托到了皇位上，然后统帅京畿卫戍部队，维持了皇权的平稳过渡，成为胤禛继承大统的第一功臣。

雍正继位后，隆科多成了新政权的红人。十一月十四日，被任命为总理事务大臣；二十二日，封一等公爵；十二月，出任吏部尚书，仍兼步军统领；元年（1723 年）三月，授保和殿大学士，加太保衔；二年（1724 年），任《圣祖实录》、《大清会典》、《明史》总裁。另外，还获赏双眼花翎、四团龙补服、黄带等恩物，要知道，这是皇帝最亲信的人才能享受的待遇。在朝廷颁布的圣旨和皇帝的私人批示中，雍正开口称舅舅，闭口称舅舅，给予隆科多超乎寻常的倚重。一次政治投机，让隆科多由一名普通的步军统领，成长为位列公卿的肱股之臣，被雍正誉为“圣祖皇考忠臣，朕之功臣，国家良臣，真正当代第一超群拔类之稀有大臣也”。①

隆科多的政治投机，借用现代的话来说，是一种权力期权化运作。所谓权力期权化，是指借助于权力对资源的占有和垄断，对不具备交易资格的主体予以扶植，以期在未来获利的行为。权力期权化并不涉及立即变现的、赤裸裸的权钱交易，其成本低廉，收益灵活，是一种比较隐蔽的权力寻租。这种期权化投机，其收益既取决于市场的变现能力，更取决于受益主体的兑现意愿，所以收益往往不确定，风险也比较大。

隆科多的期权化投机，很快就碰到了崩盘的危险。

对雍正来说，隆科多是肱股之臣，也是危险分子。一方面，正是靠着隆科多的推举和赞襄，雍正才实现了自己的帝王梦；另一方面，由于隆科多是唯一宣旨人，使得他的继位不明不白。更重要的是，隆科多掌握着康雍皇权交接的玄机，足以成为诟病甚至威胁雍正的把柄。对这样一位人物，雍正是既感激又忌惮，心情非常复杂。如果说即位之初，为了维护政权的稳定，两人尚能欢度政治蜜月。随着屁股在皇位上越坐越牢，隆科多就成为雍正的眼中钉，怎么瞅怎么不舒服。

隆科多成为总理事务大臣后，用现在的话说，慢慢放松了世界观的改造。他居功自傲，专断垄政，不但不把王公大臣放在眼里，还把持了吏部选人用人权，触犯了天子的威柄。隆科多在宫中行走多年，深知宦海风云多变，往往朝不保夕。为防止意外发生，将财产分散到亲戚家储

① 参看故宫博物院编：《掌故丛编》，中华书局 1990 年版。

藏。此举被人密报雍正后，留下了不守臣道的罪名。如果说隆科多行为不检点，雍正还能够勉强忍受，最令雍正无法忍受的是，隆科多居然议论起了皇权交接玄机，他以诸葛亮自居，说什么“白帝城授命之日，即是死期已至”。此语虽没明言雍正皇位来路不正，但却给人无限遐想。而且，他自封托孤重臣，无疑犯了政治忌讳。

说了这句话，隆科多还想活得有滋有味，简直是痴心妄想。

二年（1724 年），在雍正的暗示下，隆科多辞去步军统领一职；三年（1725 年）五月，指责隆科多弄权纳贿；六月，撤销隆科多次子头等侍卫、总理侍卫事和銮仪卫使等职。解除隆科多父子所负责的安全警卫工作后，雍正放心大胆地加快了处理力度。七月，在讨论对年羹尧的处理时，隆科多兔死狐悲，提议保留其三等公爵位，被以包庇罪革太保衔；四年（1726 年）正月，因家人敲诈揆叙钱财，被革去吏部尚书；九月，查嗣庭文字狱案发。由于查为隆科多举荐，受到牵连。

五年（1727 年）闰三月发生的一件参奏事件，彻底将隆科多拖入了政治泥潭。当月，宗人府弹劾辅国公阿布兰，擅自将玉牒交给隆科多保管。阿布兰是允禵的亲信，玉牒是不得私看的皇家宗谱，雍正认为两人结交有叛逆之心，于是抓住机会大做文章，彻底整垮隆科多。六月，隆科多被从中俄边境捕回。

十月，在雍正的授意下，王公大臣定了隆科多四十一条大罪。本来按罪当诛，雍正网开一面，将其终身监禁在畅春园。畅春园是隆科多发迹的地方，也是隆科多受难的地方。人生的终点回到了起点，历史以极其诙谐的笔调，调侃了政治投机者的命运。六年（1728 年）六月，隆科多死于禁所，一个宠臣的权力期权化的梦想，终至破灭。

在同俄国人谈判的时候，隆科多义正词严，寸土不让，有效地维护了帝国的主权。逮捕令下达时，隆科多正坐在谈判桌前，大臣建议谈判结束后再行处理。雍正根本就等不及，认为没有张屠夫，也能吃不带毛的猪。《布连斯奇条约》签订后，中国失去了很多主权性利益。俄国代表萨瓦认为，隆科多被召回，是取得谈判胜利的重要原因。[1]

① 参看冯尔康：《雍正传》，人民出版社 2004 年版。

在国家大义和个人恩怨面前，即使尊贵如一国元首的雍正，也不能保持清醒的头脑。

雍正出庭

七年（1729年）九月，发生了中国历史上唯一一次皇帝以书面形式为自己辩护的事件。当月，雍正亲自编辑颁布《大义觉迷录》，面对全国人民给自己辩诬。

雍正之所以这么做，是因为他发现自己站在了道德审判的法庭上，而且还是被告。

六年（1728年）十月十七日，雍正接到了川陕总督岳钟琪的奏折，看完之后，眼泪哗哗地，他批示说："朕览逆书，惊讶坠泪。览之，梦中亦未料天下有人如此论朕也，亦未料其逆情如此之大也。"[①]

雍正不可能不感到震惊失色。

在岳钟琪奏折的附件里，这位君临天下的帝王，大清帝国的皇上，黎民百姓的君父，居然被定了十项大罪，而且桩桩直刺雍正死穴，件件都能让他永不翻身。

事情起源于一个月前的曾静投书案。

九月，岳钟琪在西安接到了化名张倬的张熙呈送的一份材料。岳钟琪打开一看，腿肚子都抽了筋。在这份名为《知新录》的材料里，列举了当今皇帝的十大罪状，分别是谋父：用人参汤毒死康熙；逼母：仁寿皇太后被迫自杀；弑兄：怀疑前太子死于非命；屠弟：将允禩、允禟幽禁而死；淫色：霸占了前太子的嫔妃；诛忠：迫害年羹尧、隆科多；酗酒：经常在圆明园饮酒作乐；贪财：榨取民脂民膏。除此之外，还嗜好杀人，任用邪佞。

材料据此认为，雍正是一个无道昏君，"华夷之分大于君臣之伦"，为拯救黎民于水火，希望岳钟琪起事。

岳钟琪当场差点背过气去，这种事怎么找到我头上来了？

---

① 参看故宫博物院文献馆编：《文献丛编》，故宫博物院1988年版。

“馅饼”掉到岳钟琪头上，是因为社会上流传的政治段子。

曾静是湖南永兴的一个秀才，家境很困难，靠做家教为生。永兴地区经常闹灾荒，地主老财又敲诈盘剥，曾静读了几本圣贤书，对社会就很不满。有一次和安仁县生员何立忠、永兴县医生陈象侯侃大山，他们大谈朝廷高层的政治隐私，说着说着感觉雍正不是个好饼。当时，浙江吕留良时事评论流到湖南，曾静对其“华夷之别”和“井田封建论”，深以为然。他认为满洲鞑子入侵，破坏了汉文化传统，是民不聊生的原因所在。只有驱除鞑虏，恢复井田，才能人人有饭吃。

岳钟琪在平定罗卜藏丹津叛乱中，因战功被封为三等公，接替年羹尧任川陕总督。因为他是当时唯一一个汉人总督，引起了不少人的嫉妒和非议。舆论普遍认为，岳钟琪是抗金民族英雄岳飞的后代，因此，上层社会把他看作异己分子，下层民众把他看作忠义化身。岳钟琪本人惴惴不安，曾上书请辞。雍正对他则信任有加，鼓励他面对流言，应更加努力工作，造福社稷苍生。[①] 社会上还流传说，岳钟琪和朝廷不对付，曾三次上书，劝皇帝修德行仁，为百姓请命。而皇帝让他进京，准备削夺兵权，他拒不奉诏。

曾静天真地认为，岳钟琪作为先贤后代，肯定能承担起为生民立命的责任。他让学生张熙带着材料和书信，前往西安策反岳钟琪。张熙入陕后，很快发现所谓上书纯属流言。他本来打算一走了之，后来琢磨这么大老远，腿都走肿了不能白跑，于是在总督府拦轿呈书。

书生的算盘拨弄错了。

岳钟琪只是一个政棍，一个端了帝国这么多年饭碗，正因担心失去既得利益而苦恼的官迷。对于这样一个经过千辛万苦爬到今天地位的封疆大吏来说，汉人的荣辱、百姓的疾苦、祖先的陈谷子烂芝麻，关他什么事。岳钟琪看完材料，差点尿了一裤子。他立即严刑拷打，追问是谁指使。为表示自己的清白，他找来陕西布政使硕色听审，希望这个满洲人打小报告时，千万别走了样。没想到，张熙一身硬骨头，就是不招供。岳钟琪急了眼，赶紧把张熙弄到家里，好吃好喝好招待。他赌咒发誓，

① 参看故宫博物院文献馆编：《文献丛编》，故宫博物院 1988 年版。

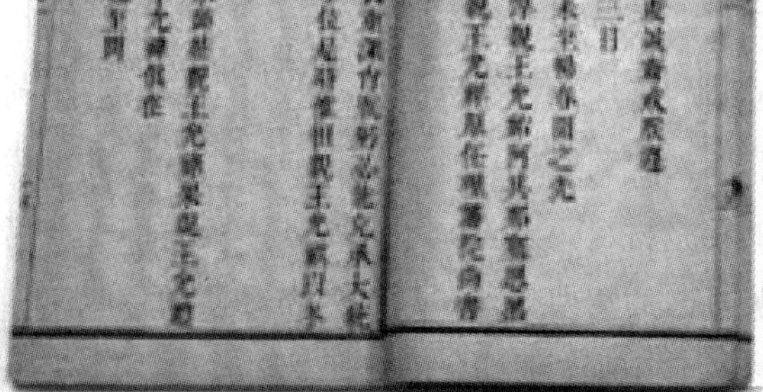

《大义觉迷录》影印件

说自己早就想造反了，可惜没有人来辅佐，说着说着，鼻涕眼泪都掉出来了。百无一用是书生。张熙哪见过这个？当时就说了实话。[1]

雍正看到岳钟琪的奏折，也发了誓。

雍正说，你岳钟琪很忠心，我是信得过的。我每天早晨、下午上香，给老天爷磕头，祝愿你"多福多寿多男子"。为了表示自己的信任，雍正还发誓说，"少有口心相异处，天祖必殛之"，[2] 似乎完全忘了当年是如何对年羹尧起誓的。他命令刑部侍郎杭奕禄、正白旗副都统觉罗海兰，会同湖南巡抚王国栋共审曾静一干人等，后因牵涉人太多，地域又广泛，把曾静等人弄到了京城。曾静哪见过这场面，当时就把何立忠、陈象侯招了出来。曾静还说，自己的世界观有问题，是因为看了吕留良的书。两个侃爷说，他们是听茶陵州堪舆陈帝西说的。陈帝西则说，他是在去衡州的路上，听四个说官话、穿马褂的旗人说的。经过一番调查，嫌疑目标锁定在流配南疆的犯人身上。雍正命令沿途各省认真查究，一定要搞清楚是谁在背后泼脏水。

顺着曾静这根藤，摸来摸去，雍正大吃一惊，传播政治段子的祸瓜，居然是允禩集团。

雍正即位后，为了维护自己的统治地位，极力打击政敌。五年（1727年）春夏之交，允禩集团成员太监吴守义、霍成、马守柱以及耿精忠之孙耿桑格、耿六格流配广西，途经湖南衡阳时，沿途称冤，逢人讪谤，"凡遇村店城市，高声呼招：'你们都来听新皇帝的新闻。我们已受冤屈，要向你们告诉，好等你们向人传说。'又云：'只好问我们的罪，岂能封我们的口！'"在这些人的传播下，雍正成为十恶不赦的昏君。

雍正万万没有想到，自己都当了六年皇帝了，在民间的话语环境中，声名居然落得如此不堪。尤其令他难以忍受的是，谣言流传如此之广，竟没有一个官员上报。如果任由谣言传播，玷污了自己的名誉事小，严重会危及帝国的统治。吕留良、曾静之流的出现，充分说明在江湖之远流通着一个蔑胁庙堂之高的文化市场。

---

① 参看（清）雍正帝：《大义觉迷录》，台北：远方出版社 2001 年版。

② 参看故宫博物院文献馆编：《文献丛编》，故宫博物院 1988 年版。

经过认真思考，雍正决定利用曾静案，替自己辩诬。

任何一个朝代，政治高压可以借助于暴力机器取得暂时的舆论一律，但诛人身易，灭人心难。一旦出现突破口，反对思想会出现毁灭性反弹。雍正认为，既然出现了于己不利的流言，压制是没有作用的，应该正视问题的存在，必须用革命的两手，对付反革命的两手。他思考的结论是，应该变坏事为好事，用官方宣传，应对民间传播。

七年（1729年）九月，他下令将反驳流言的上谕和曾静的口供与忏悔的《归仁录》，编辑成《大义觉迷录》，刊行全国各州府县学，以参考消息的方式供士子们学习。在《归仁录》中，曾静说雍正至孝纯仁，得位正统，勤政爱民。雍正还规定，如果士子不知该书，一经发现，从重治罪。十月，雍正释放了曾静、张熙。之所以没有处罚他们，理由是“朕治天下不以私喜而赏一人，不以私怒而罚一人。曾静狂悖之言，止于谤及朕躬，并无反叛之实事，亦无同谋之众党。”[①] 冠冕堂皇的虚伪言词并没有掩盖这样一个事实，三年后雍正将吕留良父子戮尸枭首，祸及门人、朋友和官员数百，或流放，或杀头，或拿问，成就了一个遗臭历史的著名文字狱。

曾静投书案是一面镜子，折射出众生的不同嘴脸。比如总督岳钟琪通过啼哭骗供的骗子相，皇帝雍正通过发誓安抚岳钟琪的权欺术，书生曾静毫无骨气的窝囊知识分子形象。雍正没有杀曾静的真实原因，固然是因其思想认识比较深刻，价值观改造比较彻底，更重要的是想任命他为宣传大使，让其现身说法。他令刑部侍郎杭奕禄带着曾静到江宁、苏州、杭州等地，刑部尚书带着张熙到陕西，组成讲习团，开办辅导讲座，宣传《大义觉迷录》。

客观地说，雍正的正面宣传起到了一定作用，但更严重的是将这些“罪状”，普及到民间去。老百姓都有猎奇心理，他们即使相信雍正的辩解，但政治高层的隐私更会成为谈资，何况普通大众根本就不相信官方的报道，在这个意义上，雍正只会越描越黑。因此，到了乾隆初年，《大义觉迷录》就成为禁书。

关于雍正的十大罪状，有些确有其事，有些则是污蔑陷害。比如弑

① 参看（清）雍正帝：《大义觉迷录》，台北：远方出版社2001年版。

兄一说就不足信，允禔、允礽是康熙关进禁所的，允祉当时还是亲王。但无论可信与否，雍正都摆脱不了以残忍手段对待手足的嫌疑，允禩、允禟都是离奇死亡，允䄉、允禵则都被圈禁。雍正曾说，人君不能有妇孺之心，“若但务敦睦九族之虚名，而不计宗社苍生之大患，岂不本末混淆，轻重倒置耶？”“建文优柔寡断，不知大义，不识极变，意欲保全骨肉而酿成永乐之祸，率至国危身丧，为祖宗之罪人。”“人君不幸遇此事，……勿存小不忍之见，顾己身之誉以贻祸患于无穷。”①

无论雍正所说的是否属于自我辩解的强盗理论，但有一点是确凿无疑的，任何人面对政治与道德、权力和阴谋，都是难以取舍的，尤其是有志于成大事者。

① 参看中华书局影印：《清世宗实录》，中华书局 1985 年版。

铁腕君主雍正评传

有清一代十二位帝王中，雍正是最难盖棺论定的。这不仅是因为他谜一般的即位和死亡，更在于这个薄情寡恩、生性多疑的君主，以其铁腕统治厉行改革，把所谓的康雍乾农业盛世，推向了顶峰。

康熙皇帝驾崩前，宫廷内的派系斗争风起云涌。毫无竞争优势的雍正韬光养晦，恭谦蓄势，暗中勾结隆科多、年羹尧，于康熙六十一年（1722 年）不清不白地脱颖而出。雍正中年（四十五岁）才得继大统，在争夺皇位的腥风血雨中，他看透了一切又怀疑一切。几十年的政治斗争经历，培养出了一个狐疑无情、刚毅果决的狠角色。

雍正即位后，第一要务就是巩固权力。他以各种残忍的手段，分化诸皇子集团，打杀当年的竞争对手。为了避免子孙们步自己的后尘，他创立了秘密立储制度。雍正三年（1725 年），他以作威作福、结党营私之名，责令抚远大将军年羹尧自尽。然后削夺舅舅隆科多的权力，后把其圈禁致死。雍正七年（1729 年），以曾静案为契机，大兴文字狱，钳制思想，打击异己。同年，以西北用兵为借口，始设军机处，作为辅助皇帝决策与行政的机构。另外，他还建立密折奏事制度，令“阁臣不得与闻”。这两项制度的建立，使皇权专制走向极端。

康熙晚年，标榜宽仁治国，致使吏治腐败。雍正元年（1723 年）正月，雍正连续颁布十一道谕旨，训谕各级文武官员。为有效治理腐败，雍正施行耗羡归公和养廉银制度，以此减少官员的贪污暴敛。雍正澄清吏治雷厉风行，仅雍正元年就革职抄家各级官吏数十人，以致于“贪冒之徒，莫不望风革面”。

雍正的社会改革大刀阔斧。雍正元年（1723 年），他下令消除山西、陕西乐籍等各类贱籍，严厉打击残存的蓄奴制度。所谓贱籍就是不属士、农、工、商的贱民，他们世代相传，不能读书入仕。后来北京乐户、广东疍户、绍兴堕民、宁国世仆、常熟丐户等相继开豁为良，编入正户。雍正以前，国家对土地和人丁分开征税。雍正二年（1724 年），雍正推行

“摊丁入地”的赋役制度，从法律上取消了人头税。同时宣布取消儒户、官户，限制绅衿特权。

雍正四年（1726年），雍正根据云贵总督鄂尔泰的建议，大规模推行改土归流制度。此前，云、贵、粤、桂、川、湘、鄂等省少数民族地区，主要由世袭土司予以治理。废除土司制度后，委派有任期的、非世袭的流官进行管辖，促进了上述地区经济与文化的发展。雍正五年（1727年），雍正同俄国签订了《恰克图条约》和《布连斯奇条约》，就领土和通商问题，做出了有利于维护国家主权的约定。

尽管后世对雍正颇多争议，但他的一生是勤政的一生，历史上不会有对政事如此自觉的帝王。雍正在位期间，倡导“以勤先天下”，不巡幸，不游猎，不玩乐，整天勤于政事。他平均每天批阅奏折约十件，从不假手于他人，在位十三年，共批阅奏折四万一千六百余件。他在五十八岁时轰然而逝，与积劳成疾关系很大。

就这样一个铁腕改革家，依然跳不出历史的局限，执行的商业经济政策，依然是承袭康熙的路线。他认为农业是关系国计民生的根本大业，工商业的发展必须依赖农业。在执政期内，他反对种植经济作物，反对发展手工业，打击工商业，重本抑末成为最基本的经济政策。

尽管雍正曾经使国库存银达六千万余两，较康熙统治时期为多，但此时农业的边际收入已趋于零无。发展繁荣的幻想背后，是经济基础的极端脆弱。

雍正私档

姓名：爱新觉罗·胤禛（1678—1735）

庙号：世宗

谥号：宪

年号：雍正

即位时间：康熙六十一年十一月二十日（1722年12月27日）

即位年龄：四十四周岁

在位时间：十三年

陵寝：泰陵（今河北易县）

父母：父玄烨，母乌雅氏

配偶：十六人，皇后乌拉那拉氏

子：十六人，夭六人。长子弘晖，次子弘昐，三子弘昀，四子弘时，五子弘历，六子弘昼，七子弘宣，八子弘惠，九子弘沛，十子弘瞻

女：八人

继位人：弘历

第六章 乾隆与秘密候选人

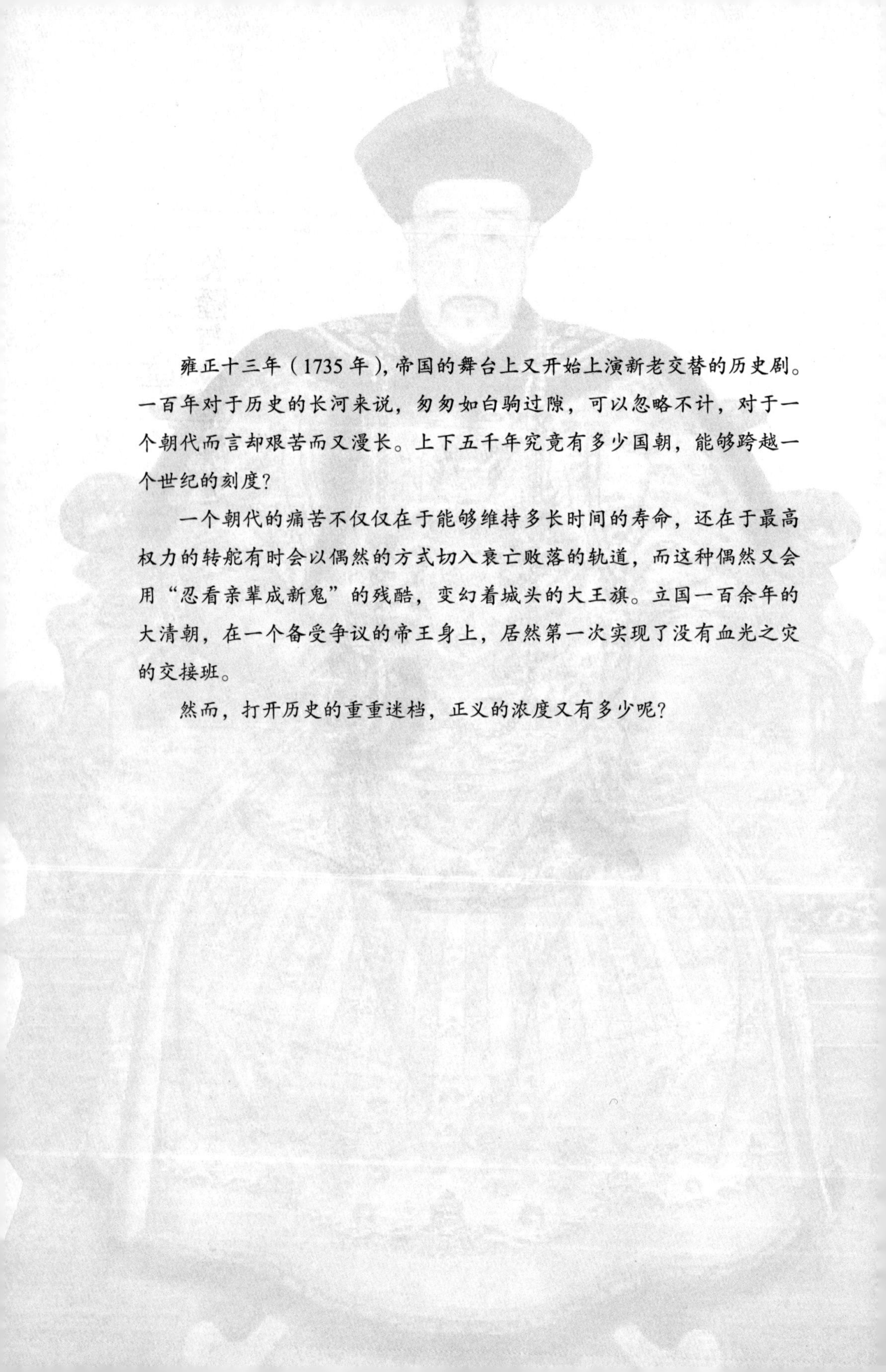

雍正十三年（1735年），帝国的舞台上又开始上演新老交替的历史剧。一百年对于历史的长河来说，匆匆如白驹过隙，可以忽略不计，对于一个朝代而言却艰苦而又漫长。上下五千年究竟有多少国朝，能够跨越一个世纪的刻度？

一个朝代的痛苦不仅仅在于能够维持多长时间的寿命，还在于最高权力的转舵有时会以偶然的方式切入衰亡败落的轨道，而这种偶然又会用“忍看亲辈成新鬼”的残酷，变幻着城头的大王旗。立国一百余年的大清朝，在一个备受争议的帝王身上，居然第一次实现了没有血光之灾的交接班。

然而，打开历史的重重迷档，正义的浓度又有多少呢？

皇帝死亡传说

内阁大学士张廷玉在自撰年谱里，流露出对雍正病入膏肓的不解和惊骇。

八月二十二日晚二更时分，劳累了一天的张廷玉刚刚躺下，就接到急诏命见圣驾。他赶紧穿上衣服，一路小跑来到圆明园西南门。三四位内侍已经等候多时，将他领入寝宫。张廷玉顿感“惊骇欲绝”：雍正已处弥留之际。[①]

这位最受宠信的汉大臣不可能不吃惊。

雍正时年只有五十八岁，虽然说日已偏西，但也可勉强称得上春秋鼎盛。当月中旬，雍正身体健康，办公如常。十八日，主持召开御前会议，商议处理苗患事务；二十日，接见宁古塔一些中层将领。张廷玉记载说：“八月二十日，圣躬偶尔违和，犹听政如常，廷玉每日进见，未尝有间。”[②]也就是说，二十二日白天张廷玉还见过皇帝，当时雍正的病情并不严重，没想到福祸无常，晚上就严重恶化。

随从侍驾的庄亲王允禄，果亲王允礼，宝亲王弘历，和亲王弘昼，大学士额尔泰、公丰盛额、纳亲，户部侍郎海望先后赶到。众人给雍正问了安后，退到寝宫外石阶下等候。

此时已是初秋。

夜幕流淌着晶莹的眼神，阵阵凉风带着花香入怀，清爽的圆明园注定今夜无眠。秋虫单调的叫声原本是散淡的催眠曲，如今却让臣子的心里增添了莫名的烦躁。皇帝骤然病危的消息击断了江山的脊梁，把偌大一个帝国拖入惶恐的深潭，毫无思想准备的臣子们，一下子没有了主心骨。二十三日子时，这位因权力交接饱受诟病的皇帝，没有留下只言片语，就离开了经历千辛万苦才争来的宝座。

---

① 参看张廷玉：《澄怀园主人自订年谱》卷三。

② 参看张廷玉：《澄怀园主人自订年谱》卷三。

从正史的记载看，雍正从身体染疾到驾崩，不过短短的两天时间，然而究竟身患何病突然暴亡，不但张廷玉在自订年谱中没有透露，修订于乾隆朝的《清世宗实录》也没有说明。一个帝王之死居然成为一个谜，笼罩在历史的天空上。这种反常的背后，说明了一个问题，要不是雍正死于非命，就是疾病见不得人。雍正的离奇死亡，给世人留下了巨大的想象空间。

关于雍正的死因，野史流传甚多。最流行的说法是，吕留良案发后，其女吕四娘逃出，为替家人报仇，入深山习武，进宫刺杀了雍正。[①] 还有一种说法，湖南卢某因谋逆被处死，其妻恰好工于技击，为替夫报仇，入畅春园杀雍正，然后自刎而亡。[②] 这种类型的传说，很像今天的武侠小说，可能是因为雍正执政手段过于暴戾，民间无以出气，所以借助于以扶弱锄强的江湖梦，聊以精神自慰。这种精神胜利法，向来是国人的强项。

雍正年轻时好道家，对炼丹尤感兴趣，曾写了一首《烧丹》的诗，对“光芒冲斗耀，灵异卫龙蟠”[③] 的炼丹冶药，充满向往和迷恋。而且，他本人喜欢食用丹药以弥补元气，甚至将其作为礼品，赐给亲信大臣。雍正曾密令宠臣，给他推荐“修炼养生之人”。[④] 死前，宫里还养着一大帮子道士，替他编织万寿无疆的美梦。所以，有人据此说雍正死于丹药中毒。[⑤]

近来还有学者认为，雍正是死于中风，[⑥] 只可惜这种说法也缺乏真凭实据。

无论哪种解释，都只是一种推测，没有过硬的材料给予支持。也许有朝一日打开雍正地宫，采用现代的科学手段进行检验，才可能揭开这

① 参看燕北老人：《满清十三朝宫闱秘史》，全国图书馆文献缩微中心 2010 年。

② 参看（英）濮兰德、白克好司著，陈诒先、陈冷汰译：《清室外纪》，紫禁城出版社 2010 年版。

③ 参看（清）雍正帝：《清世宗诗文集》。

④ 参看（清）雍正帝批，（清）允禄、鄂尔泰等编：《朱批谕旨·鄂尔泰奏折》，台北：世界书局 1988 年版。

⑤ 参看金梁：《清帝外纪·世宗崩》，台北：广文书局 1980 年版。

⑥ 参看郑天挺：《清史简述》，中华书局 2005 年版。

段疑案。但毋庸置疑的是，一个不到六十岁的人突然暴亡，而正史却不予解释，肯定是有着难与外人道的内幕。

一朝天子一朝臣。对于绝大多数帝国臣子来讲，只不过是死了一个老皇帝，他们只想知道谁会成为新的主人，自己这张旧船票，是否能够登上新的客船？

谁会成为新的天子呢？在一片哭嚎声中，只有两个人知道确切的答案。

“正大光明”匾后的秘密

弘历和弘昼心如乱麻，嚎啕与泪水掩盖不住内心的躁乱与渴望。斯人已逝，余温尚存。当务之急并不是哭鼻子，在这个不眠之夜，谁成为新一代领导核心，才是最大的政治。然而帝国以孝御道，心里就算被猫爪子挠碎了，也不能流露出欲望的眼神。

他们只能借助于啼哭和眼泪，排解和遮掩内心的忐忑不安。

在驾崩前，雍正并没有谈及接班人问题。因为十三年前，他就做好了充分的准备。在他看来，一切将按照自己的既定方针办理，隐藏在“正大光明”匾后的秘密，将掀开帝国新的一页。

张廷玉擦了擦眼泪，对王公大臣说：“（皇上）因传位大事，亲书密旨，曾示我二人（另为鄂尔泰），外此无有知者。此旨收藏于宫中，应急请出，以正大统。”[①]张氏所说的密旨传位，是本朝新创立的交接班制度。十三年前，雍正将接班人的名字写在传位诏书上，偷偷藏在了乾清宫里，由此成为历史上第一个秘密立储的帝王。

在选择继承人时，雍正采取偷鸡摸狗的方式，纯属于不得已而为之。

雍正元年（1723年）八月十七日上午巳时（9—11点），朝廷在乾清宫西暖阁召开御前会议，主要议题是设立储君。当时，除了夭亡的弘晖、弘昐、弘昀外，雍正尚有四个儿子，分别是二十岁的弘时，十三岁的弘

① 参看张廷玉：《澄怀园主人自订年谱》卷三。

历、弘昼，以及三岁的弘惠。雍正说："今朕诸子尚幼，建储一事，必须详慎，此时安可举行？"既然不可举行，为什么又要立储呢？雍正解释说："然圣祖既将大事托付于朕，朕身为宗社之主不得不预为之计。"[①] 先皇父给了我大好河山，作为一家之主，我不能将它败在手里，必须考虑怎么传下去啊。

雍正的说辞，只不过是一种冠冕堂皇的官方语言。他初登大宝就急于设立太子，并不是一时仓促冒失之举，而是一种深谋远虑的政治考量。雍正都四十五岁了，已经过了少年轻狂的年龄。而且多年韬光养晦，炼就了"三思而后行"的脾性。雍正即位时，周围强敌环伺，允禩、允禵、允禟、允祇都急欲取而代之。雍正虽然使用分压打拉的政策，将这些政敌暂时安抚住，但他心里非常清楚，一不留神就会鸡飞蛋打。为了让这些政敌死了争权夺利的心，同时表明自己才是名正言顺的当家人，他必须及早选出太子，让大清的江山社稷，在自己这一脉继承下去。

然而，帝国时局和政势未稳，雍正自身安危都难以保证，终其一朝，他不敢踏出京城半步，就是担心背后有黑枪。如果公开设立太子，不但会重演前朝血腥争斗的惨剧，而且还会成为政敌攻击的目标。而一旦太子的安危出了问题，到手的江山无异于拱手他人。为防止意外情况发生，雍正决定采用秘密立储的办法，既让政敌们找不到攻击目标，也让皇子和大臣们摸不着头脑，避免朋党争利，于不经意间，实现皇位的正常交接。

雍正在御前会议上表示，他已将接班人的名字密封于匣内，藏于"正大光明"匾后面，以备不虞。[②] 秘密立储奉行的是猫腻哲学，在雍正的设想当中，只要不公开太子的名字，会让每个皇子都认为有希望，那么他们唯一的出路，就是紧跟在领导屁股后面，好好地表现自己。而且即使随时根据个人表现更改名单，也不会如同康熙朝一样，引起朝野的震动，动摇国之根本。雍正朝十三年的历史证明，雍正秘密立储的心机没有白费，确实有效避免了因觊觎储位而相互戕害的惨剧。

---

① 参看中国第一历史档案馆编：《雍正朝起居注》，中华书局 1993 年版。

② 参看中华书局影印：《清世宗实录》，中华书局 1985 年版。

太子名单是国家最高机密，只掌握在雍正一个人手里，张廷玉和鄂尔泰怎么会知道？

文件治国与一个“秘书”的发迹

张廷玉，安徽桐城人，康熙十一年（1672 年）生，出身官宦世家，父张英曾为大学士。张廷玉二十八岁中进士，随后入仕，康熙末年，任吏部侍郎兼翰林学士，雍正继位后很受重用，是允祥殒没后最受倚赖之人。

一个汉人能在官场食物链中，爬到坐享鱼熊的肱股之臣的位置，肯定有其可以捉摸的地方。张廷玉的发迹，首先得益于文字水平高，这是个典型的秘书型人才。

中国是一个政治早熟的国家，律法规制复杂而完善，然而由于奉行人治之王政，而非法治之宪政，所以国家的运转更多地依赖于长官意志，其突出表现就是文件治国。在政治生活中，往往不是依靠成文的律法制度，而是红头文件、长官批示，维系社会治理和国家运转。上面的意见大于法，领导的指示高过律，这是文件治国的实质所在。

文件治国的核心是文字的整合和运用，中国的文字之所以博大精深，完全是因为其载道功能的发达。而文件治国的关键，则是有赖于大批职业化士人的培养与选拔。张廷玉就是职业化士人中的佼佼者。

一个秘书型人才，其突出的特点就是嘴巴严、腿脚勤、沟通能力强、文字水平高。一个人具备这些能力，如果再碰到好的机会，想不出头都难。

张廷玉身为大学士，职务众多，公务繁忙。然而他兢兢业业，从无怨言。雍正有时一天传他好几次，总是随叫随到。白天汇报请示工作的属吏多达百余人，晚上回到家里，不辞辛苦，“燃双烛以完本日未竟之事，并办次日应办之事，盛暑之夜亦必至二鼓始就寝，或从枕上思及某事某稿未妥，即披衣起，亲自改正，于黎明时付书记缮录以进”。[1]可以说是燃尽了自己，照亮了雍正。

张廷玉手迹

雍正面谕朝臣时，往往随口发布旨意，皇帝一句顶一万句，记录人往往记不下来，即使记下来也都口语化，根本无法对外发布。雍正接见地方官员时，经常让他们给路过省份或本省的官员传话，这些地方官不是没听清，就是没记全，词不达意者甚多。唯独张廷玉草拟的上谕，摸透了雍正的性格和爱好，特别对他的胃口。

自古以来，越是高层的行政机关，越是注重文件的表达和传输。可以说在行政中枢工作，主要就是通过起草文字，传达政令，收发消息，沟通情况，所以文笔条达的张廷玉，经常受到表彰和嘉奖，甚至连军机处的规章，都由他来拟就。雍正曾说：“（张廷玉）每年遵旨缮写上谕，悉能详达朕意，训示臣民，其功甚巨。”[2]

二零零七年五月，在聊城圣旨博物馆参观时，我曾见张氏所上的一份折子，满纸华丽而敦实的蝇头小楷，笔锋词义畅快淋漓，令人叹为观止。

张廷玉的嘴巴极严，他深知官场风波之恶，往往一言损己，一语丧家，从不乱嚼舌头根子，终身奉行沉默是金的法则，“万言万当，不如一

① 参看张廷玉：《澄怀园语》卷一。
② 参看中华书局影印：《清世宗实录》，中华书局1985年版。

默”，不张扬，不居功，踏踏实实做奴才，勤勤恳恳忙工作，领导很信任，同僚不排挤，下属没怨言，周围一团和气，做人做得很有水平，赢得了雍正、乾隆两代君王“器量纯全”、“勤慎赞襄”的崇誉。

有一次，雍正大惊小怪地说，朕连日来胳膊疼，你们知道吗？近侍们脸都绿了，忙问怎么回事。雍正说，张廷玉生病了，不是我的胳膊有毛病，又是什么！[①] 而雍正身体不适时，所传密旨都交由张廷玉承领。他曾感慨地说，张氏乃是“彼时在朝臣中只此一人”，[②] 据此，可见其所受之信任。

张廷玉对雍正的忠心没有白费，辛勤的汗水换来了政治上的一路绿灯。元年，晋升礼部尚书；二年，调户部尚书，翰林院掌院学士，国史馆总裁，太子太保；三年，署大学士；四年，升文渊阁大学士，兼户部尚书；六年，调保和殿大学士，兼管吏部；七年，任军机大臣，加少保；八年，赐轻车都尉。[③]

八年（1730 年），雍正大病一场。为防止意外，六月，召集弘历、弘昼、张廷玉、鄂尔泰等人，交待了一下身后事；九月，将新近书写的立储密诏给张廷玉看了。十年（1732 年）正月，再次将密诏给张廷玉、鄂尔泰看了，并明确表示：“汝二人外，再无一人知之。”[④] 然后将密诏收藏在圆明园内。雍正此举的意图很明显，万一自己有不测风云，掌握国家最高机密的张廷玉和鄂尔泰，就会成为白帝托孤的重臣。

雍正驾崩前，在遗嘱里安排张廷玉、鄂尔泰等人辅政，并明令二人百年之后配享太庙。短短几年间，张廷玉靠着勤恳任事的“老实人”精神，由一个汉族知识分子，成为位极人臣的宰枢之才，并达到了臣子所能享受的最高待遇。

张廷玉的成功之道，是很耐人寻味的。

---

① 参看张廷玉：《澄怀园主人自订年谱》卷二。

② 参看张廷玉：《澄怀园主人自订年谱》卷三。

③ 参看冯尔康：《雍正传》，人民出版社 2004 年版。

④ 参看张廷玉：《澄怀园主人自订年谱》卷三。

二 乾隆画作

一块祭肉引发的血案

谁是秘密“红”名单上的人呢?

前面说过，在雍正立储以前，他只有弘时、弘历、弘昼、弘惠四个儿子。弘时之前本还有三个，分别是弘晖、弘昐、弘昀，但这三个人过早夭折，由于弘昐未满两岁，没有参加叙齿，所以弘时也算是老三。而且，在存活的孩子中，弘时也可说是长子，弘历是次子，其余以此类推。

四个皇子中，最有希望成为太子的是二十岁的弘时，十三岁的弘历、弘昼同属第二梯队，两岁的弘惠尽管不排除可能，然而还穿着开裆裤，虽属于第三梯队，却最没有希望。所以，太子只可能从弘时、弘历、弘昼中选出。

在这三个人中，弘历明显地是出头的椽子。

弘历，雍正第五子，排行老四，生于康熙五十年（1711 年）八月十三日。弘历六岁发蒙，受教于庶吉士福敏。福敏性情刚直，对弘历督导甚严。弘历是个神童，聪颖异常，过目不忘，十三岁前就熟颂四书五经，通读《史记》、《汉书》等典籍。他曾不无骄傲地回忆说，我年幼时，每天学的东西，很快就背熟了，所以课程结束得早。老弟弘昼脑子不太开窍，课业经常落后。老师说，弟弟在书斋学习，做哥哥的怎么不陪着呢?于是老给我加课，等弟弟学完了，才一起下课。当时我孩子气重，心里总是不痛快。现在回想起来，确实对我帮助很大。①

回忆虽然有贴金的成分，然弘历天资秉赋过人，确是无可置疑。而且他“眉清目秀，身体颀长，举步稳重”②，是一个典型的小超男，远比现在选秀节目里的绣花枕头，无论学识还是修养都超级得多，很是讨人喜欢。十二岁那年，弘历在圆明园谒见了康熙。康熙大喜之下，下令将他养在宫中，并且亲自给他授课。从此以后，祖孙形影不离。康熙晚年苦于皇子衅争，心情极度郁闷，弘历的出现让他平添不少天伦之乐。根据

① 参看（清）乾隆帝:《乾隆御制诗文集》，中国人民大学出版社 1993 年版。

② 参看唐文基、罗庆泗:《乾隆传》，人民出版社 1994 年版。

康熙的授意，弘历向庄亲王允禄学习火器，向贝勒允禧学习射箭，在众多高人的点拨下，骑射本领在皇孙中首屈一指。

六十一年（1722年）举行木兰秋狝，康熙射倒一只熊后，命弘历补射。没想到弘历刚上马，伤熊突然扑了过来。弘历丝毫没有惊慌，牢牢地控制住缰绳。康熙急忙开枪，将熊射杀。事后，他感慨地说，此子“是命贵重，福将过予”。据朝鲜的史料记载，康熙临终前曾对大学士马齐说，胤禛第二子有英雄气象，必封为太子。[①]这种说法是否属于穿凿附会，很难考证，但康熙对弘历的喜爱，确实是超乎寻常。

雍正当了皇帝后，弘历的行情继续一路走高。

元年（1723年）正月，雍正给了弘历一块肉，这块肉被认为是“承福受胙”的暗示。当月，雍正主持首次祈谷大典，为江山社稷和黎民百姓求福。仪式搞完以后，雍正专门把弘历叫到养心殿，把一整块祭肉赐给他吃。祭肉在民间被称为“神仙剩”，意思是神仙吃剩下的东西，非有德能者不能享用。这种赏赐立即让皇子和群臣的心事复杂了起来。当年八月，雍正收藏了秘密立储名单，宣布已选定了太子，皇子和群臣看弘历时的眼神，又多了些异样。

在这些异样的眼神中，弘昼尤其是弘时更多的是嫉恨。在兄弟三人中，弘时居长，得年龄和阅历之利；弘历居次，素质和呼声最高；弘昼虽和弘历同龄，但资质平平，毫不出众。所以，尽管秘密名单可以克制储位党争，但无法彻底消灭皇子们对权力的追逐。明争虽然不明显，但是暗斗还是有的。暗自较劲的主角，就是弘时和弘历。

康熙年间，储位之争扑朔迷离，弘历成为出头的椽子，受到皇爷爷的垂青，并没有引起多少人注意，他只是十二岁的孩子，皇位怎么也不会隔代相传。等到雍正君临大清的天下，并秘密确定了太子人选之后，弘时和弘历的关系，才变得微妙复杂了起来。弘时比弘历多吃了7年的干饭，对权力的渴望就多了些热忱。弘时认为，无论是年龄还是阅历，自己是当仁不让的太子人选。

然而随着时间的推移，弘时的心越来越凉。

---

① 参看吴晗：《朝鲜李朝实录中的中国史料·景宗实录》卷十，中华书局1980年版。

元年（1723 年）正月，弘历吃了“神仙剩”，自己连口汤都没喝成；十二月，弘历、弘昼生母封为妃，自己的母亲只封了嫔，明显差了一大截儿；康熙驾崩周年之时，弘历带队祭奠皇祖父，而自己却靠边站。众多迹象表明，“正大光明”之后的秘密名单，极有可能是弘历。弘时慢慢认识到，自己纵有做太子的千万条理由，但如果拥有决定权的领导——也就是父皇雍正不喜欢他，想断了肠子也是白费。

都是一个老爸生的，为什么做人的差距这么大？走投无路的情况下，眼珠发红的弘时利令智昏，在权力的棋局上，想当然地下了致命的一步臭棋：投靠首席总理王大臣允禩。他似乎忘了允禩是什么人。允禩是雍正做皇子时最大的竞争对手，也是雍正继位后屡屡制造障碍的最有威胁的政敌。历史没有记载弘时为什么会做出这样一种选择，但他显然忽视了这种白痴式选择的后果。允禩和弘时的结合，有可能是弘时企图借助允禩扳倒弘历，也有可能是允禩故意在弘时和弘历间制造矛盾，然后坐收渔人之利。

但无论是什么原因，这种结合触痛了雍正内心最隐秘的伤疤，却是毋庸置疑的。眼看自己的儿子和政敌卿卿我我，雍正感到被强奸了一般的耻辱和痛楚。

四年（1726 年）正月，雍正宣布将允禩从玉牒中除名；二月二十八日，将弘时赶出皇宫。耐人寻味的是，雍正敕令弘时为允禩之子。[①] 这种非常处罚手段的背后显然隐藏着一个巨大的反常，即雍正痛恨弘时与自己的政敌结盟。五年（1727 年）八月六日，弘时被削宗籍，不久死去。关于弘时获罪及死亡的原因，历史典籍没有更多地解释，只是简单地记下了一句话：“弘时，雍正五年，以放纵不谨，削宗籍，无封。”[②]

究竟是怎么个放纵不谨，已湮灭在历史苍茫的云雾中，辨不出真实的面目。台湾学者金承意认为，“他的死不是被诛戮，就是被世宗赐令自尽了”。[③] 只是因为雍正苦于儿子背叛自己，不愿意家丑外流，所以史书

① 参看台北故宫博物院编：《宫中档雍正朝奏折》，台北故宫博物院 1979 年版。
② 参看赵尔巽等：《清史稿 · 诸王传》，中华书局 1977 年版。
③ 转引自杨珍：《清朝皇位继承制度》，学苑出版社 2001 年版。

不载。

弘历这个出头的椽子，之所以在雍正朝也没有烂掉，根本原因还在于雍正的保护。没有雍正这个最大的“保皇派”，弘历的政治生涯不可能这么顺利。

中国的哲学奉行中庸主义，其在政治生活中的表现，就是要不当头，不冒尖，善于守拙。木秀于林，风必摧之，这是千古不变的灰性规则。出头的椽子既然不会烂，肯定有一层保护膜。

一句话，没有主要领导的关心，出头鸟挨上一枪，是避免不了的事情。

请关系户作序

雍正八年（1730 年）秋天，弘历精选了十四岁以来的部分诗文，编辑成《乐善堂文钞》，公开出版了一部书。出版前，破天荒地请了十四名人为他作序，序者之多，完全可以申请吉尼斯。

弘历刚满二十岁就出版个人文集，不惜违背圣人劝诫的韬光养晦之道，绝对不是故意附庸风雅，肯定隐藏着难以明言的心事。在《乐善堂文钞》序言中，弘历道出了自己出书的目的：“常取余所言者，以自检所行。”也就是说，拿自己所说的话，来对照和检验自己的行为，看看是否合拍，是否合道。

果真如此吗？恐怕没有这么简单。

所谓言为心声，文如其人。如果要打开弘历真实的内心世界，必须透过字里行间来捕捉见微知著的信息。

在序言里，弘历虽然极度自谦，说自己“质鲁识昧，日取先圣贤所言者以内治其身心，又以身心所得者措之于文，均之有未逮也”，然而，“生九年始读书，十有四岁学属文。今年二十矣”，自夸之情，洋溢于词句之间。当然，其真实的意图，也绝非卖弄这么简单。总结归纳起来，弘历在序言里，潜藏着这样三层意思：第一，读了很多圣贤之书，“朝夕从事者，四书五经、《性理纲目》、《大学衍义》、《古文渊鉴》”；第二，非

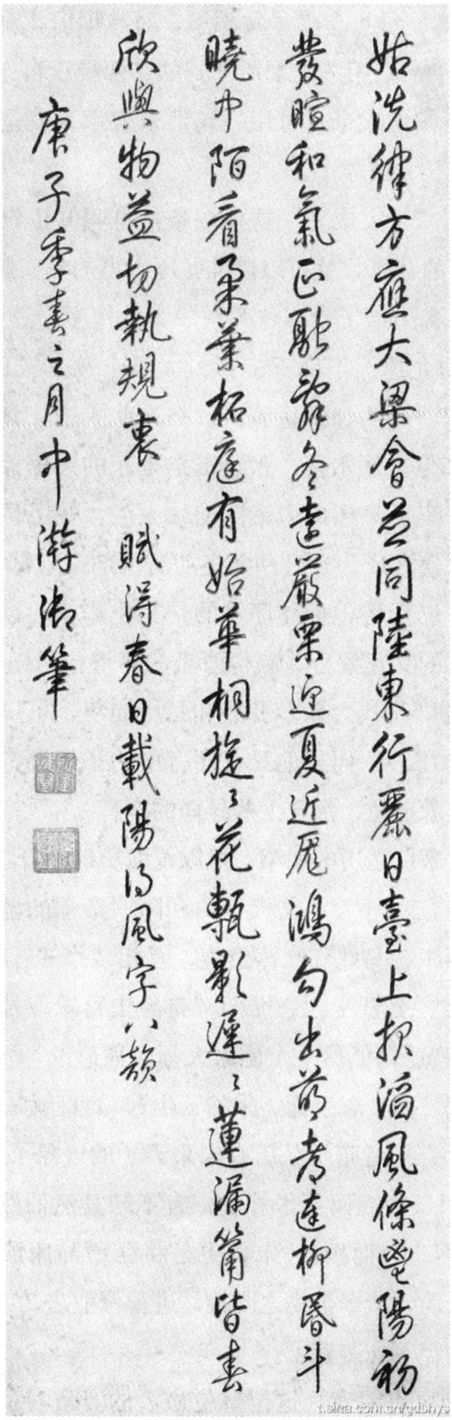
賦得春日載陽得風字八韻
庚子季春之月中澣御筆

常感谢父皇的栽培，“每自念受皇父深恩，时聆训诲，至谆且详，又为之择贤师傅以授业解惑”；第三，拿所学到的东西校正自己的言行。将这三层意思抽丝剥茧地归纳起来，可用一句话来表示，就是我弘历在父皇的关心培养下，已经长大成才了。

弘历只想透露“长大成才”这样一条信息吗？也没有这样单纯。仔细分析一下写序人的背景，就可以摸准弘历出书的真实脉动。

在付梓之前，弘历请了十四位关系户为他作序。其中有庄亲王允禄、果亲王允礼、贝勒允禧、平郡王福彭、大学士额尔泰、张廷玉、朱轼，以及蔡世远、邵基、胡熙和弘昼等人。在这些人中，允禄、允礼、允禧是雍正的弟弟兼亲信，额尔泰、张廷玉是雍正的亲信兼枢臣，允禄、允礼、额尔泰、张廷玉后来还成为帝国辅政大臣，弘历请他们作序算的是政治账，无非是想使之成为自己和父皇的润滑剂；朱轼、蔡世远、邵基、胡熙是士林名儒，弘历请他们作序算的是文化账，通过他们对自己的认可，藉以彰显个人的文化素养，赢得清流的尊重；弘昼是亲王兼亲弟弟，弘历请他作序算的则是权力账，弘昼和弘历同年，可以说是最大的竞争对手，如果能把他压住，而且他又在序言中抬举自己，无论对现在树立声誉，还是将来继承皇位，都会少些异样的声音。

这些作者没有辜负弘历的期望，可以说弘历的小算盘并没拨空。

翻看近三百年前的序言，文人互捧和阿谀奉承的调子可以说又高又响，文坛和政坛纠织，马屁和吹捧交缠，互相装作知音乱抬轿子的积习，并非只有今天存在。张廷玉说，弘历“自经史百家以及性理之阃奥，诸赋之源流，靡不情览”，俨然一个儒家大师。福彭说，弘历“每为文，笔不停辍，千言立就，而文思泉涌，采翰云生”，简直就是一代文豪了。

在序言中，已有作者暗示弘历有未来天子的气象了。鄂尔泰说，“皇子乐善之诚，充积于中，而英华外发，有不知其然而然者，……上接列圣之心传者，莫不此会而极。”朱轼更是将弘历与康熙、雍正并称，说他“戒于思虑之未萌，恭于事物之既接，进德修业之功，得而窥其所至”。对弘历的推崇，已经不加避讳了。

弘昼的序言则更有深意。这位皇位最大的竞争对手，在序言中，明确表示自己和皇兄，“虽所处略同”，但“未敢同日而语”，说弘历已得古圣贤“修身体道之要”，“经世宰物之方”。不管弘昼是真心佩服还是虚意吹捧，有一点是无可否认的，他已经流露出不如对手的喟叹。

在《乐善堂记》一文中，弘历曾非常惬意地写道，自己“有书屋数间，清爽幽静，山水之趣，琴鹤之玩，时呈于前，菜圃数畦，桃花满林，堪以寓目。”一副寄情山水的居士之相，没有半点窥视皇权的张舞之态。然而在《乐善堂集》卷八中，却一再提及自己得康熙“恩宠迥异他人”，“得皇祖之泽最深”，[①]炫耀最值得珍视的政治资本，提醒别人不要忘记自己才是圣祖最属意的人。

弘历的这种表现并不矛盾。中国的政治哲学，是一种外道内儒实法的隐蔽性的观念哲学，讲究隐藏起犀利的真实的意图，而包装上矫情的淡然的外衣，追逐利却耻于言利，王顾左右而言他，好像不谈谈心性就不崇高，不追求自然就不是圣贤。

与其说弘历刊行《乐善堂文钞》是一种为日后当皇帝所作的舆论准备，[②]不如说是一种树立名望的政治动员和文化铺垫。很多非专业作家出书，或者是以名博钱，或者是以文博名，弘历显然是属于后种。雍正自视甚高，对儿子们的表现都不满意，认为他们资质平平，乏卓越之才，其中也包括弘历。[③]弘历出书，无非是为了打消老子的顾虑。

弘历一生作文无数，仅诗歌就有四万二千六百一十三首，和流传下来的《全唐诗》相仿佛。然而他只把自己当作票友，从来没有因为舞文弄字而荒废了主业。这点和李煜、赵佶不一样。在弘历心目中，国事和私事，政治和文化，他还是分得一清二楚的。

这一点也决定了弘历出书，并请这么多名人作序，决不只是随便玩玩。

---

① 除注明外，本节引文均参看（清）乾隆帝：《御制乐善堂集》。

② 参看唐文基、罗庆泗：《乾隆传》，人民出版社 1994 年版。

③ 参看杨珍：《清朝皇位继承制度》，学苑出版社 2001 年版。

如何面对前任政治遗产

八月二十三日凌晨，总管太监找出立储密诏，由张廷玉在灯下宣读，立宝亲王弘历为皇太子，继皇帝位。弘历根据雍正的遗旨，命允禄、允礼、鄂尔泰、张廷玉辅政。

此立储密诏是否和“光明正大”匾后的御书名单一致呢？

弘历和众大臣匆忙中找了几匹老马，拉着灵柩，踉踉跄跄往回跑，半路上还差点翻了车。[1]早晨四五点钟，赶到乾清宫。内廷太监取出收藏了十三年的密匣。两份密诏相互印证，二十五岁的弘历，成为帝国新一代君主。弘时、弘历、弘昼、弘惠都是庶出，密诏证明，在没有嫡子可选的情况下，雍正选择了立贤不立长。

九月三日清早，弘历穿上孝服，向雍正梓宫行九拜礼后，换上礼服，到永寿宫给太后行九拜礼。礼毕后，去中和殿接受内大臣的跪拜。这套程序走完了，弘历到太和殿即皇帝位，受王公大臣和属国使臣朝贺，然后，颁诏天下，年号乾隆。

乾隆登基之后，所要迈过的第一道门槛，就是如何对待雍正朝的政治遗产。

这是任何一个接班人都要面对的政治问题。

在对待前任的政治遗产上，笼统说来一般有三种方式：全盘接受；全部推翻；部分接受，部分更改。事实上，任何一个接班人都有自己的执政理念和思路，都渴望在历史的天空上留下个人飞翔的痕迹，不愿意庸庸碌碌地活在前任的阴影之下。然而如何对待前任的遗产，不仅关乎权力的稳定、政策的连续和小集团的既得利益，而且还关系到将来后任如何面对自己所制定的政策问题。全盘接受，会给人留下毫无作为的印象；全部推翻，则又容易背上白眼狼的恶名。聪明的接班人往往在接过权柄之后，把前任的政治遗产作为一种宏观思路肯定下来，然后披着继承和

---

① 参看张廷玉：《澄怀园主人自订年谱》卷二。

发扬的外衣，因时而异，因地制宜，旧瓶装新酒，实施自己的政治理念与政策措施。

乾隆显然是一个聪明的接班人。

早在八月二十四日，雍正去世第二天，他就发布谕旨，声称自己受皇考托付，凡是皇考没有办理完的事，今后当“敬谨继述”。[①]他发布这种命令的目的，就是借助于维护政策的连续性，打消臣子们的顾虑，保持政权的稳定。

前任的政治遗产，一般包括三块：一块是人事，一块是财政，一块是旧有矛盾，贯穿着三大块政治遗产的，是个人的执政理念和风格。在皇权社会时期，人事问题是最大的政治。而财政则涉及国家经济政策，也是重要的政治问题。旧有矛盾是接班人执政的试金石，如何解决前任留下来的矛盾问题，为社会各阶层所广泛瞩目。

乾隆接手皇权当天，即八月二十三日，就根据雍正的遗诏，任命允禄、允礼、额尔泰、张廷玉为辅政大臣；二十四日，谕旨额尔泰、张廷玉配享太庙。乾隆不傻，自己能不能尽快做稳江山，前朝这些肱股之臣的拥护至关重要，所以他全盘接受过来，拉拢住允禄、允礼，尤其是额尔泰、张廷玉这两位满汉大臣的领军人物。

一朝天子一朝臣。事实上，乾隆拉拢雍正旧臣，纯属过渡时期的权宜之计。这些旧臣很容易借助老皇帝的衍生权力结成利益集团，形成对新皇帝的掣肘之势。而新皇帝要贯彻自己的政策，肯定要起用得心应手的新人。

乾隆四年（1729年），即允礼病故后第二年，乾隆罢掉允禄议政大臣等职务，打破了四臣辅政局面。额尔泰、张廷玉作为满汉大臣的领袖，麾下结党成风，相互拆台。乾隆认为，“满洲则思依附额尔泰，汉人则思依附张廷玉，不独微末之员，即侍郎尚书中亦所不免”。[②]这两个集团发育数十年，盘根错节，牵一发而动全身，轻易动不得。为了使皇权不旁落，他步步为营，稳扎稳打，采用限制、削弱、铲除的策略，用了十年

① 参看中华书局影印：《清高宗实录》卷一，中华书局1985年版。

② 参看中华书局影印：《清高宗实录》卷一一四，中华书局1985年版。

时间，将他们逐出权力的视野。

在处理允禩案和曾静案上，最能体现乾隆对待前朝政治遗产的态度和思想。

允禩案和曾静案，是雍正朝两个最有影响的案件。对于和自己争夺皇位的允禩集团，雍正痛下狠手，毫不留情地予以打击；对于曾静投书反清案，雍正为利用曾静替自己辩诬，则采取了宽纵之策。

乾隆即位后，他采取了和雍正相反的政策，宽柔对待允禩案，刚猛处理曾静案。

雍正十三年（1735年）十月，乾隆下令讨论重新处理允禩案。因为这件事关乎雍正，谁也不敢拿主意，大臣们讨论了一个月，也没弄出个子丑寅卯。乾隆出面说："康熙五十四年增修玉牒时，圣祖仁皇帝将从前革去宗室莽古尔泰、德克赖（注：即德格类）、阿济格等之子孙，加恩给予红带，收入玉牒。此即皇祖加恩之成宪也。今应遵照此例，将阿其那、塞思黑之子孙，给予红带，收入玉牒。"①

随意改变父辈的政策，会留下不孝的诬言。乾隆打着康熙的旗号，改变了雍正的政策，巧妙地给允禩集团翻了案。不仅将允禩、允禟收入玉牒，还把弘时也返还入宗谱之中。次年，他下令将允䄉、允禵释放，并赐予爵位。

对待曾静案，乾隆则是打着雍正的旗号，改变了雍正的政策。曾静投书案发后，雍正将吕留良戮尸，其子吕毅中斩首，留下曾静和张熙，巡回演讲，替自己宣传，并说"即朕之子孙将来亦不得以其诋毁朕躬而追究诛戮之"。乾隆当上皇帝后一个月，即十月初八日，就违背雍正的旨意，命人将曾静、张熙捉拿入京。如果杀了曾静、张熙，会违背雍正的意愿；如果不杀的话，将无法压制住曾静之流的口舌。

如何破解这一难题呢？乾隆显示出了高明的政治手腕。他说，吕留良诽谤的是祖父，所以父亲杀了他；曾静诽谤的是父亲，所以父亲宽宏大量放了他。我必须"遵皇考办理吕留良案之例，明正曾静之罪，诛叛逆之渠魁，泄臣民之公愤"。十二月十九日，将二人杀掉。

① 参看中华书局影印：《清高宗实录》卷七，中华书局1985年版。

乾隆之所以从宽处理允禩集团，可以说是看清了当时的政治形势。允禩集团主要成员经过雍正的打压，已经没有了丝毫威胁，如果这个时候替他们翻案，不但有利于树立自己宽仁之威望，还能加强宗室的团结和对自己的拥护。而之所以从严处理曾静案，则是为了抑制不断泛起的排满情绪，维护皇权的垄断和威严。

在如何面对雍正朝的政治遗产上，乾隆曾说："兹当御极之初，时时以皇考之心为心，即以皇考之政为政。"① 其实，这只是说给外人听的。实际操作中，乾隆采取了"法祖"而不"泥祖"的实用主义策略。

其实，历朝历代中聪明的接班人，其策略大抵如此。

离奇的生日礼物

乾隆四年（1739 年）十月十六日，宗人府向皇帝报告了一起案件，揭开了乾隆朝唯一一场涉及皇权争斗案的序幕。

此起案件之所以由宗人府出面报告，是因为涉案的主要人员，都是宗室成员。其中，核心人物是弘皙，后台是允禄，在弘皙周围，聚集了弘昇、弘昌、弘晈、弘普等一大批皇族。

如果说弘皙是一般人也就罢了，他是前朝太子允礽之子。雍正当了皇帝后，出于拉拢人心，优待允礽，封弘皙为理郡王。过了几年，又封其为亲王。允礽失去太子之位后，弘皙一直耿耿不能释怀，平日出行，一副东宫太子的派头。乾隆继位后，弘皙更是眼红。在他心目中，这个位子本来是他的，如今被别人坐了，心里就像打翻了五味瓶。

早在两年前，乾隆就发现弘皙和允禄经常鬼鬼祟祟地聚在一起。弘皙是前朝太子之子，允禄是总理王大臣，食双王俸禄，兼管工部和理藩院。这两个人经常活动，不能不引起乾隆的警惕。在经常参加聚会的人中，大部分是宗室成员。弘昇是康熙第五子恒亲王允祺之子，弘昌、弘晈是康熙第十三子怡亲王允祥之子，弘普则是允禄之子。这帮子人搅在

① 参看中华书局影印：《清高宗实录》卷四，中华书局 1985 年版。

乾隆:《一箭双鹿图》

一起，究竟要干什么，乾隆一想起这事儿，心里就莫名地发堵。

当时，由于乾隆没抓到实际证据，并未采取强制性措施。但这种朋党集团的存在，却让乾隆如坐针毡。在任何社会中，你可以犯颜直谏，混个诤臣做做，也可以尸位素餐，做个甩手掌柜，甚至可以浑水摸鱼，搞点回扣，沾点便宜，只要你会做人，骨子里是个顺臣，皇帝就不会拿你怎么样，甚至要是有本事，即便贪墨如和珅，奸佞如秦桧，照样出将入相，无限风光在顶峰。但如果打皇权的算盘，试图挖权力的墙脚，任你功高如韩信，也只能成为肉中之刺，非拔除而不快。

四年（1739年）八月十三日，乾隆二十八岁生日那天，弘皙呈上了一份礼物，没想到马屁拍到了马蹄上。当日，弘皙进了一乘鹅黄肩舆。乾隆认为他居心叵测，“朕若不受，伊即留以自用”，完全是欲加之罪。弘皙进的是生日礼物，乾隆岂有不受之礼？退一步讲，即使弘皙傻到了家，也不会拿生日礼物做文章。堂堂一个亲王，政治智商就这个水平？！

乾隆之所以如此疑心，拿莫须有的罪名套在弘皙头上，完全是以意逆志，偏见作祟。在他看来，你弘皙是前朝太子之子，肯定对皇位贼心不死，而你又与允禧过从甚密，必然是有所图谋。不久，有人看穿了乾隆的心思，出面揭发弘皙大逆不道。宗人府立即出面查察，虽没有谋逆之真凭实据，但仍认为允禄结党营私，奏请将弘皙、允禄、弘昇、弘昌、弘晈、弘普革爵圈禁。

乾隆看过奏章后，予以从宽处理，允禄免革亲王，但双王俸、议政大臣、工部和理藩院尚书没了；弘皙革亲王，圈禁在家，不准出城；弘昇革王爵，永远圈禁；弘昌、弘普分别革去贝勒、贝子；弘晈的王爵是世袭，所以保留王号，但一辈子不发工资。

客观地说，弘皙等人的确有觊觎皇权之心，但有可能只是一种念头，并没有付诸行动。乾隆大动干戈的真实目的，就是免后患于萌芽状态。乾隆坦白地承认，允禄“若谓其胸有他念，此时尚可料其必无”，也就是说他并没有反意，而是因为“惟务取悦于人，乃一庸碌之辈”获罪，而只恐“弘皙、弘昇、弘昌、弘晈辈，群相趋奉，将来日甚一日，渐有尾大不掉之患”。[1] 这才是乾隆大动干戈的真正意图。

不久，宗人府福宁告发弘皙，说他曾经问算命先生安泰，准噶尔能否打到北京，天下是否太平，皇帝寿命如何，将来自己能否升腾。经过审讯，确有其事。十二月初六，乾隆颁布谕旨，安泰造谣生事，实施绞刑；弘皙从宽免死罪，逐出宗室，永远圈禁；允禧本应革去王爵，从宽罚俸五年。

严格说来，弘皙所问的四个问题，前两个关乎时事，不能入罪。而问及皇帝寿命如何，可以看作是关心乾隆健康。将来能否升腾，不一定就是想做皇帝，也可以理解成卜问仕途。乾隆重处弘皙，无非认准了他“妄以伊父系旧日东宫，心怀异志”。[2]

从乾隆处理弘皙案，折射出这样一幅权力地狱图：乾隆身处万圣之尊，却如同跌落地狱，认为人人都是心怀叵测的魔鬼；而弘皙等人则被权力迷住了眼睛，成了一群不知死活的小鬼，不断挑战阎王的权威，触摸老虎的屁股，最终落入十八层地狱。

权力的地狱有几层，任来往之人生过客，迷失心性，纷纷飞蛾扑火，化作烟烬。

---

① 参看章开沅：《清通鉴》，岳麓书社 2000 年版。

② 转引自万依等：《清代宫廷史》，辽宁人民出版社 1990 年版。

败世之君乾隆评传

乾隆五十九年（1794年），英使马嘎尔尼很有感慨地写道："中华帝国只是一艘破败不堪的旧船，只是幸运地有了几位谨慎的船长，才能使它在近一百五十年期间没有沉没。"雍正十三年（1735年）即位的乾隆，是这艘"破船"最后一位能干的船长。可惜的是，他没有谨慎地掌好舵，在执政后期就已开始放任自流。

由于雍正建立了密储制度，皇位毫无悬念地传给了聪颖的四子弘历。乾隆在位六十年，嘉庆元年（1796年）传位嘉庆后，以太上皇身份掌握大政，他嘉庆四年（1799年）去世，实际统治六十四年，是中国历史上掌权时间最长的皇帝。

年轻的乾隆初登宝座，就发布了自己的施政纲领："知天下之道，贵得其中。"在这一思想指导下，他针对乃祖、乃父的政治经济政策进行了调整，重新处理了允禩集团案和曾静案，继续鼓励垦荒和兴修水利，甚至放宽了商业政策。

所谓盛世修典。乾隆非常重视文化事业，他集国家财力之盛纂修书籍。自乾隆三十八年（1773年）到乾隆五十八年（1793年），历时二十年编成中国最大的丛书《四库全书》，收书三千六百四十一种、七万九千三百零九卷。此外还编修《满文大藏经》、整理《满文老档》等文典。作为异族统治者，出于文化上的不自信，他也制造了不少文字狱，钳制人们的思想。

乾隆自诩有十大武功，包括两平准噶尔、一定回疆、两讨金川、一靖台湾、一征越南、一征缅甸、两讨廓尔喀。正如他自己的评价："得国之正，扩土之广，臣服之普，民庶之安"，罕与伦比。不过，这十大武功性质不一，有的确属穷兵黩武，有的的确对巩固统一做出了贡献。

乾隆二十年（1755年），乾隆出兵伊犁，平定准噶尔割据势力。乾隆二十二年（1757年）到乾隆二十四年（1759年），平定大小和卓之乱。然后设置统辖全疆军政的将军，并移民入疆垦荒屯田。明朝以来长期分裂之地，终于纳入中央政府的直接管辖下。

乾隆五十三年（1788年）、五十四年（1789年），廓尔喀两次入侵西藏，乾隆派福康安为帅，击退侵略之敌。五十五年（1790年），颁布《钦定西藏章程》，将民政、财政、军政和外交之权纳入驻藏大臣之手。同时规定金瓶掣签之制，使大活佛的继承也纳入政府监督体系内。这标志着清朝对西藏进行全面而有效的辖治。乾隆继续推行改土归流政策，经过两次金川之战，将川西南地区也进行了改制。在乾隆盛世的感召下，还于乾隆三十六年（1771年）发生了吐尔扈特部摆脱沙俄统治，回归祖国的伟大壮举。

政治需要理性，浪漫误国，率性亡政。乾隆是个文学皇帝，一生制诗四万二千六百一十三首。这种天马行空式的诗意思维，让他脱离了正常的治国轨道。面对几代人创造的繁华，他一扫康雍勤俭之风，极尽铺张之能事，俨然一个败家子。他六次巡行江南，花费白银达两千万两；大肆修筑园林，仅为了给母亲祝寿，就动用白银四百五十万两兴建清漪园。这种奢靡之风蔓延了整个朝廷，以至于于敏中、和珅这样的巨贪前仆后继，加速了盛世的衰败。

摊丁入亩政策引起了人口的剧烈增长，全国人口在乾隆年间从一亿四千万涨至三亿。由于人口的增长和土地的增加不成比例，加上朝廷没有抑制住土地兼并，最终引起了乾隆末年此起彼伏的农民起义。人口与土地矛盾引起两极分化，这是康雍乾盛世走向衰败的直接原因。

在乾隆时代走向老人政治的时候，世界的另一端却迎来了资本主义的朝阳：英国发生了工业革命，美国建立了宪政国家，法国发生了资产阶级大革命，这三个事件改变了世界的格局。面对西方殖民势力的试探和沙皇俄国的骚扰，被天朝思想束缚的清政府，出于自卫的需要，采取了限制贸易和减少接触的关门主义，一步步落后于世界的商业大潮。

可以说，乾隆统治大清的六十年，是中国历史发生重大转折的六十年，中国之衰败实从乾隆朝始。

乾隆私档

姓名：爱新觉罗·弘历（1711—1799）

庙号：高宗

谥号：纯

年号：乾隆

即位时间：雍正十三年九月初三日（1735 年 10 月 18 日）

即位年龄：二十四周岁

在位时间：六十年，实际掌权六十四年

陵寝：裕陵（今河北遵化）

父母：父胤禛，母钮祜禄氏

配偶：二十九人，皇后富察氏

子：十七人，长子永璜，次子永琏，三子永璋，四子永珹，五子永琪，六子永瑢，七子永琮，八子永璇，九子未命名（夭折），十子未命名（夭折），十一子永瑆，十二子永璂，十三子永璟，十四子永璐，十五子永琰，十六子未命名（夭折），十七子永璘

女：八人

继位人：永（颙）琰

第七章

嘉庆实习期的「三角恋」

三十七岁的嘉庆无比郁闷，他发现自己深深陷入权力的三角恋中。这种权力的纠葛，远比感情的冲突复杂得多。贵为一国天子而无法主宰自己的命运，还必须小心谨慎地看人家的脸色行事，这无疑是一个皇帝生命不能承受之重。

是龙也要盘着，嘉庆必须承受。一方面，要躲闪着黑暗伤害，另一方面，还要面对狐疑猜忌，同时，必须克服心理上的压抑。抛却自尊，是一个天朝帝王唯一的选择。

不是任何三角恋都有美好回忆，相互伤害才是永恒的主题。权力三角关系的破局，大都以生命的终结拉开帷幕。乾嘉朝的权力交接故事，似乎仍没逃脱这样的套路……

资格的灰网

乾隆四十三年（1778年）九月初九，六十八岁的乾隆前往盛京拜谒皇陵时，锦县生员金从善拦住了御驾，递上了自己的意见书。这个酸秀才不在家读书，却跳出来和皇帝较劲，目的是要参政议政。

金从善条陈的四件事中，首要一条就是请求立储，他直言批评道：“大清不宜立太子，岂以不正之运自待。”[①] 金从善的意思是，皇帝还不立太子，是想等着倒霉运吗？此举是出于巩固国本之公心，还是以谏邀宠之私意，已经无从考察，但这种政治投机，却让他掉了脑袋，国家大政不是谁都能随便议论的。

这个书呆子死得有点冤，皇帝立不立太子关你什么事。他根本不知道，太子的名单早就藏在了“光明正大”匾后，而且本朝秘密立储不止一次。

乾隆元年（1736年）七月初二，二十六岁的弘历在乾清宫西暖阁召开御前会议，宣布册立皇太子。当日，他效法雍正，实施秘密立储。此时，乾隆只有三个儿子，分别是九岁的永璜、七岁的永琏、两岁的永璋。谁能成为帝国的幸运儿，“正大光明”匾后并不光明的秘密，牵动着无数人的心神。大臣们对永璜更多了几分尊敬，除了皇长子，谁有资格走上“红”名单？

乾隆不到而立之年，只要现任皇帝不出意外，这个名单作为国家最高机密，将处于无限期封存状态。没料到不到两年，谜底就以意外的方式揭晓，答案并不是众人所猜想的。三年（1738年）十月十二日，九岁的永琏伤风夭折，乾隆悲伤欲绝，接连五天没有上朝。他将秘密名单取出，“晓谕天下臣民知之”，当初择立的皇太子是永琏。

永琏越过永璜成为储君，只有一个原因，他是孝贤皇后富察氏所生，

---

① 参看中华书局影印：《清高宗实录》卷一零六六，中华书局1985年版。

是事实上的嫡长子。在择立太子的方式上，乾隆选择了嫡长制。永璜、永璋不在考虑范围内，就在于出身不好，虽然都是一个爹的种，但母亲的出身决定了他们的命运。

十一年（1746年）四月永琮出生，乾隆当即认为他“可属承祧”。[1]永琮虽在皇子中排名老七，但也是孝贤皇后所生，永琏没了，按理他属于嫡长子。没有想到，册立仪式尚未举行，次年十二月，永琮患痘疹夭折。三个月后，孝贤皇后也因病去世。皇后和两位嫡子的病亡，让暗中垂涎的永璜、永璋看到了机会。他们不仅没有悲戚之色，还暗中沾沾自喜。由于小算盘拨弄得太响，惊动了乾隆。乾隆把他们训斥了一番，并说：“从前大阿哥断不可立之处，朕已洞鉴，屡降旨于讷亲、傅恒矣。至三阿哥，朕先以为尚有可望，亦曾降旨于讷亲等。”[2]

乾隆的话里透露了两个信息。永璜之所以屡屡失之交臂，是因为表现比较差，乾隆对他有意见。而永琏夭折后，乾隆曾考虑过永璋。永琮出生以后，因嫡子之故，立即取代永璋，成为乾隆的目标。

永琮之后，乾隆虽然放慢了立储的脚步，但一直苦苦寻觅合适人选。若干年后，他透露了自己早年的政治心事。四十八年（1783年）九月，乾隆对大臣们说：“朕视皇五子于诸子中觉贵重，且汉文、满洲、蒙古语、马步骑射及算法等事，并皆娴习，颇属意于彼，而未明言，乃复因病旋逝。”[3]他所说的皇五子是永琪。事实证明，乾隆确实看好永琪。乾隆三十年（1765年）十一月，二十五岁的永琪成为众皇子中的第一位亲王。没有想到，永琪命薄，第二年也死了。

储君位置似乎成为皇子们的克星。

自己选中的意中人每每夭折，乾隆并没有放弃立嫡的打算，选择嫡子作为接班人，已成为他解不开的一个心结。永琮死后没几天，乾隆谈到立嫡问题时说，自从顺治皇帝到现在，绍承大统的没有一个是嫡子，“岂心有所不愿，亦遭遇使然耳”，我想以嫡子承统，就是要打破这个纪

---

① 参看中华书局影印：《清高宗实录》卷三零五，中华书局1985年版。
② 参看中华书局影印：《清高宗实录》卷三零七，中华书局1985年版。
③ 参看杨珍：《清朝皇位继承制度》，学苑出版社2001年版。

录，“邀先人所不能获之福”，这个打算不算过错吧。[①]

乾隆十五年（1750年）八月，乾隆立皇贵妃乌拉那拉氏为皇后。两年后，生下了皇十二子永璂，成为乾隆的第三位嫡长子。皇十二子命名永璂，暗含永固基业之意。乾隆本来打算立他为储，可后来发生的一件事，将永璂打入了政治冷宫。

永璂能进入乾隆的视野，得益于他是皇后所生的嫡子。乌拉那拉氏人老珠黄，乾隆兴趣慢慢转移，宠上了年轻聪慧的魏佳氏，打算提升为皇贵妃。皇后担心自己受冷落，在乾隆三十年（1765年）春天随驾南巡途中，削发代首，以死抗拒乾隆的提议。乾隆人怒之下，将她先行遣返回京。乾隆回到京城后，不顾皇后反对，晋魏佳氏为皇贵妃。第二年七月，乌拉那拉氏忧郁而死。乾隆虽然保留了皇后的名号，葬礼却按照皇贵妃的规格举行。

皇权的根本特征是人治，而人治的本质则是欲望、偏好和个人秉赋决定规则制度，在这种体制下，说得露骨一点，个性支配执政风格，性趣影响政治风向。帝后之争，让乾隆恶屋及乌，彻底葬送了永璂的承统资格。

乾隆三十年（1765年），皇帝就快六十岁了。在古人看来，六十岁就算高寿。朝廷举行的千叟宴，入席资格就是六十岁。皇帝头发白了，还没有接班人，不仅臣子议论纷纷，乾隆本人也忧心忡忡。

从乾隆对永琪的态度，可以看出在没有嫡子可供选择的情况下，他已经倾向于立贤。早在十三年（1746年）六月，他就说：“从前皇太子、七阿哥，朕亦非以系皇后所生另加优视，因较众阿哥实在聪明出众，亦尔众人所共见共闻者。”[②]这一说法虽然是在掩饰自己的偏心，而不是公开提倡立贤，但却表明他很看重候选人的品能。

三十八年（1773年）冬，六十三岁的乾隆实行第二次秘密立储，他再次将接班人的名字，藏到了“正大光明”匾后，正式结束了长达三十五年的考察。

在最后的考察对象中，共有七名候选人，分别是三十五岁的四子永

① 参看中华书局影印：《清高宗实录》卷三零五，中华书局1985年版。
② 参看中华书局影印：《清高宗实录》卷三零七，中华书局1985年版。

瑊，三十一岁的六子永瑢，二十八岁的八子永璇，二十二岁的十一子永瑆和十二子永璂，十四岁的十五子永琰，八岁的十七子永璘。在这七个候选人中，永璂已经失去了资格，永瑊、永瑢也因为出继，失去了提拔的机会。太子的人选，就锁定在金佳氏所生的永璇、永瑆，以及魏佳氏所生的永琰、永璘身上。

这四位候选人，都不是嫡子，这是乾隆不得不面对的现实。

四十三年（1778 年）九月二十一日，金从善拦驾条陈后的第十二天，乾隆发布了两千一百多字的长篇大论，公布了自己的立储思想和做法。金从善事件让乾隆意识到，如果不从舆论上正本清源，会影响朝廷的政治稳定。

乾隆认为，从历史上看，立太子是不得已而为之。因为一旦立了太子，“众见神器有属，幻起百端，兄弟既多所猜嫌，宵小且从而揣测。其懦者献媚逢迎，以陷于非；其强者设机媒孽，以诬其过，往往酿成祸变，遂致父子之间，慈孝两亏”。

然而，从传承国家命脉来说，太子又必须要立，什么样的方式最好呢？在这份相当于新闻发布文稿的上谕里，乾隆批判了立嫡长制。他说，“至于立嫡立长，尤非确论”。如果汉高祖立汉文帝，唐高祖选择唐太宗，明太祖看好明成祖，他们不是拘泥于立嫡长，就不会发生吕氏之祸、玄武门之变、金川门之难。

乾隆还认为，金从善之流“谏请立储者，动辄征引古说，自以为得忠臣事君之道，不知其心隐以为所言若得采纳，即属首功，可博他日之富贵。名议国是而实为身保”，[①] 正是这种博弈行为，让金从善上了断头台。

乾隆的这份上谕，可以说为自己立贤作了舆论准备。六十年（1795 年）九月三日，乾隆公布了储藏了二十二年的秘密名单，宣布将权力交给接班人，十五子永琰正式成为新一代领导核心。

在四位候选热人中，永璇“为人轻躁，作事颠倒，故皇帝不以子待

① 参看中华书局影印：《清高宗实录》卷一零六七，中华书局 1985 年版。

之”。[①] 永瑆书法很出色，但“天性阴忮，好以权术驭人”，[②] 乾隆明确表示：“朕初不以为喜。”[③] 永琰“聪明力学，颇有人望”，“度量豁达”，“虑事刚明”，[④] 很受乾隆器重。永璘“材质中平”，[⑤] 曾经因为逛窑子，被降为贝勒。

选择永琰做接班人，固然是因为他比较优秀，还有一个重要原因不可忽视，那就是乾隆非常宠爱其生母魏佳氏。尽管他本人曾批判“因爱其母而欲立其子”，[⑥] 表示“我朝家法相承，乾纲独断，惟期慎简元良，从不稍存私爱”。[⑦] 但选择永琰，背后晃动着魏佳氏俏丽的影子。

举贤不避亲，历来是举亲最堂皇的遮羞布。

永琰能当上皇帝，最主要是靠三个条件，一是因为机会好，二是由于关系硬，三是因为时运济。

乾隆共有十七个儿子，其中十个命不硬，过早地夭折了。在诸皇子中，永琏、永琮、永琪的机会最好，关系最硬，但由于时运不济，早早地自动出局，而且永琪被淘汰，则还因为关系慢慢疏远了。由于乾隆寿命长，把剩下的儿子都熬老了。等到乾隆立储时，已经没有嫡子可选，加上乾隆宠爱魏佳氏，机会就幸运地降临到永琰头上。

年龄是个宝，能力供参考，机会最重要，如果没关系，只能等到老。在任何时候，资格都是关系下的蛋，只要碰到适当的机会，就会孵化出幸运的小鸟。而对于游戏的制定者而言，资格是一张极富弹性的灰网，淘汰谁不淘汰谁，全在自己的掌控之中。一般人能碰到一个条件就能成功，永琰碰到了三个，当不上接班人，就成咄咄怪事了。人比人，气死人。用红眼人的话说，这是“时也，运也，命也”。

相信命运是迷信，不相信命运又解释不通，这真是个悖论。

---

① 参看吴晗：《朝鲜李朝实录中的中国史料》，中华书局 1980 年版。
② 参看（清）昭梿撰，何英芳点校：《啸亭杂录·续录》，上海古籍出版社 2012 年版。
③ 参看中华书局影印：《清高宗实录》卷八五八，中华书局 1985 年版。
④ 参看吴晗：《朝鲜李朝实录中的中国史料》，中华书局 1980 年版。
⑤ 参看中华书局影印：《清高宗实录》卷三六八，中华书局 1985 年版。
⑥ 参看中华书局影印：《清高宗实录》卷一零六七，中华书局 1985 年版。
⑦ 参看中华书局影印：《清高宗实录》卷一四八六，中华书局 1985 年版。

让位不让权：幕帘背后的眼睛

嘉庆从乾隆手里接过玉玺的时候，感觉那双苍老的手顿了一下。这不像是一双耄耋老人的手，它的坚强有力让嘉庆莫名地不安。

元年（1796年）元月一日，皇宫大内洋溢着节日的气氛。新年第一天，乾隆在太和殿举行传位大典。第一次零距离触摸着龙椅的扶手，嘉庆的心快跳到嗓子眼里了。然而这种激动如同殿外的寒风，只呼啸了一声就了无踪迹。他悄悄看了看乾隆，又暗暗将挺直的胸膛收了下去。太上皇的眼神虽然混浊而慈祥，但掩抑不住君临天下的气度。

嘉庆的心里更加惶恐。

鸿胪寺官员登上天安门城楼，宣读了太上皇传位诏，诏书中的八个字，成为新皇帝小心翼翼最精准的注脚。诏书说，在京各部院和京外各省督抚今后“题奏事件，悉遵前旨行”。这句话的潜台词是说，今后汇报和处理政务，要按以前的规定办。所谓“前旨”，是年前乾隆颁布的一个“凡是”。

上年九月三日，在登基六十周年这天，乾隆宣布皇十五子永琰为太子，明年改元嘉庆。在永琰激动不已的时候，乾隆发布了一道上谕，他说：“至朕仰承昊眷，康强逢吉，一日不至倦勤，即一日不敢懈弛。归政后凡遇军国大事及用人行政诸大端，岂能置之不问！仍当躬亲指教，嗣皇帝朝夕敬聆训谕，将来知所禀承，不致错失，岂非天下国家之大庆。”[①]

这是一道让嘉庆从头凉到脚的谕旨。

在上谕里，乾隆打着不让儿子犯错误的旗号，给他的脖子上套了一个紧箍，今后凡是军事、政治和用人等问题，必须听从太上皇的教导。太上皇年龄虽然大了，但生命不休，奋斗不止，一天不知道厌倦，一天不会不问政事。嘉庆虽然当上了一把手，但只是嗣皇帝，用现在的话说，就是一个实习生，可以以国家元首的身份，参加祭祀、经筵、大阅等象

---

① 参看中华书局影印：《清高宗实录》卷一四八六，中华书局 1985 年版。

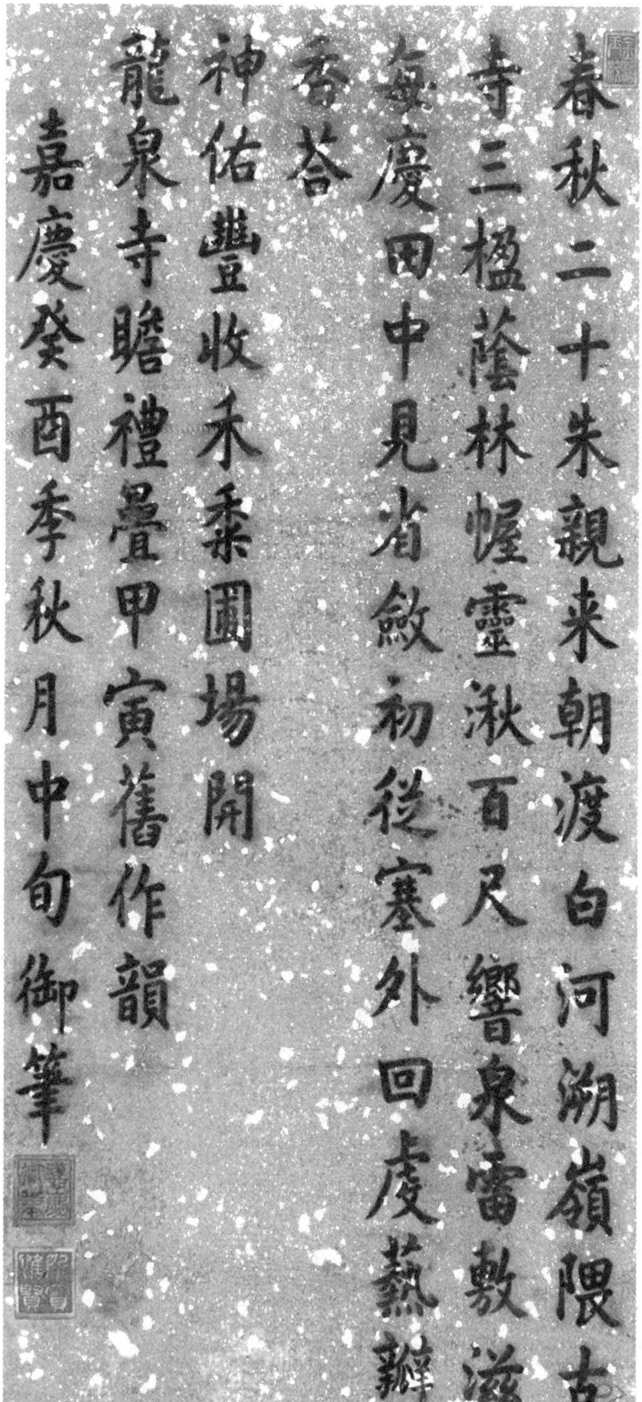
春秋二十未親来朝渡白河湖嶺隈古
寺三楹蔭林幄靈湫百尺響泉雷敷滋
每慶田中見省斂初從塞外回虔爇瓣
香荅
神佑豐收禾黍圃場開
龍泉寺瞻禮疊甲寅舊作韻
嘉慶癸酉季秋月中旬御筆

征性活动，至于国家大事，对不起，还是得听老爷子的。

这道谕旨是一份沉甸甸的外交声明：乾隆虽然退居二线，但并不意味着退出了领导核心，更不意味着权力的转交与变更，这是典型的让位不让权。

既然乾隆不让权，他为什么让出位置，而后又挖空心思给嘉庆戴上一副镣铐呢？

乾隆自己的解释是，"昔皇祖御政六十一年，予不敢相比"，如果老天保佑我执政六十年，我就八十五岁了，那时就让位太子，归政退闲。[①]这一解释虽然可信，却未必尽然。乾隆一生服膺康熙的文治武功，虽表示自己不能也不敢超越祖父，但从他自封"十全老人"来看，却是暗含一股攀比标榜之意。他说这番话时，是发生金从善拦驾请立储君的乾隆四十三年（1778 年）。当时，他已经六十八岁。即使乾隆的身体再好，预测能力再强，也不可能猜想到自己能活到八十五岁。

大清以孝治天下，乾隆绝不能自食其言。随着年龄的增大，退位之日一天天来临，他一方面表示要按期归政，装模作样地修缮养老的寿宁宫，一方面强调"一日未息肩，万民恒在怀"，暗示自己不会放弃对最高权力的掌控。乾隆老了，但掌权的心依然年轻。在他看来，人生最大的寂寞，不是高处不胜寒，也非不见古人来者，环顾四周，孑然一身，形影相吊，这种小家子气的感喟，不过是心灵上的短视，是不成器者的空落。真正的权力，本身就是寂寞而孤单的，皇帝本就不需要志同道合、平起平坐的伙伴。正是这种孤家寡人、俯视众生的孤寂，造就了唯我独尊的快感。人生最大的寂寞，莫过于忽然从云端跌落于尘埃。从有权到无权的落差，才是真正的痛苦。享受了六十年属众唯唯诺诺、诚惶诚恐的愉悦的乾隆，绝对无法忍受门前冷落车马稀的凄清晚景，这是一种想象起来就痛苦无比的心理折磨。

如何找到一条最佳路径，既能表达对乃祖的敬意，又能牢牢握住权柄，便成了乾隆思考的头等大事。

考虑的结果，就是以训政代替归政，实行幕帘政治。

---

① 参看中华书局影印：《清高宗实录》卷一零六七，中华书局 1985 年版。

所谓幕帘政治，就是端坐在幕后通过代理人实施权力操控的治政方式，前台的领导者不过是一个影子或者傀儡。从本质上说，这是个人终身独裁的一个变种。乾隆以退居幕后的道德标榜的高姿态，借助于私人培植起来的代理人，从事着事实上的权力控制和垄断。这种披着禅让外衣的权力交接，是一种地地道道的政治欺诈。

六十年（1795年）二月，刑部有两个小案子处理得不太妥当，乾隆借题发挥，为推行幕帘政治造舆论，“不特朕未归政以前，断不肯任其朦混，即归政以后，朕亦岂肯置天下之事于不问！维时若臣下等敢于尝试，更当重治其罪，决不因归政而稍存宽贷也”，[①] 明确提出要在归政后干政。他还以重治朦混之臣的名义，暗指自己掌握生杀惩戒大权，有谁站错了队，将从严予以处罚。

为将幕帘政治制度化，他亲自主持制定了新的朝廷礼仪，老皇帝称太上皇，新皇帝称嗣皇帝；臣下题奏时，太上皇高三格抬写，皇帝高两格抬写；太上皇生日称万万寿，嗣皇帝生日称万寿；新元铸造钱币时，乾隆嘉庆年号各半。[②] 无论在形式上的礼仪，还是事实上的财政，都突出乾隆的特殊地位。

乾隆退位刚刚半个月，就发生了湖广总督毕沅奏折不按规定格式书写奏章事件。

中国的政治奉行文件治国，尊卑有序体现在文件上，就是有一套成文的礼仪规制，人情练达皆文章，遣词造句俱政治，语词和格式里面有大内容，如果不按规矩来，则意味着对尊长的冒犯。

我们现在很难猜测毕沅此举是有意为之还是无意疏忽。如果是有意为之，则表明他为了迅速向新皇帝靠拢，采取了一种摸“老”虎屁股的方式。如果是无意疏忽，则说明以他为代表的一些臣子，已经开始将屁股挪到新皇帝的周围。

无论有意还是无意，都意味着乾隆的权威受到挑战。

八十六岁的乾隆老而不朽。搞了一辈子政治，其敏感的嗅觉不可能

① 参看中华书局影印：《清高宗实录》卷一零六七，中华书局1985年版。
② 参看中华书局影印：《清高宗实录》卷一四八九，中华书局1985年版。

闻不出毕沅此举所散发出的味道。他绝不能容忍无视自己权威的情况的发生，同时，他也意识到，这也是自己教育新皇帝和群臣的大好机会。乾隆当即降旨，以敲山震虎的方式，对毕沅进行斥责。

他说，我去年就颁布谕旨告诉你们，一切军国政务还由我亲自料理，嗣皇帝敬聆训诲，跟着我好好学习，他只是我的跟班，是个实习生。官员们的题奏，严格按照固定格式书写。“毕沅等并不遵照办理。是何意见？”各项工作，我都会亲自处理，随时训示，“岂有因授受之典，即自暇自逸，概置政事于不问乎！”[①]

为了敲打嘉庆和臣属这些猴子，他小题大做，将毕沅当成了出头的鸡，交部议处，给予重罚。

乾隆深知，国家的大权在于军队、官吏任免奖惩和经济，这是支撑一个政权，同时也是一个领导人的三根擎天柱，抓住了军事、人事和财政，也就等于控制住了国家权力的牛鼻子。

在乾隆退位前后，先后爆发了苗民起义和白莲教起义，他借镇压起义军，牢牢握住军事指挥权。他曾不无得意地说：“一切军务机宜，俱朕酌筹指示。”[②]朝廷的用度开支以及田赋捐税，也把持在他自己手中，没有乾隆的批准，各种大型工程立不了项，各项钱粮豁免落实不下去。在人事方面，乾隆深知一朝天子一朝臣，如果不培植自己的干部，他这个太上皇就会被架空。授受大典后四个月，他就规定吏部和兵部，知县和武备以上应行引见者，必须由该部堂官轮流引见过目。臣是我的臣，民是我的民，谁也别想染指。

嘉庆三年（1798年），乾隆对自己的工作进行了小结。他很满意地给自己下了八个字的评语：“三载以来，孜孜训政。”在嘉庆惶恐而幽怨的眼神中，他赤裸裸地将归政切换为训政，将“退闲”二字扔到了九霄云外。

幕帘政治能成为现实，很大一个原因是乾隆找到了自己的代理人。

① 参看中华书局影印：《清高宗实录》卷一四九四，中华书局1985年版。

② 参看中华书局影印：《清高宗实录》卷一四九四，中华书局1985年版。

一个最佳代言人

这个代理人，就是大名鼎鼎的和胖子。

和胖子到底胖不胖，只是在民间流传，为史书所不载，但历史白纸黑字记载说，和胖子年轻时皮肤白皙，明目皓齿，身体挺拔，是个标准的美男子。

以往的记载，让我们对他产生了误解，以为他只是一个拍马屁的高手，揽金子的墨吏，这不仅是对和胖子本人的误解，也是小看了乾隆的智商。还原历史的底色，才能以古鉴今。

现在来看看这个代理人的发迹。

和珅，满洲正红旗人，出身官宦，生于乾隆十五年（1750 年），少年时曾入读咸安宫官学。十八岁时，承袭三等轻车都尉，和内务府大臣、户部侍郎英廉的孙女结婚，英廉后累官至大学士。二十三岁时，授予三等侍卫，入粘杆处。所谓粘杆处，类似于汉代羽林，平时负责皇帝的警卫安全，出行则给皇帝牵马坠蹬，闲时就陪皇帝钓鱼捕雀。地位虽然低下，但因为离领导近，获赏识的机会就多。

关于和珅的崛起，正史多不载，反倒是野史的说法，更富有传奇色彩。

据《郎潜纪闻》载，一次臣下汇报说，有个要犯逃脱了。乾隆很不高兴，嘴里嘟囔道：虎兕出于柙，龟玉毁于椟中，孰之过欤？当时侍从们不知怎么应对。和珅在旁边斗胆说：典守者不得辞其责。乾隆见小跟班居然懂得《论语》，大为诧异，经过多次交流，对这个仪度俊雅的青年人，逐渐赏识起来。

此事是否属实已难以考据，也许发生过类似的事情，使和珅的人生轨迹发生了变化，但不可否认的是，和珅聪明灵活，过目不忘，这一点让他区别于一般的侍卫。无论从事什么工作，如果没有一点过人之处，是无法凸显出个人成长价值的。不久，和珅调任仪銮卫侍卫。

乾隆四十年（1775 年），这是和珅一生中的转折点。当年，他被提拔为御前侍卫兼副都统，由一个站岗放哨的大头兵成为吆三喝四的领导。四十一年（1776年），和珅一年内被提拔了六次，从户部侍郎、军机大臣、内务府大臣、镶黄旗副都统、国史馆副总裁，一直被提拔到步军统领，成为手握重权的一品大员。当时，他只不过二十七岁。

和珅二十八岁时，开始接手肥缺，兼任崇文门税务总督，总理行营事务；补镶蓝旗满洲都统；授正白旗都统，领侍卫内大臣。三十一岁时，成为户部尚书、御前大臣，兼都统、议政王大臣。同年，没有任何功名的和珅，任《四库全书》总裁，兼理藩院尚书。接下来的几年内，先后任或兼任兵部尚书、国史馆总裁、吏部尚书、文华殿大学士、翰林院学士，封太子太保、一等男、忠襄伯。不仅如此，和珅还通过裙带，和皇室紧紧捆在一起，儿子丰绅殷德娶了乾隆最宝贝的女儿和孝公主，女儿嫁给了康熙的重孙贝勒永鋆，侄女则许配给了乾隆的孙子绵庆。

短短的几年内，和珅由一个抬轿子的侍卫，成长为第一宠臣，干遍了朝廷几乎所有的美差肥缺，把各个衙门拿屁股轮流坐了一遍。走红速度之快，令一辈子削尖了脑壳往上爬的人，眼睛都馋瞎了。

皇权社会是寡夫独裁的社会，一个人的好恶决定着全天下人的命运。跟在皇帝屁股后面工作，他高兴了你就能鸡犬升天，他要是不高兴你就吹灯拔蜡。和珅发迹的唯一原因，就是把乾隆哄高兴了。

关于和珅如何让主子欢心，野史笔记中有很多记载。有一个广为流传的说法是，乾隆当皇子时，因戏弄一个妃子，致使其被赐死，所以深感内疚。因为和珅长相酷似妃子，所以倍得乾隆宠信。[①] 近来，还有好事者考证说，乾隆好男优，因为和珅长得眉清目秀，故而对他十分疼爱。言下之意，两个人搞同性恋。这种乱弹琴之戏说，实属无聊文人的嚼舌之言，不足凭信。

来自皇宫大内的见证人说，和珅这个人很诙谐，能够逗人开心，这一点很像影视剧中和珅的扮相。礼亲王昭梿说他“虽位极人臣，然殊乏大臣体度，好言市井谑语，以为嬉笑”。[②] 皇宫大内的生活刻板枯燥，一

① 参看唐文基、罗庆泗等：《乾隆传》，人民出版社1994年版。

② 参看（清）昭梿撰，何英芳点校：《啸亭杂录·续录》，上海古籍出版社2012年版。

聖製平定臺灣詠大埔林之戰詩

諸羅圍解迤南通斗六門當所必攻不與暇因操勝計破其堅乃易成功路經三埔皆酣戰賊擁千羣尚肆訌大膊大鞣消頃刻雄風何異捲飛蓬

賜凱旋將軍福康安參贊海蘭察等宴即席成句

西域金川宴紫光臺灣凱席值山莊敢稱七德七功就戒滿持盈增惕永安民和衆繫懷長養年歸政應非遠

臣和珅敬書

举手一投足都要合乎礼仪，即使贵为天子，也不敢随便逾越雷池。和珅天生具有幽默感，平常喜欢讲讲黄段子，说说市面的风土人情，调剂了乾隆的精神世界，因此而受到赏识，也在情理之中。

乾隆雄才大略，历代帝王中除了康熙，几乎没人能入他法眼。这种性格特征，决定了他高傲虚荣的心理趋向，而和珅能够想乾隆之所想，急乾隆之所急，善拍马屁，曲意逢迎，想方设法满足他的骄奢之心。和珅虽然贵为军机大臣，在乾隆面前，"言不称臣，必曰奴才，随旨使令，殆同皂隶"。[①] 连朝鲜人都知道，"皇帝若有咳唾，和珅以溺器进之"。[②] 这绝非满口"诗云子曰"之人所做得出来的。

然而，乾隆所看重的人，如傅恒、刘统勋、于敏中、福康安、阿桂之流，俱是一时之选，和珅能超越他们成为最红的政治明星，决不是讲几个段子，磕几个响头，接几次痰唾，就能赢得皇帝的欢心。

在王权体制下，家国天下是一体的，公与私纠缠在一起，选拔任用官员的一个最重要标准是德才兼备。所谓德，就是忠诚听话；所谓才，就是有本事。乾隆作为一流的帝王，不可能分不清国家与马屁孰轻孰重，更不可能将军国大事交给一个傻瓜，国家要治理，社会要稳定，必须"文武干济之才"，方能承担得起。庸才办不了事，干才用起来不顺手，只有和珅这样的"奴""才"，才是真正的人才。

和珅能哄乾隆高兴，也就是发迹的真正原因，即能办事、会办事。

乾隆在《平定廓尔喀十五功臣图赞》中说，五十六年（1791 年）用兵之际，"所有指示机宜，每兼用清、汉文，此分颁给达赖喇嘛及传谕廓尔喀敕书，并兼用蒙古、西番字。臣工中通晓西番字者殊难其人，唯和珅承旨书谕，俱能办理秩如，勤劳书旨，见称能事。"可见和珅具有很高的文字能力。和珅能诗善书，书体及笔意颇似乾隆，可能是刻意模仿过，因此，乾隆有一些诗匾，就是由和珅捉刀的。

和珅是个理财能手，这一点很受乾隆看重。乾隆晚年好大喜功，挥霍无度，致使国库入不敷出。和珅接手崇文门税务后，内务府"岁为盈

---

① 参看吴晗：《朝鲜李朝实录中的中国史料》，中华书局 1980 年版。
② 参看吴晗：《朝鲜李朝实录中的中国史料》，中华书局 1980 年版。

积，充外府之用”，修宁寿宫，举办万寿典的资金，一下子就充足了起来。和珅的沟通协调能力也非常强，乾隆七十岁和八十岁寿辰，以及授受大典、千叟宴，都是由他主持操办的。在和珅的经营下，典礼场面壮观，规模庞大，秩序井然，充分体现了超强的办事能力，极大地满足了乾隆的虚荣心。

乾隆能踏踏实实地退居幕后，就是因为有这样一个体贴而能干的奴才做自己的代理人。

乾隆清楚和珅的弱点：贪婪，结党，和同事搞不好关系，这些在他人眼里无法容忍的缺点，恰恰是乾隆认为和珅值得信任的地方。关于贪婪，下文将会提供具体的数字，这里就不再涉及。关于结党营私，可以简单交待几笔。和珅得势以后，在其周围形成了一个以和琳、福长安、苏凌阿、伊江阿、吴省兰、吴省钦、国泰、景安等人为羽翼的势力集团。朝鲜人郑东观曾说：“阁老和珅用事将二十年，威福由己，贪黩日甚。内而公卿，外而藩阃，皆出其门。纳贿谄附者，多得清要，中立不倚者，如非抵罪，亦必潦倒。”[①]

和珅担任军机大臣时，当时班子成员有五人。领班军机大臣阿桂德高望重，看不起和珅的为人，不尿他这一壶；王杰是二十六年（1761 年）状元，刚直清廉，素来讨厌和珅；董诰有古大臣之风，也不和他同流合污；只有福长安勉强算是和珅的同党。每天上班之时，五个人不愿呆在一个地方，都各自找了间办公室。御史钱沣上书建议军机大臣一起办公，省得大家汇报工作时来回奔波。乾隆虽然批示同意，但最后也不了了之。和珅嫌钱沣多事，一有事就吩咐他去干，没多久就把他累死了。

在乾隆的心目中，和珅贪婪无度，结党营私，不过是利用衍生权力，谋取蝇头小利，在本质上没有谋政之意。而他和大臣们搞不到一起，恰好可以利用他们之间的矛盾，实现政治权力的相互制衡。和珅再能，只是一个寄生虫，无论如何跳不出自己的手心。

正是基于这一点，乾隆放手使用和珅，使之成为自己的代言人。

乾隆退位时，和珅任军机大臣、大学士、户部尚书、崇文门税务监

① 参看吴晗：《朝鲜李朝实录中的中国史料》，中华书局 1980 年版。

督、正黄旗都统等职，牢牢控制着军事、财税及皇家事务。而乾隆则通过和珅，对朝政实施控制，施加影响。

在嘉庆初年的政治舞台上，乾隆如同耍木偶的人，和珅则就像个木偶，随着主人手指的弹动，变幻出各式各样的动作。

嘉庆无心看戏，他并不是观众。木偶的每一动作，都牵动着他的心，让他如坐针毡，却又不敢动弹。

都是权力惹的祸。

实习生：尊敬不只是礼貌

嘉庆被卷进了漩涡之中。

权力世界对嘉庆来说，是熟悉但更是陌生的。他虽然三十七岁了，却还是一个新手，没有任何政治根基。由于乾隆实行的是秘密立储，此前，他只是一个普通的皇子。为避免被怀疑和黑暗伤害，他像一只胆小的乌龟，唯一能做的，就是将脑袋缩在壳里。

当上皇帝以后，嘉庆以为终于可以扬眉吐气，可他发现自己错了。权力的深潭看似清澈见底，波澜不惊，可当一头扎进去，才发现暗流汹涌，绝非个人所能控制。他越挣扎陷得就越深，虽然贵为一国之君，在漩涡中却毫无作为。他发现，放弃挣扎，随波逐流，才是避免被呛或沉底的最好办法。

这一切，都因为嘉庆是个实习生。

太上皇说了，所有的政务他还亲自打理，嘉庆跟在屁股后面，只是“敬聆训诲，随同学习”。[①] 坐在龙椅上就把自己当根葱，那是大错特错了。

乾隆是什么人？当了六十年皇帝，资历都快有嘉庆年龄的两倍了。先别说什么经验、权威，放眼整个朝堂，哪个不是他的大头兵？一个新干部，忽然来到一个错综复杂的地方任职，他所面对的，是一个个利益既定的团体，他除了压抑，除了叹气，还能做什么？

---

① 参看中华书局影印：《清高宗实录》卷一四九四，中华书局 1985 年版。

二 和珅

朝鲜使节的观察，可以一窥嘉庆的实习生活。“同月（即嘉庆元年三月），（朝鲜国王）召见回还进贺使李秉模等。上曰：‘太上皇筋力康宁乎？’秉模曰：‘然矣。’上曰：‘新皇帝仁孝诚谨，誉闻远播，云然否？’秉模曰：‘状貌和平洒落，终日宴戏，初不游目。侍坐太上皇，上皇喜则亦喜，笑则亦笑，于此亦有可知者矣。’”①

这则秘闻般的史料，提供了这样一幅图景：嘉庆没有单独处理政务的机会，能做的就是天天陪着乾隆吃喝玩乐，在乾隆面前，无法表达自己的情绪或见解。他只能以孝子的身份，先乾隆之忧而忧，后乾隆之乐而乐。

人多时候最寂寞，嘉庆终于体会到，什么才是真正的孤家寡人。

太上皇、嗣皇帝、二皇帝，形成了一个权力的三角恋。在这个“恋爱圈”中，地位最尴尬的就是嗣皇帝了，他不但要看太上皇的脸色，还要仰二皇帝的鼻息。

想起这个“二皇帝”，嘉庆牙根都发痒。

现在，谁不知道和珅是替乾隆当家的大管家?

太上皇老得走不动了，可权力欲比年轻人还旺盛。他把位置交出来了，但还留恋着呼风唤雨的日子。嘉庆虽然是他的亲儿子，钦定的接班人，却也是他的政治对手。乾隆心里非常清楚，如果放手让儿子折腾，自己真就“黄”了。嘉庆也明白，和珅就是太上皇的胳膊，就是太上皇的手，靠着和珅这个大拿，太上皇稳坐钓鱼台。

宁与外奴，不与内亲。悲哀，权力制造出来的悲哀啊。

更令嘉庆感到悲哀的是，和珅的手也太长了，他根本没把未来的一把手放在眼里。

他凭借不正常的宠信，以乾隆的传声筒、代言人自居，垄断了权力中枢与外界交流的信息，说黑就是黑，说白就是白，靠着一张“嘴巴”，把持着朝堂。和珅不仅让亲信李光云等把持各部院，还把吴省兰安插在嘉庆身边，密察皇帝的一举一动。嘉庆二年（1097年）阿桂病死，和珅成为领军机大臣。他擅自改变了制度，规定今后凡是给皇帝的奏折，必

① 参看吴晗：《朝鲜李朝实录中的中国史料》，中华书局1980年版。

须另写一份送军机处，不但据此彻底控制了枢庭，也控制了朝廷的舆情。

和珅胆子越来越大。他借口自己腿有毛病，骑马直进皇宫大门，然后过正大光明殿。乾隆批的折子，他借口字迹不清楚，再弄一份呈上去，让老头子重新批。乾隆曾打算将两广总督朱珪调入内阁，嘉庆兴奋之余向老师写诗祝贺。和珅知道后，怕朱珪来了碍手碍脚，向乾隆汇报说“嗣皇帝欲市恩于师傅”，[①] 使此项人事变动流产。嘉庆颁布谕旨，准备举行冬季大阅典礼，由于没有选和珅做主持人，他竟然鼓动乾隆干涉说，现在川东的教匪虽然收拾干净了，但还有好多官兵没有撤回来，今年的大阅典礼就不搞了。

由于乾隆年龄过高，记忆力衰退，“昨日之事，今日辄忘，早间所行，晚或不省”，和珅这个代理人口口声声奉太上皇诏命，口衔天宪，真假难辨，以致于“人皆侧目”，却又“莫敢奈何”。没有人不知道，和珅“乘高宗昏耄，颇有挟太上皇帝号令皇帝之势”。

和珅忽视了一点。

乾隆再有权威，毕竟土埋到脖子了；嘉庆再窝囊，也是未来的一把手。在政坛上打滚的人，素有“欺老不欺少”之说，按道理，和珅不至于忘记这点忌讳。事实上，和珅并没有忘。在公布储君人选的前一天，即乾隆六十年（1795 年）九月初二，和珅获悉“红”名单上的人是嘉庆。为了送个顺水人情，讨好新主子，他将这个最高层的人事变动，泄露给了当事人。

然而，权力如同迷幻剂，一旦吸上了瘾，飘飘然不知所以然，再也无法辨别虚幻与现实，和珅陶醉在衍生权力的快感中，已经无法自拔，迷失了正确的政治方向。

如果谈和珅的缺点，只能怪他的仕途太顺利。

从二十五岁开始，和珅乘坐着直升飞机，从一个三等侍卫，成为首席军机大臣，位列公卿。和珅太年轻了，年轻就会心高气盛；他也太顺利了，太顺利就会得意忘形。一个人如果不经过挫折，就不会真正成熟起来，不经过磨练，就不会成为一个合格的政治家。

---

① 参看赵尔巽等：《清史稿·朱珪传》，中华书局 1977 年版。

和珅不是政治家，甚至算不上一个政客。说到底，他只是一个权力妄想狂。

他太小看嘉庆了。

嘉庆对和珅很尊敬，“凡于政令，惟和珅是听，以示亲信之意，俾不生疑惧”。[①] 嘉庆还曾经向和珅许诺，以后会倚仗他来治理天下。[②] 在和中堂德高望重，以后要多多关心的示爱声中，三角恋中看似强大其实最薄弱一环的和珅，彻底沉沦在权力的地狱中了。和珅认为，这个唯唯诺诺、木偶一般的皇帝，不过是一只缩了三十多年脑袋的乌龟。

可他忘了，这只缩着脑袋的乌龟，早已经变成一条龙了。真正的龙并不总是翻云覆雨，他知道什么时候该收起自己的爪牙。

很多时候，政治家的尊敬往往充满了敌意。尊敬不仅仅是礼貌，更是一种谋略。

灵堂里的战争

嘉庆四年（1799 年）正月初一，乾隆在乾清宫接受群臣的朝贺。第二天，就躺在床上起不来了。年前，他偶感风寒，不但饮食骤减，视力也大不如前。毕竟是一个将近九十岁的人了，如同一盏细弱的烛光，经不起哪怕是鼻息般的微风。

和珅对乾隆的病危，并没有过多地放在心上。在他看来，太上皇年龄如此之大，驾鹤西游只是早一天晚一天的事情。自己的地位虽然会受到损害，但绝对不会伤筋动骨。皇上不谙政事，没有临朝决断的经验，还不得依靠领军机大臣?！况且，嘉庆也亲自许诺过，要依靠自己治理国家，这么一大摊子事，没有我和珅来操持着，可怎么得了啊?！

在嘉庆频频送来的秋波中，和珅渐渐忽略了权力风波之恶。这个乾隆的代言人，把主子病危的消息，当成新闻段子，“出向外廷人员叙说，

① 参看吴晗:《朝鲜李朝实录中的中国史料》，中华书局 1980 年版。

② 参看（清）昭梿撰，何英芳点校:《啸亭杂录·续录》，上海古籍出版社 2012 年版。

谈笑如常”，[1] 丝毫没有意识到，自己是缠在乾隆身上的一根藤，是太上皇身上的一个寄生虫，皮之不存，毛将焉附？！

正月初三上午九、十点钟，乾隆松开了自己的手，停止了权力的呼吸。

一片啼哭声中，嘉庆宣布了一道命令，这是一道让和珅目瞪口呆的命令。

乾隆病危的消息，让嘉庆的心情十分复杂。我们不能以平常人的心态，去考量一个政治人物的感情。嘉庆的感情之所以复杂，是因为乾隆的健康牵动着权力的神经。他一方面为太上皇的病情感到悲伤，而在这种悲伤中还有一丝如释重负的快感，他不能不为自己即将掌控一个庞大的帝国而兴奋。

整整三年。这是多么漫长的三年。

触手可及的诱人美味摆在眼前，饥肠辘辘却只能压抑原始的本能，故作优雅无视之态。饥渴而不能食饮，人世间的悲哀莫过于此吧。现在，那双让自己不安的手终于放开了，而自己的手也终于可以伸出来了。

嘉庆从来没有真正把和珅当回事。在这位皇帝看来，和珅是个聪明人，但都是些小聪明，他根本就不配玩政治。倚赖一个人的宠信而获得的权力，是最省事、最简单但却又是最靠不住的。他没有弄清自己有几两重，也没有弄清自己究竟要上哪条船，只是一味享受着航行的快乐，却没有堤防水底的暗礁，这是一个没有政治敏感和方向的人。

乾隆刚刚驾崩，嘉庆就宣布命令，由和珅、成亲王永瑆、大学士王杰、福长安筹办丧礼，和珅和福长安的任务是守灵。

权力的战争从灵堂打响了。

和珅的胸口如同受到一阵猛烈的撞击，他感觉眼前直冒金星。他和福长安同为军机大臣，也是一根绳上的蚂蚱。嘉庆还强调，让他们俩“昼夜守直殡殿，不得任自出入”。[2] 和珅再没有政治头脑，也明白自己被软禁了。

---

① 参看中华书局影印：《清世宗实录》卷三七，中华书局 1985 年版。

② 参看吴晗：《朝鲜李朝实录中的中国史料》，中华书局 1980 年版。

守灵是和珅无法拒绝的理由。任何人都知道，替太上皇办理丧事，是当前最大的政治。和珅作为领军机大臣，也是太上皇的铁杆嫡系，于公于私都必须办好这份差。这个命令的阴狠之处在于，如果和珅拒绝守灵，其之不忠不孝如同谋反；如果接受命令，无异于自己断绝与外界的联系，形同监禁。

和珅默默地接受了。高手之间的决斗，根本不需要大战三百回合式的厮杀，而往往蓄势于平日，一招毙敌于瞬间。他终于明白，这个看似低眉顺眼的乌龟，是一条真正的潜龙。不飞则已，一飞冲天。和珅惊诧于嘉庆的能量，也惊诧于自己的脆弱。他发现，自己其实不堪一击。嘉庆根本不需要自己的辅佐，大清佐国之才比比皆是。

嘉庆怎么可能用和珅？当天，他就下令，调自己的老师朱珪入京，主持大局。为安抚群臣，他还特意声明："一切政务，悉应仰体皇考圣意。"[①]

四日，嘉庆借斥责征剿白莲教不力，批评"内而军机大臣，外而领兵诸将，同为不忠之辈"，[②]各路带兵官员，必须在春天完成剿办，如果超过期限，军法从事。批评的矛头直指和珅，将其军机大臣和九门提督等职免掉。在警告完毕后，他还意味深长地说，不要以为"幼主可欺也"。[③]

五日，嘉庆宣布自己听政，"凡九卿科道，有奏事之责者，于用人行政，一切事宜，皆得封章密奏"，同时宣布，自己要效法康熙，"以求言为急务"。[④]嘉庆此举，不仅仅是要将政治权力收归已有，更在于他发出了让群臣参奏和珅的信号。御史郑葆鸿等闻风弹劾。

八日，嘉庆命令，革去和珅、福长安职务，下狱治罪。规定今后奏折直接呈上，不许抄送军机处。同时，宣布了新的人事调整：王杰任首席军机大臣，永瑆、董诰及兵部尚书庆桂等任职军机；永瑆总理户部，仪亲王永璇总理吏部，庆桂转任刑部，工部右侍郎盛住代理尚书，睿亲

① 参看中华书局影印：《清世宗实录》卷三七，中华书局 1985 年版。
② 参看中华书局影印：《清世宗实录》卷三七，中华书局 1985 年版。
③ 参看章开沅：《清通鉴》，岳麓书社 2000 年版。
④ 参看中华书局影印：《清世宗实录》卷三七，中华书局 1985 年版。

王淳颖主理藩院，定亲王绵恩任步军统领。

九日，嘉庆整顿部队。令保著总统军事，并谕旨各统兵大员，和珅已经革职问罪，你们已经失去凭仗，应当以国事为重。为稳定边疆，任命伊犁将军保宁为大学士，乌鲁木齐都统书麟为吏部尚书，驻藏大臣松筠为户部尚书。

在对人事进行调整的同时，嘉庆没有忘记和珅的亲信。他将左都御史吴省兰兄弟革回原籍，山东巡抚伊江阿发配伊犁，太仆寺卿李光云退休，大学士苏灵阿守皇陵。

十一日发布的一道圣谕，充分体现了嘉庆的政治手腕。当天，他对外发布缉拿和珅的理由时说，皇考所用的重臣，我是绝对不敢更换的。即使有罪的，如果可以原谅，都会考虑保全，这是我的初衷。和珅的罪太大了，而且大家伙儿都弹劾他，实在是无法原谅，所以我将他拿了。

十五日，直隶总督胡季堂奏请将和珅凌迟处死。嘉庆公布了和珅二十条大罪，要求在京三品以上文武官员议奏，如有不同意见，可以自行提出。实际上，这为处理和珅定下了基调。

十八日，文武大臣提出将和珅凌迟，福长安斩首。嘉庆说，按和珅所犯的罪行，怎么处理都不过分。但考虑到他曾经担任首辅，如果实施如此重处，有伤国体，因此加恩自尽，福长安则判死缓。在谕旨中，嘉庆特别要求，和珅自尽时，福长安须在一旁跪视。

和珅从政二十余年，奉行的政策是，在乾隆的呵护下，一手抓钱，一手揽权。有一个典故颇能说明和珅的为人。有一次，他拉着比自己大二十五岁的王杰说，啊呀，您的手怎么这么柔软啊？王杰甩开了他的手，不屑一顾地回答说，我的手虽好，但不能搂钱。

今天我们漫步在恭王府，或者徜徉于未名湖，如果追思古人，一定想不到和珅，但这里都曾经是他的私产。据统计，查抄和珅家产时，封存了大约一千万两的财物。[①] 所谓“籍没家产，至八百兆有奇”，[②] 即八亿两，完全是夸张了。当时全国每年的财政收入不过才七千万两，和珅敛

① 参看李国荣：《清宫档案揭秘》，中国青年出版社 2007 年版。

② 参看徐珂：《清稗类钞》，中华书局 1984 年版。

财手段再高明，也弄不到这么多钱。不过，一千万两已经是天文数字了，一个人能贪污到这么大一片家业，也算是本事。

经济问题是整人的最佳借口。

要想搞垮政治对手，垂直打击是最愚蠢的办法。从生活作风、经济问题入手，才能达到兵不血刃的效果。嘉庆整治和珅，绝对不是为了解决上台伊始的财政困难，而是感到了一种潜在的威胁。他在一份奏折上，曾经坦白地批示说："朕若不除和珅，天下人只知有和珅，不知有朕。"①

在被迫替乾隆守灵时，和珅一定实实在在地哭了。满脸的鼻涕泪水，掩盖不了那种来自心底的悲伤。乾隆人一走，没有想到自己的茶最先凉。从守灵到自尽，不过短短的半个月时间，和珅就踏上了不归路。

我们现在来简单地总结一下这个从乾隆死亡开始的政治斗争。在嘉庆初年的政治舞台上，和珅可以说是呼风唤雨。这样一个人物怎么会如此不堪一击呢？总结起来，有这样两个原因：第一，和珅过分地依赖乾隆，没有真正形成自己的势力集团，更没有给自己想好退路，不知道明哲保身。他敛财是个能手，搞政治则差点火候，可以说没有政治头脑。第二，嘉庆继承皇位已经三年，在臣民心目中是名正言顺的接班人，随着乾隆的驾崩，无论舆论、行情还是权力，自然立即发生位移，这确保了他的核心地位。而且他所采取的韬光养晦策略，不但瞒过了聪明一世的乾隆，更瞒过了聪明一时的和珅。

自尽之前，和珅留下了一首绝命诗，其中一句让人颇为感慨。此时，一轮圆月挂在半空，透透亮亮地照在大地上。元宵节刚刚过去，京城依旧万家灯火，老百姓普通而祥和的笑声，在大街上流淌。而和珅念叨着"五十年来梦幻真"，将脖子挂上了白绫。

其实，任何权力到头来都难免是南柯一梦。没有见到棺材，又有多少人能醒悟呢？

---

① 参看（清）雍正帝批，（清）允禄、鄂尔泰等编：《朱批谕旨·鄂尔泰奏折》，世界书局1988年版。

庸碌天子嘉庆评传

镇压了白莲教起义后，郁闷的嘉庆写了一首七律，这首牢骚诗的首联是：“内外诸臣尽紫袍，何人肯与朕分劳。”眼看着自己掌舵的“泰坦尼克”逐渐下沉，回天乏术的嘉庆除了抱怨臣工外，也是莫可奈何。

嘉庆元年（1796年），时年三十七岁的颙琰即位，由于乾隆以太上皇名义训政，三整年后，嘉庆才尝到了做皇帝的滋味。嘉庆二十五年（1820年），乾隆皇帝驾崩，时年六十一岁。

当了二十五年天子的嘉庆，最大的政绩是扳倒和珅。和珅得幸乾隆，权势熏天。嘉庆还是皇子的时候，就对和珅的所作所为不满。嘉庆即位后，身为乾隆代言人的和珅，暗中培养自己的亲信，限制嘉庆的权力。嘉庆投鼠忌器，在老师朱珪的指点下，隐忍不发。乾隆驾崩后半月内，嘉庆就采取果断措施，翦除“二皇帝”和珅，籍没其家产，赐令自尽。

嘉庆除掉了和珅这个肿瘤后，才发现自己接掌的大清帝国已经恶疾遍体。嘉庆朝上承康雍乾盛世，下续道咸同衰世，可以说是社会矛盾总爆发的关节点。经过一百八十年的发展，尤其是乾隆后期的败治，一连串的危机压在了嘉庆的肩上。

嘉庆是个好皇帝。在他作的那首七律中，颈联“玉杯饮尽千家血，银烛烧残百姓膏”，体现了他悲天悯人的仁君情怀。无奈的是，他不是雄才大略的康熙，也不是勤政恤民的雍正，甚至比起乃父的聪颖干练，也是望尘莫及。面对积重难返的社会问题，他发现自己刚按住葫芦，忽然又起了瓢。

嘉庆十年（1805年），眼看八旗余丁的生计出了问题，嘉庆便设养育兵额，以解燃眉之急；嘉庆十七年（1812年），为消化旗族的剩余劳动力，就派他们去吉林垦殖。但此时，土地兼并严重，吏治败坏异常，农民流离失所，鸦片倾泻而入，面对这些问题，嘉庆虽然整天埋头苦干，但毫无解决问题的良策。

嘉庆在位二十五年，湘黔苗民起义持续了十二年，让他烦乱不已。

嘉庆十八年（1813 年）爆发的天理教起义，甚至攻入了紫禁城，打到他的眼皮底下。东南沿海一带，起义军也活动频繁，从之者如瀑如流。

嘉庆时代，英国的工业革命已经如火如荼地进行了几十年。这位庸碌的天子依然在“天朝抚有四海”的自满中，闭关自守，重农抑商，限制工矿。嘉庆曾两次下令禁止走私鸦片，禁止官民吸食鸦片，然而西方殖民者并不甘心放弃，侵略的眼睛已经盯上了中国这块大蛋糕。嘉庆五年（1800 年），英国船只驶往黄埔；嘉庆七年（1802 年），英国将兵船开往澳门；嘉庆十三年（1808 年），英国士兵强行登陆澳门。虽然嘉庆下旨部署军事行动，英军权衡利害自行撤离，然而鸦片战争的序幕，即将拉开。

嘉庆执政的二十五年，是非常关键的二十五年，这是从盛世走向衰世的过渡期。庸庸碌碌的嘉庆并没有治世的妙方，他只能眼看着自己的帝国慢慢没入深渊。

嘉庆私档

姓名：爱新觉罗·颙琰（1711—1799）

庙号：仁宗

谥号：睿

年号：嘉庆

即位时间：嘉庆元年正月初一日（1796 年 2 月 9 日）

即位年龄：三十五周岁

在位时间：二十五年

陵寝：昌陵（今河北易县）

父母：父弘历，母魏佳氏

配偶：十五人，皇后喜塔拉氏

子：五人，长子未命名（夭折），次子绵宁（后改为旻宁），三子绵恺，四子绵忻，五子绵愉

女：九人

继位人：旻宁

第八章

道光与遗失的接班密诏

如果说要简单评论一下嘉道时代的权力交接，只能说是充满了神秘或者说是宿命色彩。首先是嘉庆驾崩得莫名其妙，然后是道光上台得扑朔迷离。这一下一上都因为过于偶然，多了些难以言传的微妙。

事实上，纵览历代国与朝，权力的更迭与交接，并不是按照既定的轨道运行。正是因为偶然和微妙，才多了一些戏剧性，值得我们回味。

皇上被雷劈死了

嘉庆据说是被雷劈死的。如果这个传说属实，他就是中国历史上非正常死亡的帝王中，唯一一个死于天灾的皇帝。

二十五年（1820年）七月十八日，嘉庆的銮驾自圆明园出发，前往250公里外的热河避暑山庄。按照以往的惯例，在山庄住到立秋之后，到今内蒙古锡林郭勒附近的木兰围场，举行秋狝大典，以示不忘家族纵马天下的艰辛。在随行的队伍中，有皇次子智亲王绵宁、皇四子瑞亲王绵忻，总管内务府大臣、皇室禧恩与和世泰，首席军机大臣、东阁大学士托津、文渊阁大学士戴均元、户部尚书卢荫溥、户部侍郎文孚以及御前大臣赛冲阿、索特纳木多尔济。

时令正值盛夏，日头落到地上，几乎烤出油来。二十四日上午，銮驾到达广仁岭。按照规定，广仁岭是皇帝下轿乘马之地。嘉庆纵鞭而行，午后到达山庄，下榻烟波致爽殿。稍事休息后，祭拜了城隍庙和永佑寺。

二十五日傍晚，山雨欲来风满楼。原本晴空万里的热河，突然被一片墨云笼罩。不久，雷电交加，大雨倾盆而至。珠帘顺着屋檐泻下，远山朦胧在水的世界里。在一片雷电声中，隐隐传来了啼哭声。

一个更响的闷雷在热河的上空炸裂：六十岁的当今天子嘉庆皇帝驾崩。

这个消息太突然了。二十四日，嘉庆还处理了一些日常公务，任命了一批官员。其中，提拔詹事府朱士彦为内阁学士。另外还给山庄官兵增发薪水，以示慰问之意。不久前，在六十岁圣诞之日，嘉庆还饶有兴趣地谈及家族的长寿问题，对个人的健康状况颇为自诩。一个如此健康的皇帝，怎么会说没就没呢？

嘉庆之死不仅迷惑了不知情的臣民，也让历史的文档变得疑窦密布。

关于嘉庆的死因有三个版本，而这三个版本都与雷击有关。第一个版本还算合理。嘉庆在山庄感到龙体有恙，于是便卧床休息。由于调理得当，并没什么大碍。热河发生雷雨天气时，雷电击中皇帝寝宫，将嘉庆震死。

第二个版本有很明显的迷信色彩。嘉庆到达山庄稍作调整后，直奔木兰行猎所在。由于此次出猎不利，只打了几只兔獐之类的小猎物，心情郁闷的嘉庆决定提前回京。回程中天气突变，平地起雷，唯独击中嘉庆。

第三个版本是说嘉庆遭天谴。嘉庆长期和一个小太监不清不楚，此次前往避暑山庄，也将他贴身带了出来。二人正在烟波致爽殿云雨时，雷电透窗而过，劈死了嘉庆。嘉庆死时面目全非，朝廷害怕丑闻泄露，找了一个和其面目相符的太监，绞死后放在嘉庆尸身上入殓。①

嘉庆是否为雷击而死，正史中得不到证实，只是散见于清皇室人员的口传，而记载在一些野史笔记中。有学者认为，如果嘉庆真是被雷劈死的话，官私文档都不会记录这种犯忌之事。②

正史则有自己的一套说辞。

自京城出发后，嘉庆一路奔波劳累，感到有点中暑，骑在马上被风一吹，身体又有点凉。晚上，嘉庆四肢乏力，痰气上涌。由于没法彻眠，他半靠在床上，捱到了天亮。二十五日早晨，嘉庆不能下床。中午，呼吸困难。下午，无法言语。到了傍晚，下起了雷雨。戌刻（7—9 点），驾崩。

后世历史学家认为，嘉庆本人比较肥胖，他以六十岁年龄出边，由于天气比较炎热，在马上又吹了凉风，很可能得了心肌梗塞或脑中风，③也有的说是心脏或血管病，④从而引发猝死。因为从发病到死亡，不足一天时间，而当时正巧天下暴雨，就有了嘉庆被雷击的传说。

从雷击传闻，我们可以看到一个有趣的现象，即一些重大历史事件上，官方和民众的看法往往不一致。比如嘉庆之死，正史记载说是患病，而老百姓则相信是雷击。流传到今天，即使我们采信官史，心里也难免犯嘀咕。

其实道理很简单。

---

① 参看潘洪钢:《明清宫廷疑案》，中国社会科学出版社 2004 年版。
② 参看阎崇年:《清宫疑案正解》，中华书局 2007 年版。
③ 参看潘洪钢:《明清宫廷疑案》，中国社会科学出版社 2004 年版。
④ 参看阎崇年:《清宫疑案正解》，中华书局 2007 年版。

人治在舆论上的表现是讲究避讳，极而端之就成为避讳政治或秘密政治。加上统治者采取的是愚民政策，总试图构建自己的道德形象，其治国方式、政策律令、舆论话语披着虚伪的外衣，于是就显得神秘化、不可信。而民众在政治高压下，出于反抗压制的心理反弹，会对官方的言行采取颠覆或破坏性解构，再加上好奇心理作怪，会形成一套宣泄兼愉悦性民间话语。久而久之，官方基于统治而采取的正常或非正常的隐蔽性措施，在民众看来都是不可信的，他们有自己的认知和解释体系。这种认知—解释体系，有时是一种大众狂欢式娱乐表达，有时是一种集体述说式对抗方式。两种不同的认知—解释体系，经过岁月的涤荡，就会模糊了历史的真实面目，使信史变成野史，让历史变得不真实。

嘉庆死后，热河避暑山庄立即限制人员出入，严格封锁消息。二十七日，在京王公大臣才知道皇帝驾崩。八月二日，朝廷正式对外发布讣告。据朝鲜方面的史料说，他们在盛京见到大清官员衣素，才知道嘉庆没了。[①] 正是这种遮遮掩掩的行为，加重了外界对嘉庆死亡内幕的猜测。

对朝廷来讲，当前最重要的不是嘉庆之死。葬礼是旧的政治生命的仪式性终结，但却是新的政治生命的标志性开始。国不可一日无君，臣子们最关心的是谁能继承皇帝的衣钵，按照祖制，答案就在“正大光明”匾后。

然而意想不到的事情发生了。

谁弄丢了传位密诏

装有传位密诏的匣子不见了。

历史在嘉庆二十五年七月二十五日之后开了一个巨大的玩笑，这个玩笑之荒唐让嘉道间的权力交接疑云重重。

根据道光给嘉庆修的《清仁宗实录》，以及咸丰给道光修的《清文宗实录》，嘉庆预感自己不久于人世，于是将随往的皇子和大臣叫到病榻

---

① 参看吴晗：《朝鲜李朝实录中的中国史料》，中华书局 1980 年版。

烟波致爽殿

前，共同开启了装有传位密诏的匣子，宣布了接班人名单。而从《清史稿》的记录来推测，这很可能是人为编造的场景。当时在场的禧恩、托津、戴均元等，在《清史稿》中立有传记。这几个人的传记显示，由于嘉庆死得过于仓促，并没有诏示继承人。

在各种史料中，《清史稿》更客观、可信一些。这部五百三十六卷、八百余万字的《清史稿》，是北洋政府时期经袁世凯批准，由赵尔巽担纲总编纂的一部大型清朝历史典籍。因其未经修订即匆忙付梓刊行，故曰“史稿”。

然而，分散于《清史稿》的有关嘉道权力变更的记载，前后也是相互矛盾的，而《清实录》的阐述简略删隐，更是让人疑窦丛生，难以取信。[①] 根据跟随戴均元多年的包世臣所写的《戴均元墓碑记》，并佐以《清史稿·禧恩传》的说法，我们似乎可以打捞出沉于历史湖底的真实场景。

也就是说，当时密匣确实“丢失”了。

密匣丢失的消息的震撼性，不啻于嘉庆突然驾崩。没有传位密诏，新皇帝就没法登台。如果新皇帝难产，整个大清帝国就会陷入混乱。即使选出了新的接班人，也不符合祖制家法。绵宁、绵忻、禧恩、和世泰、托津、戴均元、卢荫溥、文孚、赛冲阿、索特纳木多布济等人都懵了。

为避免皇权交接时的血腥争斗，雍正创立了秘密立储制度。皇帝在世时，挑选出自己得意的继承人，亲笔书写密封后，藏于“正大光明”匾后。皇帝驾崩后，请出密诏当众宣读，确立新的领导人，乾隆和嘉庆都是秘密立储的产物。密诏共有两份，以备相互印证之用。原版必须藏在匾后，备份则看立储人的意愿。雍正时将备份储于圆明园，乾隆因为巡幸出行较多，故随身携带。

众臣子翻箱倒柜，搜遍了整个避暑山庄，也没有找到这个事关国体的密匣。由于御前大臣、军机大臣几乎都在热河，皇室代表和两位皇子都在场，经过紧急磋商，决定临时推选接班人。鉴于推选新皇帝事关重大，如果随便开口，有可能卷入政治漩涡搭上身家性命，大臣们都不敢

---

① 高晃在历史纪实文学《天机》中也认为绵宁继位史实被篡改，参看高晃：《天机》，作家出版社 2012 年版。

表态。

这时，禧恩表态了。

他以皇室成员和内廷扈从的身份打破僵局，提议当年在宫廷变乱中立下功勋的绵宁继位。“托津、戴均元等犹豫。禧恩抗论，众不能夺”。根据这条史料显示，禧恩坚持建议立绵宁为接班人，托津、戴均元等非常犹豫，没有明确表态。这条史料还有一句话，“会得秘匮朱谕，乃偕诸臣奉宣宗即位”。[①] 这句话和包世臣的说法矛盾。

《戴均元墓碑记》是这样说的：“公与文恪（即托津），督内臣检御箧十数事，最后近侍于身间出小金盒，锁固无钥，文恪拧金锁，发盒得宝书。”[②] 而根据《清史稿·托津传》，“仁宗崩于热河避暑山庄，事出仓猝，托津偕大学士戴均元手启鐍盒，奉宣宗即位。”

综合这三条史料可以发现，密匣确实是“丢”了，找到密匣的人是托津和戴均元。所不同的是，《戴均元墓碑记》和《清史稿·托津传》说，由托津和戴均元开启了密匣。而根据清朝的制度，立储密旨需要当着皇子的面由大臣公启，托津和戴均元两个人没有资格开匣宣旨。

根据传位密诏，嘉庆四年（1799 年）四月初十，即嘉庆掌握实权后不久，立绵宁为皇太子。

绵宁成为接班人后，将嘉庆驾崩的消息通知了京城。在五百里加急报丧时，绵宁并没有提及自己继位一事。已成为事实上的皇太后的钮祜禄氏，在接到热河的丧报时，立即回复了一道懿旨。在这道相当于拥护宣言的懿旨中，钮祜禄氏说：“大行皇帝龙驭上宾，皇次子智亲王仁孝聪睿，英武端醇，见随行在，自当上膺付讬，抚驭黎元。但恐仓卒之中，大行皇帝未及明谕，而皇次子秉性谦冲，予所深知。为降谕旨，传谕留京王大臣，驰寄皇次子，即正尊位。”[③]

懿旨透露了两个极为重要的信息，第一，嘉庆皇帝“未及明谕”，也就是没有明确提出谁来接班；第二，钮祜禄氏拥护绵宁接班，并通报了

① 参看赵尔巽等：《清史稿·禧恩传》，中华书局 1977 年版。
② 参看（清）缪荃孙：《清代碑传全集续集》卷二，上海古籍出版社 1987 年版。
③ 参看赵尔巽等：《清史稿·宣宗本纪》，中华书局 1977 年版。

在京的王公大臣。

绵宁接到懿旨后，非常高兴，他“恭折覆奏，并将御前大臣等启鐍匣所藏嘉庆四年四月立皇太子朱谕进呈”。[①]

在得到钮祜禄氏的拥护后，绵宁才将自己接班的消息，以及传位密诏告知京城。

一个改变历史的谎言

从今天的角度来看，由谁来做大清帝国的皇帝并不重要。并不是所有人都有历史僻，去翻开故纸堆窥探皇家的隐私。不过，考虑到绵宁是中国历史上第一个同西方国家签订不平等条约的皇帝，在他的任期内发生了丧权辱国的鸦片战争，这样一个人如何走上权力的舞台，就是一件饶有趣味的事情了。

从上面的分析来看，有几个关键性环节存在疑问，就是这几个疑问，使绵宁的合法接班存在信任危机。

第一个疑问，热河方面为什么没有去京城乾清宫“正大光明”匾后，寻找传位密诏的正式文本；而钮祜禄氏——也就是京城方面，也没有去寻找这一正式文本？

第二个疑问，在不寻找正式文本，而备份密诏“丢失”的情况下，禧恩等大臣怎么敢提议推选接班人？如果传位密诏与他们推选的结果有误，承担什么样的后果，他们绝对不会不清楚。

第三个疑问，即使传位密诏带在嘉庆的身边，如此重大的机密文件肯定有专人保管。嘉庆驾崩以后，保管员为什么不交出来，托津和戴均元是怎么样找到传位密诏的，他们找到密诏以后，为什么单独拆开而不是按律公启？

第四个疑问，钮祜禄氏在接到丧报后，为什么在不寻找传位密诏的情况下，主动推举绵宁接班，而不去推举自己的亲生子绵恺、绵忻，她完全

---

① 参看赵尔巽等：《清史稿·宣宗本纪》，中华书局1977年版。

可以从中做手脚，此举仅仅以“胸怀还是比较博大”[①]，能解释得了吗？

第五个疑问，绵宁在报丧时，为什么不提及自己接班之事，而是待京城有了反应之后才补报？

这五个疑问总结起来，直指一个政治上的惊天大阴谋：根本不存在所谓传位密诏。也就是说，嘉庆根本没有立过储君。

如果存在传位密诏，在正式文本出台前，任何政治势力都不敢轻举妄动，否则其罪不只是忤逆，而简直就是谋反了。正是因为不存在密诏，所以热河和北京方面没有寻找正式文本，禧恩等才敢冒天下之大不韪推选继承人。如果按照嘉庆曾经立过太子的逻辑，他不但违背祖制，没有储存于“正大光明”匾后，而且将事关大清江山的密诏交给区区内侍保管，而且保管了二十一年，岂不是咄咄怪事？

历史学家孟森曾说：“以内侍立身，当正大光明之匾，此一内侍，怀此重器，在宫中给事历数十年，以小人挟此神秘，其变幻何所不有。其未肇清室之大变者，别有天幸，谓为可作家法，可傲千圣百王，则真无知之见矣。”“若搜而不得，是否遂不立嗣君？以此言之，尤为出于情理之外，诚荒诞之甚也。”[②]孟氏虽然没有明言不存在密诏，但言语中也充满了怀疑。

如果没有传位密诏，托津和戴均元的密诏是哪里来的？只有一种解释：伪造。

关于嘉庆四年（1799 年）是否立储，除了《清实录》这样的官修史书，已经找不到任何证据可以证实。清朝帝王的实录，都是儿子给父亲修的，出于为尊者讳，根本不可能犯忌。所以，嘉庆是否立储，本身就是疑问。

伪造传位密诏一事，有可能是托津所为，也有可能是戴均元所为，也有可能是绵宁勾结二人或其中一人所为。而托津和戴均元作为军机大臣，之所以干如此之勾当，目的是为了政治投机。

现在再回顾整个交接班事件，可以勾勒出以下一个简单的情节：

---

① 参看阎崇年：《清宫疑案正解》，中华书局 2007 年版。

② 参看孟森：《明清史讲义》，中华书局 1981 年版。

嘉庆猝然去世后，皇帝之位空置。禧恩为贪拥立之功，力排众议推举绵宁。托津、戴均元身为枢臣，心思非常缜密。认为要确保万无一失，尤其是要稳住北京方面，最好有过硬的证据，才能使绵宁继位名正言顺，于是制造了传位密诏。在拥戴绵宁成为储君后，立即根据所谓传位密诏，拟定了嘉庆传位绵宁的遗诏，以便日后昭告天下，彻底使继位正式化、合法化。在向北京报丧时，为防止出现意外，绵宁并没有提及自己继位和密诏一事。钮祜禄氏通过个人渠道，也有可能通过报信的太监，获知了绵宁继统的消息。既然生米已经做成熟饭，她假装不知情，主动发布了提名宣言，推举绵宁接班。绵宁在热河、北京达成一致的情况下，于八月十二日从热河起程，经过十天跋涉回到京城。八月二十七日，举行登基大典，绵宁正式成为新一代领导人，改元道光。

在不久后谈及继位一事时，绵宁说自己当皇帝是“大行皇帝遗旨，顾命大臣推戴，万不得已”。[①] 他没有坦坦荡荡地提及密诏，只是说有皇帝遗旨和臣子的推戴，肯定不只是表示谦逊。如果存在传位密诏，就不会有“万不得已”的心虚。

托津、戴均元亦或绵宁，究竟是谁制造了历史性谎言，看来已成为一个永久的谜。其实，是谁伪造的传位密诏并不重要，重要的是绵宁沾染上了阴谋的色彩。

“狙击手”的收获

如果说道光的上台，是因为伪造了传位密诏，为什么没有人提出疑问来，而且禧恩等人一致推举，钮祜禄氏没有表示反对？

一个根本原因就是，道光不仅是嘉庆的长子，而且是唯一的嫡子。

嘉庆先后册封过两个皇后，分别是喜塔拉氏和钮祜禄氏。嘉庆驾崩时有四个儿子健在，按虚岁计算，分别是三十八岁的次子绵宁，二十六岁的三子绵恺，十六岁的四子绵忻，七岁的五子绵愉。其中，绵宁为喜

① 参看中华书局影印：《清宣宗实录》，中华书局 1985 年版。

塔拉氏所生，是嘉庆唯一的嫡子，由于长子未命名即夭折，他也可以说是长子。

在伪造传位密诏时，之所以将时间限定在嘉庆四年四月，是因为当时绵宁十七岁，而绵恺才五岁，绵宁又是嫡子，可以说是嘉庆的唯一选择。而且乾隆元旦才驾崩，在此之前，嘉庆不可能设立储君。

绵宁自小就很优秀。

和嘉庆一样，他六岁时就“入上书房，受诵经史。稍长，即于讲肄之暇，留意篇章，积累岁时，渐成卷帙，非欲雕琢曼词，盖陶冶性情，典学不废，借以自励而已”。[①]绵宁对自己的评价，虽然谦虚里透着得意，却自满得并不过分。史书评价他：“幼好学，从编修秦承业、检讨万承风先后受读。又与礼部右侍郎汪廷珍、翰林侍读学士徐颋朝夕讲论。”[②]

绵宁不仅学业优秀，品质也超过其他皇子。乾隆五十六年（1791 年），绵宁大大风光了一把。当年八月，乾隆到猎场打猎，十岁的绵宁一箭撂倒了一只鹿。乾隆非常高兴，仿佛看到了自己年轻时的影子，“赐黄马褂、花翎”，[③]并挥毫写下了一首七律，“老我策骢尚武服，幼孙中鹿赐花翎”，[④]以示奖掖和垂怜。

嘉庆十八年（1813 年），绵宁的表现让举朝赞叹。当年九月，绵宁本来随嘉庆木兰秋狝，因闻河南滑县民变，提前返京。十五日，天理教徒在大兴人林清指挥下，趁嘉庆外出在京城作乱。由于警备松懈，教徒攻进皇宫，“入内右门，至养心殿南，欲北窜”。当时，皇宫一片混乱。绵宁听到动乱的消息后，亲自提枪“毙二贼，余贼溃散，乱始平”。嘉庆对绵宁处乱不惊，调度有方，感到意外和惊喜，不但封他为智亲王，还封其所拿之枪为“威烈”。同时，嘉庆谕内阁说：“（绵宁）忠孝兼备，岂容稍靳恩施。”

绵宁表现得很谦虚，他说：“事在仓猝，又无御贼之人，势不由己，

① 参看（清）道光帝：《养正书屋诗文全集》，海南出版社 2004 年版。

② 参看赵尔巽等：《清史稿·宣宗本纪》，中华书局 1977 年版。

③ 参看赵尔巽等：《清史稿·宣宗本纪》，中华书局 1977 年版。

④ 参看（清）乾隆帝：《乾隆御制诗文集》，中国人民大学出版社 1993 年版。

事后愈思愈恐。”[1] 这种英勇御敌和谦和不骄的作风，使“狙击手”绵宁赢得了嘉庆和朝野上下的一致好评。

相形之下，其他皇子的表现就差强人意了。

皇三子绵恺打小就不爱学习，而且体质又很弱，于骑射之技并不精通，嘉庆很不喜欢他。相反，一母同胞的皇四子绵忻，倒是因为聪明伶俐，学业优秀，很受父皇疼爱。嘉庆六十大寿之际，封绵忻为瑞亲王，大他十三岁的绵恺，却只得了个郡王封号。

臣子一致推举绵宁做接班人，而他在热河矫诏当上皇帝，并没有引起什么人反对，并不在于上面所说的他有多么优秀，根本原因还在于他是嘉庆的嫡子。

近不近，骨肉论；亲不亲，血缘分。中国的皇权政治，实质上是基于近亲衍生的血缘政治。决定一个人政治地位高低的，不在于能力和文凭，而在于其出身和 DNA。只要出身和成分好，即使是个傻子，也能做上龙椅。所以，历来出身卑贱的人起事时，总恨不得把有德能的前贤，从坟墓里刨出来当亲爹。刘备打天下时，总强调自己是中山靖王之后，朱元璋当了皇帝，硬说朱熹是他的祖宗，道理就在这里。

因此，当嘉庆驾崩时，绵宁年龄居长，又是嫡长子，威望很高，这个皇位本来就是他的。在这种情况下，伪造传位密诏看似上了保险，其实是多此一举。除了让后人怀疑他即位的合法性，似乎没有多少好处。

不过，绵宁的上台倒是创纪录性的，他是清朝历史上唯一一个以嫡子身份入主大内的皇帝。

一个告密者与大换班事件

道光第一任内阁班子的垮台，看似是投机者告密引起的，事实上事情远没有这样简单。

九月七日，登基仅十天的道光，向内阁班子动了手。当时的内阁，

① 参看赵尔巽等：《清史稿 · 宣宗本纪》，中华书局 1977 年版。

是嘉庆朝的老班底，由四位大臣组成，东阁大学士托津任首席，文渊阁大学士戴均元、户部尚书卢荫溥居次末，户部侍郎文孚在军机行走，是个实习干部。

当天，他责令托津、戴均元退出军机处，卢荫溥、文孚留任，四人均交刑部议罪。第三天，革去托津、戴均元军机大臣之职，连降四级，去编写大行皇帝实录。卢荫溥、文孚连降五级留任。同时，命大学士曹振镛、礼部尚书黄钺、户部尚书英和在军机行走。不久，卢荫溥也被调离军机。

短短三天之内，内阁班子被清洗一空，只有一个实习生文孚免遭罢黜。虽然说老班子会有新问题，一朝天子喜欢一朝臣，但如此不讲忌讳地对前朝老臣下手，在大清帝国的历史上尚属首次。

道光动手的起因，来自九月六日和曹振镛的一次召对。

据《清史稿·曹振镛传》记载，曹振镛，字俪笙，安徽歙县人，尚书曹文埴之子。乾隆四十六年（1781 年）进士，选庶吉士，授编修。大考三等，高宗以振镛大臣子，才可用，特擢侍讲。累迁侍读学士。嘉庆三年（1798 年），大考二等，迁少詹事。父忧归，服阕，授通政使。历内阁学士，工部、吏部侍郎。十一年（1806 年），擢工部尚书。《高宗实录》成，加太子少保。调户部，兼翰林院掌院学士。十八年（1813 年），调吏部尚书、协办大学士。寻拜体仁阁大学士，管理工部，晋太子太保。

嘉庆驾崩时，曹振镛虽然管理工部，但只是一个大学士。

大学士作为一种官职，是从唐朝开始的。唐代有宏文馆学士、集贤院学士，为掌文学著作之官，有时以宰相兼领、知馆、院事，称大学士。宋代沿用了这一制度，并对学士中资望特高者，加个“大”字以示尊崇。朱元璋废丞相及中书省后，仿宋制设大学士，作为皇帝的顾问班子。明成祖以侍讲、侍读学士等翰林官参预机务，形成大学士内阁制，这些人官阶虽在尚书、侍郎下，但由于替皇帝起草诏令，批条奏章，商承政务，所以实权很大。到了明代中后期，大学士由尚书、侍郎兼任，成为正一品官职。雍正设立军机处后，大学士职权为军机大臣代替。乾隆十年（1745 年），形成保和、文华、武英三殿和文渊、体仁、东阁三阁制，每殿（阁）有大学士六人，其中大学士满、汉各二人，协办大学士满、汉各一人。

大学士虽为文臣最高官位，非翰林出身，一般不授此官，但仅仅是一种待遇，要想获得实权，必须入值军机。只有进了军机处，才算是宰丞，称得上中堂。

曹振镛盯着军机处的位子，眼睛早就绿了很长时间了。嘉庆二十五年（1820 年），他已经是六十六岁的老人，土都埋到脖子了。如果不能抓住机会入主军机，这个梦只能带进坟墓里。

当时的四位军机大臣，除了托津七十五岁，比曹振镛年龄大外，戴均元六十六岁，卢荫溥六十一岁，文孚不到六十岁。如果采用正常的交替，绝对轮不到他曹振镛。

曹振镛搞了几十年的政治，明白一朝天子一朝臣的道理，他知道这几个人的位置，并非牢不可破，关键是要有合适的理由。其实，托津、戴均元比他更明白。嘉庆一死，他们的屁股就发凉。伪造传位密诏，正是为了留住自己的人气。在一个位置上风光了多年，一旦让他离开，那种空荡荡的感觉，比死还要难受。

道光从热河回来以后，托津等人以顾命大臣自居，尾巴翘得老高，让曹振镛的心越来越凉。正在他心灰意冷之际，一位老部下找上门来。

此人名叫刘凤诰，是翰林院编修，曹振镛任翰林院掌院学士时的嫡系。刘凤诰仔细看过由军机大臣起草的嘉庆遗诏后，发现了一个常识性错误，他把这个错误告诉了曹振镛。现在，已经无法确认刘凤诰此举的目的，是出于一种政治投机，还是当成小道消息随口说说。但可以确定的是，就是这个错误，引爆了道光初政时的大换班事件。

九月六日，曹振镛面见道光。他说，遗诏中有一个重大的错误，这个错误不但有辱先祖，而且有损国体。道光急忙问是什么错误。曹振镛说，《清高宗实录》明明记载高宗（即乾隆）生于雍和宫，遗诏却以嘉庆帝的口吻，说“我皇考即降生于避暑山庄，予复何憾”，《实录》与遗诏相互矛盾，这不是侮辱高宗吗？曹振镛还强调说，这样一个事实，“昭昭甚明，岂容另有异说”？[①]

---

① 参看中华书局影印：《清宣宗实录》，中华书局 1985 年版。

‖ 避暑山庄

道光很生气，立即召托津等人责问。

托津等解释说，我们并没有搞错。高宗出生于避暑山庄之说，不是我们肆意捏造的，而是来自于《嘉庆帝御制诗文初集》注释。在诗文的注解中，先皇确认高宗生于“山庄都福之庭”。

关于乾隆的出生之地，是历史上的一段公案，自乾隆初年就存在争议，至今仍没有非常确切的说法。清朝历代皇帝的实录，专供后代帝王参阅，一般臣子无权翻看。按道理说，嘉庆帝的御制诗文及注释，都是由本人校阅的，而嘉庆遗诏也是由道光校阅的，他们都没有发现其中的错误。如果说追究错误的责任，板子应该打到嘉庆和道光屁股上，而不能推到没有看过《实录》的托津等人身上。

曹振镛之所以能指出其中的矛盾，是因为他参加过《清高宗实录》的编撰工作。而刘凤诰之所以能看出托津等人的错讹，是因为关于乾隆出生地的争论，早已经不是秘密的秘密。然而，道光并没有打算听他们的解释，“宣宗怒，谴罢枢臣”。不仅如此，他“寻命振镛为军机大臣”，位列首席。[①]

曹振镛利用信息知情权，来个鸡蛋里挑骨头，本想在风烛残年之际碰碰运气，万万没有料到，他不但端掉了内阁班子，而且还成为首辅，高兴得差点尿了裤子。

事实上，大换班事件绝非曹振镛所想象的那样。

伪造传位密诏一事，是道光内心无法抹去的阴影。他虽然顺利登上了宝座，却留下了阴谋矫诏的嫌疑，这种道德污点是道光无法承受的。更严重的是，托津等人是原来的老班子，此次因拥立之功以顾命大臣自居，很可能会成为道光新政的掣肘力量。纵观道光的一生，大清帝国在资本主义体系的推动下日薄西山，然而这并不是他的过错，任谁也阻挡不了历史的车轮，在某种意义上说，他是一个很有作为，尤其善于整顿吏治的皇帝。道光继位虽然不光彩，然而这只是权力的阴暗属性，并不影响对一个帝王的评价。

总结说来，道光初年的大换班，搞错了乾隆的出生地只是一个借口，

---

① 参看赵尔巽等：《清史稿·曹振镛传》，中华书局 1977 年版。

其真实的目的无非两个，一是彻底换掉原来的班子，为实施自己的政纲扫除障碍；二是洗不掉“兔死狗烹”的色彩，他这样做也是为防止功勋集团做大。

少说话，多磕头

这里有必要再说一说曹振镛。因为这个当了十五年首辅的庸吏，与道光一朝风气不振有极大关联。

史料说，“宣宗治尚恭俭，振镛小心谨慎，一守文法，最被倚任”。[①]也就是说，道光治理国家喜欢节俭低调，而曹振镛则藏起自己的尾巴，处处逢迎。关于道光的节俭，有很多今天看来都不可思议的记载。道光规定，“宫中用膳，每日不得超过四碗”；皇后过生日，道光皇帝用打卤面在宫中招待臣下；他甚至是皇帝中唯一一个穿带补丁裤子的人。[②]

道光时代，最走红的就是曹振镛。道光三年（1822年），赐宴十五老臣，振镛年龄居末，特命与宴绘像。四年（1823年），充上书房总师傅。六年（1825年），入值南书房。七年（1826年），回疆平，晋太子太师。八年（1827年），张格尔就擒，晋太傅，赐紫缰，图形紫光阁，列功臣中。振镛具疏固辞，诏凡军机大臣别绘一图，以遂让功之心，而彰辅弼之效。御制赞曰：“亲政之始，先进正人。密勿之地，心腹之臣。问学渊博，献替精醇。克勤克慎，首掌丝纶。”亲书以赐之。曹振镛死后，道光十分伤心，说：“大学士曹振镛，人品端方。自授军机大臣以来，靖恭正直，历久不渝。凡所陈奏，务得大体。……揆诸谥法，足以当‘正’字而无愧。其予谥‘文正’。”[③]文正是清代臣子中的最高谥号，获得这一谥号的，不过刘统勋、曾国藩等三四个人。

曹振镛无论是品德还是才能，其实并没有什么过人之处，但是他做

① 参看赵尔巽等：《清史稿 · 曹振镛传》，中华书局1977年版。
② 参看中华书局影印：《清宣宗实录》，中华书局1985年版。
③ 参看赵尔巽等：《清史稿 · 曹振镛传》，中华书局1977年版。

官有自己的秘诀。“曹文正公晚年恩遇日隆，声名俱泰。门生某请其故，曹曰：‘无他，但多磕头、少说话耳。’”[①] 在处理政务上，曹振镛也有自己的小聪明，那就是处处替道光打算。道光登基不久，逢数千年未有之大变局，他想励精图治，可精力又跟不上，这么多奏章不看吧，又怕被臣子哄骗，看吧又力不从心。曹振镛看透了皇上的心思，建议他采取抽查的办法：“皇上几暇，但抽阅数本，见有点画谬误者，用朱笔抹出。发出后，臣下传观，知已览所及，细微不遗，自不敢怠忽从事矣。”道光采用了这个主意，果然事半功倍。

曾有史家评论说，曹振镛琐鄙无能，养成了道光一朝政治风气之柔靡泄沓，所以他实际上是道光帝的罪人。在他所养成的风气下，官吏以不负责任之圆滑弥缝为做官之能事，不但有用的人才因之而消磨殆尽，国事亦因之而不堪闻问。[②]

但是，这样一个人物却培养出了一个好学生：林则徐。这是一件幸事，也未尝不是一种讽刺。

① 参看（清）朱克敬：《暝庵杂识》，江苏广陵古籍刻印社 1995 年版。

② 参看苏同炳：《中国近代史上的关键人物》，百花文艺出版社 2007 年版。

林则徐虎门销烟

条约皇上道光评传

嘉庆二十五年（1820 年），三十八岁的旻宁坐到了龙椅上。这位道光皇帝没有料到，二十二年后，他会因成为第一位和西方殖民者签订不平等条约的皇帝，而被深深地耻辱性地铭刻在史册里。

道光接管的是一个灾难频仍的烂摊子。为了治理好国家，他确实做到了勤政节俭。晚年，道光给自己下结论说：“自御极至今，凡批览章奏，引对臣工，旰食宵衣，三十年如一日，不敢自暇自逸。”还有史料记载说，他穿的裤子，都打有补丁。

道光的自我评定并非妄言。嘉庆十八年（1813 年），旻宁三十二岁时，因沉着冷静地应对了天理教围冲养心殿事件，而受到广泛赞誉。即位后，面对复杂的局面，他头脑冷静，思路清晰，勤政爱民。道光从调整中枢机构官员入手，大刀阔斧地实施改革。首先，他改漕粮由河运为海运，降低运输成本，然后，疏通治理河道，彻底整顿了长江以南的运河。

道光是一位比较务实的君主。道光十一年（1831 年），为了增加税收，降低价格，道光接受两江总督陶澍的建议，取消承袭明代的具有垄断性质的纲盐法，实施以票代纲制度，打击贩卖私盐。为了增加就业，减缓社会矛盾，他还松动乾隆时实施的封矿政策。

道光上台不到一个月，新疆就爆发了张格尔叛乱。张格尔是乾隆朝发动叛乱的大和卓的孙子。嘉庆二十五年（1820 年）到道光八年（1828 年），张格尔三次潜入南疆策动叛乱。道光调整了新疆参赞大臣，适时对地区防务作了部署。经过八年的努力，生擒张格尔，彻底平息叛乱。平息张格尔叛乱，是道光一生最大的政绩，对维护国家的统一做出了贡献。

新疆叛乱平息后，各地起义揭竿而起。道光六年（1826 年），台湾爆发了高山族起义。道光十一年（1831 年），爆发了赵金龙领导的湖南、广东瑶民起义。道光十五年（1835 年），爆发了陕西先天教起义。尽管这些起义很快被镇压，但却耗费了道光大量物力财力。

‖《南京条约》签订现场

对大清威胁最大的不是内患，而是来自于西方国家的殖民侵略。这种侵略首先是以鸦片输入为主体的贸易侵略。乾隆二十二年（1757 年），英国占领印度鸦片产地孟加拉后，以之为基地向中国继续走私。其他国家看到有利可图，也加入走私队伍。

道光三年（1823 年）到四年（1824 年），输入中国的鸦片达一万两千四百三十四箱；道光九年（1829 年）到十年（1830 年），达一万九千九百五十六箱；道光十七年（1837 年）到十八年（1838 年），达四万零二百箱。鸦片战争前的十几年间，中国消费的鸦片多达二十一万三千八百九十九箱。由于鸦片的输入，白银由进口变成出口。道光十二年（1832 年）后，每年白银出超一千万两左右。

白银进出口格局的转变，标志着清王朝大国地位的终结。道光不可能意识到这一点，但他显然看到因鸦片输入，而导致的“兵弱银涸”的局面。道光十八年（1838 年），他接受禁烟派的主张，派林则徐广东查禁。

此时的道光已无当年的沉着冷静。林则徐禁烟之初，他指示说：“不患卿等孟浪，但戒卿等畏葸。”鸦片战争打响后，他听信投降派谣言，撤办林则徐，派琦善去广东求和。英国提出割地赔款的《穿鼻条约》后，他又逮捕琦善，派奕山对英作战。奕山失利同英国签订《广州条约》后，他以为天下自此无事，下令裁撤军备。

道光二十一年（1841 年），英国扩大侵华战争，连下浙江三城，道光派奕经率兵赴浙江抗敌。次年，奕经战败后，他又派耆英、伊里布求和，签订了丧权辱国的《南京条约》，成为“条约”皇上。

斯时，宠臣穆彰阿主政。他揣度帝意，怂恿主和。鸦片战争的失败，穆彰阿负有不可推卸的责任，然而病根还是在道光身上。道光面对强敌，没有必战之决心，没有必胜之信心，摇摇摆摆，犹豫不决，致使战机贻误，泄败军心民心。鸦片战争是殖民者商业资本过剩寻找出路的必然结果，而农业国家在同工业国家的对撞中失利也是必然结果。只是道光未能集全国之力倾力反击，终酿败果，未免令人扼叹。

道光认为喂饱了一只虎就万事大吉，没想到会招来一群狼。中英之战的直接后果，就是将大清外强中干的真面目，暴露在群狼面前。1850

年，眼看群狼环伺，道光在郁闷中死去，享年六十九岁。

道光私档

姓名：爱新觉罗·旻宁（1782—1850）

庙号：宣宗

谥号：成

年号：道光

即位时间：嘉庆二十五年八月二十七日（1820年10月3日）

即位年龄：三十八周岁

在位时间：三十年

陵寝：慕陵（今河北易县）

父母：父颙琰，母喜塔拉氏

配偶：二十人，皇后钮祜禄氏

子：九人，长子奕纬，次子奕纲，三子奕继，四子奕詝，五子奕誴，六子奕訢，七子奕譞，八子奕詥，九子奕譓

女：十人

继位人：奕詝

第九章

咸丰装老实的哲学

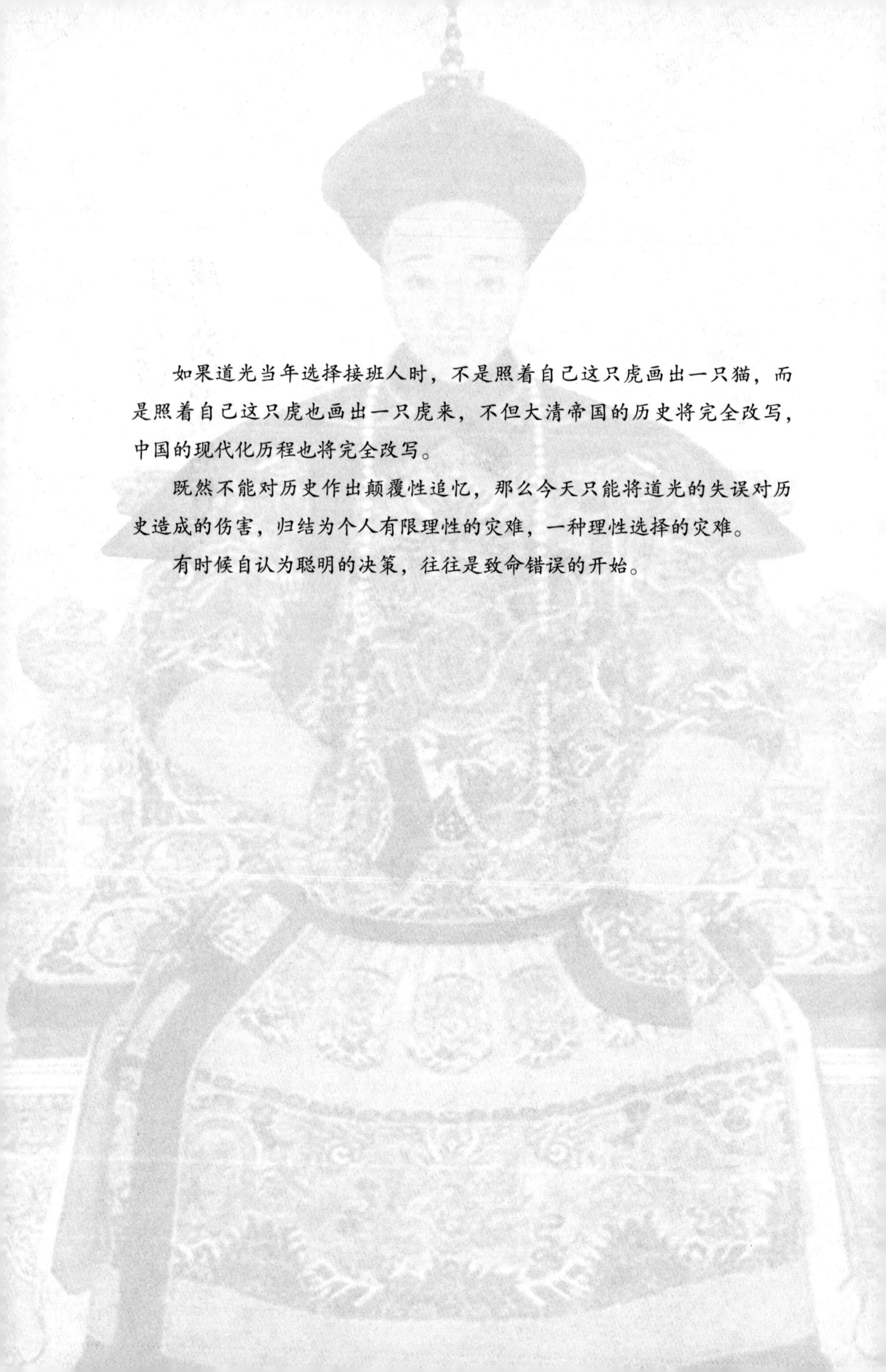

如果道光当年选择接班人时，不是照着自己这只虎画出一只猫，而是照着自己这只虎也画出一只虎来，不但大清帝国的历史将完全改写，中国的现代化历程也将完全改写。

既然不能对历史作出颠覆性追忆，那么今天只能将道光的失误对历史造成的伤害，归结为个人有限理性的灾难，一种理性选择的灾难。

有时候自认为聪明的决策，往往是致命错误的开始。

皇帝需要“官二代”

道光十一年（1831 年）六月初九，紫禁城里一声啼哭，让四十九岁的皇帝差点掉了眼泪。当天，钮祜禄氏为道光生下了一个大胖小子。如果没有设身处地的体味，是理解不了老来得子的惊喜的。

这个孩子名叫奕詝，在皇子中排行老四。道光的激动不是没有理由，因为他的三个儿子已经死了。长时间以来，道光是在痛苦中度过的。他的悲哀不仅仅是因为白发人送黑发人，而更在于一种常人无法理解的国家级痛苦，如果没有儿子，他将无颜见地下的列祖列宗。这么大一个帝国，可怎么传承下去啊？这个难题让他在无数个夜里，辗转难成眠。

在奕詝之前，道光的三个儿子分别是长子奕纬，次子奕纲，三子奕继。奕纲生于道光六年（1826 年），存活了一百零四天；奕继生于道光九年（1829 年），在世五十二天。这两个孩子连话都不会说，更别提继承皇位了。

道光最看重的是长子奕纬。

奕纬生于嘉庆十三年（1808 年）四月二十一日。他不仅是道光的长子，而且有十七年时间是道光的独苗。绵宁（即道光）成人娶亲后，长期没有生育。不孝有三，无后为大，这让他以及嘉庆非常忧虑。奕纬出生后，嘉庆悬在嗓子眼里的心，踏踏实实地放在肚子里。他兴奋之情，不能自已，谕旨内阁说：“朕仰蒙昊苍鸿祐，列圣慈恩，于本日得皇长孙……洵为吉祥喜事。”[①] 破例将本为婢女的奕纬生母，晋升为侧福晋。

嘉庆二十四年（1819 年），在六十大寿封赏宗室时，嘉庆将奕纬封为多罗贝勒，使奕纬成为有清一代以生身获爵最年幼的皇子。第二年，嘉庆前往热河避暑山庄时，特意随身将这位皇长孙带去，让他开阔眼界，增长本领。在嘉庆和道光心目中，奕纬是铁定的继承人。

---

① 参看中华书局影印：《清仁宗实录》卷一九四，中华书局 1985 年版。

然而，眼看着奕纬的屁股已经靠到了龙椅边上，他却突然死了。而奇怪的是，在官方的记载中，只留下了简单的一句话:“道光十一年（1831年）辛卯四月十二日未刻卒。”至于死因，没有具体的说明。只是道光在当天发布谕旨说:“大阿哥奕纬自上年秋间遘疾，至今春甫经就痊，兹复患病旬余，竟尔不起，深为悼恻。”①

奕纬真的是患病而死吗？好像并没有这么简单。有记载说，他是被道光不小心踢死的。

四月十二日这天，奕纬的老师督促其背诵经书，并告诉他说，好好学习，将来当个好皇帝。奕纬念了快二十年的书，早就无法忍受这种穷经究文的日子。他一肚子气没地方撒，就恐吓老师说，将来做了皇帝，我先杀了你。老师吓破了胆，就告诉了道光。道光见他如此不成器，差点气糊涂了。奕纬奉命召见，正要下跪时，道光一脚踢了过去，没想到踢到了下体，不治而亡。②

这种说法不载正史，未必可信也未必不可信。但奕纬死后第二个月，赐谥为“隐志”，让人浮想联翩。至于要隐藏什么志向，隐藏道光的还是奕纬的，是否隐藏着壮志未酬的意思，大概只有道光本人知道了。无论如何，奕纬的死亡让道光感到无比的痛苦。这不只是断了他的根，也断了大清的国脉。

细心的臣子和仆人们，发现主子一下子苍老了不少。

奕纬的离奇死亡，用老百姓的话说是命运不济，给后来的兄弟们腾出了位子。

皇长子死亡时，贵妃钮祜禄氏的肚子已经隆起了。然而，还无法确定胎儿的性别。钮祜禄氏暗中和自己较劲，一定要争气生个儿子，这不仅关乎江山社稷，母凭子贵，也关系到自己的位子。现在，连太监都知道生个儿子的重要性。年已半百的道光，更是天天摸钮祜禄氏的肚子，祈求上天的佑护。当凌晨一到三点钟，啼哭声在皇宫里嘹亮时，道光从来没有感觉一个孩子的声音，竟然是如此的雄壮和动听。皇室终于有了

---

① 参看中华书局影印:《清仁宗实录》卷一八七，中华书局 1985 年版。
② 参看信修明:《老太监的回忆》，北京燕山出版社 1992 年版。

正宗的血脉，彻夜未眠的道光绷紧的神经，终于松弛了下来。

这个孩子的出生，如同一个快乐的信号。六天以后（1831 年 7 月 23 日），五子奕誴也来到了道光的怀抱。一年半以后（1833 年 1 月 11 日），道光又看到了六子奕訢。在鸦片战争的枪火中，也就是 1840 年 10 月 16 日、1844 年 2 月 24 日、1845 年 11 月 15 日，七子奕譞、八子奕詥、九子奕譓，相继来到了这个世界上。

道光的老脸一下子舒展了，他再也不用为后继无人发愁了。

老子退休儿接班，皇权的传承是建立在血脉的基础上，而维系血脉的纯洁则是最大的政治。这种血脉的纯洁，又与皇权所有人的性格能力关系甚巨。生不出像样的儿子，老子混得再好，这位子坐起来也是空落落的。

六个儿子的接连降生，吹散了道光心头上的乌云。然而，另外一种不期而至的苦恼，又占据了道光的心灵空间。而这种苦恼，直接决定了整个国家的航向。

道光天平：最先出局的是膀爷

儿子是有了，但谁来坐这个位子呢？随着韶华老去，道光越来越多地考虑接班人问题。选择的余地太大了，也是一件愁事。道光发现，剪不断，理还乱，是立愁。在立储这个大问题上，他心理的天平晃晃悠悠，不知道该偏向何方。

道光二十六年（1846 年），在江山社稷风雨飘摇中，立储事宜正式提上了工作日程。

此时，七子奕譞、八子奕詥、九子奕譓，只有六岁、两岁、一岁，分别比道光小五十八岁、六十二岁、六十三岁。不管这些粉红的脸蛋多么惹人怜惜，他们都不可能成为继承人。尽管在国家大政上无法剔除私人感情的影响，但面对立储问题，道光还是理智的，如果自己碰上不测风云，他们是无法挑起治理国家这副重担的。

臣子们猜测的目光，集中到奕詝、奕誴和奕訢的身上。出乎意料的

奕訢

是，奕誴首先出局。

二月份，道光将十五岁的奕誴，过继给了去世八年而无后的三弟惇恪亲王绵恺。按照大清祖制，子承父爵时，需降一等级，奕誴获封惇恪郡王。此举明明白白地告诉世人，奕誴被剥夺了承嗣的权利。

在解释奕誴被取消资格的理由时，有人以其后来的放浪形骸，猜测道光厌恶他的真实原因。[①] 奕誴成人后，喜欢饮酒。相传招待客人时不准吃菜只准喝酒，有人索要饭食，就给几个辛辣无法下咽的韭菜包子，看着客人痛苦的表情，自己带头哄笑。[②] 还有的材料说，奕誴一派北京“膀爷”的派头。大热天时，拿着蒲扇，敞着怀儿，在什刹海乘凉，谈笑风生。[③]

其实，这是一种误读。

奕誴之所以没有帝王之器，将自己混同于市井江湖，完全是心情灰暗抑郁的一种反射。他被逐出后备队伍时，还不到十五周岁，以未成年之身，不可能置身市井。肯定是不公平的淘汰机制，让奕誴感到心灰意冷，“呼儿将出换美酒，与尔同销万古愁”，以自甘沉沦换取暂时的安慰。事实上，奕誴是一个非常优秀的皇子。咸丰八年（1858 年），西夷挥师北上，皇帝欲避走热河，奕誴抱着咸丰的腿痛哭流涕，苦谏不能丢下宗社，说到痛心处，竟然要自杀殉国。同治四年（1865 年），慈禧罢黜奕訢时，奕誴公开表示反对。不久，慈禧废除同治皇后时，身为宗人府首长的奕誴，公开指谪慈禧：出身贵妃的人，怎么能废皇后，我不敢执行这种命令。

道光过继奕誴时，将其母祥妃降格。奕誴被排挤出列，有可能是因为母亲失宠，也有可能是奕誴生活或学习上不拘小节，如果以放浪形骸罪之，却是有些过分了。其实，在任何一个时代，上级哪怕是父亲，在拥有众多选择的情况下，不喜欢一个下级，根本不需要过多的理由，“不顺眼”就能将一个人彻底打入政治冷宫。

① 参看茅海建：《苦命天子》，上海人民出版社 1995 年版。
② 参看崇彝：《道咸以来朝野杂记》，北京古籍出版社 1983 年版。
③ 转引自王开玺：《太后垂帘》，中华书局 2007 年版。

道光的天平上，现在就剩下了奕詝和奕訢，这两个人半斤八两，一时间竟让道光举起的棋子，无法安到立储的弈盘上。

现在，我们来分析一下道光这个人。

其实，谋求皇位类似于职场求职，不能只看到位子的耀眼光环或潜在利润，也不能想当然地根据人职匹配理论，就认为自己是最合适的人选。由于决定权掌握在一把手手中，他个人的喜怒哀乐和禀赋偏好，就构成了被选择者的可能机会。一句话，看似公平的竞争场地下，涌动着个人偏向的暗流。

道光这个人有几个突出的特点，概括起来可用四个字来形容：俭、孝、勤、庸。

节俭的一面就不用说了，在前文中，曾介绍过他衣服打补丁的事迹。道光是一个著名的孝子。孝和皇太后病逝后，年近七旬的他“哀恸深至，哭无停声，水浆不御”，由于思念过度而患病，一个多月后竟追随而去。道光还是一个勤政的皇帝。他执政三十年，恰逢多事之秋，惩贪污，整吏治，疏漕河，厘盐政，通海运，定回疆，“旰食宵衣，不敢自暇自逸”，可以说尽了一个皇帝应尽的责任。

如果客观地评价道光，这是一个非常平庸的人。他虽然有“恭俭之德，宽仁之量”，却治国乏术，御敌少勇，用人无能。面对千疮百孔的江山社稷他没有办法治理，面对列强包围他没有勇气抗战，在用人上他不能任贤远佞，采纳忠言。从他对琦善、杨芳等人的使用上，可以看出优柔寡断，缺少识人之明。以至于穆彰阿之流把持中枢，林则徐等辈浮浮沉沉，“君子消沉，小人猖獗”，把朝廷弄得乌烟瘴气。故而有人一针见血地评论说：“国步之濒，肇端于此。”①

一个连臣子都看不透、读不懂、用不好的守成之君，在选择接班人时又会怎样呢？

再来分析一下奕詝和奕訢。

奕詝比奕訢大一岁半。道光二十年（1840 年），九岁的奕詝丧母后，由奕訢的母亲静贵妃带大，两个人虽非一个妈所生，却从小亲密无间。

---

① 参看赵尔巽等：《清史稿·王鼎传》，中华书局 1977 年版。

有一个栩栩如生的传说，颇能说明两人的个性差异。一次道光想考察他们的品行，就拿了个金盒子和木盒子让哥俩挑。奕詝让奕訢先挑，奕訢毫不犹豫地拿起了金盒子。

奕詝性情稳重内敛，品行仁德宽厚，遇事犹豫保守，缺少胆识和魄力；奕訢性情豪放豁达，品行聪慧，锋芒外露，遇事敢作敢为，流于冒险和冲动。把位子交给奕詝，虽然说缺乏创新精神，但国家会四平八稳；把位子交给奕訢，虽然说可能旧貌变新颜，但也许是放在刀刃上。究竟以自己为样板，照虎画一只乖顺的猫，创造一个翻版式的道光，还是逆着自己的形象来，照虎画一只威猛的虎，弥补自己的缺陷，道光陷入了抉择的痛苦。

相比较而言，奕詝身体条件差一些。私家笔记说，他体质弱，但骑术不错。“为皇子时，从猎南苑，驰逐群兽之际，坠马伤股。经上驷院正骨医治之，故终身行路不甚便。”[①] 也就是说，他是个瘸子。

奕詝和奕訢，作为被选择的当事人，也成了热锅上的蚂蚁。而比他们更着急的，还有两个人。

这两个人早就在无形的权力战场上，开始了一轮轮的幕后较量。

两位教练的较量

根据乾隆四十三年（1778 年）的谕旨，无论是皇子还是皇孙，凡是虚岁到了六岁，必须到位于乾清门东侧的上书房读书。皇家的教育可不是一味死读书，读死书，博取功名，这种教育更注重通专结合、文武兼备，目的是培养治理国家的龙子龙孙。

奕詝、奕誴、奕訢兄弟六岁时，依次安排在上书房学习，他们都是同班同学，只是年纪上有差别。当时的上书房总师傅是满人穆彰阿、汉人潘世恩，总师傅不直接传道授业解惑，相当于学校的负责人。担任奕詝导师的是杜受田，担任奕訢导师的是卓秉恬。两人都是翰林出身，均

① 参看崇彝：《道咸以来朝野杂记》，北京古籍出版社 1983 年版。

为才名动京城的饱学之士。

中国的传统社会虽是皇权社会，但真正负责治理国家的，是处于君民中间层次的士大夫阶层。他们以儒家思想为处世准则，“达则兼济天下，退则固守穷身”，其生活的最高理想不是当皇帝，而是甘为他人所用，做辅佐之才，最上者为帝王师，退而求其次为帝王友，实在不行为帝王臣。可以说，士大夫阶层是一种权力寄生虫，他们往往通过“母体”的成功，来实现人生价值的愉悦。

杜受田和卓秉恬就是士大夫阶层的代表。

杜受田，字芝农，山东滨州人，道光三年（1823 年）进士。其父杜锷曾为嘉庆时翰林院编修，礼部左侍郎。杜受田高中榜眼后，选庶吉士，授编修，大考擢中允，迁洗马，督山西学政。编修是正七品，洗马是从五品，学政类似于钦差，品阶虽然低，在地方和督抚平起平坐。道光十五年（1835 年），四十九岁的杜受田入上书房，三年后，升左都御史、工部尚书，充上书房总师傅、实录馆总裁。

卓秉恬，字静远，四川华阳（今成都）人，嘉庆七年（1802 年），中进士，随后选为庶吉士，授翰林院检讨。嘉庆十八年（1813 年），卓秉恬改任御史，后历任鸿胪寺少卿、顺天府丞、奉天府丞、内阁学士等职。道光十五年（1835 年），五十三岁的卓秉恬升为礼部侍郎，入上书房，不久擢升为从一品的左都御史，兼管顺天府尹事。随后，历任兵部、户部、吏部尚书和协办大学士，取得非常丰富的经历阅历。道光二十四年（1844 年），任体仁阁大学士，旋晋武英殿大学士。

从两个人的简历看，卓秉恬虽然大不了几岁，却是杜受田的老前辈。因为论考进士、入翰林的时间，他比杜受田早二十一年。道光十五年（1835 年），两个人入上书房时，卓秉恬是正二品，杜受田则是从五品。杜受田能做皇子的老师，中过榜眼这个经历帮了大忙。三年以后，杜受田官场三级跳，他的品阶很快就赶上了卓秉恬。因此，选择他们做奕詝、奕訢的师傅，看不出道光厚此薄彼。

这两个导师最大的差异在于脾气秉性。杜受田生于孔孟之乡，自小受儒家思想熏染较深，加之出身官宦世家，因此深谙人情世故，为人老

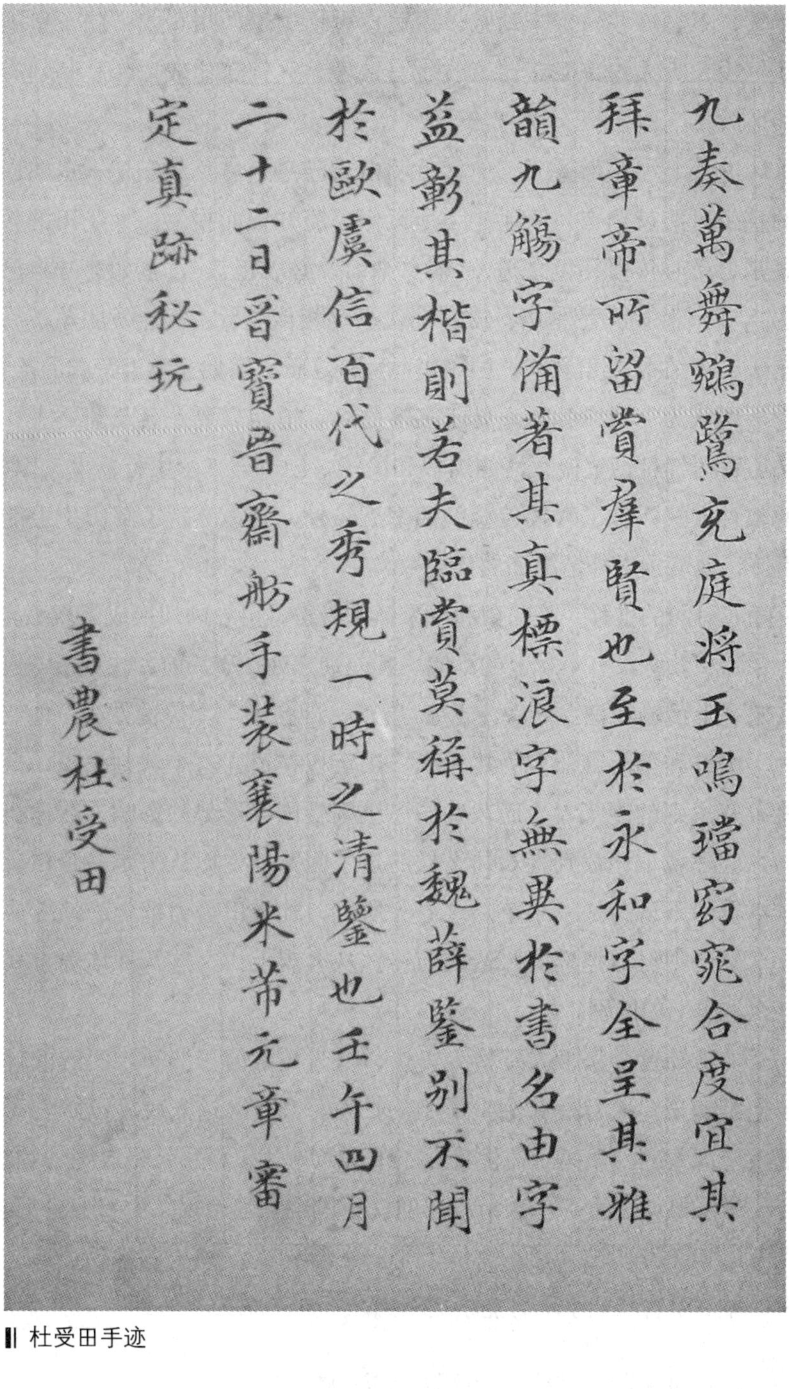

九奏萬舞鵷鷺充庭将玉鳴璫窈窕合度宜其
拜章帝所留賞羣賢也至於永和字全呈其雅
韻九觴字備著其真標浪字無異於書名由字
益彰其楷則若夫臨賞莫稱於魏薛鑒別不聞
於歐虞信百代之秀規一時之清鑒也壬午四月
二十二日晉寶晉齋舫手裝襄陽米芾元章審
定真跡秘玩

書農杜受田

杜受田手迹

成持重，不露锋芒，善于动脑子。而卓秉恬生于西川边疆，脑子里的条条框框少，为人坦率刚正，喜欢直言敢谏，火辣味比较浓，是朝廷有名的禁烟派。

从进入上书房那一天，他们就明白自己身上肩负的重任，也明白将来的皇帝可能就出自自己手中，所以倾浑身知识而授之。杜受田的教育方式是，悉心传授孔孟之道，“朝夕纳诲，必以正道”，正如奕詝自己评论的：“凡所陈说，悉本唐、虞、三代圣圣相传之旨，实能发明蕴奥，体用兼赅。”[①] 在杜受田看来，国家当此危难之秋，需要三皇五帝式的圣君。卓秉恬则认为，现在朝廷正处于多事之际，迫切需要一名革新之主，扫除一切腐朽气息，重振大清的国威和民气，创造第二个康乾盛世。因此，他的教育方式，除了教授传统的四书五经外，还让奕訢了解历史上能君的事迹，通晓国内外情况和局势。

随着时间的推移，杜受田和卓秉恬的身份，由导师切换成了教练。

导师和教练没有本质上的不同，其差别之处在于，前者注重于“道”，即在宏观上传输知识；后者注重于“技”，即在微观上传输方法。他们都认为，奕詝和奕訢谁能成为接班人，决定权在道光这个裁判手里，皇帝才是游戏规则的制定者，而裁判的思维则受国家形势的影响。在危机四伏的社会环境下，裁判喜欢什么样的选手呢？杜受田认为是一个仁慈之主，卓秉恬则认为是一个革新之君。所以，杜受田努力把奕詝培养成后卫，卓秉恬则努力把奕訢打造成前锋。从客观上讲，这两种培养方式没有什么本质上的区别。

杜受田知道，从个人感情上来讲，道光更偏向于奕訢。奕詝的优势在于他是嫡子，而且是存活皇子中的长子。当年，道光就是以嫡长子身份成为接班人的。而奕訢的优势在于他聪慧通达，而且长得比奕詝顺溜。奕詝的母亲早就去世了，奕訢母亲的枕边风也不容忽视。史书上也记载，道光考虑到奕詝“长且贤，欲付大业，犹未决”。[②] 道光犹豫的心态，杜受田这样一个官场老手不可能察觉不到。

---

① 参看赵尔巽等：《清史稿·杜受田传》，中华书局1977年版。

② 参看赵尔巽等：《清史稿·杜受田传》，中华书局1977年版。

他暗暗着急，总想寻找机会替自己的学生，在道光的天平上加重点分量。

二十六年（1846年）春，皇子们追随道光去南苑围猎。按照规定，为显示尊师重教，须向师傅请假。杜受田、卓秉恬都认为，这是一个是骡子是马拉出来遛遛的机会。政坛瞬息万变，机会稍纵即逝，只有抓住时机好好表现，才可能赢得最高分。他们都明白，在道光的天平上，奕詝和奕䜣的分量差不多重，只要增加一个小小的砝码，就有可能获得决定性的胜利。在他们的授意下，一场普通的打猎，沾染了浓浓的政治气息。

打猎开始后，皇子们拼命在道光面前表现自己的能力，只有奕詝“未发一矢”，而他的竞争对手奕䜣“获禽最多”。道光很不高兴，就问奕詝怎么回事。在奕䜣春风得意的斜视下，奕詝静静地说：“时方春，鸟兽孳育，不忍伤生以干天和。”① 这话是杜受田教他说的。杜受田告诉奕詝：“阿哥第以此对，必能上契圣心。”他还强调说：“此一生荣枯关头，当切记勿忽也。”② 道光果然很高兴：“此真帝者之言！”③ 认为奕詝是人君的材料。

还有一个文档，记录了两位教练的较量。

道光帝晚年体弱多病，一次专门召见奕詝和奕䜣，想通过谈话，考察他们的品性。两个人不敢大意，就求教于自己的老师。两位老师的政治敏感度都非常高。卓秉恬决定“扬长”，即发挥奕䜣才思敏捷的优势，表现他内心所藏之锦绣，如果父皇有所询问，“当知无不言，言无不尽”。而杜受田决定“避短”。他告诉奕詝，如果谈论治国的道理，你肯定说不过老六，所以只能“藏拙示德”，以仁求胜。如果父皇说自己快不行了，“将不久于此位”的话，就只管伏地痛哭，“以表孺慕之诚而已”。结果，道光对奕䜣的表现非常满意，而对奕詝所说的话由衷感到高兴，认为“皇四子仁孝”。④

无论“扬长”还是“避短”，在“道”上，杜受田和卓秉恬都是一种

---

① 参看赵尔巽等：《清史稿·杜受田传》，中华书局1977年版。

② 参看小横香室主人：《清代野史大观》，台湾中华书局1986年版。

③ 参看赵尔巽等：《清史稿·杜受田传》，中华书局1977年版。

④ 参看小横香室主人：《清代野史大观》，台湾中华书局1986年版。

实用主义的教育方式，只是杜受田的实用主义针对的是皇帝，而卓秉恬针对的是现实。

围猎后不到半年，即六月十六日，道光亲笔写下了接班人的名字，小心翼翼地藏在了“光明正大”匾后。这个名字会是谁呢？

等待如同黑夜一样痛苦而又漫长，让人感到揪心般地紧张。

密匣中的国家级矛盾

道光三十年（1850 年）正月十三，皇帝在圆明园慎德堂的病榻前，召见了五位大臣。此次召见，让卓秉恬和杜受田感觉出了输赢。受召见的除了祁寯藻、何汝霖、陈孚恩、季芝昌四位军机外，还有并非大学士的杜受田。

历史没有记载这次“语良久”的召见，到底谈了些什么内容，但完全可以想象，杜受田的脸上，肯定是春风拂面。而窗外刺骨的寒风，则恰同卓秉恬的心情。紧急会议不让自己参加，政治嗅觉灵敏的大学士卓秉恬，从被忽略中朦朦胧胧地品尝到了失败的挫伤。

正月十四日，感觉自己走到人生尽头的道光，勉强穿好了正式朝服，于卯刻（5—7 点）紧急召见宗人府宗令载铨，御前大臣载垣、端华、僧格林沁，军机大臣穆彰阿（首席）、赛尚阿、何汝霖、陈孚恩、季芝昌，内务府大臣文庆。当着十位重臣的面，道光宣布立奕詝为太子。不久，奕詝一瘸一拐地来到了慎德堂。大臣们打开了密匣，宣读了四年前的立储诏书。

宣读完诏书之后，道光颁布了一道书写潦草的亲笔朱谕：“皇四子奕詝著立为皇太子，尔王大臣等何待朕言，其同心赞辅，总以国计民生为重，无恤其他。”到了中午，道光驾崩。

储藏于中国第一历史博物馆的道光立储密旨，是目前世界上存留下来的唯一一份秘密立储实物。外包黄色羊皮封套的匣子，是由楠木精制而成，长三十三厘米，宽十七厘米，厚八点五厘米。匣子里装的是立储密诏。密诏的外层包装纸上，是道光亲书的满文“万年”和签名，内层

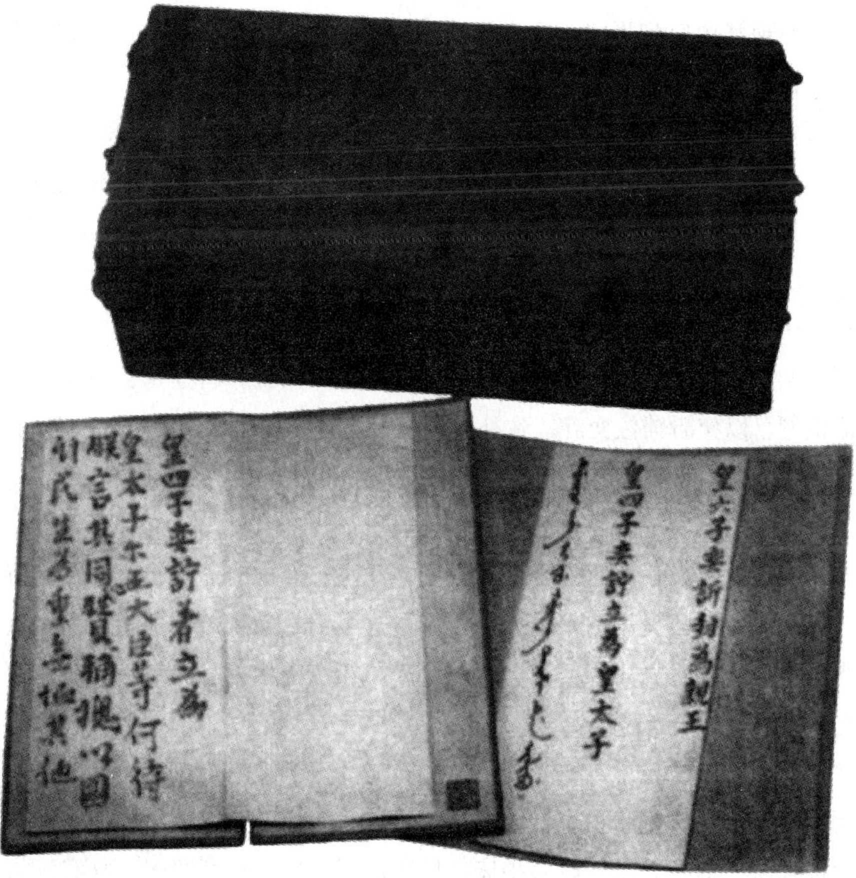

‖ 道光立储秘匣

包装纸上，是道光亲书的“道光二十六年六月十六日”和签名。[①]

匣子里的诏书，让人感到非常意外。

按当时的书写和阅读习惯，诏书的内容从左到右分别是“皇六子奕訢封为亲王”，“皇四子奕詝立为皇太子”，满文“皇四子奕詝立为皇太子”。这是一道从内容到形式都令人疑惑的谕旨。第一，有清一代从没有皇太子和亲王并立的规矩和习惯；第二，按照尊卑顺序，应该先写立皇太子再写立亲王。这种反常的表象背后，折射出道光当时矛盾的心态。

选择的痛苦之处在于，当作出一种选择之后，就会产生没有做另一种选择的遗憾。奕詝长而仁，奕訢能而贤，无论选择了谁或不选择谁，都无法让道光说服自己，这是道光矛盾的根本原因。道光先封亲王，后立太子，可能出于几个目的：第一，用谕旨并封的形式，强调并固定奕訢的利益，使之不可侵犯，算作对他的补偿；第二，构建帝、王相辅相成机制，以奕訢辅佐奕詝，弥补奕詝魄力之不足。当然，还有一种可能，就是明确两人的君臣地位，防止奕訢对奕詝不利。

有两则记载，说明了奕詝即位的危机。

一则材料说，奕訢深受道光喜爱，几次想弃立奕詝。临终时命内侍召见奕訢。不巧奕詝前来请安，听到了这个消息急忙赶到父皇榻前。道光见了奕詝，叹息一声问道：六阿哥来了没有？然后昏迷过去。等奕訢匆忙赶到后，道光已经晏驾。[②]

还有一则材料说，道光病危时，召见大臣到寝宫启密匣。当时，奕訢之母孝静皇贵妃暗地里让太监叮嘱大臣，不要开启密匣。因此，大臣们很犹豫。道光大怒，以手拍床，斥责群臣，这才打开匣子，立奕詝为太子。[③]

这些说法都来自野史，经不起推敲。但道光临终前的密诏，让十位重臣“尔王大臣等何待朕言，其同心赞辅，总以国计民生为重，无恤其他”，却道出了另外一层含义。他可能已经认识到，大臣们会对自己的选

---

① 参看李国荣：《清宫档案揭秘》，中国青年出版社 2004 年版。

② 参看徐珂：《清稗类钞》，中华书局 1984 年版。

③ 参看（清）丁国钧：《荷香馆琐言》。

择有异议，因此以圣旨的形式，让这些顾命大臣不要心生二意。

当天下午，奕詝护送道光的灵柩回乾清宫。他当上储君后作出的第一个决定，就是“以上书房为倚庐，席地寝苫”。所谓倚庐，是指服丧时住的房子；所谓席地寝苫，就是在服丧期间，住得差一点，表示对父皇的追悼。而为什么偏偏选择上书房呢？是为了随时接见杜受田，让老师帮忙出主意。有专家考证说，按照清代的制度，杜受田奉旨“入值上书房”，每天都可以到这里，但不能去宫中别的地方。如果奕詝选择别的地方做倚庐，召见杜受田需由御前大臣带领，手续极其繁琐不便。①

杜受田胜利了。

正月二十六日，奕詝在太和殿即皇帝位，以明年为咸丰元年。在山呼万岁声中，杜受田心里一定汹涌澎湃。他虽然从教练切换为臣子，可这是他调教出的皇帝啊。在奕詝的身上，寄托着他的理想和抱负，也体现着他的成就感和满足感。滴水之恩，当涌泉相报，咸丰并没有忘了他的老师。即位之后，封杜受田太子太傅，兼署吏部尚书，调刑部尚书、协办大学士。杜受田虽然未入中枢，但“国家大政及进退大臣，上必咨而后行”，继续履行帝王师的职责。②

《清史稿·杜受田传》说，“受田自侍文宗学，未尝离左右，当陛辞，不觉感恋流涕。在途触暑染疫，力疾治事，与源灏、宿藻等核定施赈章程，疏陈而不言病，至清江浦遽卒。遗疏念贼氛未靖，河患未平，尤以敬天法祖、勤政爱民、崇节俭、慎好恶、平赏罚为言。”在奕詝争做太子问题上，杜受田虽然耍了手腕，但却是一个任职任事的良臣。

杜受田死后，咸丰赠太师、大学士，入祀贤良祠，赐金五千两治丧，并特意颁诏说：“杜受田品端学粹，正色立朝，皇考深加倚重，特简为朕师傅。忆在书斋，凡所陈说，悉本唐、虞、三代圣圣相传之旨，实能发明蕴奥，体用兼赅。朕即位后，周咨时政利弊，民生疾苦，尽心献替，启沃良多！援嘉庆朝大学士朱珪故事，特谥文正。”灵柩到了北京后，咸

① 参看茅海建：《苦命天子》，上海人民出版社 1995 年版。

② 参看赵尔巽等：《清史稿·杜受田传》，中华书局 1977 年版。

丰亲自祭奠，“抚棺哭甚哀”。[①]

咸丰哭的不是没有道理，因为他失去了一个可以依赖的臂膀。这是一个具有高度恋父（师）情结的皇帝。在杜受田坚强可靠的臂膀里他躺了十二年，感觉是如此的安全和舒适，如今这个人走了，剩下一副沉重的担子，还能依靠谁呢？他骤然感到无比的孤单和无助。

历史很快就证明，杜受田的胜利，不仅是他个人的失败，也是这个帝国的失败。

悲哀，一个候选人的历史性悲哀

二十岁的咸丰坐到了火山口上。上台之初，西方列强像喂不饱的群狗，上午撕大清帝国几块肉，下午又嚼几块骨头。而国内农民起义风起云涌，太平天国席卷幕掀的声势，让咸丰连打饱嗝都有火药味。

咸丰登基当天，按照道光的指示，封奕訢为恭亲王。太平天国定都南京后，分兵北伐，逼近北京。二十一岁的奕訢成为帝国政治舞台上一道亮丽的风景线，他先被任命办理巡防事宜，并署理正白旗领侍卫内大臣，又被委派在军机大臣上行走，而按照祖制，亲王或皇子是不得担任此要职的。不久，又出任宗人府宗令、正黄旗满洲都统等职位。

咸丰和奕訢和睦相处，同舟共济，开始了“打仗亲兄弟”的政治蜜月期。

其实，这一切只是表面现象。

咸丰并不是完全信任奕訢。在争夺储君的位子时，他按照杜受田的教导，奉行的是装老实的哲学，以拙示人，以仁待人，这样做完全是为了博得道光的好感。咸丰性格懦弱，并不代表没有脾气。他不可能不忌惮奕訢的才华和能力，也不可能不怨恨奕訢的争储行为。他在奕訢的亲王爵位前加了个“恭”字，是饶费心思，富有深意的，无非是告诉奕訢，收起四处摇晃的尾巴，好好做一个恭顺谦谨的臣子吧。

① 参看赵尔巽等：《清史稿·杜受田传》，中华书局 1977 年版。

年轻人的特点是聪明，有闯劲，接受新事物快。但因为阅历少，往往冒失，不稳重，容易意气用事。以奕訢的头脑，他非常清楚咸丰的小九九。然而，他恭顺不起来。在同一个屋檐下生活了这么多年，他知道四哥和自己做人的差距。爱新觉罗家族的这个位子，应该是唯有能者居之。四哥是个瘸腿不说，论文讲武样样不如自己，他凭什么就当了皇帝。这种委屈和不服表现出来，就是在皇帝面前谈笑自若、指手画脚。感情一旦淹没了理智，就会造成一个人的短视，分不清政治上利害攸关。你能力水平不如我，能把我怎么样，何况我妈还养过你？

就是如何对待奕訢母亲的问题，成为兄弟俩感情失和的导火索。

应该说，咸丰对待自己的养母，是很不错的。即位当天，就颁布谕旨，"谨尊封为康慈皇贵太妃"。但在奕訢看来，这不过是新皇帝循例而封，并没有对养母表现出足够的尊敬，因此心里十分不满，多次提出"宜尊号太后"，咸丰"默不应"，始终没有松口。[①] 其实，在这个问题上，咸丰并没有错。按照规定，一个皇帝册封或追封皇后，不能超过三位。当时，道光已经先后册封了三位皇后，如果加封奕訢之母就是违例。而追封皇太后，都是儿子当了皇帝以后，对生母所加的谥荣，嗣皇帝只能授养母太妃，而不可能尊之为太后。奕訢提出这种越轨的要求，肯定让咸丰非常窝火。

咸丰五年（1855 年），康慈皇贵太妃病危。咸丰前来探视，恰好碰见奕訢，就问太妃身体如何。奕訢跪在地上大哭：病情极其严重，只因为未得太后封号，死也不会瞑目啊。咸丰听罢"哦"了几声。不知奕訢误会了皇帝的意思，还是故意错误理解皇帝的心意，他当即到军机处传旨，声称皇帝已经同意自己所请，令礼部准备册封典礼。当咸丰知道消息后，军机处已经传旨，礼部已经开始做筹备工作。木已成舟，他只得加封皇太妃为康慈皇太后。[②]

奕訢虽然为母亲讨了说法，却葬送了自己的政治前途，也间接葬送了大清江山。

① 参看中华书局影印：《清文宗实录》，中华书局 1985 年版。
② 参看（清）王闿运：《祺祥故事》。

‖ 军机处内景

七月五日，四十四岁的康慈皇太后病逝。

孝和皇太后病逝时，遗诏养子道光不要过于悲伤，穿二十七天孝服就可以，但道光坚持要戴孝一百天，素服二十七个月。康慈皇太后去世后四天，也就是七月十一日，咸丰以“饰终仪物，有可稍从俭约者，务恤物力”的名义，表示自己只穿二十七天孝服。穿孝服和节约有什么关系，明眼人一看便知，这是咸丰要给奕訢颜色看了。七月十二日，他又以“朕不敢以一己之感恩，致违大行皇太后谦冲之盛德”为由，取消了她配享太庙的资格。七月二十一日，咸丰批评奕訢“于一切礼仪，多有疏略之处”，革其军机大臣、宗人府宗令、正黄旗满洲都统等职，剥夺了他办理丧事的权利，让他“自知敬慎，勿再蹈愆尤”，回上书房反省。[①]

应该说，咸丰对奕訢的惩罚并不算重，以奕訢的行为完全可以算是矫旨，如果咸丰认真追究，奕訢很难保全自己的性命。咸丰指责奕訢办理丧事时礼仪疏略，其实就是批评他没把自己当回事，有越权之嫌疑。此时如果不惩治他，将来做大就很难收拾。即使是一只猫，手里有了权力，也会变成一只虎。奕訢的莽撞冲动，让他丧失了问政的资格，终咸丰一朝，成为一个地位显赫的大闲人。

奕訢退出军机处，意味着道光精心架构的“兄弟互济”的辅政格局被打破。而这种破局，则让咸丰处理政务更加力不从心，直接导致了肃顺集团的崛起，为后来的辛酉政变埋下了祸根。

清朝末季政治上的混乱衰败，实从奕訢靠边站始。

可以说，奕訢一个人的悲哀，也是咸丰这个皇帝的悲哀，更是大清帝国的悲哀。

只是寻花柳

即位之初，咸丰还算个英明之主，他运筹帷幄，决断千里，颇有中兴之象。有一份材料，对咸丰初年的政绩进行了评价，这里不妨偷懒抄

① 参看中华书局影印：《清文宗实录》，中华书局 1985 年版。

录如下：

正位之初，即颁手诏正穆彰阿、耆英之罪，遍谕臣僚，改平素因循取巧之习。饬内外大臣保举人才，不拘资格，一秉大公。是故兵不足而兼用勇，漕不继而改海运，饷不足而更制大钱。改口岸以整鹾纲，输米石以实仓庾，裁河员之冗浮，减京饷之成数。凡此新章之改革，无不与时为推迁。[①]

道光选择咸丰，是因为他们在性格和品德上有共通之处，在沟通上没有多少障碍，咸丰俨然就是道光的翻版。然而道光没有想到，就如同一个四平八稳的水手，无法在惊涛骇浪中掌舵一样，性格上的老实巴交和道德上的仁慈顺孝，放在乱世就是窝囊和无能。

道光当了三十年皇帝，是以守成之主自居。然而，由于外忧内患蜂起，军事财政崩析，到了咸丰时期，想守都不成。这位性格懦弱的皇帝负担不了沉重的精神压力，不知不觉走上了逃避的道路，而逃避的方法就是寻欢作乐，“咸丰季年，天下糜烂，几于不可收拾，故文宗以醇酒妇人自戕”。[②]“这边走，那边走，只是寻花柳；那边走，这边走，且饮金樽酒。”道光眼中的乖孩子，臣子心中的好皇帝，慢慢成了酒色之徒。

关于咸丰的好色，野史中有很多记载。

圆明园管园大臣文丰，其最主要的工作不是管理这个皇家园林，而是替主子搜罗美女，“文宗因东南太平军起，中心忧焦，颇怀信陵君醇酒妇人意，常居园内，命宫监四出觅汉女充下陈。文丰有心腹奴二，皆汉人也。一走维扬，一去金阊，购得民女四人，皆绝艳，或云取自妓家，文宗特为设四院以处之”。[③] 顺便交待一下，英法联军火烧圆明园时，文丰投湖自尽，以殉道的方式终结搜罗美女的使命，不知是讽刺还是揶揄。

相比之下，奕䜣的意志品质则坚强得多。他在咸丰、同治和光绪年间，几上几下，始终不坠青云之志，成为开风气之先的贤王。而咸丰的堕落与放纵，致使他三十一岁早亡，把江山扔给了六岁的载淳，为慈禧

① 参看苏同炳：《中国近代史上的关键人物》，百花文艺出版社 2004 年版。

② 参看徐珂：《清稗类钞》，中华书局 1984 年版。

③ 参看（清）天嘏：《满清野史三编》，昌福公司 1912 年版。

窃取权柄留下了活扣。

道光的选择在他个人来说是理性的。

然而，个人仅凭私人理性所作出的选择是短视的：可能短期收益大，但从长远来看是灾难；可能对个人或局部有好处，对他人或者整体则是灾难。个人的理性只能察觉到看得见、摸得着的利益，而看不见那些潜藏的危害。因此，这种个人理性是有限理性。

道光在有限理性基础上所作的选择，给这个帝国带来的，是更加腐朽堕落的灭顶之灾。

酒色王者咸丰评传

道光三十年（1850 年），二十岁的奕詝走上金銮殿，开始了他悲剧的一生。先辈们从来没有碰到的外忧内患，在他执政的十一年内，全都扎堆出现了。

道光二十六年（1846 年）密立储君时，道光曾经在皇四子奕詝和皇六子奕訢之间犹豫过。四子老实，六子聪颖，谁可为帝，着实让道光为难。在老师杜受田的指导下，木讷的奕詝讨巧装乖，以忠孝示人，最后讨得了父皇的欢心。

咸丰当政之初，内忧外患接踵而至。

道光三十年十二月初十日（1851 年 1 月 11 日），洪秀全在广西桂平金田村起义，建号太平天国。朝廷本以为这是流匪作乱，没有想到星星之火，迅速燎原。咸丰元年（1851 年），太平军攻占永安，封王建制；二年（1852 年），太平军攻占武汉，站稳脚跟；三年（1853 年），太平军攻占南京，定都立国。同治三年（1864 年），太平天国虽然在同治年间被镇灭，但这一纵横十八省、延续十三年的起义，却动摇了大清的根本。

太平天国起义后，北方捻军、两广天地会、东南小刀会也相继揭竿。为应付动乱局势，咸丰采用增收厘金、发行官钞、改铸铜钱、扩大捐资和漕米海运的办法，筹集军费，救济财政。这一系列措施，虽然行之有效，却导致通货膨胀，物价飞涨，民怨沸腾。

咸丰六年（1856 年），趁清政府应付内乱之际，英法侵略军为扩大在华权益，发动第二次鸦片战争。咸丰七年九月十四日（1857 年 12 月 29 日），联军攻破广州；咸丰八年四月初八日（1858 年 5 月 20 日），攻陷大沽炮台。咸丰急派桂良、花沙纳求和，签订了《天津条约》。

条约的签订，让咸丰感觉丧失主权，耿耿于怀。他派桂良、花沙纳同英法公使商量改约。由于双方意见不统一，致使战端又起。咸丰十年八月初八日（1860 年 9 月 22 日），签于英法联军直逼北京，咸丰逃往热河，留下反对撤离的文祥和奕訢处理和谈。英法联军进入北京后，烧杀抢掠，无恶不作，焚毁圆明园。咸丰十年九月初九日（1860 年 10 月 23 日），清政府被迫签订了《北京条约》。

在英法大肆侵略中国之际，北方的沙俄趁火打劫，通过咸丰八年（1858 年）的《瑷珲条约》、咸丰十年（1860 年）的《中俄北京条约》，侵占了中国一百多万平方公里的土地，成为第二次鸦片战争中的最大赢家。

面对忧患的重重压力，生性懦弱的咸丰头疼万分。他撇下政务，在避暑山庄里纵情声色犬马，贪恋杯盏鸦片，致使身体健康每况愈下。咸丰十一年七月十六日（1861 年 8 月 22 日），咸丰扔下烦恼无限之江山，病死热河，享年三十一岁。

纵观咸丰短暂而悲剧的一生，除签订了丧权辱国的条约外，毫无政绩可言。然而，他所采取的几个措施，却影响了中国今后的走向：为镇压起义所采取的办理团练政策，是日后军阀做大以至于割据的发端；对内镇压人民起义对外妥协投降的方针，是日后攘外必先安内策略的滥觞；为办理洋务建立总理衙门，是中国外交常规化、制度化的起源；错误地排斥了奕訢，选择了顾命八大臣，导致慈禧垂帘中国近五十年。

道光认为四儿子忠孝可人，可成仁主，却忽略了帝国在乱世之秋，需要一个有胆识远略的领航人。他为自己的王朝所选择的，根本就是一个灾难。

咸丰私档

姓名：爱新觉罗·奕詝（1831—1861）

庙号：文宗

谥号：显

年号：咸丰

即位时间：道光三十年正月二十六日（1850 年 3 月 9 日）

即位年龄：十八周岁

在位时间：十一年

陵寝：定陵（今河北遵化）

父母：父旻宁，母钮祜禄氏

配偶：十六人，皇后萨克达氏

子：二人，长子未命名（夭折），次子载淳

女：一人

继位人：载淳

第十章 同治接班与叔嫂政治

咸丰十年（1860 年）春天，英法联军北上。七月五日，陷大沽炮台。随后，降直隶总督恒福，破天津卫。八月初，临通州，逼京师。七月十日，清军前敌总指挥僧格林沁密奏，如果皇帝在京，恐怕惊了驾，不如到热河躲躲。二十四日，僧格林沁再次敦请巡幸木兰，以防被“斩首”。

僧王的建议给了咸丰跑路一个极好的借口，他旋即召开御前大臣会议，出示僧格林沁的意见，让大臣们拿主意。然而，群臣极力反对皇帝在国难当头之际外出“旅游”。无奈之下，咸丰不打算再浪费时间和口舌。二十五日，他召见群臣，颁布朱谕：巡幸之举，朕意已决。郑亲王端华附会说，是啊，都守不住了，皇上怎么能留在宫里？吏部尚书陈孚恩瞅着咸丰的脸色表示，得为皇上考虑一条出路才是。八月七日，通州八里堡失守，京城屏障洞开。当日，咸丰封奕䜣为钦差便宜行事全权大臣，并由大学士桂良和户部左侍郎文祥协助，主持议和。

八月八日清晨，大臣们匆匆忙忙入值。他们惊恐地发现：皇帝不见了。

皇帝撂挑子

农历八月的北国，天空蓝得有些悠远，秋意渐渐浓了。散淡的细风，抹黄了草原，而野山边的枫叶，也渗出了微红。然而，这熟悉而醉人的风景，只符合休闲随意的心境。

咸丰的心里苦出酸水来，此时，他不过是一个亡命之君。

英法联军入侵，太平天国起事，让咸丰倍感闹心。他索性把挑了撂给奕訢，自己去热河躲清闲。八月八日的悄然离京，让咸丰成为帝国历史上第一位逃亡的皇帝。所谓巡幸，不过是自欺欺人的政治谎言，可以哄得了落笔的纸张，但却瞒不过自己凄凉的心境。随着玉玺一次次盖在条约的下角，咸丰一次次感受到被压扁的尖痛。逃亡对于皇帝来讲，是一种莫大的耻辱，可洋毛子来了，留下来等着囚辱吗？连天空盘旋的老鹰的叫声，似乎都充满了嘲弄。咸丰再也没有往年度假时柔软的心情。

大队人马从圆明园匆匆出发时，只有皇帝的一辆銮车。惠亲王绵愉、惇亲王奕誴、醇亲王奕譞、钟郡王奕詥、孚郡王奕譓、怡亲王载垣、郑亲王端华、宗室肃顺，军机大臣穆荫、匡源、杜翰以及后宫妃嫔，乘坐的都是临时征自民间的车辆。

叶赫那拉氏懿贵妃差点颠出肠子来，她从来没有遭过这份洋罪。此时的懿贵妃显现出惊人的远见卓识，她根本不同意皇上巡幸热河。这位帝国未来的实际操盘手认为，“皇上在京，可以震慑一切，圣驾若行，宗庙无主，恐为夷人践毁”。她还举例子说，“昔周室东迁，天子蒙尘，永为后世之羞。今若遽弃京城而去，辱莫甚焉”。[①] 出身官宦世家的那拉氏，是一个见识不凡的女人。咸丰身体虚弱，洪杨起事后，国事繁重，“常命其代笔批答章奏”。野心随着政治才能的增长，在懿贵妃的心里蔓延，让

① 参看（清）吴可读：《罔极篇》。

她“渐思盗柄”。[①] 这个看似弱不禁风的女人认为，只要用心去决战，“洋人必不得入京”。[②]

此时，随着咸丰逃亡的懿贵妃，已经忘记了指点江山。崎岖不平的道路，将她颠簸成一个普通的妇人。她看到负责内务工作的肃顺经过，要求换一辆结实点儿的车辆。肃顺敷衍说，荒山野岭的，等下一站再说吧。到了休息地点，懿贵妃派人找到肃顺。肃顺不耐烦地说，皇上的事情都忙不过来，哪有时间管这个？没过多久，懿贵妃又看见肃顺经过，“涕泣乞请”[③] 换一辆车。肃顺批评说，逃亡的时候，还讲什么享受？皇后坐的都是破车，你想逾制吗？

生性倔强高傲的肃顺，打心眼里瞧不起二十六岁的懿贵妃。不久，他将为自己的高傲付出惨重的代价。

肃顺，镶蓝旗人，郑亲王端华胞弟，排行第六。为人聪明而有魄力，“接人一面，终生能道其形貌；治一案牍，经年能举其词”。[④] 道光三十年（1850 年），任内阁学士兼礼部侍郎。在端华等人引荐下，咸丰年间，先后任御前侍卫、礼部尚书、户部尚书、协办大学士等职。肃顺主张从严治政，救弊以猛，亲汉疏满，先后查处科场舞弊案、户部舞弊案、军费报销案等，是著名的鹰派人物。

从性格上来说，肃顺是一个爱憎分明、讲究原则的人，“才识在满大臣中实无其比”。[⑤] 他看不起满洲贵胄，重用汉族知识分子，让宗室极为不满。他对待贪官污吏喜用猛药，虽然“杀耆英、柏葰及户部诸狱”，从律法的角度讲，“诸人罪有应得”，[⑥] 但由于手段严刻，搞得人人自危，所以政治上很孤立。在处理工作时，虽然点子不少，办法也很多，但缺乏机动灵活。然而正是这种干练泼辣，赢得了咸丰的信赖，周围聚集了载垣、端华、穆荫、匡源、杜翰等一大批官员，人称“肃党”。

---

① 参看费行简：《慈禧传信录》，载中国史学会编：《戊戌变法》丛刊（一），上海书店 2000 年版。

② 参看（清）吴可读：《罔极篇》。

③ 转引自王开玺：《太后垂帘》，中华书局 2007 年版。

④ 参看赵尔巽等：《清史稿 · 肃顺传》，中华书局 1977 年版。

⑤ 参看李岳瑞：《春冰室野乘》，台北：文海出版社 1967 年版。

⑥ 参看赵尔巽等：《清史稿 · 宗室肃顺传》卷三八七 · 列传一七四，中华书局 1977 年版。

二 肃顺

肃顺和懿贵妃早有过节。有一阵子，咸丰宠信“汉女四春”，冷落了懿贵妃。派人一打听，据说是肃顺进献的。因为汉女不能进宫，就安排在了圆明园。懿贵妃对他恨得咬牙切齿。[①] 咸丰为了方便去圆明园，就从紫禁城修了条直通御道。一次肃顺也走了这条路，被咸丰发现后抽了一顿鞭子。肃顺觉得皇上这么严厉，“必懿贵妃以言挑之也，遂衔懿贵妃甚”。[②]

逃亡期间伙食供给跟不上，连咸丰也饱一顿饿一顿的。为了保证皇上能吃上稠的，后宫的嫔妃都喝了稀的，皇后不过就一菜一汤，外加一碗米饭。有人向懿贵妃打小报告说，肃顺那里有不少好东西，大酒大肉的。其实这些都是给皇上准备的。不明就里的后宫妃嫔，对不给她们肉吃的肃顺，恨得牙根都疼。有人评论说：“灭门之祸，起于饮食之微，可为叹息。”[③] 虽然是以偏概全，却也很恰当。

在日常生活中，慎独、慎微、慎言无比重要，一个人往往在不经意间就会得罪他人，为自己种下绊脚的种子。如果肃顺能够谦恭点，多解释几句好话，亦或懿贵妃心胸再宽点，能够体谅别人的难处，日后的政局也不至于那么糟。心胸决定命运，性格左右全局，此时，当肃顺跑前跑后忙个不停，懿贵妃在颠簸中暗自运气的时候，帝国的车轮正顺着无意识流露出来的个人恶劣的情绪，不可逆转地滑向充满私人爱憎的深渊。而个人无节制的偏见和情绪，恰恰在很多时候悄然改变了历史。

八月十六日，銮驾抵达热河避暑山庄。咸丰下榻烟波致爽殿，慈安皇后和懿贵妃分住东西小院。十七日，刚稳下心神的咸丰怕联军追击热河，谕旨奕訢：“昨复谕令相机办理，朕亦不为遥制，总期抚局早成，朕即可及早回銮，镇定人心，并保全亿万生灵之命。”[④] 没想到，还没等他回去，咸丰百般惦记的圆明园，一个曾经留下很多诗情画意和游蜂浪蝶的仙宫，在九月五日被“不解风情”的洋鬼子点了一把火。十月四日，圆明园焚毁清单呈请御览，咸丰顿时心如刀绞，半天说不出话来。

---

① 参看（清）许指严：《十叶野闻》，中华书局 2007 年版。

② 参看金梁：《四朝佚闻》，复东印刷局 1936 年版。

③ 参看（清）李慈铭：《越缦堂日记》，广陵书社 2004 年版。

④ 参看中华书局影印：《清文宗实录》卷三三零，中华书局 1985 年版。

九月三十日，吃饱、喝足、拿够的英法联军撤离北京。十月一日、二日，奕訢和留守大臣敦请圣驾回京。咸丰怕洋毛子再掉头回来，让奕訢等人别拿回銮说事儿："只顾目前之虚名，而贻无穷之后患。"为掩饰自己内心的恐惧和屈辱，他还模糊巡幸与逃亡的区别，说到热河"度假"并不丢人，"系循祖宗旧典"，[①] 警告不准再提年内回京的话茬儿。

十一年（1861 年）大年初二，咸丰发表声明说二月二十三日回京。不料二月二十二日，咸丰又改变了计划，说奕譞领衔奏请暂缓回銮，理由是皇上身体不好，等到秋天再说。咸丰再三拖延，引起了奕訢和留守大臣的怀疑。一定是肃老六搞的鬼，他是不是把皇上架空了？在奕訢和留守大臣看来，怂恿咸丰逃往热河，把自己留下来堵枪眼的，就是载垣、端华等人的主心骨肃顺。

三月七日，奕訢决定去热河看看怎么回事。请示递上去不久，就被咸丰打了回来。咸丰说，见了面就会想起往事，对身体大大不宜。驳回奕訢请求后的第二天，咸丰莫名其妙地追加了一道谕旨，告诉奕訢等王大臣，"大阿哥（即载淳）于四月初七日入学读书，着李鸿藻充大阿哥师傅。"

奕訢看了这道圣谕之后，眼皮跳了好几下。

奕訢主持议和时，英法代表"议恭王绝席，令王公以下大臣皆跪迎"，目的是试探对立奕訢为帝的态度。大学士周祖培没见过这阵势，吓得腿肚子抽筋。在陈孚恩的痛声斥责下，英法代表这才作罢。[②] 消息传到热河，肃顺等人认为，肯定是奕訢在演戏，联合外人要挟朝廷。将载淳上学一事告诉奕訢，被赋予了这样一层政治意义：我这个位子后继有人，你老六别痴心妄想。从这个看似漫不经心的文件，奕訢读到了一种透骨的寒意。

还没等咸丰回銮，他就病倒了。六月九日，是咸丰三十一岁万圣节。他早晨起床后，祭拜了列祖列宗的画像，然后接受群臣的朝贺。接着，在行宫大宴群臣。吃完饭后，又忙活着看戏。中午的时候，咸丰感觉身

① 参看中华书局影印：《清文宗实录》卷三四零，中华书局 1985 年版。

② 参看（清）胡思敬：《国闻备乘》，中华书局 2007 年版。

体不舒服。晚上，被酒色掏空身子的咸丰，再也经不起折腾，软瘫在了床上。

七月十五日，身体处于亚健康状态的咸丰，吩咐“如意洲花唱照旧”。三十一岁的咸丰万万没有想到，这居然是他一生所看的最后一场戏。

而此时，一场更加残酷而热闹的舞台剧，正以意想不到的方式、过程和结果，悄悄拉开了帷幕。

两枚女性印章

七月十六日，咸丰在弥留之际，忽然变得聪明起来。这个庸碌怯懦的皇帝，玩了平生中最漂亮的一次政治游戏。而正是这一自认为聪明的小手腕，将整个国家拖进了权争的泥潭。

当天上午，身体并无大碍的咸丰，几次陷入昏迷状态。晚上十一点四十五分左右（子初三刻），咸丰苏醒过来。他感觉自己油尽灯枯，立即召集随驾大臣，开始安排交接班工作。至于谁来接班，其实毫无悬念。咸丰虽然好色，但生育能力差，只有载淳一个儿子，出自懿贵妃。六岁的载淳无法理政，如何保证权力的顺利过渡，是咸丰必须要解决的中心环节。

当晚，咸丰已经提不动笔，由大臣代写，发了两道谕旨。第一道谕旨是，咸丰十一年七月十六日，奉朱谕：皇长子载淳，着立为皇太子，特谕。第二道朱谕是，咸丰十一年七月十六日，奉朱笔：皇长子载淳，现立为皇太子，着派载垣、端华、景寿、肃顺、穆荫、匡源、杜翰、焦祐瀛，尽心辅弼，赞襄一切政务。特谕。两道谕旨颁布没多久，也就是十七日卯时（早晨5—7点），咸丰驾崩。

第一道谕旨没什么特殊之处，无非是明确自己的接班人。所有的政治玄机，藏在第二道谕旨里面。而且，由于是大臣代笔，成为引爆权力斗争的按钮。

在这份不足六十字的遗诏里，咸丰给自己的儿子构建了一个“八大臣辅政”机制。辅政机制本身并没什么创新之处。顺治和康熙初年，由于皇帝年龄小，曾相继出现过多尔衮、济尔哈朗和索尼、苏克萨哈、鄂必隆、鳌拜辅政的局面，但也造成了多尔衮和鳌拜“欺负”小皇帝的现象。为杜绝下属架空“一把手”，咸丰将辅权分散化，一口气任命了八个辅臣。

令人感到奇怪的是，在八大臣名单里，叔伯、兄弟、子侄一个没用，全用了些外人。其实，咸丰根本没有想过用家里人，而且分权也不是根本目的，他这样做就是为了多用外人，集体对付一个家人。即使咸丰再愚蠢，他也明白当前的权力格局，是所谓“三边四点”，即热河的肃顺、北京的奕訢和皇后、懿贵妃这三边，以及以接班人载淳为中心构成的四点。在“三边四点”格局中，最重要的是让三边彼此牵制，保持稳定，将权力过渡到载淳手里。

在权力的三边中，咸丰最担心的是奕訢。

从做皇子时，咸丰就知道奕訢不是省油的灯。为了击败这个竞争对手，在杜受田的指导下，咸丰装呆卖傻，可谓挖空了心思。咸丰当上皇帝以后，奕訢还不老实，百般挑战他的权威。咸丰一气之下，把他调整出主要领导岗位。奕訢在二线的位置上，靠边站了六年。任命他全权处理外交事务，无非是利用奕訢的个人能力，解决当前的燃眉之急。咸丰从来就没有真正信任过奕訢。这么多年来，咸丰提拔和重用肃顺，固然是看重他的理政能力，用起来比较顺手，也非常省心，根本目的还是为了压制奕訢。自己一旦撒手而去，仅凭载淳这个小家伙，肯定镇不住奕訢，搞不好就会出现多尔衮第二。所以，必须借助肃顺八大臣对抗奕訢。

看住奕訢这颗炮以后，咸丰又落下对付肃顺这颗马的棋子。

为防止辅政八大臣越权，他谕命皇后钮祜禄氏掌“御赏”印，懿贵妃叶赫那拉氏代载淳掌“同道堂”印，“凡应用朱笔者用此代之。述旨亦均用之，以杜弊端”，[①] 以达到相互牵制的目的。需要注意的是，懿贵妃只是“代”载淳掌印。皇后钮祜禄氏位居中宫，与世无争。而懿贵妃喜欢从政，热衷于吆三喝四，引起了咸丰的不满。他曾向肃顺表示，为防止她以生母的身份，挟持载淳临朝称制，打算效仿汉武帝“钩弋故事”，将她

① 参看《热河密札》，载《近代史资料文库》第一卷，上海书店 2009 年版。

‖“御赏”、“同道堂”印

处死，肃顺吓得没敢接茬。[1] 这话传到懿贵妃耳朵里，以为是肃顺拨弄是非，对他恨得咬牙切齿。但这一想法，足以让懿贵妃夹起了尾巴。咸丰临终前，她抱着孩子哭哭啼啼，搞得咸丰不忍下手，最后作罢。[2]

正是这两枚咸丰自以为得意的印章，埋下了破坏政治格局的祸根。捏着红头顾命文件的肃顺，并没有把这两枚印章当回事儿。

肃顺是顾命八大臣的带头大哥。咸丰驾崩后，肃顺这帮子人的政治策略是，看住上家奕訢，防住下家懿贵妃。

十七日，赞襄大臣成立了治丧委员会。该委员会由热河的睿亲王仁寿、醇郡王奕譞、协办大学士肃顺、军机大臣杜翰和工部尚书绵森，以及北京的豫亲王义道、恭亲王奕訢、大学士周祖培、兵部尚书陈孚恩和吏部尚书全庆组成。怕奕訢等来热河后对自己不利，肃顺等人只让陈孚恩一人来热河，而其他人则被留在北京，实际上是取消了治丧权。十八日，北京接到了立皇太子和赞襄大臣的谕旨，奕訢猜测咸丰可能病危，请示赴热河，被肃顺阻止。

肃顺也嗅到了来自懿贵妃的政治威胁，对她则采取了贬抑策略。十八日尊钮祜禄氏为母后皇太后，即慈安。十九日才尊叶赫那拉氏为圣母皇太后，即慈禧。封号前后之分，显示了嫡庶之别。载淳是自己生的，亲妈却是别人，政治待遇的细微差别，让慈禧一肚子气。“风闻两宫不甚惬洽，所争在礼节细故”。[3] 为了借助慈安压制慈禧，肃顺等人故意在待遇和礼节上扬东抑西，让她们相互厮打。在肃顺眼里，奕訢才是最大的政敌，只要他不来热河，自己就能牢牢控制住局面。而且，慈禧毕竟是个大门不出、二门不迈的妇道人家，两个女人正因为待遇问题闹不愉快，哪有时间和自己抢夺权力。

肃顺等人自以为得计时，慈禧拿着印章出手了。

二十日，两宫皇太后主动召集赞襄八大臣开会，要求商量谕旨的拟呈改颁和人事的任免赏罚。文件和人事是最高权力的牛鼻子，抓住了这

---

① 参看（清）潘祖荫:《潘祖荫笔记》。

② 参看（清）许指严:《十叶野闻》，中华书局 2007 年版。

③ 参看《热河密札》，载《近代史资料文库》第一卷，上海书店 2009 年版。

两个关键环节，才能掌握实权。慈禧一出手，就直击权力的要害。肃顺等人感到很奇怪，说，这还要讨论嘛？谕旨我们写，你们只管盖章，注意不要改动。另外，大臣的奏章你们也没有资格看。[①]如果没有人事任免权和文件把关权，自己就成了橡皮图章，两宫太后坚决不同意。双方纠缠了四天，不知是肃顺等人经不住软磨硬泡，还是根本没把这两个女人放在眼里，居然同意了两宫太后的要求，双方约定：奏章太后要过目，谕旨要盖章后再颁布，任命尚侍督抚要经太后裁定，其他官员也要太后同意。

按照咸丰的谕旨，并没有明确规定权力的分工。两宫太后凭借印章，争取到了领导权。这是一场非常关键的斗争。这场斗争，不但让慈禧站稳了脚跟，获得合法的从政权，而且将咸丰构建的辅政机制，切换成垂帘与辅政并行机制。

事情发展到这一地步，我们不得不叹息，肃顺等人先输了一招。在做出让步也许还在嘲笑两宫太后，就凭你们两个二十岁出头的小娘们，能折腾到什么程度，几天下来还不累趴下的时候，肃顺等人不知想过没有，刚刚还在为待遇争执的两宫太后，怎么就穿了一条裤子？

还有一件没有想到而更可怕的事情，慈禧派出的使者，早已经悄悄进入了北京。

政变“微信”发给了谁

这个使者就是醇亲王奕譞，慈禧的亲妹夫。

咸丰九年（1859年），十九岁的奕譞边在上书房读书，边到内廷行走，也就是实习锻炼。肃顺看不上他，经常“老七”、“老七”地叫，奕譞很不高兴。随驾热河时，因为母亲乌拉氏病逝，他请假回了北京。咸丰驾崩后，他赶回了热河。母亲没有得到封号，让奕譞极不痛快。

按照规定，外臣未经允许不准进内宫。一天，赞襄大臣们下了班，

① 参看费行简：《慈禧传信录》，载中国史学会编：《戊戌变法》丛刊（一），上海书店2000年版。

慈安

留下端华值勤。奕譞突然跑来质问他：听说你们不让近亲王公祭拜灵堂，究竟是为什么？端华支支吾吾，答不出来。奕譞接着责问：咱们同时到内廷行走，为什么你们能进内宫，我们亲兄弟却不行？端华傻乎乎地说，没有这回事啊。奕譞气冲冲地闯了进去。慈禧告诉他，端华、载垣这么闹腾，背后的主使是肃顺。奕譞听后肚子都炸了，要把赞襄大臣逮起来治罪。慈禧见他这么没脑子，连忙好言安抚住，让他起草了一道谕旨，说咸丰没有让肃顺等辅政，都是他们自己捏造的，请北京方面议定罪名。圣旨写好后，慈禧让奕譞先回北京，等銮驾回去后再宣示。然后，两宫太后和奕譞共同商量对策，奕譞说，非恭亲王不可。①

奕譞的想法和慈禧不谋而合。

最初因为封号问题，慈禧心里不舒服。但她很快调整了心态，此时此刻，决不能一叶障目，被蝇头小利迷了眼。摆在她面前的有两条路，要不母子受制于人，要不撑起半边天。而同肃顺等人斗，单凭自己的力量不够，必须建立统一战线。她首先找到了老实巴交的慈安，向她哭诉两人如何受欺凌，肃顺等人如何嚣张，将她拉在自己身边。有了正宫皇后的支持，相当于握住了一张王牌。慈禧认为，单凭两个人的力量，无法扳倒八大臣，只有借助外力，才能打破僵局。

这个外力就是奕訢。

慈禧理解奕訢的心态。在对权力的理解和需求方面，两个人是息息相通的。六年的冷板凳，不但没有熄灭奕訢的权力欲火，相反却越烧越旺。如果奕訢此次不能出头，只能活在肃顺的影子里，再也没有翻盘的机会。挫折会让一个人成熟。经过这么多年的磨练，奕訢的政治心理和手段更加圆通。去年八月，她就认为奕訢才可堪用，迫于英法入侵，主动向咸丰推荐："事危急，环泣何益，恭亲王素明决，乞上召筹应对。"从他处理和谈事务的表现来看，足以担当起政治反围剿的重任。慈禧相信，奕訢一定会站在自己的战线上。

而联系奕訢的重要使命，就落在了奕譞的肩膀上。

二十二日，奕訢接到奕譞的密报。二十三日，申请去热河奔丧获得

① 参看（清）王闿运：《祺祥故事》。

批准。二十五日，从京城出发。八月一日，到达热河避暑山庄。

在出发前，奕訢放了一颗烟雾弹。

二十四日，他派人照会英法代表，表示此次前往热河，是让太后打消对英法的顾虑，放心地回到京城。[①]奕訢此举表面上看是安抚英法，实际上是为了稳住肃顺，他赴热河的目的，除了奔丧就是商谈国事，没有其他意图。另外，他还借此暗示"友邦"，太后是亲英法派。

八月一日早晨，奕訢跪到了咸丰灵前。他放声大哭，响彻屋宇，搞得周围的人，也无不陪着落泪。我们不能否认奕訢的眼泪，是多种原因促成：丧兄之痛楚、失位之委屈、政治之压抑，但也不否认这是一种作秀，一种麻痹肃顺疑虑的作秀。

两宫皇太后提出见奕訢，遭到了肃顺、端华等人的拒绝。杜翰严肃地说：叔嫂当避嫌疑，而且居丧期间，尤其不宜见亲王。肃顺拍着手笑道：真不愧是杜文正公（即杜受田）之子啊。言下之意，说话的水平真高，一下子就把奕訢将那里了。奕訢冷静地说：请郑亲王和我一起吧。端华回头看了看肃顺，意思是怎么办，监督不监督？肃顺当成了个黄段子，戏谑道：老六，你和两宫皇后是叔嫂，我们就不当灯泡啦，嘿嘿。[②]

历史将很快证明，肃顺将为自己的粗心和粗口用生命去埋单。

奕訢和两宫太后进行了改变历史的一小时会见。借助于私人笔记的记载，我们可以还原会谈的内容。

太后问道：怎么样才能摆脱赞襄八大臣的束缚？奕訢回答：在热河没有其他办法，要想成功，非回北京不可。太后问道：如果外国干涉怎么办？奕訢回答：我早就摆平了，如有难，惟奴才是问。[③]在会谈的同时，三人密商了诛杀肃顺等人的策略。

八月五日，奕訢和一名化名樵客的同伙密谋，要借请安回京的机会，督促两太后及早回銮。同时，让热河和北京的同盟保持克制，切勿鲁莽行事。八月六日，在肃顺等人的催促下，奕訢给两太后请安告别。奕訢

① 参看（英）芮尼著，李绍明译：《北京与北京人》，国家图书馆出版社 2008 年版。

② 参看（清）薛福成撰，丁凤麟、张道贵点校：《庸庵笔记》，江苏人民出版社 1983 年版。

③ 参看（清）王闿运：《祺祥故事》。

再次劝两太后“主持坚定”，早定回京日期。七日，奕訢以先参观普陀宗乘庙为由，金蝉脱壳，急速回京。

此次奕訢和两宫太后会面，最重要的收获是建立了统一战线，确立了回到北京地盘上，再收拾赞襄八大臣的策略。惇亲王奕誴之孙溥雪斋曾分析奕訢的心态说：怡、郑二王和肃顺的权势增长，引起了奕訢等人的嫉恨。奕訢觉得太后垂帘，容易对付，才和她们密谋结盟。[①] 顺治朝时的叔嫂政治，再次上演。

这种政治结盟，从一开始就打上了相互利用的烙印。嫂子希望借助小叔子的权力欲，整垮自己的政治对手，然后再拿掉小叔子，实现对权力的垄断。小叔子则希望借助嫂子的合理性地位，实现自己的政治企图，然后再把弱女子玩弄于股掌。而正是这种相互利用，预示着同盟者必定有失败的一方。无论胜利还是失败，都不具备正义性和正当性，对国家和社会都是一种伤害。

正当奕訢在回京的路上急奔之时，一道即将掀起巨大政治风浪的奏折，也正由北京发往热河。

前锋董元醇

董元醇是一个小人物，在权力的运动场上，可以说连个替补队员都算不上，然而命运给了一个单刀球的机会，他带“球”左冲右突，居然直接逼向了热河的大门。

造成董元醇出场的，也是两个小人物。

曹毓英，原为汉人领班军机章京，是候补军机大臣第一人选。去年六月，首席军机大臣彭蕴章出缺，肃顺等推举焦祐瀛递补，顶了曹毓英的位置。他怀恨在心，秘密投靠了奕訢。经常将热河的动态，当成参考密发北京。吴福年，浙江钱塘人，道光年间探花。他任军机章京时，和曹毓英搭班子。两个人因为尿不到一块，所以积怨很深。为给曹毓英点

① 转引自王开玺：《太后垂帘》，中华书局 2007 年版。

颜色看看，吴福年整天盯着他的屁股，看看有没有不干净的地方。吴福年发现他跟奕訢密谋，就从背后下了刀子。他向赞襄大臣检举揭发，说曹毓英图谋不轨。

我们不得不再次为赞襄八大臣的政治敏感性扼腕叹息，这本来应该引起他们警惕的。肃顺等人并没当回事，只是要求严格来往书信登记制度。[①]

曹毓英虽然跟在奕訢屁股后面转悠，但由于局势不明朗，他给自己留了一手，步子跟得并不是很紧。获悉被告发时，曹毓英已在北京。他感觉大祸临头，决定铤而走险，将肃顺等人的行为，添油加醋地告诉了京城要臣。

曹毓英提供的资料，让周祖培差点美出鼻涕泡来。

周祖培绝对不是阴险小人。

周祖培，字芝台，河南商城人，嘉庆二十四年（1819 年）进士。咸丰八年（1858 年），以吏部尚书协办大学士，兼署户部。九年（1859 年），调户部，兼署吏部。十年（1860 年），拜体仁阁大学士，管理户部。他任户部汉人尚书时，肃顺任满人尚书。肃顺很看不起这个大自己二十多岁的班子成员，经常对他打压和排挤。属下曾将周祖培签阅过的文件，送肃顺审核。肃顺故意问，这是谁批阅的？属下小声说，这是周中堂批的。肃顺大骂，这帮子混混，狗屁不懂。将批件拿红笔抹了。这不但让周祖培没面子，官做起来也没滋没味的，因此，对肃顺极为痛恨，却又无可奈何。

肃顺在热河的所作所为，让周祖培看到了报复的机会，他决定借助太后的手，扳倒这个目中无人的东西。

周祖培找到了自己的学生董元醇。

董元醇也是河南人，咸丰二年（1852 年）进士，时任山东道监察御史。八月六日，在老师的指使下，董元醇写了一封奏章，送到热河。奏章的主要内容，就是建议“太后垂帘”。

奏章发出时，奕訢还在回京的路上。很多史学家认为，他对此事并

---

① 参看《热河密札》，载《近代史资料文库》第一卷，上海书店 2009 年版。

不知情。[1]窃以为，这是不准确的。在奕訢离京前，周祖培曾向他和奕譞探讨过“太后垂帘”、“亲贤夹辅”的政治构架，他们都表示赞同。[2]八月四日，他又令门客李慈铭搜集历代太后垂帘案例进呈，以供参考。这表明，建议太后垂帘是有预谋的。

周祖培之所以选择在奕訢还没有回京的时候上书，最主要的目的是在制造奕訢不知情的前提下，试探热河方面的态度。董元醇是御史，有风闻言事的发言权。由这样一个小人物，不会引起大的政治风波。而且，即使董元醇栽了，也不会损伤北京的中坚力量。

很难说董元醇上书的动机有多纯洁。在这个河南书生的脑子里，未尝没有以犯颜极谏而获得倡立功勋这一巨大政治收益的思想。

八月九日，《奏请皇太后权理朝政并另简亲王辅政》折摆到了两宫太后的案头。

董元醇在奏折首句就说：“事贵从权，理宜守经。”所谓事贵从权，就是与时俱进，“我朝向无太后垂帘之仪，而审时度势，不得不为此通权达变之举”；所谓理宜守经，就是依托古训，“自古帝王莫不以亲亲尊贤为急务，此千古不易之经也”。董元醇的意思是说，变还是不变，怎么个变法，要看实际情况。

在这一前提下，董元醇提了三条建议：第一，皇帝太小，皇太后应该垂帘听政，左右不得干预；第二，从亲王中选择一两人，同心辅弼一切事物；第三，于大臣中选“义理素优者”，做小皇帝的老师。

这是一份赤裸裸的夺权奏折。

董元醇的奏折不但明确提出了垂帘机制，还为今后的权力格局作了分工：两宫太后主政，奕訢奕譞辅佐，周祖培为师。咸丰提出的赞襄八大臣辅政机制，全部被推翻了。这个机制一旦成实，肃顺等人将面临灭顶之灾。

在这里，我们不得不提出两个问题：第一，朝中大臣为什么宁愿女

---

① 参看王开玺：《太后垂帘》，中华书局 2007 年版。

② 参看费行简：《慈禧传信录》，载中国史学会编：《戊戌变法》丛刊（一），上海书店 2000 年版。

人领导他们，甘愿拜倒在石榴裙下；第二，朝中大臣的意见为什么那么集中，要知道推翻赞襄机制无异于违抗圣旨。

其实，回答这两个问题，有一个绕不过去的关键环节，就是利益分配。

赞襄八大臣机制其实是一个利益分配问题。一旦实行这一制度，小皇帝和太后处于最高层，赞襄八大臣处于把持朝政的第二层，其他人处于最低层，意味着北京大臣被剥夺了参与最高权力的资格和机会。而肃顺等人的所作所为，比如在成立治丧委员会时的安排，俨然就是惟热河派为中心。与其如此，不如实行垂帘听政机制，因为这一机制取消了中间层次，北京大臣的地位不降反升。而且，北京大臣的潜意识里，肯定认为女人好糊弄。如果真有这种想法，将是一个致命的误会。

在这里，我们不得不感叹一句，肃顺等人的人缘太差了。除了他们本人，朝中几乎没有重臣支持。在平时的工作中，他们打压同事，排斥异己，尽管很多是出于公心，但“水至清则无鱼，人至察则无徒”，他们丧失了群众基础。如果他们彻底把持了权力，那就意味着其他人就没活路了。在这种情况下，受到潜在威胁的北京大臣，自然会从怀疑圣旨的合法性出发，对赞襄八大臣实施垂直打击。

肃顺等人这次真急眼了。

皇帝吓得尿裤子

八月十一日，两宫太后和赞襄大臣的正面冲突爆发，双方泼妇骂街似地大声吵闹，把载淳吓得尿了裤子。

九日，两宫太后代载淳收到董元醇的奏折后，留下未发。十日，赞襄大臣派人去取，太监回话说，西边正看着呢。载垣听后，冷冷笑了一下，并没太在意。当天，两宫太后召集赞襄大臣开会，正式向他们摊了牌，让载垣等人按照董元醇奏折中的三条建议，起草落实方案。

赞襄大臣当时就炸了锅。

这哪里是什么建议，分明是夺我们的权，赞襄大臣终于意识到了问题的严重性。我们已经做出了让步，给了你们人事和文件处置权，没有想到蹬鼻子上脸。如果再做出让步，哪里还有我们的立足之地？当天夜里，肃顺等就命军机章京吴兆麟拟稿，驳斥董元醇的谬论。吴兆麟在官场上混了这么多年，也不是个傻瓜，这不是把我往火坑里推吗？得罪了太后，就是得罪了皇帝；批评了董元醇，就是批评了周祖培，谁不知道背后站着恭亲王？自己不过是个文字秘书，要是不起草，就是和赞襄大臣作对，眼前这关就过不去。他怕祸及自身，就不痛不痒地敷衍了几句。赞襄大臣一看，什么狗屁文章，焦祐瀛亲自捉刀，以皇帝的名义起草谕旨，为八大臣辅政正名。

焦祐瀛，字桂樵，直隶天津人，道光朝举人，考授内阁中书，充军机章京，累迁光禄寺少卿。咸丰十年（1860 年），命赴天津静海诸县治团练，召回从幸热河，命在军机大臣上学习行走，迁太仆寺卿。焦祐瀛是个大笔杆子，在时人的心目中，他也是肃顺的跟屁虫，好多"脍炙人口"的诏旨，都出自他的手笔。

十一日，肃顺把谕旨草稿呈给两宫太后，要求盖章。

草稿说，大清帝国就没有太后垂帘的传统，我刚刚受老爸所托挑起如此重担，屁股还没有焐热，怎么敢更改祖制？而且老爸命八大臣赞襄政务，一切工作应该降旨的时候，应由赞襄大臣拟好，由朕盖章后才能下发，这是地球人都知道的。现在，这个鸟御史提出太后垂帘，实在是没有道理。而且还要从亲王中选择一两人辅弼，简直是不像话。老爸特召八大臣赞襄，我琢磨着肯定有他的道理。怎么能违背老人家的遗言，随随便便增添？这个鸟御史究竟是何诚心？所奏尤不可行！这两件事关系重大，大臣是不能胡乱议论的。①

据说，肃顺等看了"是何诚心"、"尤不可行"等话时，拍着焦祐瀛的肩膀，连声赞叹：好文笔啊，有才，有才！②

奏章递上后，两宫太后不可能盖章。慈禧认为，这是一个千载难逢的机会，如果盖了章，不但冷了北京方面的心，也让自己的梦想成空，

① 参看中国第一历史档案馆编：《清代档案史料丛编》，中华书局 1990 年版。
② 参看《热河密札》，载《近代史资料文库》第一卷，上海书店 2009 年版。

以后再想翻案，简直势比登天还难。她决定采取争夺人事和文件权时的策略，挺一挺，和肃顺磨洋工。肃顺再也不上当了。他这才意识到，八大臣是奉诏行事，为小皇帝排忧解难，而不是听命于太后，让太后看文件，本身就是多余。[①] 既然你磨，我就和你泡，看谁熬过谁。

两宫太后不盖章，赞襄大臣不答应，双方在内廷吵了起来。据历史资料记载，“（端华、载垣、肃顺）三人纠党忿争，声震殿陛，天子惊怖，遗溺后衣”。[②] 杜翰更是激动，他要挟说，如果听信人言，我等就不听命。气得慈禧浑身发抖。[③] 慈禧拿八大臣没办法，八大臣对慈禧也没招，双方处于胶着状态。

八月十二日，赞襄八大臣“决意搁车”，即停止办公以示抗议。

历史资料翻到这一页，不能不令人大摇其头。如果这是在北京城，罢工能解决问题吗？如果两宫太后就是不盖章，罢工能有什么作用？堂堂的赞襄八大臣，做了一辈子政治工作，在面对权力的挑战时，居然采用罢工的方式解决问题，其政治智慧不得不令人“佩服”。

面对罢工的要挟，慈禧就是不妥协。慈安见双方僵持不下，就劝慈禧姑且将就。如果这么僵持下去，对早日回京计划不利。中午时分，两宫太后在谕旨上盖章，并将董元醇发配流放。

罢工事件大获全胜，让肃顺等自以为扳回了一局，几个人乐呵呵地上班去了。[④]

看着八大臣得意的神情，奕譞狠狠地说，“俟进城讲话”，奕誴吓了一跳，赶紧堵住了弟弟的嘴巴。[⑤]

肃顺不知道，当天，处理他们的诏书已经拟好了，而且还是慈禧亲手书写的。现收藏在中国第一历史档案馆里的慈禧手书密谕，错字连篇，字体歪扭，文化水平有限。但一百五十年后的今天，仍然感觉到杀气透纸。

密谕说，董三条正合朕意，让载垣等传旨时，没想到“该王大臣阳

① 参看中国第一历史档案馆编：《清代档案史料丛编》，中华书局 1990 年版。
② 参看李慈铭撰，吴语亭编注：《越缦堂国事日记》，台北：文海出版社 1978 年版。
③ 参看《热河密札》，载《近代史资料文库》第一卷，上海书店 2009 年版。
④ 参看《热河密札》，载《近代史资料文库》第一卷，上海书店 2009 年版。
⑤ 参看《热河密札》，载《近代史资料文库》第一卷，上海书店 2009 年版。

奉阴违，自行改写，敬（竟）敢抵赖，是成（诚）何心！该大臣看朕年幼，皇太后不明国是所至（致）。该王大臣如此大胆！又上年圣驾巡幸热河之议，据（俱）是端华、载垣、肃顺等三人之议。朕仰体圣心，左右为难所至（致），在山庄升遐。该王大臣诓驾垒垒（累累），抗旨之罪不可近（尽）数。求七兄弟改写。进成（城）后，在（再）传恭亲王赞襄正（政）务，是否求兄弟著议”。

密谕由太监刘福喜交“七兄弟”奕譞。当天，奕譞回奏说，从谕旨可见皇太后用意深远，实在是国家之福气，“臣以身许国，何顾利害，谨仰体圣心拟旨一道，求皇太后进城后与母后皇太后商议，召见恭亲王，命看此旨。可行则行，如不可行，再问恭亲王，必有良策，因臣年幼，不敢冒昧之故也，谨奏。”[①]

慈禧和奕譞的对话，透露出了这么几层意思：第一，赞襄八大臣已被坐实了矫诏抗旨的罪名；第二，太后和奕訢已商量好回京谋政的对策；第三，奕訢将成为总理政务大臣。

董元醇上书的意义在于，他以前锋的身份向两宫太后表明了北京方面的态度，同时以“政治自杀”的方式探明了热河方面的虚实。这个前锋虽然被罚出场，但却没有损害北京方面的力量。而且，他的上场和出场，加速了两宫太后回京的步伐，也让热河方面陷入自以为胜利的幻影中。

如果说此前的政治形势还是攻守平衡的话，董元醇的出现打破了这个平衡格局，两宫太后和北京方面渐渐掌握了主动。

而恰恰在接近终场的时候，肃顺等人白白送了两个乌龙球。

肃顺的乌龙球

在何时回北京的问题上，两宫太后和赞襄大臣扯了好几次皮。按照奕訢和慈禧的设计，热河是肃顺等人的势力范围，只有等銮驾回京后才

---

① 参看秦国经、邹爱莲编：《御笔诏令说清史》，山东教育出版社 2003 年版。

有机会下手。因此，回京时间成为双方争论的焦点。

在讨论这个问题前，我们先简单总结一下肃顺的失误，看看一个人或集团的政治优势，是如何转化为劣势的。就肃顺集团而言，其最大和唯一的优势，就是握有咸丰的遗诏。他们想当然地认为，只要拥有这份遗诏，就等于被赋予了临时宪法，这是赞襄权力合法性的来源，没人能对他们怎么样。对遗诏的过分依赖，是该集团疏忽大意的主因。

如果事后检讨肃顺等人的失败，我们可以从以下几个方面找理由。首先是个人素质上小聪明有余而政治智慧和权术不足。在两宫太后的主动进攻下，肃顺等人神经麻痹，屡屡失策，如同政治白痴，毫无还手的智力。其次是战略上没有重视回北京的利好。肃顺等人采取的措施是，利用在热河没人盯防的机会，牢牢控制住两宫太后和载淳，企图挟天子以令诸侯。其实这是他们所犯的最大错误。因为热河只是流亡政府而已，虽然是权力中枢，却非势力中心。如果他们及早回京，利用遗诏完全可以操控局面。由于在热河时间过长，给北京方面造成一种“霸”权的感觉，导致不同利益群体和个人同仇敌忾。再次是战术上没有构建统一战线。肃顺等人打击面过宽，致使两宫太后和北京联手，加上他们平时责人过严，群众基础不好，失败不可避免。

奕訢离开热河后，慈禧“反复申说，凡数百言”，督促早日回京。肃顺以大沽夷兵日增为由，多次拖延。在慈禧做赞襄大臣思想工作的同时，奕訢授意北京重臣上书促请。

八月十四日，为迷惑赞襄八大臣，两宫太后以皇帝的名义，向他们递出了橄榄枝，赐端华、载垣食双王俸，肃顺晋宫传。由于太后垂帘之议被以圣旨的形式正式废除，赞襄大臣自以为无人能挑战其地位和权威，所以同意不再延期。

八月十六日，肃顺宣布銮驾于九月二十三日回京。决定了回京日期后，肃顺送给了慈禧和奕訢第一个乌龙球。

按照旧制，载淳必须陪着咸丰梓宫一同返京。为了尽快脱离肃顺等人的掌控，并将八大臣分而化之，慈禧以载淳年龄太小，经不起折腾为由，提出了一种变通方案，即九月二十三日，载淳在热河恭送梓宫启程后，抄小道先行回京，在东华门外跪迎。赞襄大臣的具体工作任务是，端华、载垣陪同载淳，肃顺护送梓宫。

赞襄大臣对此方案的祸心居然毫无觉察。此方案由他们和仁寿、奕誴、奕譞、绵森、陈孚恩等联合上奏后，颁布成诏书。这一方案的聪明之处在于，两宫太后不但摆脱了赞襄大臣的监控，将灵魂人物肃顺和其他人分开，更重要的是为安排政变，赢得了充裕的准备时间。

九月四日，肃顺送给了慈禧和奕訢第二个乌龙球。

当天，端华、载垣、肃顺以工作繁忙为由，鬼使神差地要求辞去一些差使。端华开去步军统领，载垣开去銮仪卫和上虞备用处事务，肃顺开去理藩院和向导处事务。步军统领相当于北京卫戍区司令，提督九门，负责京城的防守、治安和保甲，这一职务的请辞，将操纵北京的兵权拱手相让。銮仪卫、上虞备用处和向导处，这些职务虽然不高，但位置极为重要，相当于皇帝的耳目眼线，负责皇帝出行的安排、后勤和保卫工作，这些职务的请辞，则把控制皇帝动向和安全的权力，悉数交给了他人。

枪杆子里出政权。皇帝即将回銮，京城情况不明，权力斗争日趋复杂，赞襄大臣不但不想办法控制兵权，还在关键时候主动解权，这种低级愚蠢、昏头昏脑的行为，到底是表功邀赏，还是炫耀没有野心，已经没有办法猜知。然而可以想象的是，“一招不慎，满盘皆输”，赞襄大臣自坏长城的致命臭球，将他们拖向了无底深渊。

可能有一个人意识到了回京的危险性。赞襄大臣之一的杜翰，在回銮前的一封私信中表示，目前情况很不明朗，为了报答先帝知遇之恩，也只能“敢此一死”，不计较利害成败了。[①]

九月五日，太监杜双奎回京时，肃顺让他打探京城的动静。九月十三日，杜双奎返回热河，告诉赞襄大臣“京师无事”。肃顺等人松了一口气，彻底把心放肚子里了。

赞襄大臣这帮子人有亲王、军机大臣、大学士、尚书、侍郎，连他们这些久历宦波的重臣，都无法察觉其中的危险，一个从热河回京有可能受到监视的小虾米，一个没有卵子更没有脑子的太监，又能闻到多少

① 转引自王开玺:《太后垂帘》，中华书局 2007 年版。

血腥味？！

慈禧遮羞布

九月三十日深夜，一群人踹破了通州驿馆客间的房门，将正在床上做梦的一个男人提溜了起来，五花大绑地摁在了囚车上。

这个男人正是协办大学士、户部尚书肃顺。

七天前的一个深夜，一个喜欢写日记的书生，记下了自己当时的感受，言语颇有见地，他说："伏想梓宫今日（二十三日）启行矣，銮舆不返，弓剑引来，千古痛心之事。"[①] 二十余年后，他也被玩了——这个人是翁同龢。

对付他们的是一个女人，一个把持中国四十八年的女人——慈禧。

二十七日，慈禧担心出意外，派乾清门侍卫布勒何德和索普多尔扎布刺探梓宫行程和肃顺动向。二十八日，慈禧抵达京郊南石槽行宫，与前来迎接的奕䜣密谋了半天。二十九日，銮驾进入北京城。三十日，两宫太后召见奕䜣、桂良、文祥、贾桢、周祖培等人。

见到北京派成员，两宫太后哭了，"缕述三奸欺藐之状"。周祖培问："为何不办他们？"太后说："他们是赞襄大臣，怎么收拾？"周祖培说："可撤了他们的职，然后再逮捕啊。"[②] 慈禧的眼泪迷惑了周祖培，他傻乎乎地提出了自己的建议。其实慈禧早就胸有成竹，只不过想借大臣之口，给政变戴上一顶集体决议的帽子罢了。她当即掏出奕譞代拟的圣旨，交给了诸位大臣。

圣旨给肃顺等人扣了几顶大帽子。首先，将咸丰逃亡的责任，推到了肃顺等人身上，"上年海疆不靖，京师戒严，总由在事之王大臣等筹画乖方所致"。其次，把咸丰病死热河，也算到他们头上，"皇考屡召王大臣议回銮之旨，而端华、载垣、肃顺朋比为奸，总以外国情形反复，力排众议。皇考宵旰焦劳，更兼口外严寒，以致圣体违和"。第三，指责肃

① 参看（清）翁同龢著，翁万戈编，翁以钧校订：《翁同龢日记》，中西书局2012年版。

② 参看中国第一历史档案馆编：《清代档案史料丛编》，中华书局1990年版。

垂帘听政处

顺等擅权，排斥太后垂帘。因此，诏令将端华、载垣、肃顺解职，其他五人退出军机处，由奕訢领头议其罪，并制定垂帘礼仪。[①]

端华、载垣到了隆宗门，看见奕訢等人也在那里，一副要入宫的样子，大声喝问：外廷臣子，何得擅入？奕訢说，诏书召见。端华、载垣数落奕訢无礼，奕訢只是低着脑袋，不接他们的话头。两个人正骂着，内廷诏书下，令奕訢将端华、载垣、肃顺革爵拿问，交宗人府治罪。起草诏书是赞襄大臣的本职工作，端华、载垣喝道：我辈未入，诏从何来？按照咸丰的遗诏，只有赞襄大臣才有起草文件的权力。奕訢根本不理这茬，下令将他们逮捕。端华、载垣声嘶力竭地喊道：谁敢？一帮子人冲上来，扒了两人的衣冠，交送了宗人府。

肃顺再次见到端华、载垣，是在宗人府的监狱里。三人相见，恍如隔世。肃顺骂道：若早从吾言，何至有今日！端华、载垣说：事已至此，复何言？载垣又骂肃顺：吾罪皆听汝言成之。肃顺骂道：坐被人算计，乃以累我。[②]

在三人相互责备的时候，北京派和两宫太后正兴高采烈地分享权酬。十月一日，诏命恭亲王奕訢为议政王，在军机处行走，大学士桂良、户部尚书沈兆霖、侍郎宝鋆、文祥并为军机大臣，告密者鸿胪寺少卿曹毓英，如愿以偿地在军机大臣上学习行走。二日，授奕訢为总管内务府大臣，奕譞为御前大臣。五日，将肃顺等人拟定的年号“祺祥”，改为“同治”。

慈禧不是傻瓜，垂帘听政是大清帝国从来没有过的事情，自己轻易出场，名不正言不顺，会授人攻击的把柄。她以皇帝的名义指示南书房和翰林院，从历史那里给她找点根据，作为自己登台的遮羞布：“（将）历代帝王政治及前史垂帘事迹……择其可为法戒者，据史直书，简明注释，汇成一册，恭呈慈览。”[③]笔杆子们一阵忙乎，编辑了《治平宝鉴》，给慈禧掌权提供了理论和实践依据。

影响中国四十八年之久的垂帘机制，在英法联军的炮声中，以政变

① 参看中国第一历史档案馆编：《清代档案史料丛编》，中华书局 1990 年版。

② 综合参看赵尔巽等：《清史稿》；（清）薛福成：《庸庵笔记》；王闿运：《祺祥故事》。

③ 参看中华书局影印：《清穆宗实录》，中华书局 1985 年版。

的方式诞生。

六日，恭亲王等拟请载垣、端华、肃顺照大逆律凌迟。考虑到他们是亲王，就给了个全尸的面子，诏赐载垣、端华自尽，肃顺处斩，褫景寿、肃顺、穆荫、匡源、杜翰、焦祐瀛职，穆荫遣戍军台效力。立场不坚定的陈孚恩等革职，打探消息的太监杜双奎发配宁古塔。

行刑当天，肃顺身穿白衣，被反绑在牛车上。因为科场、户部钞票案得罪人太多，仇人及家属纷纷围观，用瓦块泥巴击打肃顺。不一会儿，就面目全非。行刑时，肃顺破口大骂，拒绝下跪。刽子手将他两条腿敲断，令其跪在地上，然后砍掉了肃顺的头。

从理论上讲，肃顺等人并非奸党，奕䜣之流也不是鼠辈。肃顺等赞襄政务是为了国家，奕䜣等发动政变也是为了社稷，他们都打着皇帝的旗号，攻击对方，压制异己，这究竟是为什么呢？其实道理很简单，无非是利益集团争权夺利罢了，效忠于皇上不过是分肥的高尚外衣。

值得同情和可惜的是肃顺。

客观评论，肃顺是忠臣，也是能吏。算是肃顺门生的曾国藩曾感叹说，“处大权大位而兼享大名，自古曾有几人能善其末路者”。① 他落得如此下场，固然有权力派系冲突的必然性，也与他于政太严、责人太过、得罪人太多有密切联系。政治是一门模糊行为艺术，讲究的是睁一只眼，闭一只眼。是非不可太清，爱憎不可太明，如果过于刚直威猛，即使是出于公心，也难免郁郁不得志，甚至走上断头台。

肃顺的贡献在于，他认识到了只有汉人才能救大清的道理，开启了有清一代真正重用汉人的先河。如果没有肃顺就不会有曾国藩、左宗棠湘军、李鸿章淮军的突起，当然也就不会有后来的北洋集团。有人评论说：“肃顺有大功于国，实隐成中兴之业哉。”② 因此，当曾国藩听到肃顺被杀时，“惨然曰：‘是冤狱也，自坏长城矣。’”③

奕䜣和慈禧的政治蜜月，是在太平天国的枪炮声中度过的。荡平洪

---

① 参看（清）曾国藩著，周继明编著：《曾文正公家书》，北京师范大学出版社 1993 年版。

② 参看孟森等：《清代野史》，中国人民大学出版社 2006 年版。

③ 参看刘厚生：《张謇传记·附录》，龙门联合书局 1958 年版。

秀全势力的威胁后，奕訢失去了利用价值。同治四年（1865年）四月，奕訢成了一只走狗。当月，慈禧以他作风有问题，将他赶出军机处。

从此以后，骑在大清帝国脖子上的，是一个看似弱不禁风的女人。自以为女人好欺负、好玩弄的男性政客们，终于知道了什么是“女权”的力量。

慈禧依靠曾国藩、左宗棠等人实现同治中兴时，是否曾经想起过对他们有知遇之恩的肃顺？

梅毒皇帝同治评传

对同治进行评价，后人几乎无从着手，阅遍清史，找不到他哪怕丁点儿业绩。人们能记住同治，大概是因为他的生与死：生母慈禧，死于梅毒。

咸丰十一年（1861 年），六岁的载淳登基，改明年为同治元年。同治同治十二年（1873 年）亲政，同治十三年（1874 年）驾崩，活了十八年。他是清朝第一个短命皇帝，也是清朝第一个没有掌握过实权的皇帝，同时也是清朝第一个没有子女的皇帝，他的出现，似乎就意味着大清帝国气数已尽。

同治即位时年幼。咸丰死前遗命肃顺、端华等八人，为“赞襄政务王大臣”，总摄朝政。同时赐同治“同道印”（由慈禧代管），赐皇后钮祜禄氏“御赏印”。八大臣拟定的任何谕旨，如果不加盖这两方玺印，不能生效。咸丰此招，无非是期之相互制衡，不威胁皇权。

当时，政坛之上存在三股势力：八大臣在内的“肃党”、慈禧为首的“后党”、奕訢为核心的“帝党”。为掌握朝堂话语权，帝、后两党暗中勾结，发动辛酉政变，废除大臣辅政，实施垂帘听政。自此，同治、光绪两朝实权，落入一个妇人之手，达四十八年之久。

同治在位期间，在慈禧和奕訢操纵下，继承咸丰政策，依靠曾国藩湘军、李鸿章淮军等团练武装，同时借助于洋军之力，镇压了太平天国、捻军等起义，使其统治暂时得以延缓。

同治朝是道光至溥仪间最为稳定的时期。此时恰逢两次鸦片战争和八国联军侵华的时间空段，也是太平天国起义和义和团运动的时间空段，正处在社会动荡的缓冲期。朝堂内，奕訢主持政务，大力开展洋务运动；庙堂外，曾左胡李坐镇一方，社会状况比较稳定。君臣合力，迎来了大清帝国的复兴——同治中兴。

内乱平息之后，有识之士主张向西方学习先进技术，倡导创办军事工业和民营企业，走“自强”、“求富”之路。在奕訢集团的倡导下，清政府通过成立总理衙门、设立同文馆、开办新学校、派员出国留学、修建铁路通信、开矿办厂等一系列措施，从上到下推行经济、文化和科技新政，促进了中国资本主义的发展，社会走向开放，国力得到增强，迈上了现代化的道路。

同治并不是做皇帝的料儿，他生性顽劣，不爱学习，十六七岁时，还“满书极吃力”，“折奏未能读”。十八岁亲政后，由于继续受制于母后，内心烦恼异常，因此发布谕旨，重修圆明园，供慈禧颐养冲和，借机收回权力。由于此项工程耗资巨大，引起奕訢等群臣反对。同治见大臣们如此不体谅自己的苦心，一怒之下甚至想撤换奕訢，最后在慈禧的干预下，才不得不改修西苑三海工程了事。

由于同治一直受到慈禧的抑制，加上婚姻也是母后指派，心情苦闷的他在太监们的引导下，到民间寻花问柳，成为宋徽宗第二。不过，他没有宋徽宗的命好。同治十三年十月初五日（1875年1月12日），梅毒病犯，不治而亡。

伴随着同治的驾崩，清朝的复兴也告结束。这里有一个假设，如果道光当初选择的不是奕詝而是奕訢，也许就不会有后来的慈禧乱国，帝国也可能会以更开放的现代化姿势示人，那么历史当然就会改写。

只是，历史是不容假设的。

同治私档

姓名：爱新觉罗·载淳（1856—1874）

庙号：穆宗

谥号：毅

年号：同治

即位时间：咸丰十一年十月初九日（1861年11月11日）

即位年龄：五周岁

在位时间：十三年

陵寝：惠陵（今河北遵化）

父母：父奕詝，母叶赫那拉氏

配偶：五人，皇后阿鲁特氏

子：无

女：无

继位人：载湉

第十一章

光绪接班的幕后推手

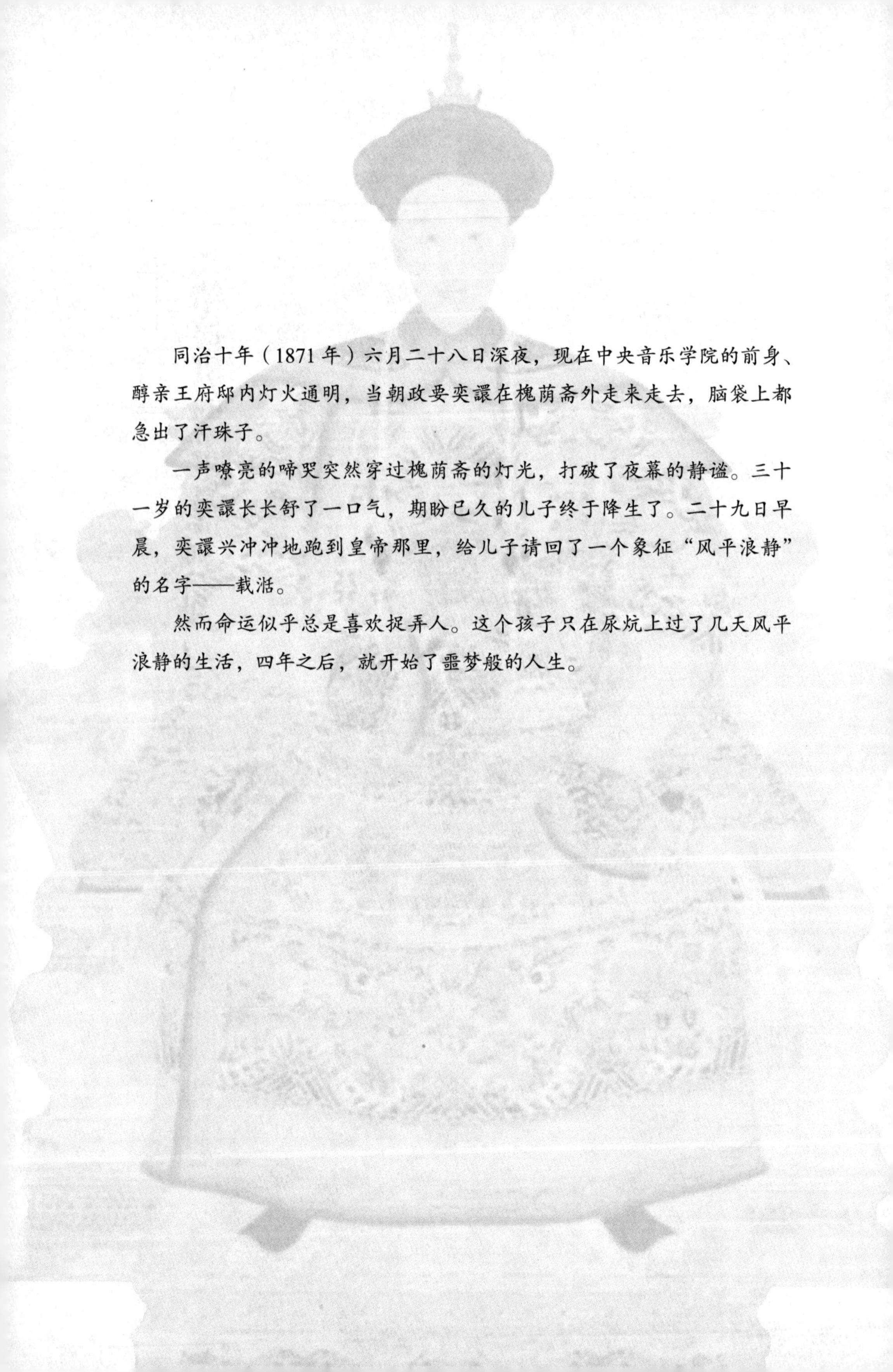

同治十年（1871 年）六月二十八日深夜，现在中央音乐学院的前身、醇亲王府邸内灯火通明，当朝政要奕譞在槐荫斋外走来走去，脑袋上都急出了汗珠子。

一声嘹亮的啼哭突然穿过槐荫斋的灯光，打破了夜幕的静谧。三十一岁的奕譞长长舒了一口气，期盼已久的儿子终于降生了。二十九日早晨，奕譞兴冲冲地跑到皇帝那里，给儿子请回了一个象征“风平浪静”的名字——载湉。

然而命运似乎总是喜欢捉弄人。这个孩子只在尿炕上过了几天风平浪静的生活，四年之后，就开始了噩梦般的人生。

天下第一嫖客

同治十三年（1875 年）十二月初五傍晚（17—19 点），夜色从天际慢慢蔓延过来，如薄雾般笼罩在京城上空。寒风刀子一样刺骨，让万物在天地间瑟瑟颤抖。一个比寒风还要刺骨的消息，从养心殿东暖阁传了出来，同治皇帝死了。

这个消息太令人震惊了，因为同治时年只有十九岁。同治之死，使他成为清代历史上最短命的皇帝。

去年正月二十六日，慈禧很不情愿地将权力交给儿子，十八岁的同治皇帝开始亲政。然而，当官当久了，习惯了呼来喝去，一旦离开万众瞩目的焦点，就如同断了线的风筝，心里空落落的，不知要飘向何方。慈禧形式上虽然退居二线，却依然紧捏着遥控器，掌握着同治的一言一行。

亲政却不亲权的感觉，让年轻的同治无比厌恶。任何一个一把手都无法忍受被人操纵，何况他还算是个逆反心理较重的大孩子。十二年（1874 年）九月，他发了一道命令，让总管内务府大臣，兴修圆明园工程。由于工程耗资巨大，而国库又极度空虚，奕訢带头表示反对，同治一怒之下差点将他和奕譞等十几位大臣撤职，在慈禧的干涉下才作罢。圆明园工程上马未遂，十三年（1875 年）八月，同治又下令开发三海，即今天的北海、中海、南海。

今天，我们徜徉在这些名胜古迹，千万不要以为同治修建它们是为了游玩。在民脂民膏制造的诗情画意里，隐藏着同治巨大的政治目的。同治之所以迁怒奕訢等人，就是嫌他们不懂事，没有理解自己的意图，同时也想寻衅将这些太后的跟屁虫，全扫到垃圾桶里。比如兴修圆明园，有一个动人的口号："原以备两宫皇太后燕憩，用资颐养而遂孝思。"[①] 如果

① 参看中华书局影印：《清穆宗实录》，中华书局 1985 年版。

打个比方就是说，你们两个太后好好待在园子里吧，像小燕子一样悠然自在，享受着我对你们的孝敬，别再对我指手画脚了。

同治的真实目的，是想让两宫太后玩物丧志，别老惦记着自己手中的权力。

十月二十一日，三海工程刚刚剪彩不久，同治就感觉有些不舒服。三十日，病情忽然加重，不但发烧无力，四肢酸软，而且身上起了红疹。次日，“疹形透出，挟杂瘟痘”，御医诊断后报告，皇上得了天花。

“满人不出疹，自入长安，多出疹而殆。”[①] 满族起自东北，南迁后不适应湿热的天气，免疫能力降低，因此被天花困扰。天花对满人而言简直谈虎色变，是清朝皇室成员的第一杀手，顺治和多铎就死于这种传染病。康熙曾经得过天花，虽然经过治疗后痊愈，但也留下了一脸坑点。

慈禧非常紧张。她下令将痘神娘娘请来，在皇宫里大搞封建迷信，希望保佑儿子早日康复。还和慈安一起到景山寿皇殿，请老祖宗们赐福。在御医的调理下，同治的病情得到了控制，痘疹结疤脱落。没料到十一月十九日，同治的病突然严重恶化，在他的腰间和臀部出现烂洞，流脓不止。

御医李德立如同热锅上的蚂蚁，能否治好皇帝的病，关乎他的脑袋。也许只有他和少数最高层领导才知道事实的真相，同治得的绝不是天花，而是梅毒。

关于同治死于何病，正史说是天花，然而这一说法值得推敲。很多私人笔记和野史，言之凿凿地说是死于性病。

十三年（1875年）七月十八日，奕訢、奕譞、文祥等人联名上奏，要求停止圆明园工程。奕譞说，皇帝是九五至尊，不应当微行私出。同治说，你从哪里听说的？奕譞列出了时间地点，同治气得满脸通红，却说不出话来。二十七日，同治召奕譞，想问他从哪里听到的小道消息，正好奕譞去南苑验炮，就把奕訢找了过来。奕訢经不住责问，就说听儿子载澄讲的。[②]

---

① 参看（明）谈迁：《北游录》，中华书局1997年版。

② 参看（清）吴汝纶著，吴闿生编：《桐城吴先生日记》，台北：文海出版社1969年版。

‖ 奕譞及其子，右为溥仪

同治“微行”去干什么呢？嫖娼。

同治和载澄一样，是个纨绔子弟，因为年龄相近，经常一起出去逛窑子，打野食。担心被人看出是皇室成员，就换穿黑色衣服。而且害怕人多眼杂，专门找一些类似今天发廊之类的低档场所。翰林侍读王庆祺见同治有此爱好，也跑过来给他介绍生意。算起来，几个人是志同道合的嫖友。奕訢曾劝他不要“微行”，还说黑衣不符合祖制。同治批评他说，我的衣服和载澄的一样，你为什么不训诫他，却跑来说我？①

正史里面也有可以和野史相互印证的蛛丝马迹。同治死后当月，朝廷连着发了三道谕旨，都与惩戒不良行为有关。

十三日，御史陈彝参奏王庆祺，指责他品行有问题，“上年为河南考官，出闱后微服冶游”。② 微服冶游，无非是说他换了制服，到处泡妞。随后，王庆祺被即行革职，永不叙用。

二十二日，朝廷发布谕旨，说“皇帝尚在冲龄，养正之功，端宜讲求。所有左右近侍，止宜老成质朴者数人，凡年少轻佻者，概不准其服役”。③ 这一规定，是怕用错了登徒子，把皇帝带坏了。

二十五日，谕旨说，“近来太监中竟有胆大妄为，不安本分，甚或遇事招摇，与内务府官员因缘为奸，种种营私舞弊，实堪痛恨”。当时就处理了总管太监张得喜、孟忠吉和顶戴太监周增寿等，或发配黑龙江，或打板子，或降职使用。④

僧格林沁麾下将领陈国瑞，因罪被发配黑龙江，和获罪的太监囚禁一室。太监听说他脾气不好，喜欢打人，就向他交保护费。陈国瑞骂道，老子的皇上被他们弄死了，老子要替皇上报仇，要他的臭钱干什么？扒下太监的衣服，拿鞭子使劲抽，边抽边骂：一块儿逛八大胡同，挺舒服吧。⑤

朝廷采取的这些措施，看似与同治之死没有关系，其实惩办的都是

① 参看小横香室主人：《清代野史大观》，台湾中华书局 1986 年版。

② 参看中华书局影印：《清穆宗实录》，中华书局 1985 年版。

③ 参看中华书局影印：《清穆宗实录》，中华书局 1985 年版。

④ 参看中华书局影印：《清穆宗实录》，中华书局 1985 年版。

⑤ 参看柴萼：《梵天庐丛录》，台北：禹甸文化事业公司 1977 年版。

引导皇帝微行私出之人，不过因颜面攸关，不肯明言引诱皇帝逛窑子，以致传染梅毒致死的真正罪名，所以才借事黜革。①

曾有医学工作者根据李德立等人的诊方，推断出同治所患的是天花而不是梅毒，很多历史学专家也认同此说，其实这是值得商榷的。第一，同治所患的梅毒对朝廷来说，是惊天大丑闻，朝廷的档案和正史资料绝不会据实纪录，使皇帝深陷“拉链门”。第二，如果说同治患的是天花，如何解释腰间溃烂、肾亏气虚这种病象？这显然不是天花的症状。

种种迹象表明，不是御医把梅毒当成天花治疗，就是朝廷故意隐瞒事实的真相。而作为同治老师的翁同龢，在私人日记中也认为自己的学生得的是天花，可能是出于为尊者讳，也可能是不知道真实情况，当然也不排除他根本不愿相信同治会嫖娼。有学者就认为，御医知同治患的是梅毒，但怕罹罪而不敢言。梅毒被当作天花来治，送掉了皇帝的一条性命。②

同治作为万民之主，而君临民间的按摩房，足称得上是天下第一嫖客。

一国之君是如何走上找小姐的堕落之路的呢？

据载，皇后阿鲁特氏和同治感情很好，但和慈禧的婆媳关系却很僵，原因是皇后是慈安太后选立的。慈禧不但经常横挑鼻子竖挑眼，还限制她和同治的亲近，甚至暗地里派太监监视。同治知道后很不高兴，于是天天一个人独自住在乾清宫。③ 同治本来就在慈禧的政治高压下，借助酒色排解心中忧闷，完全一副浪荡子的形象。年少轻狂的同治苦于无法和皇后密爱，在载澄和王庆祺等人的带领下，逐渐走上了宋徽宗式寻花问柳的道路。

我们完全可以想象，当同治抚摸着娼妓的身体流连忘返的时候，才真正享受到了人生的快意，这才是他可以放情纵横驰骋、挥斥方遒的江山，在女人肉体组成的山河原野里，他找到了可怜的自尊和畸形的自信。

① 参看苏同炳：《中国近代史上的关键人物》，百花文艺出版社 2004 年版。
② 参看苏同炳：《中国近代史上的关键人物》，百花文艺出版社 2004 年版。
③ 参看小横香室主人：《清代野史大观》，台湾中华书局 1986 年版。

今天，我们往往看到腐败的权力背后，总是隐藏着难以启齿的作风问题，这固然与个人的道德修养不无关系，然而政治工作的程式化、制度化和沉重化，以及由此而带来的私生活的无聊单调，和内心世界的精神压抑，则很可能是使温柔之乡成为个人解压和发泄的一种渠道的主要原因。

同治驾崩时只有十九岁，他只顾得穿梭于大街小巷，在小姐身上下功夫，还没来得及留下半个子嗣。大清帝国碰到了开国以来的最大尴尬——皇帝断了根。慈禧感到揪心般的疼痛，儿子是不争气，可毕竟打断骨头连着筋，是自己身上掉下来的肉。更严重的问题是，她还不到四十岁，对权力的贪恋，可以说是正处于如狼似虎的年龄。

现在，手中的遥控器没了，权力的舞台上不可能再按照自己的意思，变幻出炫目的图像，究竟何去何从？

十二月初五晚上，慈禧擦了擦眼泪。她没有时间为痛失亲子悲伤，一股比同治之死还要大的政治浪潮，正朝她慢慢涌来。

翁同龢日记里的政治秘密

当天晚上八点（戌正），慈禧与慈安在养心殿西暖阁，召开御前紧急会议，惇亲王奕誴、恭亲王奕訢、醇亲王奕譞、孚郡王奕譓、惠郡王奕详，贝勒载治、载澄，公奕谟，御前大臣伯彦讷谟祜、奕劻、景寿，军机大臣宝鋆、沈桂芬、李鸿藻，内务府大臣英桂、崇纶、魁龄、荣禄、明善、贵宝、文锡，弘德殿行走徐桐、翁同龢、王庆祺，南书房黄钰、潘祖荫、孙诒经、徐郙、张家骧出席。

会议的主题，就是确定皇位继承人。

时光流过了一百多年，我们无法确切知道与会人员的心情。但完全可以想象的是，对谁会成为新的领导人这一问题，诸臣心里一定充满了悬疑和猜想。皇帝身后的帘子刚刚撤了不到两年，此刻，慈禧那张坚毅而阴沉的脸，又隆重地展示在群臣面前。她不会成为武则天第二，直接掀掉虚设的帘子，走上那张如同虚设的龙椅吧？如果说慈安太后的存在，使二女“共和”的政治体制不可能出现，但今后的权力格局究竟怎么发展呢？

历史再一次以漩涡的方式，将慈禧卷到了权力的中心。只是慈禧太后的出场，代价未免太大。慈禧第一次出场，是二十六岁时丈夫病亡。而第二次出场，则是不足四十岁时儿子夭折。以“家破人亡”换取政治上的进步，究竟是赔了还是赚了？政治账有可以准确衡量得失成败的标尺吗？

慈禧曾吐露过自己的痛苦，早年的经历一副苦大仇深的样子。她说：“我自幼受苦，父母不爱我，而爱我妹。入宫后，宫人以我美，咸妒我，但皆为我所制。”她生了载淳后，日子过得也不舒服，咸丰驾崩后，儿子做了皇帝，“予见大事已定，心始安。然彼时虽极悲痛，以为犹有穆宗可倚。孰意穆宗十九岁，遽又夭折。自此予之境遇大变，希望皆绝。”[①]

慈禧已经是一名成熟的政治家。十三年来，她利用皇太后的身份，打击一切政敌，扫除所有不听话的人，将权力牢牢控制在自己手中。同治骤然病亡，她苦心经营的“子居位——母掌权”的遥控体制，一下子就崩塌了。已经到手的权力眼看就要飞走了，这是她最不能也无法容忍的事情。

此时，面对有可能失去的权力，或者说自同治病危以来，慈禧是如何考虑个人政治出路的呢？要想打开慈禧心理的暗箱，这几乎是不可能完成的任务。

然而，好在有翁同龢。

翁同龢，字叔平，江苏常熟人，大学士翁心存之子，咸丰六年的状元。翁家人似乎天生是读书的材料，其兄翁同书是道光年间的进士，其侄后来在光绪年间也获得状元，“一门四进士，叔侄皆状元”，一时成为佳话。同治年间，翁同龢在弘德殿行走，担任皇帝的老师，五日一进讲，于帘前说《治平宝鉴》。他讲课“每以忧勤惕厉，启沃圣心”，[②]很受两宫太后嘉许。兴建圆明园工程时，与其有联系的商人李光昭瞒报木价，李鸿章弹劾他傍大款，受到了组织的处分。这个后来在晚清历史上举足轻

① 参看徐珂：《清稗类钞》，中华书局 1984 年版。

② 参看赵尔巽等：《清史稿·翁同龢传》，中华书局 1977 年版。

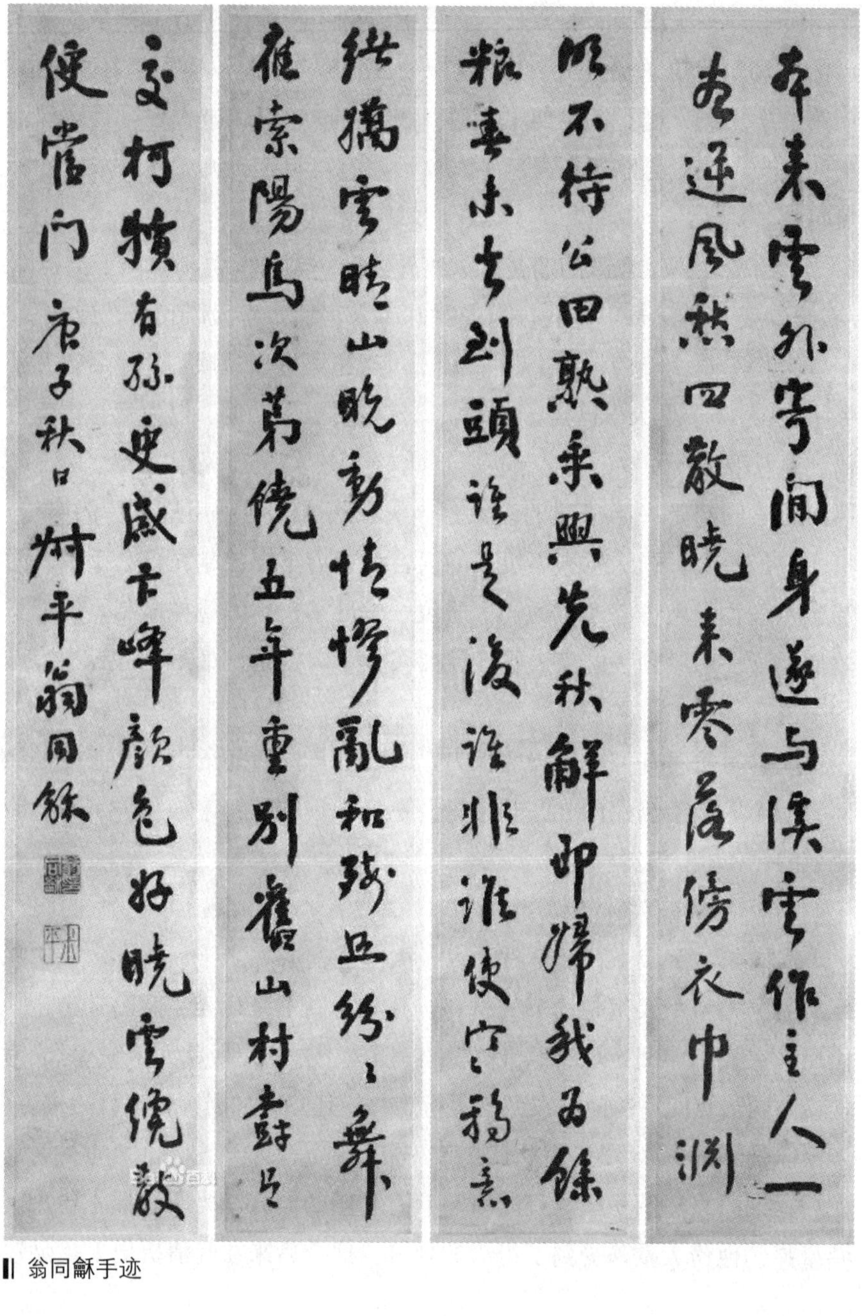

翁同龢手迹

重的人物，有一个特殊的爱好，就是几十年如一日地写日记。

十二月五日晚的御前紧急会议，翁同龢是参加人之一，虽然没有多少发言权，但由于回家后写了日记，给我们留下了弥足珍贵的历史资料。翁同龢日记是打开慈禧内心活动的密码，借助于翁氏的文字材料，可以还原她当时的政治心理。

翁同龢当天的日记说：

戌刻，太后召诸臣入，谕云："此后垂帘如何？"枢臣中有言宗社为重，请择贤而立，然后恳乞垂帘。谕曰："文宗无次子，今遭此变，如承嗣年长者，实不愿，须幼者乃可教育。现在一语既定，永无更移，我二人同一心，汝等敬听。"[①]

会议刚刚开始，就出乎诸位大臣意料，作为召集人和主持人，慈禧并没提选立继承人一事，而是直接给会议定下了个调子，就是实施垂帘听政。大臣当场就表示了反对，继承人问题不讨论，却先关心个人的进步问题，未免置江山社稷于不顾。该大臣认为，应该以祖宗大业为重，先以"贤"为标准，选择一个继承人，然后再谈垂帘事宜。该大臣的建议，可以说是对慈禧方案的折衷。

然而，慈禧根本不需要什么狗屁意见和建议，召集大臣开会，不是让他们来发言的，也不是来表决的，更不是来发扬民主的，而是带着耳朵听，带着头来点，带着忠心来落实的。慈禧的回答表明，她早就有了合适的人选，名单一旦公布，代表的是她和慈安的"集体"意见，别人不得有异议。

借助于翁同龢日记，我们可以简单梳理一下慈禧的心思要点：第一，恢复以前的垂帘听政体制，防止大权旁落；第二，继承人年龄小，不会和自己争权，也不会那么早亲政，可以按照自己的意图，实施"教育"；第三，将反对提名人选，与反对两宫太后联系起来，堵住大臣们的嘴。

这种"一言堂"的立储方式，完全可以称得上是一出政治阴谋。大清帝国再次按照慈禧的私欲轨道，朝着终结式末路滑行而去。

---

① 参看（清）翁同龢著：《翁文恭公日记》，台湾商务印书馆 1973 年版。

第一等的权力算盘

慈禧把大臣的嘴堵住以后，当场公布了继承人名单。当事人的父亲惊呆了，以头碰地痛苦失声，像滩软泥一样，拉都拉不起来。[①]

会议开始之前，关于最高层人事变动的小道消息，就已经飞遍了皇宫的每一个角落。大清帝国皇权交接班，从来没有像今天这样扑朔迷离。

众人羡慕而嫉妒的目光，先是集中在溥伦和溥侃身上。按照皇位传承的惯例，都是采取父死子继的方式。如果没有子嗣，就从后辈中选一人，为皇帝接续香火。“载”字辈下一代，就是“溥”字辈。当时，“溥”字辈中，只有十七岁的溥伦，和八个月大的溥侃，他们都是道光长子奕纬的孙子。奕纬当年是道光最喜欢的继承人。据说，当年因为道光一时生气，一脚踢在了他的下体上，重伤不治而死。如果奕纬的孙子当了皇帝，也算是对奕纬的安慰和补偿。

正当大臣们替奕纬高兴的时候，他们忽然想到了一件事，两个孩子的父亲载治，不是奕纬的亲生骨肉，是从近支过继过来的。饿死事小，血缘事大。如果把皇位传给他们，皇家的血统岂非不纯洁了？可事情发展到这个地步，还能管得了那么多吗？载治即便不是近支，可也是爱新觉罗的子孙啊。

也有人想到了近支“载”字辈。“载”字辈是同治皇帝的同辈，大清开国以来虽没实行过兄终弟及的皇位传承方式，可是在部落时代和爵位传承上，这种方式并不鲜见。与同治血缘较近的“载”字辈兄弟，除了载治之外，就是奕訢之子十七岁的载澄和十多岁的载滢，以及不足四岁的奕譞之子载湉。可这几个人能给同治传宗接代吗？

究竟谁能走上皇位呢？这个问题成为困扰诸臣的一个巨大的谜团。

会议开始后不久，内务府大臣文锡提出建议：“溥”字辈近支已有数

① 参看（清）翁同龢著：《翁文恭公日记》，台湾商务印书馆 1973 年版。

▌慈禧

人，可以择其贤者立为太子。[①] 还有人说，按年龄来看，应当立溥伦。惇亲王奕誴首先表示反对，理由很明显，他不是皇脉，血缘远着呢。

"溥"字辈被否决了，肯定是从"载"字辈挑选了。大臣们掂量了一下奕訢。召开御前紧急会议的谕旨传达后，奕訢曾说：我要回避，不能上去。[②] 难道会选择载澄或载滢吗？果真如此，不但圆了奕訢的梦，而且以奕訢之才能，也会对国家大有裨益啊。

正当大臣们陷入困惑时，慈禧发话了，她说："溥"字辈无当立者，奕譞长子今四岁矣，且至亲，予欲使之继统。[③]

众臣恍然大悟，慈禧心目中的理想人选，原来是七爷和自己亲妹妹所生的儿子，也就是她的亲外甥载湉。

慈禧选择载湉继承皇位，不但改变了父死子继的祖制，而且是破纪录的皇太后"一言定大统"。她之所以敢冒天下之大不韪，无非是出于个人的利害算计。

现在看来，慈禧的算盘拨弄得太漂亮了，她所选择的继承人，既不能及早地归政，使自己的权力梦落空，还不能让继承人背后的力量过于强大，把自己排挤出最高领导层。

如果选择"溥"字辈，同治皇后阿鲁特氏就成为皇太后，慈禧则就是太皇太后，辛辛苦苦几十年，一下子回到解放前，垂帘听政的不是她，而是阿鲁特氏了，而阿鲁特氏是慈安的人，素来和自己水火不容，如果选择了溥伦或溥侃，岂非就等着喝凉水了？如果选择载澄或载滢，不但很快就要归政，而且以奕訢的能力、水平和威望，哪里还有自己的容身之地？

在所有的人选中，载湉是最合适的。第一，载湉只有四岁，离归政还有十几年；第二，奕譞为人胆小且无城府，绝不会骑在自己头上拉稀。慈禧对局势参详之透彻，不得不令人佩服，绝对是第一等的权力算计，

---

① 参看小横香室主人：《清代野史大观》，台湾中华书局 1986 年版。

② 参看恽宝惠：《清末贵族之明争暗斗》，载全国政协文史资料研究会编：《晚清宫廷生活见闻》，文史资料出版社 1982 年版。

③ 参看（清）罗惇曧：《德宗承统私记》，昌福公司 1920 年版。

以至于“诸王皆愕，不知所对”。[①]

慈禧的算盘，两个熟知当时掌故的英国人非常清楚。在他们的一本著作里，曾评论说：醇王之子，年既幼稚，则己可以重执大权，且其母为己之妹，则他日帝虽年长，亦可使之恭顺，以从己之意也。[②]

英国人在书里还说，阿鲁特氏已经怀有身孕，奕䜣争执说可秘不发丧，不立新君，待生男生女再议，这一建议被慈禧否决。此说法虽不见于正史，也绝非不可能。同治皇帝驾崩不到一百天，阿鲁特氏就离奇死亡。据说，是被慈禧被迫吞金而死。这种可能性不是没有，如果阿鲁特氏真生了个儿子，慈禧垂帘听政的设想就会落空。

对于阿鲁特氏的暴死，一个名叫潘敦俨的御史曾上书鸣不平，说皇后在同治驾崩百日内死亡，“四海莫不惊悼，道路传闻异词”，直指背后的阴谋。慈禧大怒，以其“敢以传闻无据之辞登诸奏牍，尤为谬妄”，[③]让有关部门严加查处。

儿子忽然当了皇帝，天上掉下来这么大一个元宝，恰恰砸在了自己头上，究竟是喜还是悲？

皇帝偷馒头

十二月六日早晨，载湉被接进养心殿时，小家伙在车上睡得正香。[④]他做梦都想不到，再睁开眼时，悲惨的命运从此开始了。太监把载湉抱到了同治的停尸房，眼前陌生的情景让他感到陌生而恐怖，吓得他放声大哭，怎么也哄不好。[⑤]

九日，懵懵懂懂的载湉坐上了龙椅，慈禧为他举行了登基大典，定年号光绪。在他的眼前，臣子山呼万岁，两侧彩旗招展，暂时的热闹之

① 参看（清）罗惇曧：《德宗承统私记》，昌福公司1920年版。

② 参看（英）濮兰德、白克浩司著，陈冷汰、陈诒先译：《慈禧外纪》，台北：文海出版社1973年版。

③ 转引自万依等：《清代宫廷史》，辽宁人民出版社1990年版。

④ 参看（清）翁同龢著：《翁文恭公日记》，台湾商务印书馆1973年版。

⑤ 参看（清）朱寿朋：《光绪朝东华录》，中华书局1958年版。

后，让他感觉无比的枯燥。自家院子里的景致，卧房里的玩具，再也看不到了。现在，他已经成了姨母垂帘的道具。

小光绪的童年是悲惨的，如果认为他贵为天子就锦衣玉食，那就大错特错了。出于母性的本能，慈禧对光绪也有关心的时候。有一次她对军机大臣瞿鸿禨说："皇帝入宫时，才四岁，气体不充实，脐间常流湿不干，我每日亲与涤拭，昼间常卧我寝榻上，时其寒暖，加减衣衿，节其饮食……我爱怜惟恐不足，尚安有他？"①

然而，小光绪的生活都是由太监料理的。这些人对小孩的生活，根本没法做到母亲般的关爱。有很多次饿得光绪去偷东西吃。十岁左右的时候，他经常到太监的房中，到处翻找食物。有一次见到馒头拿起就跑，等到太监追上，一半已经进肚子里了。② 这绝不是胡编乱造的故事传说。翁同龢作为光绪的老师，亲眼目睹了光绪悲惨的童年生活。在九年（1883年）六月二十一日的日记里，他这样写道："(光绪的）饭甚恶，不能下咽，中宫如此，可恨也。"③

在光绪的心目中，"亲爸爸"慈禧简直就是一头老虎。为人正直的亲信太监寇连材回忆说："西太后待皇上无不疾声厉色，少年时每日呵斥之声不绝，稍不如意，常加鞭挞，或罚令长跪；故积威既久，皇上见西太后如对狮虎，战战兢兢，因此胆为之破。至今每闻锣鼓之声，或闻吆喝之声，或闻雷辄变色云。皇上每日必至西太后前跪而请安，惟西太后与皇上接洽甚少，不命之起，则不敢起。"④

小光绪唯一的亲人，大概就是老师翁同龢了。在他身上，光绪有着强烈的恋父情结。三年（1877年）七月，翁同龢回江苏省亲。在老师离开自己的日子里，光绪坐卧不宁，连读书都没有力气。翁同龢回来后，光绪拉着老师的手，眼含热泪："吾思汝久矣。"然后，用大声朗读表达自己见到亲人的幸福。太监们偷偷地告诉翁同龢："久不闻此声（读书）

① 参看瞿鸿禨:《四种纪略》，载《近代中国史料丛刊》第一编，台北：文海出版社1966年版。

② 参看信修明:《老太监的回忆》，北京燕山出版社1992年版。

③ 参看（清）翁同龢著:《翁文恭公日记》，台湾商务印书馆1973年版。

④ 参看中国史学会编:《戊戌变法》丛刊（一），上海人民出版社1957年版。

也。”[①]

慈禧在选光绪做接班人时，就明白地表示，年龄小的“乃可教育”。她心目中的教育，就是按照自己期望的模式，将之塑造成自己的木偶，让他怕自己，尊敬自己，唯有敬畏才能体现自己的威望，才能不与自己争夺权力。藉此，建立起一种特殊的人身依附关系，实现对光绪以及皇权的长期控制。

十三年（1887 年）十月，奕譞病危。光绪和父亲身在咫尺，却不敢向慈禧要求相见，只能“哽咽不能声”，暗自垂泪。十九日，在王公大臣的请求下，慈禧才带着光绪前往探视。离开自家十三年的光绪，第一次回到了自己的家。慈禧不让光绪回家，无非是斩断他与家族的联系。慈禧唯恐奕譞以太上皇自居，对自己不利。而奕譞也深知皇嫂的手腕，处处谨慎小心，恐怕招来意外之灾。

七年（1881 年）三月初十，四十五岁的慈安太后生病不到一天，就猝然暴亡。还没有从谋杀慈安的嫌疑中走出来，慈禧就于九年（1883 年）三月十三日，将以奕訢为首的军机班子全部撤掉，消除了所有能够掣肘的力量，最终实现了个人独裁。

谋杀慈安和“甲申易枢”，目的只有一个，就是在光绪亲政后，还能保持对权力的控制。她必须在光绪亲政前，拔掉所有的钉子。

十二年（1886 年）六月十日，慈禧发布懿旨，宣布明年皇帝亲政。没过四天，她又发布懿旨：皇帝亲政后，亦必随时调护，遇事提携。[②]怎么提携呢？十月二十六日，由礼亲王世铎领衔制定的训政细则出笼后，不明就里的大臣才恍然大悟，慈禧太后所谓的提携，不过是将遥控器从左手换到了右手。

我们不能责怪慈禧的狠心和无情，她只是一个奉行丛林法则的政治动物。在这个女人的内心世界里，从来不相信眼泪和亲情。她永远是食物链上赢家通吃的终极强者，所尊崇的只有赤裸裸的权力。在她的心目中，光绪也不过是一个自己饲养的兔子般的政治动物。光绪的存在，完

① 参看（清）翁同龢著：《翁文恭公日记》，台湾商务印书馆 1973 年版。

② 参看章开沅：《清通鉴》，岳麓书社 2000 年版。

全是自己权力盛宴上不可或缺的美味，借助他可以更好地汲取操纵他人的养分。

在慈禧用暴权搭就的牢笼里，光绪变得敏感、脆弱而又歇斯底里。若干年后，光绪企图利用变法实现变政时，是否想起了曾经偷食物的那些日子。这种性格和形势似乎从那一刻起，就已经预示了他这个兔子从老虎嘴里拔牙的失败。

变法天子光绪评传

进入十九世纪末期，大清帝国迎来了一次翻身的机会，当时唱主角的是年轻的光绪。可惜，掌握指挥棒的导演却不是他。

同治驾崩后，慈禧为了能控制权力，就想找个小孩子接班。找来找去，选中了自己的侄子兼外甥——醇亲王奕譞的儿子载湉，然后由她和慈安垂帘。在慈禧的安排下，光绪成为清朝第一位非皇子而入继大统的皇帝。光绪元年（1875 年），年号光绪的载湉四岁登基，他十七岁亲政，二十八岁遭囚，三十八岁莫名离世。

在慈禧冷峻的目光下，光绪的一生，压抑而又无奈。光绪七年（1881 年），慈安暴死，两宫垂帘变成一宫主事。光绪十年（1884 年），借口中法战事等问题，以奕譞代奕訢为首席军机，随后又对总理衙门、部院大臣、八旗都统作了调整。此次高层人事大换班，被称为“甲申易枢”。慈禧借此成为帝国的实际统治者。

在光绪年间，虽然左宗棠收复新疆，维护了领土主权的完整。但中法战争尤其是中日甲午战争的失利，把帝国彻底拖入了无底的深渊。光绪十五年二月初三日（1889 年 3 月 4 日），光绪亲政，但慈禧仍握住实权，对光绪处处掣肘。外患加上民怨，尤其是出于争夺实权的考虑，光绪决定变法。

中日签订《马关条约》后，民怨鼎沸。康有为、梁启超发动公车上书，提出拒和、迁都、变法的主张。翁同龢把康梁二人举荐给光绪，光绪看了康有为的《上皇帝第三书》后，“毅然有改革之志”，频频接见康有为，引以为精神导师。由于甲午战争打破了洋务运动的光环，慈禧也认为有必要实施革新，因此对变法给予了支持。光绪二十四年四月二十三日（1898 年 6 月 11 日），光绪迫不及待地颁布《明定国是》诏，宣布变更旧法，采仿西学，“以救空疏迂谬之弊”。

光绪受了二十多年的窝囊气，内心极为压抑。而康梁等人都是书生见识，毫无政治斗争经验。其实戊戌变法，如徐徐图之，并非没有成功的可能。然而在变法伊始，以光绪为首的变法派急于求成，犯了冒进主义错误。实施新政时，光绪不考虑社会接受力，连发一百多道谕旨，妄图毕其功于一役，致使庙堂江湖俱为之震动。由于皇帝的根基不稳，众多朝臣大吏拒不听命。光绪遂任命谭嗣同等四人为军机章京，俨然一副小军机的样子，绕开军机处实施新政。

民心可用但要看怎么用，方略可行但要看怎么行。光绪和康梁等人完全忽视了局势的复杂性，同时也忽视了斗争的残酷性。他们丝毫不讲究策略，不知道折衷变通，只是一味猛冲猛打，甚至发出了谁阻碍变法就杀谁的声音。变法让保守派大臣人人自危，他们奏请慈禧中止变法。眼看自己曾经支持的变法演化成了变政，慈禧于四月二十七日（6月15日）迫令光绪下诏，将帝党灵魂人物翁同龢开缺回籍，同时将督抚、将军、提督、总兵、尚书、侍郎等高级官员的任命权收归手中，任命亲信荣禄为直隶总督，统领董福祥甘军、聂士成武毅军、袁世凯新军拱卫京畿，以防有变。

此时，京城传出了换皇帝的说法。光绪大为恐惧，七月三十日（9月15日），他密诏谭嗣同等人商量对策，康有为向光绪推荐袁世凯，必要时实行兵谏。八月初一日（9月16日），光绪召见袁世凯，破格赏升候补侍郎，并暗示他可以不受荣禄节制。随后，谭嗣同秘密游说袁世凯，让他除掉荣禄。袁世凯见风使舵，将此事密报荣禄，荣禄又急奏慈禧。

恰在这时，日本前首相伊藤博文访华。八月初五日（9月20日），光绪向他请教变法良策。后党势力密折奏请慈禧“即日训政”，防止帝党同日本人勾结。八月初六日（9月21日），慈禧囚禁光绪。八月十三日（9月28日），杀谭嗣同等六君子。戊戌变法遂告失败。

光绪失去人身自由后，大清帝国的舞台上，还在继续上演着一出出慈禧的独幕剧：义和团运动、八国联军入侵、《辛丑条约》签订、实施清末新政……而他只能独在囚禁中，观庭前花开花谢，看天上云卷云舒了。

光绪三十四年十月廿八日（1908年11月21日），在慈禧死的前一天，光绪帝突然中毒驾崩。光绪究竟是被谁害死的，给后人留下了猜不尽的谜团。然而，留给后人最为痛心的，是他没能采用渐进式疗法，将变法循序推行下去，致使大清帝国没能效仿日本明治维新，而是在回光返照的灵光中，黯然崩溃。

其实，这又能怪得了谁？如果没有幕后的慈禧，光绪就能将现代化变革导演下去吗？戊戌变法说白了是一场权力之争。基于两千多年的专制文化的惯性，无论如何，我们不能期待掌有权柄的人，会心甘情愿地松开他紧握的双手。

光绪私档

姓名：爱新觉罗·载湉（1871—1908）

庙号：德宗

谥号：毅

年号：光绪

即位时间：光绪元年正月二十日（1875 年 2 月 25 日）

即位年龄：三周岁

在位时间：三十四年

陵寝：崇陵（今河北易县）

父母：父奕譞，母叶赫那拉氏

配偶：三人，皇后叶赫那拉氏

子：无

女：无

继位人：溥仪

第十二章 宣统与私心的黄昏

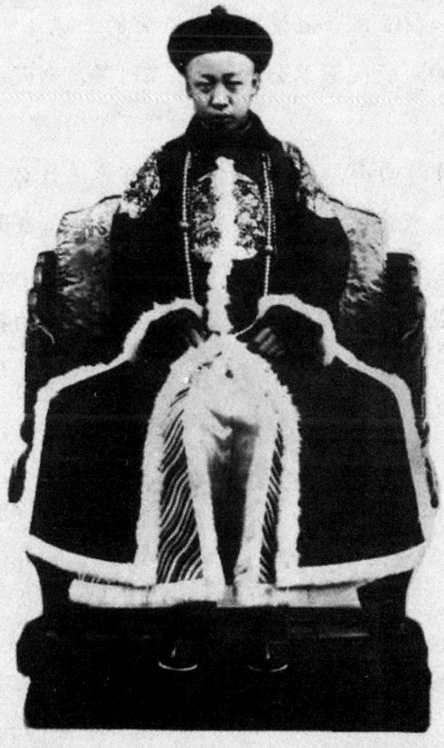

若干年后，末代皇帝溥仪回忆起光绪三十四年（1908年）十一月初九那天的事情，犹如在眼前。他说，文武百官的三跪九叩之礼没完没了，我的哭叫也越来越响。我父亲只好哄我说：“别哭，别哭，快完了，快完了！”①

大清帝国已经日薄西山，“快完了”究竟意味着什么，一个父亲无心的安抚之语，让满朝文武不禁暗自叹息。谁会想到，当落日的微光模糊了紫禁城的时候，这个顽童的啼哭竟然成了一曲挽歌。

为什么那么多成人弃而不用，却让一个穿开裆裤的孩子，爬上了象征最高权力的龙椅？

① 参看爱新觉罗·溥仪：《我的前半生》，中华书局1977年版。

父子俩的欲望舞蹈

光绪二十四年（1898年）九月初四，发生了一件看似微不足道却影响深远的小事。当天，一个名叫多德福的法国医生，提着药箱子走进了紫禁城的大门。他此行的目的，是要为光绪皇帝体检。当这个大鼻子医生走近光绪的时候，他可能没有意识到，自己是第一个进入这个神秘的宫殿为皇帝看病的外国人。

这个洋鬼子能对中国皇帝动手动脚，源于慈禧的一个政治谎言。

八月初六清早，根据内务府的日程安排，光绪在中和殿审阅祭拜社稷坛的讲话稿。刚一出殿门，“即有侍卫太监及荣禄之兵一队，称奉太后之命”，将皇帝双规。

戊戌变法开始后，光绪推行的一系列新政，如同一片乌云笼罩在慈禧的头上，久久挥之不去。她认为，如果让这片乌云落下雨来，最先冲毁的将是自己权力的基石。按照她的打算，想一举废掉这个敢在佛爷头上动土的猴子了事。[①] 一些大臣也摸着慈禧的脉搏，鼓吹“皇上得罪祖宗，当废”。[②] 考虑到公开废立，可能会在国内外引起轩然大波，便先将其囚禁在瀛台。

八月十日，光绪发布了一份莫名奇妙的谕旨：“朕躬自四月以来，屡有不适，调治日久，尚无大效。京外如有精通医理之人，即着内外臣工切实保荐候旨，其现在外省者，即日驰送来京，勿稍延缓。”[③]

这是一道充满猫腻色彩、具有新闻公报性质的谕旨。中国传统政治向以模糊哲学为纲，奉行“王顾左右而言他”的谋略。在处理政治对手上，以健康原因迫之辞职，或以经济问题为突破口，行使政治上的打击，是屡试不爽的政治倾轧术。光绪病案里面，隐藏了慈禧不足为外人道的

---

① 参看费行简：《慈禧传信录》，载中国史学会编：《戊戌变法》丛刊（一），上海书店2000年版。

② 参看罗惇曧等：《庚子国变记》，台北：广文书局1966年版。

③ 参看中华书局影印：《清穆宗实录》，中华书局1985年版。

阴谋。

接着，慈禧“令太医捏造脉案”，[①] 同时将病情对外界宣布。一国之君的病情，是国家最高机密，从不存在对外宣布的先例。这种反常的背后，绝不能用政治透明来解释。从四月份开始，光绪大刀阔斧地主持变法，怎么说病就病了？即使病了，那么多太医是吃干饭的？明眼人一看便知，这是让天下人知道皇帝病了，不能理政了，然后再寻机废之。

洋人立即就嗅到了其中的腥味。

各国驻京使节纷纷跑到总理各国事务衙门，给中国元首问安，并打听“致病之由”。[②] 英国《字林西报》开辟专栏，公开批评慈禧，赞扬光绪。一些外国军舰开进中国港口，进行示威性巡行。[③] 迫于各国的高压，庆亲王奕劻出面辟谣，说皇帝依然健在。英国公使窦纳乐要求，让外国医生给光绪检查身体，然后签署一份皇帝健康证明书。

我们千万不要以为洋人是担心光绪的安全。在他们看来，敢于变法的光绪是一位开明的君主，他的存在能够使帝国变得更加开放和透明，符合列强的在华利益。如果废掉他，中国会有回到“四十年前排斥外国人的时代”[④] 的危险。

光绪本来身体就比较虚弱，不怕你瞧不出病来。经慈禧允许，多德福走进了皇宫大内。检查结果自然令慈禧很失望，除了血气有点虚之外，光绪并无大碍。荣禄后来说：“顾上罪不明，外国公使将起而干涉，此不可不慎也。”[⑤] 洋鬼子的检查结果，断了慈禧直接废黜光绪的念头，却没有泯灭她使人取而代之的想法。

二十五年（1899 年）冬，对皇位有觊觎之心的端郡王载漪[⑥]，联合别有用心的承恩公崇绮、大学士徐桐等，企图废掉光绪。笔杆子徐桐起草好奏折后，几个人拉拢当朝第一红人荣禄，让他带头煽动慈禧。荣禄有

---

① 参看王照口述，王树枏笔记：《德宗遗事》，台北：学生书局 1973 年版。
② 参看中国史学会编：《戊戌变法》丛刊（一），上海人民出版社 1957 年版。
③ 参看孙孝恩、丁琪：《光绪传》，人民出版社 1997 年版。
④ 参看中国史学会编：《戊戌变法》丛刊（一），上海人民出版社 1957 年版。
⑤ 参看恽毓鼎：《崇陵传信录》，中华书局 2007 年版。
⑥ 参看王照口述，王树枏笔记：《德宗遗事》，台北：学生书局 1973 年版。

▌奕劻

自己的打算。如果由他提议废掉新皇帝，不但会在外激怒洋鬼子，在内掀起新一轮权争，更重要的是他会成为万夫所指的罪人，于公于私都不讨好。可他又怕是慈禧的意思，因此，荣禄没有表态，既没说行，也没说不行。

十一月二十九日，荣禄找到慈禧，密谋废立一事。他装作毫不知情，问：听说有废立之事，真的还是假的？慈禧连忙否认说：没有啊。然后她试探荣禄：如果真有的话，可行吗？荣禄说：太后说行就行，谁敢反对，活得不耐烦了？只是皇上没有罪名，贸然废了，洋鬼子不高兴啊。慈禧承认了，说：事情败露了，骑虎难下啊。荣禄说：没事儿。皇上年纪不小了，又没皇子，总不能断了根吧。不如选近支宗室作为接班人，养在宫里，然后慢慢地取代皇上，这样就名正言顺了。慈禧很高兴：这个主意不错。①

十二月二十四日，慈禧召集王公大臣，以光绪的名义宣布立溥儁为大阿哥，定于明年正月初一举行典礼。

慈禧为什么盯上了溥儁呢？

从血缘上看，溥儁这一支虽然几经过继，但算起来是道光的玄孙。而且，溥儁之母是慈禧的侄女。也就是说，溥儁身体里流的是爱新觉罗和叶赫那拉家族的血。如果让他入承大统，肥水没有流到外人田。更重要的是，溥儁的父亲载漪跟慈禧跟得特别紧，赢得了老佛爷的欢心。而且溥儁只有十五岁，年龄可以说是不大不小。如果太大了，就会过早亲政，影响慈禧的权威；太小了，以慈禧六十多岁的年纪，恐怕无法做到“扶上马，送一程”。

消息一公布，举国哗然。湖北等地士绅直接揭了慈禧底牌，认为此举“名为立嗣，实则废立”。上海一千二百多人“合词电奏”，强烈反对立大阿哥。② 英、日、美等国驻华公使表示，要出面干预。各国军舰从上海出发向北航行，制造军事压力。举行立大阿哥典礼时，请帖发出去不少，但一些国家的公使拒不祝贺。国内外的这种举动，阻止了慈禧以溥

① 参看恽毓鼎：《崇陵传信录》，中华书局 2007 年版。

② 参看中国史学会编：《戊戌变法》丛刊（一），上海人民出版社 1957 年版。

儁取代光绪的脚步。

载漪愤怒了。

这个即将成为太上皇的端王爷，在众人羡慕的眼神中脖子翘了没几天，就黯然地耷拉了下来。洋鬼子，混账王八蛋的洋鬼子，如果不是你们干涉，我他妈就是皇帝他爸了。压抑不住的愤怒之火，烧尽了他仅存的理性。

二十六年（1900 年）夏天，义和团的烈火蔓延到了京津地区。这股烈火碰到了载漪的心火，让濒于倒塌的帝国大厦，顿时陷入了无可救药的绝境。当时，在剿和抚的问题上，慈禧举棋不定，朝廷分为两派。载漪出手了。这位后备太上皇“正觊国家有变，可以挤摈德宗，而令其子速正大位”，[①] 他痛恨洋鬼子干涉内政，阻碍了儿子早登皇位，于是联合徐桐等人鼓噪慈禧，利用义和团消灭洋人。

一场轰轰烈烈的“扶清灭洋”运动，在个人利益的引诱下，在晚清的历史舞台上，以维护国家公器的名义上演了。

在五月二十二日的御前会议上，载漪力主宣战，围攻使馆。荣禄等人表示反对，认为应保护使馆。慈禧让光绪表态，光绪“圣颜悲戚，漠然颇久”，让她考虑一下荣禄的意见。协办大学士王文韶请求三思，慈禧拍着桌子将他骂了一顿。

二十五日，朝廷颁布圣旨，正式对外宣战。载漪的表演很具有戏剧色彩，他的真正敌人似乎不仅仅是洋鬼子。载漪利用义和团民的狂热，煽动他们“杀一龙”[②]，即杀死光绪。二十九日，又带领六十多个团民围攻光绪临时住所宁寿宫，企图下毒手，溥儁甚至直呼光绪为“鬼子徒弟”。由于闹得太过分，慈禧杀了二十多个团民遮羞。

七月二十日，八国联军进犯北京。第二天，慈禧挟持光绪仓皇出逃。临行时，派李鸿章留京主持议和。列强表示，议和可以，先交出主战者。为表示和谈的诚意，慈禧将载漪严加议罪，判死缓。后发配新疆，永远圈禁。

---

① 参看吴永口述，刘治襄笔记，李益波整理：《庚子西狩丛谈》，中华书局 2009 年版。

② 转引自孙孝恩、丁琪：《光绪传》，人民出版社 1997 年版。

载漪得罪了洋人，也连累了溥儁。二十七年（1901 年）十月二十日，慈禧在从外逃西安返京途中，发布懿旨："溥儁著撤大阿哥名号，立即出宫"，把失去利用价值的溥儁废掉。

溥儁本身就不是个好东西，东游西逛的，不学无术，按现在的话说就是个小太保。在西逃途中，还和太监"私出冶游"，甚至拔取皇后的簪子玩耍。把这样一个储君废掉，可以说是大快人心。

只是这样一个地痞式的人物，怎么会成为大清帝国的储君呢？自古以来，又有多少口称"以德治国"的朝代，在选择继承人时，会真正考虑选择对象的品德和才能？

这些问题我们没法回答。

光绪的病历：谁给皇帝下的毒

光绪的病档现珍藏在中国第一历史档案馆。笔者不懂药理更不能推知病情，扫几眼药单子也纯属于猎奇的心理。但却对学者从药单子中研究出光绪属于正常死亡，深表怀疑。[①] 道理很简单，从病理上来说是致命的病症，从实际情况来看，却不能断言死亡的准确时间。后人根据病档就推断属正常死亡，[②] 完全是一加一式的简单计算或推算，不过是无稽之谈。

那么，光绪三十四年（1908 年）十月二十一日及前几天，究竟发生了什么，让一个皇帝的死亡变得如此扑朔迷离？

光绪是一个多病多灾的人。他从小体质就弱，经常头疼感冒。结了婚以后，患有经常性遗精。戊戌变法失败后，病情加重。二十五年（1899 年）正月初二，太医朱琨等给光绪号脉后发现，"口渴思饮，喉痒呛咳，气不舒畅，心烦而悸，不耐事扰，时作太息……夜寐少眠，醒后筋脉觉僵，难以转侧"。[③]

三十四年（1908 年）入春后，光绪的病情更加严重。四月四日，江

---

① 2008 年 5 月，《近代史研究》刊登《光绪死亡原因探析》，宣称通过最新的检验数据分析得出"光绪死于急性砒霜中毒"的结论，证实了笔者的推论。

② 参看中国第一历史档案馆编：《光绪帝被囚瀛台医案》，载《历史档案》2003 年第 2 期。

③ 参看中国第一历史档案馆编：《光绪帝被囚瀛台医案》，载《历史档案》2003 年第 2 期。

苏名医陈秉钧、曹元恒写道："皇上脉弦数较减，轻取重按皆虚弱无力。审察病由，耳响作堵，有增无减，足跟作痛，有减无增。现在腰痛不止，上连背部，下及胯间。考腰为肾府，封藏有亏，肝木上升，脾湿下陷。偏于右者，以左属血、右属气，气血不能流贯，风湿两邪，窜经入络。"①

军机处不断向各地下发文件，征求天下名医为光绪看病。六月，名医杜钟骏曾对吏部尚书陆润庠说："我辈此来，满拟治好皇上之病，以博微名，及今看来，徒劳无益，希望全无。不求有功，先求无过。"②

光绪的病没有好转，慈禧的身体也垮了。

当年夏天，慈禧在颐和园避暑时，不小心着凉得了痢疾。虽然到了秋天慢慢好转，但慈禧的健康状况大不如前。十月十日，慈禧七十四岁大寿当晚，从张仲元、戴家瑜的问脉纪录看，慈禧的身体不容乐观："左关弦而稍数，右寸关滑而近躁。肺气化燥，胃气浊滞，脾不化水，水走大肠，以致舌干口渴，胸闷微疼，食后嘈辣，小水发赤。总核病情，郁而生热，壮火食气，得食则泻，是以精神异常疲倦。"③

从十月十九日开始，慈禧吃不进去饭了。二十日，张、戴两位太医的诊断结果是："皇太后左部弦而近躁，右寸关滑数鼓指。咽燥舌干，时作咳嗽，顿掣两肋作疼。连用甘寒化燥之法，胃热不减，口渴愈盛。"④

二十一日，张仲元为光绪诊脉，"皇上脉如丝欲绝。肢冷，气险，二目上翻，神识已迷，牙齿紧闭，势已将脱。谨拟生脉饮，以尽血忱：人参一钱、麦冬三钱、五味子一钱，水煎灌服"。⑤

当天下午五点三十三分，光绪驾崩，享年三十八岁。第二天下午一点四十五分，慈禧病逝，享年七十四岁。

这里之所以不厌其烦地引用光绪和慈禧的病案，是想说明如果按官方的纪录，光绪和慈禧都是因病正常死亡。这样一对政敌在不到一天的时间里，先后离开了人世，世界上有这么巧的事吗？仅仅用病案就能解

---

① 参看中国第一历史档案馆编：《光绪帝被囚瀛台医案》，载《历史档案》2003 年第 2 期。
② 参看（清）杜钟骏记：《德宗请脉记》。
③ 参看中国第一历史档案馆编：《光绪帝被囚瀛台医案》，载《历史档案》2003 年第 2 期。
④ 参看中国第一历史档案馆编：《光绪帝被囚瀛台医案》，载《历史档案》2003 年第 2 期。
⑤ 参看中国第一历史档案馆编：《光绪帝被囚瀛台医案》，载《历史档案》2003 年第 2 期。

释得了吗?

从历史资料来看，慈禧属于正常死亡，没有值得怀疑的地方，光绪之死却是疑点重重。

根据光绪的病历，他患有遗精、神经衰弱、脊骨疼等各种疾病，但对身体损伤最大的是结核病。而从光绪临终前的病症看，没有发现结核病恶化的症状。① 给光绪作传的孙孝恩、丁琪认为，仅凭清宫的脉案、药方，难以揭示光绪死的真实病情。② 阎崇年在列举了光绪的病情变化后，也没有下正常死亡的结论，他认为光绪之死是个谜。③

究竟是什么样的谜呢?

恽毓鼎，翰林院侍讲，曾在光绪身边任起居注官二十年。所谓起居注官，就是负责纪录皇帝日常言行的人。他在一本著作中讲，有人向慈禧打小报告，说光绪听说太后病了，脸上有喜色。慈禧大怒:“我不能先而死。”④

屈桂庭，西医师，由袁世凯推荐专为光绪看病的大夫。十月十八日，屈桂庭进宫给光绪看病时，发现他“面黑，舌黄黑”，“忽患肚痛，在床上乱滚”，精通医术的屈桂庭立即认为，“此系与前病绝少关系”。⑤

二十日，出乎人意料的是，慈禧似乎有先见之明。她在病中要求公布光绪的病情，同时又降旨对光绪的身后事尤其是接班人，作了妥善的安排。

当光绪驾崩的消息传到慈禧耳朵后，据她的亲信侍卫讲，“太后闻之，不但不悲愁，而反有安心之状”。⑥

这一切表明，光绪先慈禧而死，绝非是一般意义上的巧合，而是被她害死的。

光绪和慈禧的关系，已经不是普通的姨甥之间的关系，而是政治人之间的利害计算关系，我们不能以常理看待政治人之间的亲情。在慈禧

① 参看李松龄:《光绪临终前脉案选》，载《历史档案》1983 年第 4 期。
② 参看孙孝恩、丁琪:《光绪传》，人民出版社 1997 年版。
③ 参看阎崇年:《正说清朝十二帝》，中华书局 2004 年版。
④ 参看恽毓鼎:《崇陵传信录》，中华书局 2007 年版。
⑤ 参看屈桂庭:《诊治光绪皇帝密记》。
⑥ 转引自孙孝恩、丁琪:《光绪传》，人民出版社 1997 年版。

看来，光绪身上潜伏着仇恨的种子。而光绪小她三十六岁，一旦自己有百年之忧，光绪就会重新上台执政，不但推翻她辛辛苦苦打拼来的“江山”，而且会改变她所有的政治纲领。对一个政治动物来讲，这是比死还要难受的事情。

慈禧一直认为，光绪发动戊戌变法，固然有图强的成分，但最主要的还是夺权，而夺权的前提就是扳倒自己。二十四年（1898年）八月四日，在获悉光绪将于五日接见来访的日本前首相伊藤博文的消息后，慈禧闻到了危险的味道。她急匆匆地从颐和园赶回西苑，“召上怒诘曰：‘我抚养汝二十余年，乃听小人谋我乎？’上战栗不发一言，良久嗫嚅曰：‘我无此意。’太后唾之曰：‘痴儿，今日无我，明安有汝乎？’”

一句“今日无我，明安有汝乎”，道破了天机。这句话可以看作是打开慈禧心理的钥匙。如果自己走在了光绪前面，而想彻底解除后患，必须将“听小人谋我”的光绪除掉。

现在，来看看本文列举光绪和慈禧病历的真实所指。

第一，从两个人的病历来看，慈禧在过寿当天病情加重，而光绪也病入膏肓。古谚语所说的“七十三，八十四，阎王不叫自己去”，是说人生理健康周期的循环，大约在十年多一点的时间，在周期的关口上，身体状况最脆弱，熬不过去就有死亡之虞。从御医的诊断来看，刚刚七十四岁的慈禧，很可能有一种力不从心的疲惫感，正是这种疲惫感，让她慢慢看到了人生的终点。

第二，从病理上来看，光绪所患的都是慢性病，一直是病怏怏的，给人的感觉是无法治愈。慈禧对外公布了光绪的病情，很可能是添了油加了醋，目的是造成光绪不久于人世的假象。然后她又以光绪的名义，安排好了交接班事宜。在妥善做好人事安排后，她下令除掉了光绪。

屈桂庭所看到的“面黑，舌黄黑”的症状，就是慢性毒药发作时的表现。那么，究竟是谁下的毒呢？英国人濮兰德、白克浩司[①]和德龄[②]认

① 参看（英）濮兰德、白克浩司著，陈冷汰、陈诒先译：《慈禧外纪》，台北：文海出版社1973年版。

② 参看德龄：《瀛台泣血记》，文化艺术出版社2004年版。

为是李莲英干的，溥仪[①]则说是袁世凯作的孽，也有的说是慈禧临终前派人干的。但无论哪种说法，或者谁下的手，都已经不重要，重要的是光绪死在了慈禧的前面。

已经病危的慈禧会艰难地笑一笑吗？

大清帝国尽管已经支离破碎，却依然按照她精心设计的轨道行使，虽然她已操纵不了速度，也无法确切地知道下一站将是何方。

一个皇上三个爹

十月二十日，慈禧带病主持召开御前会议，商讨选举光绪接班人问题。庆亲王奕劻、醇亲王载沣、军机大臣张之洞、袁世凯、鹿传霖、世续等参加会议。

光绪身体虚弱，患有遗精等症，肾脏有问题，没有给帝国留下子嗣。同治驾崩后遗留的难题，又一次摆在了大清最高层领导人的面前。由于光绪接的是堂兄的班，按照即位时的上谕，光绪的接班人，应该上承同治的香火。慈禧表示，皇上快不行了，抓紧选一个接班人吧，给同治立嗣。慈禧还说，我主意已定了，想听听你们的想法。

奕劻似乎没明白慈禧“主意已定”的意思。他说，溥伦、溥伟比较合适，论起来溥伦更好一些，他是道光帝长支传下来的。

溥伦曾经被推选过一次。同治驾崩后，只有十七岁的溥伦，成为皇帝的热门候选人，当时他被否决的客观原因，是因为其父载治，不是道光长子奕纬的亲生骨肉，是从近支过继过来的。此时算起来，应该是五十岁出头了。而溥伟则是恭亲王奕訢的孙子，也已经长大成人。载沣支支吾吾地表示同意奕劻的意见。

慈禧见两个人不理解自己的意图，心里很不高兴。她不愿意再费口舌：我看醇亲王载沣的孩子比较合适，就立溥仪为嗣君吧。奕劻怔了怔，没有敢反驳。其他大臣一致拥护，认为太后的决定很英明。

---

① 参看爱新觉罗·溥仪：《我的前半生》，中华书局 1977 年版。

如果事后对这次专制的会议进行评析，我们不得不再次为大清帝国的命运感到叹息。溥仪当时不过三岁，连裤子的裆开在哪里都不知道。大清帝国如同一个蹒跚的老人，迫切需要一个坚强有力的年轻面孔来扶一把，现在，慈禧却选择了一个走路都稳不住脚的孩子，来拖老人的后腿，这个国家岂有不跌倒之理?

慈禧似乎也想到了这一点。

当天，慈禧以光绪的名义，发布了两道上谕。第一道："朕钦奉皇太后懿旨，醇亲王载沣之子溥仪著在宫内教养，并在上书房读书。"第二道："朕钦奉皇太后懿旨，醇亲王载沣，授为摄政王。"[①] 这两道谕旨的发布，表明慈禧采用当年多尔衮摄政的方式，辅佐幼帝。

根据溥仪的回忆，傍晚，消息通知到摄政王府的时候，载沣的母亲刘佳氏如同奕譞一样，当场就晕了。"摄政王手忙脚乱地跑进跑出，一会儿招呼着随他一起来的军机大臣和内监，叫人给孩子穿衣服，这时候他忘记了老福晋正昏迷不醒；一会儿被叫去看老福晋，又忘掉了军机大臣还等着送未来的皇帝进宫"。由于年幼的溥仪哭得厉害，"军机大臣和我父亲商量了一下，决定由乳母抱我一起去，到了中南海，再交内监抱我见慈禧皇太后"。[②]

第二天，光绪驾崩。朝廷发布谕旨："钦奉皇太后懿旨，摄政王载沣之子，著入承大统为嗣皇帝。又钦奉皇太后懿旨，前因穆宗毅皇帝未有储贰，曾于同治十三年十二月初五日降旨，大行皇帝生有皇子，即承祧穆宗毅皇帝为嗣，现在大行皇帝龙驭上宾，亦未有储贰，不得已以摄政王载沣之子，承继穆宗毅皇帝为嗣，并兼承大行皇帝之祧。"[③]

按照上谕，溥仪有了三个爹：同治皇帝、光绪皇帝和御弟摄政王同时也是醇亲王载沣。这样，溥仪就成为历史上出身可能是最牛的孩子。

正当载沣为摘到这么大一个桃子而窃喜的时候，慈禧又颁布的一道懿旨，让他心里咯噔一下。懿旨说：昨经降旨，特命摄政王为监国，所

① 参看中华书局影印:《清德宗实录》，中华书局 1985 年版。

② 参看爱新觉罗·溥仪:《我的前半生》，中华书局 1977 年版。

③ 参看中华书局影印:《清德宗实录》，中华书局 1985 年版。

有军国政事，悉秉承予之训示，裁度施行。现予病势危笃，恐将不起，嗣后军国政事均由摄政王裁定；遇有重大事件，必须请皇太后懿旨者，由摄政王随时面请施行。

根据慈禧的这道懿旨，载沣作为摄政王在前台辅政，而背后遥控指挥的却是光绪皇后隆裕。隆裕虽然没有垂帘之名，却有垂帘之实。载沣在重大事项上，必须早请示晚汇报，而不能一个人拍板。

慈禧在撒手西去前，创设了一个由皇太后和摄政王组成的“主辅”政机制，作为掌控大清帝国最高权力的执政班子。慈禧为什么会让隆裕做大清帝国的掌舵人？要谈这个问题，必须先弄清慈禧为什么会选择溥仪。

逼婚事件

光绪二十八年（1902 年），皇室发生了一个逼婚事件。此事件在今天看来，极有可能是慈禧的预谋。

慈禧替光绪内定的接班人溥仪，是载沣的儿子，也就是奕譞的孙子。奕譞有四个福晋，大福晋是慈禧的胞妹，生子光绪。二福晋刘佳氏，生子载沣。奕譞去世后，载沣承袭为醇亲王。留存下来的一张照片显示，载沣人长得很精神。十八岁时，载沣开始在朝廷上班，曾任阅兵大臣，颇受慈禧宠爱。

当时，载沣已经有了对象，即旧勋希元之女。这项婚姻，是刘佳氏为儿子包办的。喜事上报慈禧之后，被当场否决了。慈禧指示，赶紧把婚退了，娶荣禄的女儿。刘佳氏哭诉说，儿媳已向我磕头了，她又没过错，怎么能退啊？退了让人家怎么过啊？慈禧一拍桌子，坚决不同意。刘佳氏胳膊拧不过大腿，只得把婚退了。希元之女得知消息后，喝药自杀而死。①

慈禧为什么要包办这门亲事呢？这里有必要先交代一下荣禄这个人。

---

① 参看王照：《方家园杂咏纪事诗》，中华书局 2007 年版。

‖ 载沣

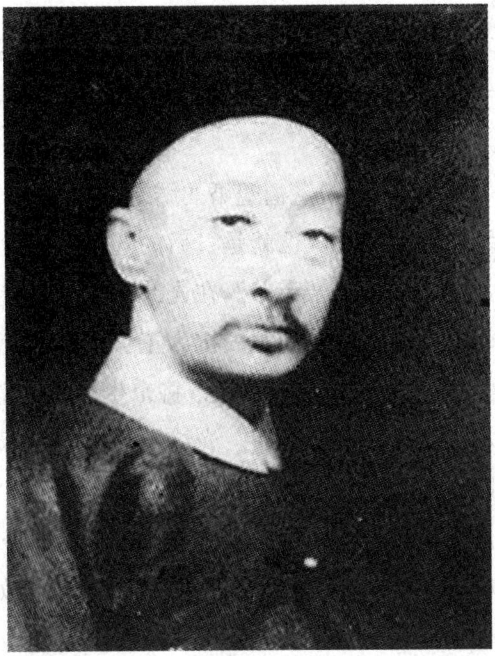

‖ 荣禄

荣禄，字仲华，瓜尔佳氏，满洲正白旗人，开国五功臣费英东之后。同治年间，曾任户部侍郎，兼总管内务府大臣。光绪元年，兼步军统领，迁左都御史，擢工部尚书，曾因贪污被劾降二级。光绪二十四年（1898年），晋大学士，直隶总督。戊戌变法后，慈禧召荣禄为军机大臣。不久，命荣禄管兵部，仍节制北洋海陆各军。光绪二十九年（1903年），荣禄死于任上，赠太傅，谥文忠，晋一等男爵。

荣禄很受慈禧信仗，“眷顾之隆，一时无比。事无钜细，常待一言决焉”。[①] 很多野史都认为，荣禄是慈禧待字闺中时的恋爱对象。咸丰驾崩后，慈禧和荣禄有一腿，爱屋及乌，慈禧很疼荣禄的女儿，长期把她养在自己身边，认作养女。

慈禧逼婚的时候，大阿哥溥儁已于上年被废，笔者个人认为，将荣禄女儿嫁给载沣，主要目的就是希望他们生下一儿半子，将来为不能生育的同治和光绪承祧。从这个意义上来说，奕譞家能出两个皇帝，并非是他家的孩子多么出类拔萃，完全是沾了裙带的光，同时也是慈禧精心安排的结果。

在此逼婚事件之前十三年，也就是光绪十五年（1889年）正月二十七日，十九岁的光绪举行大婚典礼，迎娶的对象是一个长得不好看，瘦弱而且驼背的旗女。

光绪选了这样一个女子，也是慈禧逼婚的结果。

该旗女是副都统桂祥的女儿，也就是日后的隆裕皇太后。桂祥官职不大，来头却不小，他是慈禧的亲弟弟。在光绪看来，这桩强扭而不甜的婚姻，有很强的政治目的。慈禧把她安排为正宫皇后，就是为了探悉自己的行踪，说白了是慈禧的耳目。而且，将来生个儿子继承了皇位，身上流的也是叶赫那拉家族的血。婚后，光绪把对慈禧的不满，迁怒到大他3岁的皇后身上。

由于二人世界很不幸福，光绪将更多的爱放在了珍妃身上。从现存的资料照片看，珍妃并不怎么漂亮，而且还是个肥妹。但珍妃有个特点，

---

① 参看赵尔巽等:《清史稿·荣禄传》，中华书局1977年版。

光绪与珍妃

就是性格开朗，能说会笑，“德宗尤宠爱之，与皇后不甚亲睦”。[①]经常独守空房的正宫皇后，就“频频短之于慈禧”，经常拿唾沫星子淹她，搞得慈禧心生怨恨，老想找机会整治她。

苍蝇不叮无缝的蛋。珍妃因为每年固定工资仅三百两，不够日常用度，就做起了生意，当起了掮客，替别人向光绪跑官要官，借机收受红包。裕宽想当福州将军，找到了李莲英，因嫌他收钱过多，又攀上了珍妃。李莲英见买卖被抢了，就告到了慈禧那里。按后宫不得干政的规定，珍妃犯的是死罪。慈禧手下还算留情，将其杖责后关进冷宫，再也不准见皇上。[②]牵涉中介案的太监，却打死了六十多个，珍妃的兄长志琮也被革职。八国联军进北京时，慈禧拖着光绪西逃，嫌珍妃碍手碍脚，命太监崔玉贵将其投入井中。珍妃被杀死的最主要原因，就是她威胁了皇后的地位。慈禧认为，如果日后没有自己罩着，她极有可能取皇后而代之。如果这样，慈禧将皇权控制在叶赫那拉家族的政治意图就会落空。

慈禧有自己一套非常实际的利益算计。

按照她的真实想法，就是想让大清帝国的江山，坐在爱新觉罗家族的屁股底下，掌握在叶赫那拉家族的手中，爱新觉罗氏占其名，叶赫那拉氏享其实。皇太后和摄政王“主辅”政机制的创设，就是这种算计的制度化落实。

三十四年（1908 年）十一月初九日上午十一点左右，溥仪由载沣扶着坐在太和殿的龙椅上，成为大清帝国历史上最小的，同时也是中国历史上最后一个皇帝。帝王专制制度，是一个高度依赖君主个人能力的制度。摄政王载沣庸碌而无能，皇太后隆裕又不具有慈禧的才智，宣统帝溥仪不过是一个三岁的孩子，慈禧给大清留下来的“一主二辅”式权力结构，根本没法撑起帝国将倾之大厦。

在国家利益和个人（家族）利益面前，慈禧一度慧眼如炬的政治目光，再次出现了短视。她也许没有想到，这种忽视国家和大局利益的选择，连个人和局部利益也保不住。不谋全局者，不足谋一隅，任何时候

① 参看（清）胡思敬：《国闻备乘》，中华书局 2007 年版。
② 参看南炳文、白新良：《清史纪事本末》，上海大学出版社 2006 年版。

都是这样，即使高贵如慈禧者，也逃不了这个怪圈的惩罚。

宣统三年（1912 年）十二月二十五日，隆裕颁布了一道懿旨。该懿旨的最后一句说：予与皇帝得以退处宽闲，优游岁月，长受国民之优礼，亲见郅治之告成，岂不懿欤！令我们感慨的不只是在宪法一般的圣旨里，终于有了“国民”这样的民主概念，而是中国君主专制居然在陶渊明式的语言中，拉下了沉重的帷幕。只是这种诗意化的语言，表现的是一种心灵的超脱，还是一种无奈的虚伪，我们已经无法探知。

但有一个问题我们想知道确切的答案，究竟是谁让一个曾经强大的帝国慢慢退化变质，是皇帝抛弃了他曾经的国民，还是国民抛弃了他们曾经的皇帝？

小楼昨夜又春风，故国不堪回首月明中。雕栏玉砌应犹在，只是朱颜改。当傍晚的余辉一次次溜过昔日的皇宫，近三百年大清帝国留给我们的，似乎不只是一抹残阳夕照。

日落紫禁城。

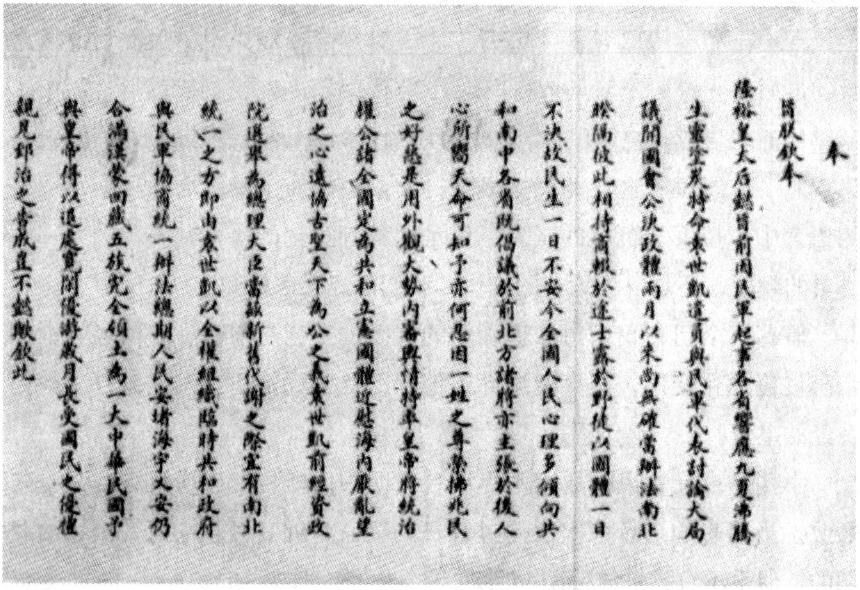

奉
旨朕欽奉
隆裕皇太后懿旨前因民軍起事各省響應九夏沸騰
生靈塗炭特命袁世凱遣員與民軍代表討論大局
議開國會公決政體兩月以來尚無確當辦法南北
睽隔彼此相持商輟於途士露於野徒以國體一日
不決故民生一日不安今全國人民心理多傾向共
和南中各省既倡議於前北方諸將亦主張於後人
心所嚮天命可知予亦何忍因一姓之尊榮拂兆民
之好惡是用外觀大勢內審輿情特率皇帝將統治
權公諸全國定為共和立憲國體近慰海內厭亂望
治之心遠協古聖天下為公之義袁世凱前經資政
院選舉為總理大臣當茲新舊代謝之際宜有南北
統一之方即由袁世凱以全權組織臨時共和政府
與民軍協商統一辦法總期人民安堵海宇乂安仍
合滿漢蒙回藏五族完全領土為一大中華民國予
與皇帝得以退處寬閒優游歲月長受國民之優禮
親見郅治之告成豈不懿歟欽此

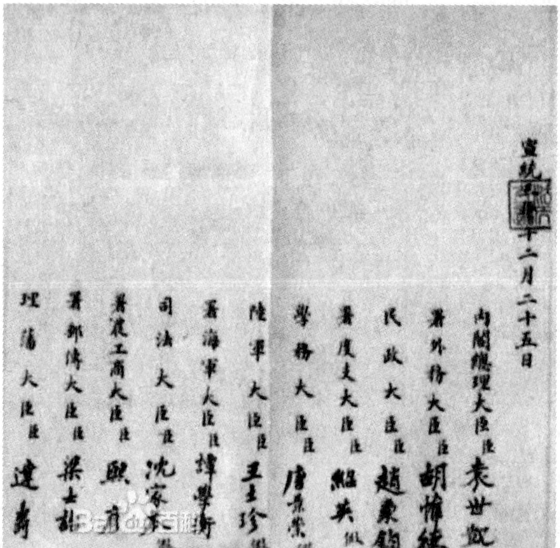

宣統三年十二月二十五日
內閣總理大臣臣袁世凱
署外務大臣臣胡惟德
民政大臣臣趙秉鈞
署度支大臣臣紹英 假
學務大臣臣唐景崇 假
陸軍大臣臣王士珍 假
署海軍大臣臣譚學衡
司法大臣臣沈家本 假
署農工商大臣臣熙彥
署郵傳大臣臣梁士詒
理藩大臣臣達壽

清帝退位诏书

亡国之君宣统评传

在所有亡国之君中，大约只有溥仪不用承担亡国之罪责。大清实已败于慈禧之手，亡于光绪时期，岂是一个两周岁的孩子，所能延续一个王朝的香火的？

光绪三十四年十月二十日（1908 年 11 月 13 日），慈禧懿旨命养女和醇亲王载沣之子溥仪继承皇位。十一月九日（12 月 2 日），两周岁的溥仪由父亲把持着完成登基大典，年号宣统。由于溥仪不能理事，由载沣摄政。

清末政治腐败，国辱不断，加上西学东渐，民主之风熏染，人们厌恶帝制，渴望共和。孙中山等人组织同盟会，掀起中国党政之风，意欲“驱除鞑虏”，“建立民国”。宣统三年八月十九日（1911 年 10 月 10 日），武昌起义爆发，革命党人成立军政府，废除宣统年号。随后，湖南等十三省宣布独立，大清帝国迅速解体。

在袁世凯的阴谋操纵下，宣统三年十二月二十五日（1912 年 2 月 12 日），在位仅三年的宣统，还没明白当皇帝是怎么回事，就下诏退位。退位后的溥仪，仍享受中华民国临时政府议定的清室退位优惠待遇，保留皇帝称号，继续居住在皇宫大内。

袁世凯死后，总统黎元洪、总理段祺瑞发生府院之争。张勋以调解为由，率三千辫子军入京，于 1917 年 7 月 1 日拥戴溥仪复辟。十二天后，由于讨逆军入京，溥仪第二次下诏退位。退位时，十一周岁的溥仪放声大哭：他终于明白了做皇帝是怎么回事了。

然而，不仅皇帝当不成了，皇宫也待不下去了。1924 年，冯玉祥等发动北京政变，废除了溥仪的皇帝称号，由鹿钟麟将其驱逐出宫。1925 年，溥仪移居天津日本租界内，继续做着自己的皇帝梦，企图复辟。

“九一八”事变后，溥仪又看到了做皇帝的机会。他不惜卖国求荣，潜入东北，在日本的扶植下，于 1932 年建立伪“满洲国”，任执政。1934 年称“满洲帝国皇帝”，改元“康德”。1945 年，日本投降后，溥仪为苏军所获，押往苏联，关入伯力收容所。1950年，移交给中国政府，在抚顺战犯管理所，接受教育改造。

1959年，溥仪得到政府特赦，先后在北京植物园和全国政协文资委工作。1964年，任全国政协委员，为新中国参政议政。1967年10月17日，溥仪患肾癌病亡，终年六十一岁。溥仪是唯一一个留下个人自传的皇帝，著有《我的前半生》。

溥仪的一生，是跌宕起伏的一生。他三起三落，一直沉浸在皇帝梦中，不肯醒来。最后经历牢狱之灾，成为新社会的一个普通公民。

宣统和秦始皇一样具有标志性意义。

自嬴政称帝至溥仪逊位，中国帝制历二千一百三十二年，先后有四百九十二位皇帝在龙位上上上下下。他的退位，既是清朝的终结，也是帝制的终结，同时既是民主的开始，也是党政的开始。

宣统私档

姓名：爱新觉罗·溥仪（1906—1967）

庙号：无

谥号：无

年号：宣统

即位时间：光绪三十四年十一月九日（1908年12月2日）

即位年龄：二周岁

在位时间：三年

陵寝：先葬北京八宝山公墓，后移河北易县清西陵华龙陵园

父母：父载沣，母苏完瓜尔佳氏

配偶：五人

子：无

女：无

继位人：无

跋

有些记忆让人痛

划上最后一个句号的时候，已是子夜十二点。Karen 端着一杯不知名洋酒，笑着走过来说道“生日快乐”。按照阴历计算，三十余年前的今天，我来到了这个世界。能够完成这本书，是送给自己最好的礼物。半年多前落下第一笔时，并没有想到哪天结束。这个巧合来得有点意外，也有些令人惊喜。

我现在住的这个地方，是一片钢筋水泥的丛林，穿行其间，呼吸的是城市化的尾气。虽然是北京最繁华之所在，但我想象一百年前甚至更久，这里必定更热闹。之所以用热闹取代繁华，是因为我更欣赏那份朴实的人气儿。我知道金融街主导经济神经，可我们个人的神经已被隔离在水泥或玻璃的世界，发展可以成为禁锢灵魂的理由吗？工作之余，我经常回到山东老家，闻一闻麦地里的空气。

无数个夜晚，我漫步在附近几条大街。沉重的不是我的脚步和心情，而是脚下隔着柏油的泥土。本书中的很多主人公，肯定曾和我一样在这里徘徊。一百年前去世的一个控制中国四十八年的老太太——慈禧，就出生在辟才胡同；努尔哈赤的第二个儿子礼亲王，曾被立为太子后来被废的代善，住在西四南大酱坊胡同；代善的长子岳托的克勤郡王府，在往南一点的新文化街上，民国初年曾是第一任总理熊希龄的私宅；代善的孙子勒克德浑的顺承郡王府，在太平桥大街路西。东北胡子张作霖住到这里时，已经是想统治中国的大元帅了，现在是全国政协礼堂；努尔哈赤的侄子郑亲王济尔哈朗，住在西单大木仓胡同，走过去可以看见教育部的牌子。

我对这样的名人府邸并不很感兴趣，令人感慨的是历史的更迭与变迁。曾经有许多故事，在日出日落中变幻着情节，留下的不过是一个模糊的影子。“被西风吹尽，了无陈迹。楼观才成人已去，旌旗未卷头先白。叹人间哀乐转相寻，今犹昔。”辛弃疾壮志难酬的喟叹，不只是个人化情绪的宣泄，字锋里透出的是历史性的悲哀。

这本书的主题探讨的是大清帝国皇权的更迭，折射出的却是国朝兴替的脉络。在故纸堆里挣扎了半年多，饱受折磨的是个人的心境。亿万的生命将他们所有的寄托，交给了一个以为可以信赖的独夫，然而这个人及其家族却以私人利益为基准，衡量进而左右着社会的进程，以天下人之荣荣一人，以一人之辱辱天下人，这是何等的狭隘和悲哀。我不太熟悉亨廷顿，但他有一句话，却让我琢磨了一番。这个大讲文明冲突的洋老头说：完全仰仗某一个人的政治体制是最简单的，因而也是最不稳定的。

这样的主题是不是过于沉重？没有办法，总是有一些记忆让我们痛。无论感情还是生活，甚至是夹在书本里曾经鲜活，而今却散发着霉味的历史。我们不过都是平凡人，是人就会有牵挂。很简单的一个道理，书读多了想法自然多，想法多就免不了痛楚。我曾幻想着不让这本书加重视觉和思维的负担，幻想着尽量以故事的方式讲述得轻松些，但力有不逮却是没办法的事情。

一个作家的责任不只是描绘生活发生了什么，更在于告诉读者在生活背后隐藏着什么。这本书隐藏着什么，也许连我也忘了。

我碰了碰杯：相濡以沫，且相“忘”于江湖。

然后我们就笑。

丁亥年六月十六日于北京